元史研究论稿

陈高华 著

中国社会科学出版社

图书在版编目（CIP）数据

元史研究论稿／陈高华著．—北京：中国社会科学出版社，2020.10（2025.5 重印）
ISBN 978-7-5203-2549-3

Ⅰ.①元… Ⅱ.①陈… Ⅲ.①中国历史—研究—元代 Ⅳ.①K247.07

中国版本图书馆 CIP 数据核字（2018）第 108999 号

出 版 人	赵剑英
责任编辑	耿晓明
责任校对	李　军
责任印制	李寡寡

出　　版	中国社会科学出版社
社　　址	北京鼓楼西大街甲 158 号
邮　　编	100720
网　　址	http://www.csspw.cn
发 行 部	010-84083685
门 市 部	010-84029450
经　　销	新华书店及其他书店
印　　刷	北京明恒达印务有限公司
装　　订	廊坊市广阳区广增装订厂
版　　次	2020 年 10 月第 1 版
印　　次	2025 年 5 月第 2 次印刷
开　　本	710×1000　1/16
印　　张	24.75
插　　页	2
字　　数	403 千字
定　　价	118.00 元

凡购买中国社会科学出版社图书，如有质量问题请与本社营销中心联系调换
电话：010-84083683
版权所有　侵权必究

读史治史六十年

（代序）

一

我出生在浙江温岭一个教师家庭，初中、高中是在上海复兴中学、新沪中学度过的。1955年9月，我考入北京大学历史系。当时反胡风斗争和"肃反"运动已经过去，学校教学秩序比较稳定，强调学生以学习为主。1956年中央提出"向科学进军"，更增加了学习的气氛。但是这种情况没有持续多久，1957年春天开始"大鸣大放"，接着便是"反右派斗争"，继之而来的是"双反"运动，拔白旗插红旗，批判资产阶级教育思想，基本上是停课进行的。1958年夏天，北大历史系三、四年级的学生和部分教师，分赴各地，参加国家民委主持的三种丛书（民族史、民族志、民族地方自治概况）编写工作，我被分配到新疆调查组，调查编写哈萨克族社会历史。一年左右的时间，跑遍了新疆北部广大地区。1959年夏天，回到学校。这时"大跃进"的热潮已经退去，学校重新安排课程，争取在我们毕业以前多补一些课，同时要求学生自行选择"专门化"。我选择的是中国古代史，以为可以定下心来读点书了。同学们都很努力，都希望在离校前多学一些知识。当时系里开设了不少课程，给我留下深刻印象的一门课是"中国古代史史料学"，由擅长各时期历史的教授分段讲授，如翦伯赞讲秦汉史史料，邓广铭讲宋史史料，邵循正讲元史史料等。80年代前期，我和陈智超同志邀集历史所部分研究人员编写《中国古代史史料学》，成为大学历史教材，即由于当年听课的启发，感觉这门课对于初学者具有特殊的重要性。

但是好景不长，1959年秋天，又开始了"反右倾"斗争，继之而来的是学习《列宁主义万岁》三篇文章，与苏修论战，其间还有批判马寅初人口论，学校里正常的教学秩序再一次被打乱，毕业论文的写作不再提起，取而代之的是集体编书，当时认为这是防止知识分子修正主义化的重要途径。开始是各专门化选择一个项目，后来觉得这样还不够革命，于是整个年级一百来人齐上阵，共编一部书，题目叫做《马克思主义史学在中国的发展》。大家热情很高，日夜奋战，数易其稿，但最后是不了了之，成了一堆废纸。

回顾一下大学五年的历程，留下了颇多的遗憾。五年的时间，大部分是在政治运动和民族调查中度过的，书读得很少，教学计划中的不少课程没有学过。名义上是大学毕业生，实际上是不合格的。当然，应该看到，这一段大学生活，也是有收获的。从学校设置的政治理论课程和政治运动中，我和同学们对于马克思主义的理论，有了初步的认识，这在以后工作中，一直发挥着重要的作用。而参加少数民族社会历史调查，更使我大开眼界，对于民族问题在现实生活和历史上的重要性，开始有所了解。从此以后，我对民族问题以及民族史研究，一直有浓厚的兴趣。此外，尽管运动频繁，与老师接触不多，但北大特有的学术气氛，仍可以从他们的课堂讲授和零星接触中有所感受。学术气氛的熏陶对于初学者是至关紧要的，往往能在不知不觉中影响他们以后的道路。从北大老师们的身上，我懵懵懂懂地领会到治学的艰辛和乐趣，从内心滋长了从事研究工作的强烈愿望。

毕业后，我分配到哲学社会科学学部历史研究所工作。哲学社会科学学部是中国科学院下属的几个学部之一，中国社会科学院的前身，在"文化大革命"中以简称"学部"闻名遐迩。我到历史所的时间是1960年9月，当时历史所同样大兴集体编书之风，新来者也立即被卷入这一热潮之中。历史所最重要的集体科研项目是郭沫若先生主编的《中国史稿》，动员了所内的主要力量，还有外单位的同志。力量不可谓不强，进展却相当缓慢。1961年以后，国民经济遇到困难，进行调整，科研工作也采取了相应的措施，领导向年轻人提出了打基础的要求。对于我这样在大学期间没有认真受过训练的人来说，打基础当然特别重要。但是，如何才能打好基础，却是心中无数。可幸的是，历史所有一批学识渊博的前辈学者，又有不少奋发向上的青年伙伴，他们给了我种种教导、启发和帮助，使我能较快地走上独立从事研究的道路。

我初到历史所时，所领导曾向我征求个人意愿。我因大学四年级参加过民族调查，遂对民族历史产生兴趣，听说历史所设有民族史组，便报名参加。历史所为什么会设立民族史组呢？原来，1955年前后，中、苏、蒙三国协议共同编写《蒙古通史》，中方出席会议的代表是翁独健、韩儒林、邵循正三位先生。会议决定，由中方组织力量，整理有关汉文资料。历史所设立民族史组便是为了承担这一任务，翁独健先生则被指定为民族史组的负责人。1959年以后，中苏关系恶化，共同编书的计划作废，但民族史组却一直保存了下来。翁先生是我国著名蒙古史学者，早年毕业于燕京大学，后来到美国和法国留学，新中国成立后曾任北京市教育局局长，后任中央民族学院历史系主任，兼任历史研究所研究员。虽然社会工作繁忙，翁先生很重视年轻人的培养，他经常到组里来，有时还找我们这些年轻人到家里谈话，循循善诱，指导制订研究计划，讲述历史研究的方法。正是在翁先生的启迪下，我用了两三年时间，比较系统地阅读了元代的各种文献，对前人的研究成果有了一定的了解，同时开始了整理资料和专题研究的训练。

翁先生特别重视资料工作，他认为资料工作是研究工作的基础，只有学会资料的搜集、整理，才能做好研究工作。而资料的搜集应力求彻底、穷尽，即使不可能真正做到，也要以此为目标。对于资料，要认真加以整理，严格分辨原始资料和转手资料。对于研究工作，翁先生强调在了解前人研究基础上认真选题，立论必须言之有据，切忌空泛，论文写作应该交代以往研究情况及文献出处，等等。后来才知道，这些都是外国大学历史系一门课"史学方法"的基本内容，但是院系调整以后我国历史系都没有这门课。实际上，"史学方法"就是讲史学研究的一些基本训练，当时的年轻人缺乏的就是基本训练，翁先生为我们补上了这门课。他的指点，使我少走了许多弯路。

在翁先生的具体指导下，我和杨讷等同志一起编纂元代农民战争的资料，同时着手做一些专题研究。我们努力按照翁先生的意见全面系统搜集资料，多方扩大资料的范围，于是有许多新的发现。特别是地方志和金石志中大量有关农民战争的记载，是前人所未曾利用过的。这为我们研究农民战争打下了很好的基础。我写的几篇元末农民战争的论文，对地主阶级的动向、农民起义的口号加以讨论，提出了不同于前人的一些看法。在这些论文中，我力求用历史唯物主义理论对各种资料进行分析，比起以前的同一领域研究，有所进展，因而也得到了学术界的重视。翁先生又要求我们，在农民战争之外，另择一题目做研究。杨讷同志选择元代村社，我则选择元代盐政。杨讷同志的《元代村社研究》完成以后，发表在《历史研究》上，迄今仍是这一问题的权威之作。我选择盐政，是因在辑集元末农民战争资料时，发现淮东张士诚、浙东方国珍起事,均与盐政有关。只有弄清元代盐政,才能更深刻地认识元末农民起义发生的原因。在研究元代盐政时,我严格按照翁先生讲述的治学方法进行,首先查阅以往研究成果,其次全面系统搜集资料,然后对资料进行分析,拟出写作大纲,最后按科学规范写出论文。《元代盐政及其社会影响》一文,先后三易其稿,翁先生和组内同志提出过很多宝贵意见。这篇论文的完成,可以说使我得到一次严格的科学训练。

以上一些工作,是在1961—1963年进行的。从1964年起,我接连参加劳动锻炼(在山东龙口)和农村"四清"(在山东海阳,北京房山),一直到"文化大革命"爆发,才回到历史所。

二

"文化大革命"爆发后,研究工作完全停顿。"文化大革命"后期,逐渐有所松动,大家半公开或不公开地恢复了部分研究工作。揪出"四人帮",十一届三中全会的召开,改革开放方针的确定,使整个社会面貌发生了巨大的改变,历史研究也呈现出前所未有的繁荣局面。

20世纪70年代中期到80年代前期,我参加《中国史稿》的编写工作,负责元代部分。在准备写作时发现,元代经济史的研究是我国学术界的薄弱环节,除了蒙思明先生关于元代社会阶级关系的研究之外,其他几乎可以说是一片空白。日本学术界在这方面有相当可观的成绩,但也有许多不能令人满意之处。过去的通史著作,述及元代社会经济时,不是一笔带过,就是引用一些史料,草草了事。经济是基础,如果对一个时代的经济状况不能正确地说明,便无法对该时代的政治、文化作出合理阐述。正是基于这样的认识,我便集中精力对元代经济史的一些重要问题作一些探索。

众所周知,《元史·食货志》和其他正史的《食货志》一样,是研究元代经济史的基本资料。历来涉及元代经济者,无不以《元史·食货志》为据。但是,试以《元史·食货志》和其他正史中的《食货志》相比较,便会发现其中颇有不同。其他正史的《食货志》大体都是"史官"将各种资料融会贯通以后执笔成文的,而《元史·食货志》则是将元朝官修政书《经世大典》《六条政类》中有关篇章加以删削而成的。一方面,应该看到,《元史·食货志》保存了元朝政书若干篇章的本来面目,从史源学的角度来说,有很高的价值。另一方面,这种编纂方式,也造成明显的弱点,具体来说是：（1）政书中没有的篇章，《元史·食货志》中也没有。例如一般正史《食货志》中放在首位的"版籍"（"户口"）、"田制"，《元史·食货志》就没有。赋役中的役法，是封建国家加在编户齐民身上的沉重负担，历代相承，元代亦不例外，但是《元史·食货志》却缺乏记载。（2）对政书的记载删削不当，以致无法理解或引起误解。例如，元朝在农村立社，《元史·食货志》记此事，说："其合为社者，仍择数社之中，立社长官司长以教督农民为事。"到底是谁"教督农民"，是不清楚的。《经世大典》此篇原文已佚，幸好元代法律文书《通制条格》《元典章》中保存有关法令的原文，作："选立社长，官司并不得将社长差占别管余事，专一照管教劝本社之人。"显然，《元史》编者在删削时，多留了"官司长"三个字，以致文意不通。

有鉴于以上情况，我的元代经济史研究，可以说分两个方面：一个方面是探索《元史·食货志》中缺乏记载的重大问题，例如户籍和役法，先后写出了元代户等、军户、站户以及役法研究等论文。另一方面是以《元史·食货志》中有关记载为基础，认真考辨、补充，这方面的作品有税粮制度、和雇和买、海外贸易等。我还对元代城市史做过一些研究，先后完成《元大都》和《元上都》（与史卫民合作）两书，城市经济的论述，在两书中占有很大的比重。《元大都》一书译成日文后在日本出版，国内还出版了蒙文译本，近年又出了英文译本。

参加《中国史稿》的编写，使我感到对有元一代史事的了解很不全面，需要补课，于是便在力所能及的范围内，对元史的各个领域，选择一些专题，作多方面的探索。其中一项是元代画家资料的辑录。本来，绘画史的研究，属于美术史范畴，是专门之学。我对绘画史完全是个外行，在阅读众多有关元代绘画史的研究作品之后，深感元代绘画在中国绘画史上占有承前启后的重要地位，也是元代文化中引人注目的组成部分。同时又感觉到，以往的研究者，由于专业的局限，在资料的利用上，往往是不全面的，有的还有错误。于是不揣冒昧，着手进行这方面的工作。力求穷尽，仍是我辑录元代画家资料的指导方针，同时努力区别原始资料和转手资料。最后完成的《元代画家史料》一书，引用的文献达170余种，其中有不少是前人所未利用过的。我以这些资料为依据，结合自己对元朝社会历史的了解，给每个画家写了简单的介绍，其中对元代绘画史研究中一些常见的观点，提出自己的看法。例如，以往研究中，不少人认为，生长于马上的蒙古君王不喜欢汉族传统绘画，废除了宋代的画院，影响了画家的出路。我则认为，在元代，有相当多的君主、贵族喜欢绘画，因而某些人便以此作为进入仕途的捷径。又如，有些研究者认为，元代不少名画家采取与元朝不合作的态度，寄情山水，作画表达自己这种感情。我则认为，元代著名画家中的多数人或是元朝的官员，或是元朝的臣民，真正反对元朝的只是少数，因此大多数以山水为题材的作品很难说蕴藏有什么政治倾向、不满情绪。我的这些看法基于我对元代士人动向的基本估计。在我看来，元朝统一以后，大多数士人已经接受了元朝统治的事实，不满者有之，反抗者很少。元朝中期以后，绝大多数士人已视元朝为合法的统治了。对于古代绘画的研究，我觉得应把它看成社会意识形态的一个组成部分，必然受各个时代政治、经济条件的制约，也就是说，不了解一个时代的政治、经济，就很难对该时代的意识形态（包括绘画在内）作出适当的实事求是的分析。

1976年"文化大革命"结束新时代开始时，我已年近四十。1988年是我"知天命"之年。在这十余年间我有不少社会工作，但仍争取时间努力著述。元史是我研究的重点，有如上述。1987年我将此前自己所写的元史研究论文、札记辑成一书，名为《元史研究论稿》，由中华书局出版。除了元史研究以外，这一时期我还做了一些其他方面的研究工作。

一是海外交通史研究。20世纪70年代泉州湾古代沉船的发现，激起了学术界研究中国古代海外交通的热潮。围绕这一主题，我作了一些探索，写出几篇论文。例如，印度马八儿人孛哈里的研究。日本学者桑原骘藏的《蒲寿庚考》，是论述中国海外交通的权威著作。书中根据韩国史籍《东国通鉴》，讲述了马八儿王子孛哈里的事迹。马八儿是当时印度南部的一个国家，马八儿王子孛哈里侨居中国泉州，元帝赐高丽女子蔡氏与他为妻，这起跨国婚姻把印度、中国、朝鲜半岛联系了起来，是饶有传奇色彩的故事。桑原以为孛哈里可能是波斯湾怯失（Kish）岛人，是波斯伊儿汗合赞的使者。我根据元人刘敏中《不阿里神道碑》（《中庵集》卷4）、《元史》马八儿等国传等有关记载指出，孛哈里即不阿里，是马八儿国的宰相，因国内矛盾，投奔元朝，忽必烈将宫中高丽女子蔡氏许配与他，从此，在泉州定居。后来，他因蔡氏之故，曾派人向高丽国王献礼品。这样，孛哈里其人其事，都在中国文献中得到证实，并且纠正了桑原氏的错误。在中外关系史的研究中，文献资料的发掘，是至关紧要的。一定意义上可以说，没有新资料的发现，中外关系史的研究，就难以有大的进步。这是我在研究实践中深深体会到的。我还和其他同志一起写作了《宋元时期的海外贸易》（陈高华、吴泰）和《海上丝绸之路》（陈高华、吴泰、郭松义）两书。中国海外交通史一直是我关注的领域，我努力为这个学科的发展做出一点贡献。

二是继续画家史料的整理，先后编写出版了《宋辽金画家史料》（1984年出版）和《隋唐画家史料》（1987年出版）两书。编纂的原则、体例和《元代画家史料》完全相同，力求穷尽原始文献，并将一个时代的绘画同该时代的政治、经济密切联系起来加以考察。这几种《史料》常为画史研究者征引。国家文物鉴定委员会主任委员傅熹年先生认为书画鉴定要重视题跋、题画诗等文献资料："陈高华先生撰《隋唐画家史料》《宋辽金画家史料》《元代画家史料》，搜集了大量的这方面的资料，对我们了解这方面材料有很大的帮助。"（《中国书画鉴定与研究·傅熹年卷》，故宫出版社2014年版，第24页）原来曾打算进一步扩大范围，编著明代的画家史料，但由于各种原因，这项工作只开了个头，没有进行下去。

三是中亚史的研究。我在大学学习期间曾到新疆参加民族调查一年，对中亚的历史产生了浓厚的兴趣，20世纪80年代又曾参加联合国教科文组织主持的《中亚文明史》编委会，兴趣和工作需要促使我关注中亚史的研究。根据自己的条件，我先后编成《元代维吾尔哈剌鲁资料辑录》和《明代哈密吐鲁番资料辑录》两书。两书所辑录的资料，相当多是新的发现，很有价值。元、明两代西域史研究常苦于汉文资料的不足，这两本书可以说有填补空白的意义。在浩如烟海的元、明两代文献中寻觅西域史料，有大海捞针的感觉，每有所得，常为之狂喜。至今思之，仍觉欣然。在搜集整理元、明两代西域史料的基础上，我写了几篇有关的论文。

四是和陈智超同志一起，邀请历史所的一部分研究人员，共同撰写《中国古代史史料学》（1984）。此书被不少大学历史系列为参考教材，有一定的影响。

在古籍整理方面，我也做了一些工作，有《人海诗区》《滋溪文稿》等。

三

20世纪80年代末期起，也就是在50岁以后，我的研究范围有所调整，仍以元史为研究重点，但对其他领域已很少涉及。十余年间，我致力于元代专门史的写作，和史卫民同志合作，先后撰写出版了《中国政治制度通史·

元代卷》（1996）、《中国经济通史·元代经济卷》（2000）和《中国风俗通史·元代卷》（2001）三部著作，还写了一些论文。

《中国政治制度通史》是中国社科院政治学所白钢同志主持的国家社科基金重点项目成果。"元代卷"的绪论和投下分封、监察、司法、人事管理等章由我执笔。元代政治制度，已往的研究成果颇多，我们必须在前人研究的基础上，有所进步。原来史卫民同志在这方面有较多的积累，而我对元代政治制度则没有多少研究，承担这一工作后内心颇为不安，只能努力探索，力求有所突破。1992年，我应聘为日本京都大学人文科学研究所外国人研究员，根据所方的要求，我承担"中国近世（元明时代）政治与社会之研究"，需要在应聘期间（半年）交出一篇论文。这个课题和元代政治制度史的写作任务是基本一致的。我利用这一机会认真读书，了解日本史学界的研究动态，写出了《元代的审判程序和审判机构》这篇近5万字的长文，发表在该所刊物《东方学报》上。这一段经历对《中国政治通史·元代卷》的完成起到了很好的作用。

20世纪80年代后期，历史研究所和其他科研单位一起，承担了国家社科基金项目《中国古代经济史》，我负责元代卷。为了完成这一任务，我感到自己还要对经济史研究中的一些薄弱环节努力探索，为此先后写出元代商税、酒税、水利、土地登记等一系列论文。土地登记和土地籍册，是封建时代土地制度的重要组成部分。自汉迄唐，政府最看重的是户籍的编制，土地只是作为附带项目登记在户籍册中，当时的户籍具有地籍和税册的作用。宋代以后，私有土地日益发达，地籍逐渐取得了和户籍平行的地位。严格说来，宋、元是这种变化的过渡时期，元代的户籍登记，包括土地在内。但与此同时，开端于南宋的多种土地籍册，在江南一些地区普遍建立起来。历来研究中国土地制度史者，注意到了唐、宋之际的这一变化，但是对于元代的情况，却往往略而不谈。我的有关论文，回答了这一问题，同时也说明元代江南的土地制度，是前代的延续，并未因改朝换代有大的变化。此外，新发现的资料，促使我对南方的税粮制度重新进行论证，提出一些新的看法，如江南民田税粮数额的估计，便修正了我过去的论断。

20世纪80年代中期起，社会生活史的研究，逐渐在我国学术界兴盛起来。人们的社会生活，诸如衣食住行、生老病死等，与一个时代的政治、经济、文化有着极其密切的关系，而在新中国成立以后很长一段时间内，社会生活史的研究遭到冷落，元代社会生活史的研究，更可以说是一片空白。我想在这方面作一些努力。最初引起我注意的是刘子健先生关于马球的论述。刘先生是美籍华人，长期从事宋史研究，卓有成就。马球是中国古代盛行的一种体育运动，在唐代曾风行一时。唐代以后的马球状况，历来不为人们所注意。刘先生论文的题目是《南宋中叶马球衰落和文化的变迁》，把马球的盛衰和文化变迁联系起来，企图"说明中国传统社会，怎样受君主制度的影响，忽略了体育"。我觉得刘先生的出发点是很好的，但他认为元代马球"反倒消失"则是不对的。元朝蒙古君主"以马上得天下"，他们怎会废除马球这种马上运动呢？而且，不少记载也可以证明元代马球仍是流行的，只是刘先生不曾注意罢了。不仅如此，至少在明代前期马球仍是存在的，甚至在宫廷中流行。在此以后，我用较多的精力注意元代饮食史，先后对元代的酒、茶、舍里别等有所论述。在探讨元代饮食时，一是注意饮食与当时中外、国内各民族文化交流的关系，例如蒸馏酒的出现、葡萄酒的流行和舍里别的传入等；二是确定元代饮食在中国古代饮食文化发展过程中的地位。徐海荣、徐吉军同志主编的多卷本《中国饮食史》中"元代的饮食"，便由我执笔（约10万字）。20世纪末，上海文艺出版社邀请我和徐吉军同志主编多卷本《中国风俗通史》，其中元代卷由我和史卫民同志撰写。除了原有的一些成果以外，我还对元代巫术、东岳崇拜、天妃崇拜、禳灾习俗、称谓习俗等诸多问题加以研究，陆续写成论文，这些问题大多前人未曾触及，从而使该书内容比较充实。

除了以上三部元代专门史著作及有关论文的写作外，这十余年间我还和陈尚胜同志合作，撰写出版了《中国海外交通史》（1997）。此书延续了以往的研究，对中国古代海外交通的发生、发展和演变作了简要的系统的叙述。

进入21世纪，我已步入花甲之岁，新世纪开端这十几年的工作主要是集中于元代文化史、妇女史、佛教史、法律文献等的研究。新中国成立前的历史著作在谈到元代文化时，基本都持否定的态度，认为元代除杂剧、散曲外，没有什么可取的文化。直到20世纪50年代这种看法仍很流行。这种观点后来逐渐得到修正，但仍缺乏认真梳理元代文化的著作。我与张帆、刘晓两位年轻同志合作出版的《元代文化史》，可以说在一定程度上弥补了这方面的缺憾。妇女史研究近几十年方兴未艾，但还存在不少薄弱环节，也有不少问题的讨论有待深入。我与其他同志共同主编出版了《中国妇女通史》10卷，其中的"元代卷"由我本人执笔，涉及元代妇女的政治生活、日常生活、文化生活、宗教信仰、服饰等方方面面。元代是中国佛教史发展的一个重要阶段，我早年曾发表过一些这方面的文章，近年来因单位课题研究需要，我又开始关注这方面的研究，发表了一些论文。我对法律文献的关注，主要是《元典章》。我主持的《元典章》读书班从20世纪末开始，持续了十几年，参加者有历史所和北京大学的研究人员、教师和研究生，还有国外的研究生和进修教师。《元典章》是一部元代法律文书的汇编，内容涉及元代社会生活各个方面，对研究元史乃至中国古代社会，都具有很高的价值。但此书文字大多用当时的公文体，不易阅读；特别是，其中有不少所谓"硬译文体"（将蒙语直译成汉语）书写的公文，更难理解。我们用集体的力量，先对此书的"户部"加以整理，以后再扩展到其余部分。2011年出版了此书点校本，先后获得古籍优秀图书奖和中国出版政府奖。我希望通过《元典章》的整理，激发年轻学者的研究兴趣，同时对自己也有所促进。元代后期法典《至正条格》残卷在韩国庆州被发现后，很快也引起我的极大兴趣，发表了一些这方面的文章。

四

20世纪中国的元史研究，经过几代人的不懈努力，到现在已粗具规模。开创这门学科的是中国史学界的几位大师：王国维、陈垣、陈寅恪诸先生，继之而起的是翁独健、韩儒林、邵循正、蒙思明、吴晗诸先生，四五十年代有杨志玖、蔡美彪诸先生。60年代以后成长起来的中青年学者，大多是翁、韩、邵、蒙、杨、蔡诸先生的门下。20世纪上半期，元史被认为是冷僻的学问，研究者甚少，作品寥寥。到八九十年代，随着中青年学者的成长，我国的元史研究已面目一新，足以与其他断代史、专门史研究并驾齐驱了。前辈学者说过，元史是"不中不西之学"。从20世纪初以来，元史研究便是一门国际性的学问。过去我们的研究落后，不受重视，现在在国际学术活动中有自己的独立的声音，足以引起他人注意了。

我所做的一些元史研究工作，都是在师友们教导、关心、帮助、鞭策下进行的，由于原来基础较差，加上主观努力不够，成绩有限，常感惭愧。至于史学的其他领域，如中亚史、绘画史等，虽曾涉猎，成绩更少。回顾自己走过的道路，如果说有什么经验体会的话，那就是：（1）必须高度重视资料的搜集和整理。"史料即史学"是不对的，但是史学研究必须以史料为基础，离开史料就无所谓史学。对于史料，必须力求全面、系统地掌握，既要熟悉已知的史料，还要下大力气去发掘未知的新史料。很多老问题的解决和新问题的提出，都有赖于对已知史料的重新认识和新史料的发现。我的每一篇论文都力求有不同于前人的新史料，有些论文的写作，即得益于新史料的发现。在史料上要有所突破，始终是我在研究工作中的座右铭。(2) 必须坚持以历史唯物主义为指导。马克思主义历史唯物主义关于经济基础与上层建筑、生产力与生产关系、阶级与阶级斗争的理论，对于历史研究，具有极其重要的意义。迄今为止，没有任何一种其他学说可以取代历史唯物主义理论。我自己的研究工作，从一开始关于农民战争的探讨，到近年的法制史研究，都力求用历史唯物主义来分析各种历史现象，以后仍将继续这样做。(3) 必须努力学习其他相关学科的理论、方法。学科之间相互渗透，已成为当前科学发展的趋势。历史学以人类社会历史为研究对象，从经济基础到上层建筑，无所不包，更需要了解其他学科的理论、方法以及研究成果，才能把自身的研究，推向前进。我在研究工作过程中，经常遇到一些问题，迫使自己进行各种学科理论、方法的补课，深深感到这种补课的重要性。由于种种原因，我的补课缺乏系统性，起的作用也不够理想。衷心希望年轻的研究者重视这一问题，不断开阔眼界，不断改正思维方式，只有这样，研究工作才能出现新的飞跃。

研究历史虽然辛苦，但乐趣无穷。搜集资料、写文章的乐趣在于获得新的发现、新的体会，这也是我今天依然坚持研究的动力。现在客观条件比过去好多了，年轻人只要努力肯定会一代比一代强。六十年的学术经历使我相信，我国的元史和整个中国史研究，在 21 世纪一定会取得更为辉煌的成就。

陈高华
2011 年首发于中国社会科学网
2016 年春修订

目 录

论 文

元代税粮制度初探 …………………………………………… (3)
元代役法简论 ………………………………………………… (20)
论元代的和雇和买 …………………………………………… (41)
元代盐政及其社会影响 ……………………………………… (58)
元代的海外贸易 ……………………………………………… (83)
元代户等制略论 ……………………………………………… (94)
论元代的军户 ………………………………………………… (106)
论元代的站户 ………………………………………………… (130)
蒙古灭金的三峰山战役 ……………………………………… (153)
早期宋蒙关系和"端平入洛"之役 …………………………… (167)
元代前期和中期各族人民的反抗斗争 ……………………… (189)
元末起义农民的口号 ………………………………………… (210)
元末农民起义中南方汉族地主的政治动向 ………………… (219)
元末浙东地主与朱元璋 ……………………………………… (236)
元末农民战争中奴隶暴动的珍贵史料 ……………………… (249)
论朱元璋与元朝的关系 ……………………………………… (257)
金元二代衍圣公 ……………………………………………… (267)
元代陆学 ……………………………………………………… (282)
元代佛教与元代社会 ………………………………………… (295)
略论杨琏真加和杨暗普父子 ………………………………… (314)
印度马八儿王子孛哈里来华新考 …………………………… (327)

宋元和明初的马球 …………………………………………… （333）

读史札记

元代中泰关系二三事 …………………………………………… （343）
元末农民起义军名号小订 ……………………………………… （345）
杨四娘子的下落 ………………………………………………… （349）
夏文彦事迹小考 ………………………………………………… （352）
元代泉州舶商 …………………………………………………… （356）
大都的燃料问题 ………………………………………………… （359）
石工杨琼事迹新考 ……………………………………………… （363）
哈密里二三事 …………………………………………………… （367）
曲先学者盛熙明 ………………………………………………… （370）
忽必烈修《本草》 ……………………………………………… （373）
读《伯颜宗道传》 ……………………………………………… （376）

论　　文

元代税粮制度初探

元代赋税，主要有两项，一是税粮，一是科差。

在我国封建社会，农业是主要的生产部门。因此，粮食是封建国家用赋税形式向编户齐民征收的主要物资。元代的税粮，就是指以征集粮食为主的税收，其项目在南北有所不同，北方是丁税和地税，南方则是夏、秋二税。

元代税粮制度很复杂，不仅南北异制，而且官、民田也有所不同。此外，有关的一些文献资料的记载存在不少错误，也增加了了解这项制度的困难。本文对这个问题做初步的探索，特别着重对《元史·食货志·税粮》（这是关于元代税粮制度最基本的史料）的记载做必要的考辨和补充。目的是想通过对这一制度的解剖，从一个侧面来说明元代的社会经济和阶级关系状况。

一 北方的税粮制度

元代北方的税粮制度，分为丁、地税两种。《元史·食货志》叙述北方税粮之法，大体如下：

> 丁税地税之法，自太宗始行之。初，太宗每户科粟二石。后又以兵食不足，增为四石。至丙申年，乃定科征之法，令诸路验民户成丁之数，每丁岁科粟一石，驱丁五升；新户丁、驱各半之；老幼不与。其间有耕种者，或验其牛具之数，或验其土地之等征焉。丁税少而地税多者纳地税，地税少而丁税多者纳丁税。工匠、僧、道验地，官吏、商贾验丁。……
>
> （中统）五年，诏：僧、道、也里可温、答失蛮、儒人，凡种田者，

白地每亩输税三升,水地每亩五升。军、站户除地四顷免税,余悉征之。……

(至元)十七年,遂命户部大定诸例:全科户丁税每丁粟三石,驱丁粟一石,地税每亩粟三升。减半科户丁税每丁粟一石。新收交参户第一年五斗,第三年一石二斗五升,第四年一石五斗,第五年一石七斗五升,第六年入丁税。协济户丁税每丁粟一石,地税每亩粟三升。

上面几段记载,带给我们一连串问题。归结起来,集中到两个问题上。一个是民户到底负担什么税?另一个是,丁、地税的税额到底是多少?

先讨论第一个问题:民户负担什么税?

元代户籍问题十分复杂。封建国家按不同的职业以及其他某些条件,将全体居民划分为若干种户,统称诸色户计。各种户对封建国家承担的封建义务各有不同,例如,军、站户主要服军、站役,盐户主要缴纳额盐,其他赋役就可以得到宽免或优待。儒户宣扬孔、孟之道,各种宗教职业户宣扬天命论,对维护统治秩序有用,在赋役方面也得到优待。因此,户、地税对各种户来说是很不相同的。从《元史·食货志》的叙述来看,有几种情况:

(1)工匠、僧、道、也里可温(基督教士)、答失蛮、儒人等,都是"验地",也就是按占有的地亩数缴纳地税。

(2)军、站户占有土地在四顷以内可以免税,超出的部分需缴纳地税。

(3)官吏、商贾"验丁",即按每户成丁人数缴纳丁税。元代法定的成丁年龄没有明确记载,估计是十五岁。[①]

以上几种情况,交代得比较清楚。但是,对于占居民大多数的民户应该缴纳什么税,记载却含糊不清。太宗丙申年(1236)的规定,既说"验民户成丁之数"收税,则应是民户负担丁税。可是接着又说:"或验其牛具之数,或验其土地之等征焉。"则民户纳的应为地税(以牛具计数,是按地征税的变种)。下文还有一段:"丁税少而地税多者纳地税,地税少而丁税多者纳丁税。"

《元史·食货志》是根据元代政书《经世大典》节录而成的。《经世大

[①] 当兵以十五岁为成丁,见《元史·兵志一》。工匠"拾伍岁已上为大口。"见《通制条格》卷一三《禄令》。

典》早已散佚,① 无法窥见原文。我们只能根据元代其他记载,对北方民户的税粮负担问题,做一些探索。

元末,危素曾不止一次谈到南、北赋役原则的差别。他说:"大抵江、淮之北,赋役求诸户口,其田(南)则取诸土田。"又说:"国朝既定中原,制赋役之法,不取诸土田而取诸户口,故富者愈富,贫者愈贫。"② 南方赋役是按土田征收摊派的,北方赋役则是按户口征收摊派的。这就是元代南、北赋役根本差异之所在。当然,这里是指占人口大多数的民户说的。

元泰定帝泰定元年张珪等人的奏议,说的也是一样:

> 世祖时,淮北、内地惟输丁税。铁木迭儿为相,专务聚敛,遣使括勘两淮、河南田土,重并科粮。又以两淮、荆襄沙碛作熟收征,徼名兴利,农民流徙。臣等议宜如旧制,止征丁税,其括勘重并税粮及沙碛不可田亩之税,悉除之。③

北方原来只征丁税(前面危素所说的"求诸户口",实际上就是指丁税),中期以后,虽有变化,亦仅限于两淮、河南括勘所得田土。正因为民户已征丁税,而括勘田土又征地税,故张珪等称之为"重并税粮",主张"除之"。

除了上面几条材料外,我们还可以找到一个有力的旁证。太宗丙申年诏令全文已不可见,但保留下来的文字中有一句话,说是"依仿唐租庸调之法"④。唐代租庸调,正是按丁征收的。

既然北方民户负担的是丁税,为什么《元史·食货志》的记载,会如此混乱呢?原来,元代北方各种户的丁地税负担各不相同,早已造成了很大混乱。以致当时有很多人已不很了然了。请看元代前期的官僚胡祗遹的叙述:

> 近为民户张忠买到军户王赟地二顷五十亩,又令张忠重纳地税事。……地一也,而曰军地、民地;税粮一也,而曰丁粮、地粮。是盖

---

① 部分篇目和各篇序录保存了下来。
② 危素:《休宁县尹唐君核田记》,《危太朴文集》卷二。《书张承基传后》,《危太朴文续集》卷九。
③ 《元史》卷一七五《张珪传》。
④ 《经世大典序录·赋典·赋税》,《国朝文类》卷四〇。

因人以立名，因名以责实，因人以推收，义例甚明。当丁税者不纳地税，当地税者不纳丁税。自立此格例以来，未有并当重当者也。

近年以来，破坏格例。既纳丁粮，因买得地税之地，而并当地税。或地税之家，买得丁粮之地，而并纳丁粮。如此重并，府、司屡申，终不开除，反致取招问罪。不惟案牍繁乱，名实混淆，军民重并，使国家号令不一，前后失信。……

所以名曰丁粮、地粮者，地随人变，非人随地变也。今日随地推收，先自失言。合曰丁粮、地粮，随人推收，则不待解说而事自明白，政自归一。民卖与军地，除四顷之外，纳地税；军卖与民地，不问多寡，止纳丁粮。岂不简易正大，不费辞说。①

胡祗遹是一个精明强干的地方官，他这篇文字很重要，帮助我们弄清了如下问题：（1）根据元朝政府规定的格例，当丁税者不纳地税，当地税者不纳丁税；军户地在四顷以上纳地税，民户只纳丁粮。这和上面我们所得出的结论完全一致，说明所谓"丁税少而地税多者纳地税，地税少而丁税多者纳丁税"是不正确的。（2）由于只纳丁粮的民户和只纳地税的军户（还有其他户）之间相互买卖土地，因而在征收税粮时出现了混乱和纠纷，往往同一户并纳二者。元世祖忽必烈时如此，到了后来，一定更加混乱。（3）由于格例遭到破坏，"案牍紊乱，名实混淆"，以登录案牍为主要内容的《经世大典》，肯定也是混乱的。明初《元史》的编者，都是一些南方的文人，还有一些理学家，他们对元代制度（特别是北方）本来就不很清楚，对《经世大典》的文字任意删削，于是就在《元史·食货志》中留下了许多矛盾抵牾之处。

为什么元代北方民户税粮采取按丁征取的办法？原因很简单。在连年战乱以后，北方农业劳动力大大减少了，地广人稀。农业生产普遍采取广种薄收的办法，每个劳动力耕地往往达百亩之多。② 在这种情况下，控制劳动力的意义更为突出。所以统治者采取按丁的办法。

第二个问题：丁、地税的税额是多少？

先说地税。《元史·食货志》没有说太宗丙申年（1236）的地税数额是

---

① 胡祗遹：《丁粮地粮详文》，《紫山大全集》卷二三。
② 胡祗遹：《匹夫岁费》，《紫山大全集》卷二三。

多少。据有的记载说，丙申年规定，"上田每亩税三升半，中田三升，下田二升。水田五升"①。中统五年（1264），改为白田每亩三升，水田每亩五升。到了至元十七年（1280），干脆连水田和旱地的区别也取消了，地税每亩三升。元朝政府逐步取消了地税的等级差别，主要是因为在地广人稀、广种薄收的情况下，划分土地等级，意义不大，不如采取一个平均数，较为简便易行。

再说丁税。丁税在北方税粮中所占比重较地税大得多。《元史·食货志》的有关记载好些是不清楚或过于简略的，需要加以说明，有的还要订正。

《元史·食货志》说："初，太宗每户科粟二石。后以兵食不足，增为四石。"但均未言具体时间。据《元史·太宗纪》：元年"命河北汉民以户计出赋调，耶律楚材主之"，则确立以户征税原则，在太宗元年（1229），②户科二石，亦应在此时。又太宗五年（1233）诏令，沿河置立河仓，"其立仓处，差去人取。辛卯（三年）、壬辰（四年）年元科州府每岁一石，添带一石，并附余者拨燕京"③。"每岁一石，添带一石"，即增一倍。可知户税由二石增为四石，应即太宗五年之事。当时南宋派到北方的使节，也提到："米则不以耕稼广狭，岁户四石。"④

太宗六年（1234），蒙古政权在北方括户口。太宗八年（1236），在括户基础上，"始定天下赋税"⑤。《元史·食货志》说，这一年"令诸路验民户成丁之数，每丁岁科粟一石，驱丁五升；新户丁、驱各半之；老幼不与"。可见，从这一年起，按户征税粮变成了按丁征取。

但是，《元史·食货志》这一段记载，却有值得讨论的地方。原来每户粟四石，现在改成每丁粟一石。如果每户平均四丁，那么丙申年前后税额相当。但是，每户平均四丁的现象，在我国封建社会历史上从未出现过。而根据这次括户的统计，平均每户五口强，⑥除去老幼和妇女，绝不可能每户平均四丁，只可能有两丁左右。这样，只有两种解释，一是蒙古统治者减轻了

---

① 宋子贞：《中书令耶律公神道碑》，《国朝文类》卷五七。
② 宋子贞在《中书令耶律公神道碑》记太宗六年（1234），蒙古统治集团曾围绕着是否"以丁为户"展开激烈争论，疑应为太宗元年事。
③ 《大元仓库记》。
④ 彭大雅、徐霆：《黑鞑事略》。按，徐霆至燕京，应在太宗七、八年之间。
⑤ 宋子贞：《中书令耶律公神道碑》，《国朝文类》卷五七。
⑥ "七年乙未，下诏籍民，自燕京、顺天等三十六路，户八十七万三千七百八十一，口四百七十五万四千九百六十五。"（《元史》卷五八《地理志一》）。

剥削，另一是记载有错误。前一种可能性是不存在的，蒙古统治者在控制中原后，千方百计进行搜刮，哪里有自动减轻剥削之理。因此，只可能是《元史·食货志》的记载有问题。估计，"每丁岁科粟一石"应是"粟二石"之误。因为：后来忽必烈时代丁税就是粟二石（详见下文）；再者，以每户二丁计，一丁二石，正好与原来一户四石相当。

又，"驱丁五升"，亦疑有误。元代赋税通常令驱口纳良人的一半。丙申年的规定不应相去如此之远。此外，当时北方农业生产中大量使用奴隶，如果对驱丁（奴隶）征税如此之低，势必大大影响蒙古政权的财政收入。估计，"五升"应为"五斗"。

丙申年规定中的"新户"，系指蒙古灭金后由河南迁到河北各地的民户。他们颠沛流离，生活很不安定。蒙古政权为了诱使他们定居下来，所以在赋役方面暂时有所放宽。太宗十年（1238）六月二日的"圣旨"中提到的民户，也有新户、旧户之分。建立站赤时，"旧户二百一十七户四分着马一匹，新户四百三十四户八分着马一匹；旧户一百九十六户二分着牛一头，新户三百三十八户四分着牛一头"①。新户的负担为旧户的一半。由承担站赤牛马的情况，可以推知"新户丁驱半之"的记载是正确的。

《元史·食货志》中关于至元十七年户部诸例的叙述中，提到"全科户丁税每丁粟三石"，也是有问题的。估计亦应为二石之误。我们的根据是：

（1）文中说："减半科户每丁粟一石。"既云减半科户，则其丁税自应为全科户之半。由减半科户的税额可以推知全科户丁税应为二石。

（2）文中列举新收交参户每年递增丁税数，除第二年脱漏（疑应作一石），自第三年至第五年，每年递增二斗五升。据此数推算，则第六年纳丁税时，应为二石。

（3）文中云："协济户丁税每丁粟一石。"而据《元史·桑哥传》："协济户十八万，自入籍至今十三年，止输半赋。"协济户"半赋"为一石，则全赋为二石无疑。

（4）延祐七年（1320）的中书省咨文，其中说："腹里汉儿百姓无田地的每一丁纳两石粮，更纳包银、丝线有。"②包银、丝线属于科差。这篇咨文明确指出了丁税为两石，和上面的分析完全一致。

---

① 《大元马政记》。《经世大典·站赤》，《永乐大典》卷一九四一六。
② 《元典章》卷二一《户部七·钱粮》。又见《元典章新集·户部差发》。

总之，我们的结论是，蒙古政权先以户定税，每户税粮开始为二石，不久增为四石。太宗丙申年起，改为以丁定税，税额为每丁粟二石，驱丁、新户一半。

在讨论北方税粮制度时，还必须讨论一下鸾户的问题。《元史·食货志》载："至元三年，诏鸾户种田他所者，其丁税于附籍之郡验丁而科，地税于种田之所验地而取。"政府专门为之颁布诏令。说明鸾户的数量是不少的。

鸾户的含义是什么？这个问题从来没有人讨论过。鸾户亦称鸾居人户，指的是离家到他乡生活的民户。上引至元三年诏书中所谓"附籍之郡"，指鸾户的本贯，即户籍所在地；"种田之所"，即鸾户现在生活劳动的地方。在当时，这种情况有时也称之为侨寓、客户等。山东益都元代《驼山重建昊天宫碑》的碑阴，有"管宁海州鸾户崔千户"一名。① 这个崔千户管理的就是本贯宁海州、现鸾居益都的人户。

武宗至大三年（1310）的一件赈济灾民的文书中说："亦有鸾居人户正名下曾申告灾伤赈济，其各管头目人等，代替申报，各州县并不照勘取问，便行移文元籍官司倚除。"元朝政府认为这样不妥，决定"今后……鸾居者亦依上例，令各户亲赴见住地面官司陈告，体复保勘是实，各用勘合关牒，行移原籍官司，以凭查勘移除"②。以这份文书和《元史·食货志》中有关鸾户的记载相对照，就很容易理解。"见住地面"即《元史·食货志》中的"种田之所"，"原籍官司"即"附籍之郡"。而"各管头目人等"即上述《昊天宫碑》中的崔千户之类。这份文书说明，一直到元代中期，仍有鸾户之称，而且继续采取另行设官管理的办法。

《元史·食货志·税粮》中说，鸾户"丁税于附籍之郡验丁而科，地税于种田之所验地而取"。这样的说法含混不清，容易使人误会鸾户既纳丁税又纳地税。合理的解释应该是，鸾户中也有各种不同的户计，规定应纳丁税的户计（如民户），因为户籍在本贯，所以丁税在原籍交纳，规定纳地税的户计（如军、站户等）所种土地在见住地面，所以地税要"于种田之所验地而取"。上举赈济灾民的文书规定鸾户受灾，由见住地面官府行移原籍官府倚除，正好说明鸾户一般均是纳丁税的民户，他们要在原籍缴纳税粮。

上面我们讨论的，是元代北方的正额税粮，实际上百姓的负担决不以定

---

① 《益都金石记》卷四《驼山重建昊天宫碑》。
② 《元典章》卷一七《户部三·户计》。

额为止。《元史·食货志·税粮》说："每石带纳鼠耗三升，分例四升。"则每石税粮须加纳七升。这也是官方的法定数。据胡祗遹说："鼠耗、分例之外，计石二、三可纳一石谷"，而且都要"精细干圆"，到仓库交粮时，"人功车牛，往返月余，所费不浅"。不仅如此，许多仓库"并无厫房"，于是又强行"借之与民"，"秋成征还加倍"。经过这样层层剥削的结果，"是国家常税本该一石。新旧并征，计以加耗，而并纳三石矣。"① 忽必烈的亲信谋士刘秉忠也曾提出"仓库加耗甚重"，要求统一度量衡，以免上下其手。② 正额之外的附加名目往往超过正额，这是封建赋税制度的一种普遍现象。我们在研究封建赋税制度，以及劳动人民负担时，必须注意这个问题。

二 江南税粮制度

元代江南税粮之法，与北方大不相同。"取于江南者，曰秋税，曰夏税，此仿唐之两税也。"北方的税粮，包括丁税和地税；南方的税粮，则专指土地税。

江南两税之中，以秋税为主。秋税征粮，夏税一般是按秋税所征粮额分摊实物或钱。所以我们的讨论就从秋税开始。

秋税每亩土地征收多少？这是首先要弄清楚的问题。《元史·食货志》对此没有记载。有的学者以为"江南田赋，也是每亩三升，与中原同"。并进一步推论："宋代田赋，每亩远在三升以上，今元代改为每亩三升，总是要比宋代轻得多。"③ 这种说法，是靠不住的。

我们试举数例：

> 徽州路共一州五县。其中歙县田分四色，上田秋苗米三斗三升二合二勺三抄。休宁县上田秋苗米二斗四升七合四勺八抄。祁门县地分上、中、下、次下、次不及凡五色，上田秋苗米二斗一升六合一勺。黟县田分五色，与祁门同，上田秋苗米九升七合二勺九抄。绩溪上田秋苗米三斗五合六勺二抄。婺源地分六色，上田秋苗米一斗八升九合五勺八抄。④

---

① 胡祗遹：《论仓粮》，《紫山大全集》卷二三。
② 《元史》卷一五七《刘秉忠传》。
③ 华山：《元代赋役制度考略》，《文史哲》1958年第2期。
④ 《嘉靖徽州府志》卷七《食货·元岁征之式》。

镇江田分四等：上、中、下、不及等。上等秋苗米每亩四升五合或五升，不及等秋苗米一升。①

婺州兰溪"州凡十乡，南乡之田亩税二升有奇，北乡倍之"②。

常熟田土"悉以上、中、下三等八则起科"③。

从以上几个例子可以看出：(1)元代江南并不存在统一的田赋税额。地区之间，差别很大。同一地区内也有若干土地等级，承担数量不等的秋粮。(2)有的地区秋粮税额在三升之下，但也有不少地区，远在三升之上，甚至有高达十倍者。因此，所谓江南每亩三升之说，显然是不能成立的。

元代官方文书中说，江南"田地有高低，纳粮底则例有三、二十等，不均匀一般"④。这是符合江南实际情况的。宋代江南各地田土税就很复杂，"元之下江南，因之以收赋税，以诏力役"⑤，也就是说，元沿袭了南宋的制度，并没有制定新的办法。各地税粮和宋代一样，是很不一致的，有的低到一、二升，有的高至二、三斗。

其次，关于江南夏税的问题。

《元史·食货志·税粮》云："初，世祖平宋时，除江东、浙西，其余独征秋税而已。……成宗元贞二年，始定征江南夏税之制，于是秋税止命输租，夏税则输以木绵、布、绢、丝绵等物，其所输之数，视粮以为差。粮一石或输钞三贯、二贯、一贯，或一贯五百文、一贯七百文。"

按，成宗元贞二年征科江南夏税的决定，见于《元典章》卷二十四《户部十·租税》。为了讨论方便，抄录如下：

> 元贞二年九月十八日奏过事一件节该：江南百姓每的差税，亡宋时秋、夏税两遍纳有。夏税木绵、布、绢、丝绵等各处城子里出产的物折做差发斟酌教送纳有来，秋税止纳粮。如今江浙省所管江东、浙西这两处城子里，依着亡宋例纳有，除那的外，别个城子里依例纳秋税，不曾纳夏税。江南的多一半城子里百姓每比亡宋时分纳的如今纳秋税重有，

---

① 《至顺镇江志》卷六《赋税》。
② 胡翰：《吴季可墓志铭》，《胡仲子文集》卷九。
③ 《嘉靖常熟县志》卷二《乡都志》。
④ 《元典章》卷二四《户部十·租税》。
⑤ 苏伯衡：《核田记》，《苏平仲文集》卷六。

谓如今收粮的斛比亡宋文思院收粮的斛抵一个半大有，若再科夏税呵，莫不百姓根底重复么！两广这几年被草贼作耗，百姓失散了有，那百姓每根底要呵，不宜也者。浙东、福建、湖广百姓每夏税依亡宋体例交纳呵，怎生？奏呵。奉圣旨：那般者。

关于夏税，有三点需要考辨。

（1）加征夏税的地区。《元典章》文书中明言元贞二年（1296）起浙东、湖广、福建三地起征夏税；《元史·成宗纪二》亦云："征浙东、福建、湖广夏税。"两者完全一致。江西不在起征之列。有一份材料可以和《元典章》文书相印证，那便是方回的《绍兴路嵊县尹佘公遗爱碑》。① 碑文说："元贞二年丙申秋下车。越归职方二十一年矣，未科夏税。上司科夏税，自明年丁酉春始。公建言：都省咨，元行初江西以省斛，较文思院斛，民多纳米三斗奇，故免夏税。"都省即中书省，"都省咨"应即《元典章》所载奏章。据此可知江西在元贞二年增加夏税的命令中，仍属于免征之列。此外，两广也免征。除了原来已纳夏税的江东、浙西外，这一次在浙东、福建、湖广三地增征夏税。

这里需要说明一下省斛和文思院斛的比例大小问题。《元史·食货志·税粮》说："其输米者止用宋斗斛，盖以宋一石当今七斗故也。"所谓"宋斗斛"就是文思院斛，它的一石相当于省斛七斗。元代江南多数地区都是用文思院斛征收税粮的，例如，《大德昌国州志·田赋志》所载秋粮额，有文思院斛数，有省斛数，其折合就是这个比例计算的。《至正金陵新志·赋税》也说："米用文思院斛，当今七斗。"但也有些记载，如《至顺镇江志》说，文思院一斗五升折合省斛一斗，一石折合省斛六斗多。② 前面所引元贞二年征收秋粮文书中所说"此亡宋文思院收粮的斛抵一个半大有"，以及方回文中所说"多纳米三斗奇"，显然是后一种折算比例。看来，这两种折算比例都是存在的，分别在不同地区使用。从上面所引一些元代方志记载来看，江东（金陵，即南京）、浙西（镇江）、浙东（昌国州）输纳税粮都以文思院数折合省斛数，但折合比例略有不同。只有江西多数地区则不加折算，按文思院斛原额用省斛征，这样，实际上已多征了三分之一，所以才获免夏税。

---

① 方回：《绍兴路嵊县尹佘公遗爱碑》，《越中金石记》卷七。
② 《至顺镇江志》卷六《赋税》。

(2) 夏税按什么标准征收？征收哪些东西？

对这个问题可以分两类地区进行讨论。一类是原来就征收夏税的地区，即江东、浙西。夏税大体上是按南宋原有办法征收的，一般是按土地等级摊派实物，如《至顺镇江志·赋税》载，镇江"上等、中等者田则夏有绵，……地则夏有丝、绵、大小麦"。有的地区还征布。① 也有些地区实物折合成钱，如徽州因为"丝、绵实非土产"，经过批准，"每岁丝、绵折纳轻赍宝钞"②。

另一类是元贞二年（1296）起征夏税的地区，即浙东、福建、湖广。元朝政府规定，也是"依亡宋体例交纳。"为了确定各地的夏税额，元朝政府还下令"追寻亡宋旧有科征夏税版籍志书一切文凭，除文思院斜抵数准纳省斜及已科夏税外，但有未科去处，自元贞三年为始照依旧例比数定夺科征，务要均平"③。

但是，在根据宋代记载定夺夏税时，到处都存在实物与货币的折价问题。宋代的物价与元代物价不同。折算起来，到底以什么为据，大有上下其手的余地。以浙东绍兴路为例，方回《绍兴路嵊县尹佘公遗爱碑》④ 中说：

> 上司科夏税自明季丁酉春始。公建言：……绢一匹该米三斗奇，准时价中统钞可两贯奇。亡宋景定四年癸亥内批，以越罕蚕，夏绢一匹折纳十八界会十二贯，永远为例。故碑具存。时十八界会一贯准铜钱二佰伍拾文，拾贰贯计铜钱三贯。向者钦奉先皇帝圣旨：亡宋铜钱三贯准中统钞一贯。今钦奉圣旨浙东等处夏税依亡宋例交纳，则绢每匹合准中统钞一贯尔。……省劄下，酌公请，越夏绢一匹准中统钞两贯，它郡率三贯。

宋代征夏税曾以实物（绢）折会子（纸钞），当时的实物（绢）、会子、铜钱之间有一定的比例关系，即绢一匹＝十八界会子十二贯＝铜钱三贯。元初，又规定铜钱三贯等于中统钞一贯，亦即绢一匹等于中统钞一贯。但是到

---

① 《吴兴续志》，《永乐大典》卷二二七七，湖字门引。
② 《嘉靖徽州府志》卷七《食货·元岁征之式》。杨翮：《送李复之郡曹调宁国序》，《佩玉斋类稿》卷六。
③ 元贞二年九月科征夏税文书，见《元典章》卷二四《户部十·租税·纳税·起征夏税》。
④ 方回：《绍兴路嵊县尹佘公遗爱碑》，《越中金石记》卷七。

了元贞二年，这个比例关系随着物价的上涨遭到了破坏，绢一匹时价中统钞二贯多。要重征夏税时，就发生了问题。这个官员主张按元初的比例征收，元朝政府当然不肯吃亏。结果是，对这个官员所在的绍兴地区予以照顾，夏税绢一匹折合钞二贯，其他地区折合钞三贯。这正好说明，在大多数地区，实际上元代所征夏税比宋代要重。

在有些地区，还实行按秋粮定夏税的办法。如浙东庆元路所属昌国州，"至大德元年（元贞三年改），始以民苗为数，每石征中统钞三两。以为夏税焉"①。这种办法似乎是按秋税粮额决定夏税额的，它与宋代夏税之间的关系，尚不清楚。当时昌国州官价米一升钞六分半，一斗应为六钱五分。三贯合米四斗六升强。秋粮每石征夏税钱三贯，则夏税约相当于秋粮的一半。

（3）关于湖广门摊和夏税关系问题。《元史·食货志·税粮》说：

> 初，阿里海牙克湖广时，罢宋夏税，依中原例，改科门摊，每户一贯二钱。盖视夏税增钞五万余锭矣。
>
> 大德二年，宣慰张国纪请科夏税，于是湖、湘重罹其害。俄诏罢之。
>
> 三年，又改门摊为夏税而并征之，每石计三贯四钱之上，视江浙、江西为差重云。

按，中原所谓"门摊"，系指征税时按户摊派之意。如中统五年（1264）五月中书省奏准宣抚司条款中云：②

> 今年照勘定合科差发总额，府科与州，验民户多寡，土产难易，以十分为率，作大门摊均科讫。

《元典章》卷二十二把"门摊"列于"杂课"一门，其中所载至元二十九年（1292）湖广行省札付中说："每户一年滚纳门摊课程一两二钱"，"验各家实有地亩均科，许令百姓自造酒醋食用"。显然，湖广门摊也是按户摊派之意，摊派时按各户实有地亩数"均科"。征收门摊是作为"许令百姓自

---

① 《大德昌国州志》卷三《叙赋·田粮》。
② 《元典章》卷二五《户部十一·差发》。

造酒醋食用"的代价，换言之，就是一种酒醋税。因此，它与夏税之间是风马牛不相及的两回事。此后的一些记载也完全证明这一点。大德五年（1301）九月，"江陵、常德、澧州（均属湖广）皆旱，并免其门摊酒醋课"。大德六年（1302）三月，"以旱、溢为灾，诏赦天下，……江淮以南夏税、诸路乡村人户散办门摊课程并蠲免之"①。大德十一年（1307）七月，"江浙水，民饥。诏赈粮三月，酒醋门摊课程悉免一年"②。又，延祐六年（1319）元朝政府讨论私酒处理办法时，曾引用湖广行省常德路的申文："酒醋课程，散入民间恢办，诸人皆得造酒。有地之家纳门摊酒课者，许令造酒食用。"中书户部同意这种"认纳门摊，许令酝造饮用"的办法。③ 可见，门摊就是酒醋课，这是不成问题的。而且，门摊并不限于湖广，江浙也有。另外。有一点需要注意，上面所引大德"三年又改门摊为夏税而并征之"的说法是不可信的，在此以后，门摊仍然存在。如前所述，湖广夏税，应该是元成宗元贞二年决定、次年起征的，此后夏税与门摊并存。

上面所讲的是江南夏税的一般情况，还需要指出的是：（1）元代江南两税不断加重。元朝政府在延祐七年（1320）下令："凡科粮一斗上添答二升"，即增加百分之二十。④（2）和北方一样，缴纳税粮时，要加以鼠耗分例，"江南民田税石，依例每石带收鼠耗、分例七升"⑤，以镇江为例，"秋租正米十一万七千余石，鼠耗米为五千三百余石"。实际上，要缴纳税粮的各种额外支出，名目繁多，绝不限于鼠耗分例七升。如湖南郴州，"受纳秋粮，石加五斗"⑥。（3）缴纳两税时，豪强地主可以少交甚至不交，他们欠下的份额就由官府强行转加到农民头上，如浙西平江（苏州），交税粮时，"初限皆细民，其输粮也石加五、六斗不能足。豪右至末限，什仅纳二、三，却用细民多输者足之"⑦。因此，南方一般农民的税粮负担，比法定的数额要大得多。"前年鬻大女，去年卖小儿。皆因官税迫，非以饥所为。"⑧ 税粮"科征之际，枷系满屋，鞭笞盈道，直致生民困苦，饥寒迫身"，残酷的赋税

---

① 《元史》卷二〇《成宗纪三》。
② 《元史》卷二二《武宗纪一》。
③ 《元典章新集》《户部·酒课》。《元典章》卷二二《户部八·酒课》。
④ 《元史·英宗纪一》。《元典章》卷二四《户部十·租税》。
⑤ 《元典章》卷二一《户部七·仓库》。
⑥ 黄溍：《参知政事王公墓志铭》，《金华先生文集》卷三一。
⑦ 郑元祐：《前平江路总管道童公去思碑》，《侨吴集》卷一一。
⑧ 王冕：《悲苦行》，《竹斋诗集》卷二。

剥削，把广大劳动人民逼得无法再照旧生活下去，或者死亡，或者逃亡，更多的则走上了反抗的道路。①

三 官田税粮

上面所说南、北税粮制度，都是就民田而言的。现在我们来讨论元代官田的税粮制度。

《元史·食货志·税粮》云：

> 其在官之田，许民佃种输租。江北、两淮等处荒闲之地，第三年始输。大德四年，又以地广人稀，更优一年，令第四年纳税。
>
> 凡官田夏税皆不科。

按，江北、两淮荒田招募开耕之法，见至元二十二年（1285）九月诏令，其中规定："若有前来开耕人户，先于荒闲地土内验本人实有人丁，酌量标拨，每丁不过百亩"；"三年外依例收税"②。《元史·世祖纪十》记此事，亦云"免税三年"，则应是第四年起科。但大德四年（1300）十月诏令："江北系官荒田，许给人耕种者，原拟第三年收税；或恐贫民力有不及，并展一年，永为定例。"③《元史·成宗纪三》同。则似在至元二十二年后，已将"三年外依例收税"改为第三年起科，但后来又改了回去。

至元二十三年（1286），元朝政府招募农民开垦耕种江南官府"荒芜田土"④。二十五年（1288）正月规定，耕种江南公田荒闲田地，"第一年不要地税，第二年要一半，第三年……三停内交纳二停。种的百姓每根底不交当别个杂泛差役"⑤。其收税之法比起江北、两淮来，有所不同。

官田的所有者是封建国家，租佃者便成了国家的佃户。因此，官田的地税，不同于民田的地税，实际上是一种地租。

除了荒闲田土之外，还有另一类官田，在《食货志·税粮》中却被忽略

---

① 朱德润：《平江路问弭盗策》，《存复斋续集》。
② 《元典章》卷一九《户部五·荒田》。
③ 《元典章》卷一九《户部五·荒田》。
④ 《元典章》卷一九《户部五·荒田》。
⑤ 《元典章》卷一九《户部五·种佃》。

了。那便是两浙特别是浙西一带的官田,多数是比较好的土地。它们是宋、元两代通过没收罪人的资产和向民间强行收购等方式得来的。例如有宋末年贾似道行公田法,在浙西六郡强行收买民田三万五千余顷,后来虽曾退还民间,但到元代仍被收为官田。① 元成宗没收浙西豪门朱清、张瑄的田土,每年税粮即达十余万石。② 这一类官田的总额虽不可知,但仅镇江一地即达九千余顷,为全部田土的四分之一强;③ 而平江、松江等地官田数更远在镇江之上。由此也足以推知官田为数之巨了。

两浙官田,有的由地方官府管理,有的由元朝政府设立专门机构如江浙财赋都总管府、江淮财赋都总管府等管理。官田土地有的直接租给农民,有的由官僚豪强承佃,再转租给农民。例如松江大地主瞿霆发家,有"当役民田二千七百顷,并佃官田共及万顷"④,足见其包佃官田达七千余顷之多。

这类官田的税粮就是地租,通常都照入官前租额起科,为土地收入的一半甚至更多。"惟豪民私占田取其什之五以上,甚矣其不仁也。而近世公田因之,亦十五以上。"⑤ 浙西官田有的每亩"岁纳税额须石半"⑥;浙东上虞官田最高"亩岁输谷二石二斗"⑦。所以当时有人说:"公租视民所输且二十倍"⑧,确非虚语。和民田的情况一样,官田税粮交纳时,同样也加上许多额外的费用,例如镇江官田,"亩纳五斗之上,及至秋成,催租勾扰,赴仓送纳,又有船脚、加耗、仓用,得米一石上下,方可输纳正米五斗"⑨。

还要指出的是,有的官田也要交夏税,镇江、湖州等地区江淮财赋总管府所辖官田就收征丝、绵、大麦、小麦等物作夏税。⑩ 这也许是根据各类土地的出产物不同而征收不同的东西。这个问题还值得研究,但《元史·食货志·税粮》所说:"凡官田夏税皆不科",则肯定是不确切的。

官田租额很高,"输纳之重,民所不堪"⑪;而且"不问凶荒水旱岁",

---

① 《至顺镇江志》卷六《赋税》。
② 王艮:《议免增科田粮案》,《嘉庆松江府志》卷二〇,《田赋志上》。
③ 《至顺镇江志》卷二《田土》。
④ 杨瑀:《山居新话》。
⑤ 吴澄:《题进贤县学增租碑阴》,《吴文正公集》卷二八。
⑥ 朱德润:《官买田》,《存复斋文集》卷一〇。
⑦ 贡师泰:《上虞县核田记》,《玩斋集》卷七。
⑧ 邓文原:《刑部尚书高公行状》,《巴西文集》。
⑨ 《至顺镇江志》卷六《赋税》。
⑩ 《至顺镇江志》卷六《赋税》。《吴兴续志》,《永乐大典》卷二二七七湖字门。
⑪ 吴师道:《国学策问四十道》,《吴礼部集》卷一九。

都要如额征收。① 当佃户"终岁勤苦，尽田内所得子粒，输官不敷，拖及无纳"时，官府便将其"父子妻女，累累禁系，枷扒拷打，抑逼迫征，十户九空"；使他们只好"将家业变卖，无资产者卖子鬻妻。或弃生就死者有之，抛家失业者有之"。因此，浙西农民"言及公田，孰不怨恨！言及公田，谁肯耕作！"② 残酷的封建剥削，严重束缚了社会生产力的发展。

至于官僚地主包佃的官田，也交纳地税，但性质有所不同。这是他们参与瓜分地租收入。在这些包佃人控制下的佃户，要受双重剥削，其遭遇之困苦，更是可想而知。

四 附论：代役田

《元史·食货志·税粮》最后谈到助役粮问题：

> 泰定之初，又有所谓助役粮者，其法命江南民户有田一顷之上者，于所输税外，每顷量出助役之田，具书于册，里正以次掌之。岁收其入，以助充役之费。凡寺观田除宋旧额，其余亦验其多寡，令出田助役焉。民赖以不困，因并著于此云。

按，助役粮又名义役，始自宋代。元代部分地区仍然施行。见于元朝政府法令，则自英宗至治三年（1323）四月始。《元史·英宗纪二》：

> 诏行助役法。遣使考视税籍高下，出田若干亩，使应役之人更掌之，收其岁入以助役费，官不得与。

可见"泰定之初"说法不确。原来民间义役之法，各地有所不同。有的是"分户九等，各出助田若干，……每岁以三、两户应充里正、主首，即收义粟与之"③。有的是"视物力之薄厚，各捐己橐，得钱七千五百缗为子本，推执事者五人操其奇赢，以供百役之费，而存其母常勿绝"④。助役法颁布

---

① 朱德润：《官买田》，《存复斋文集》卷一〇。
② 《至顺镇江志》卷六《赋税》。
③ 陆文圭：《陆庄简公家传》，《墙东类稿》卷一四。
④ 黄溍：《鄞县义役记》，《金华先生文集》卷一〇。

后，不少地区都采取按比例抽田入官的办法，有的地方"凡民田百亩，令以三亩入于官，为受役者之助"①。有的地方达到"田亩什抽一以助役"②。

原来民间所行义役，无论田产或是钱，都掌握在地主豪强手里，他们可以从义役田的地租或义役钱的利息中得到很大好处。助役法推行之后，助役田由官府掌握，得到好处的主要是官吏。

助役田主要为了解决差役问题。里正、主首是元代差役的重要项目，元朝政府用差役的办法来建立自己的基层政权组织。助役田可被视为元朝政府从经济上加强其基层政权的一项措施。但助役田的收入除交纳二税之外，按规定应专门用作津贴差役之用，并非封建政府的赋税收入。因此，将它列入税粮名下是不恰当的。

(原载《文史》第 6 辑，中华书局 1979 年版)

---

① 黄溍：《礼部尚书干公神道碑》，《金华先生文集》卷二七。
② 郑元祐：《长洲县达鲁花赤元童公遗爱碑》，《侨吴集》卷一一。

元代役法简论

中国历代封建王朝，都为自己管辖下的编户齐民规定了种种封建义务，通常就称之为"赋役"。赋指以各种名目征收的实物税和货币税。役原来专指无偿征调劳动力而言，故称为力役，但在唐、宋之后，又从民户中轮流选充官府所需的一些职务，如催督赋税、缉捕盗贼、看管仓库等，称为差役或职役。元代的役，和其前的宋、金一样，包括力役和差役两个方面，前者又称为杂泛。但其具体内容与前代颇有不同，而且前后有所变化。

本文拟对元代役法即元朝政府关于役的政策法令以及具体措施做一些说明，同时试图对役法所引起的社会矛盾做初步的剖析。

一 杂泛差役的项目

在元代官方文书中，常常提到"杂泛差役"一词。有的研究者认为，在差役（职役）之外，"还有属于徭役性质的各种'杂泛差役'，其中最繁重的就是官私货物的运输"[1]。显然，以为"杂泛差役"就是力役。这是不恰当的。首先，在中国封建社会前期，当时的"役"主要是力役，徭役即所谓"力役之征"，力役和徭役可以说是意义完全相同的两个名词。但进入唐宋以后，差役（职役）的重要性日益增加。人们固然用徭役来表示力役，但也常常以徭役来作为差役的代名词，这种情况是屡见不鲜的。元代也是如此。因此，差役之外另有徭役的说法是不确切的。其次，"杂泛差役"并非一回事，杂泛与差役是有区别的，前者指力役，后者指职役。请看下面一段资料，就完全可以说明这个问题：

---

[1] 华山：《元代赋役制度考略》，《文史哲》1958年第2期。

皇庆二年十月二十九日，中书省奏："大宁路管辖的高州玉瞪寨，赵哇儿小名的妇人，年二十岁。……在后他的男儿没了呵，那妇人教做了大棺子，自缢死了，和他男儿壹个棺子里埋葬了有。妇人每似这般殁了男儿贞烈与夫同死的上头，合除免杂泛旌表门闾么道。辽阳省官人每备着本处廉访司文字俺根底与将文书来。俺商量来，他每说的是有。"奏呵。奉圣旨："是好勾当有。止免杂泛呵轻有。本户的差役也除免者，么道。圣旨了也。钦此。"①

一条人命，换来了杂泛和差役的除免，充分说明封建社会是吃人的社会。但从这份文书可以看出，杂泛与差役是役法中有明确区别的两个项目。

还可以举一个例子：

至大庚戌，公（靳孟亨）以从仕郎为赣县丞。县当广海要冲，环城皆水，岁造舟为梁以通行者，而有司征敛之烦，使者追呼之急，民甚苦之。公籍居乡下户共二千三百家，验所输粮多寡，造舟小大共三百艘。……其他赋役皆以粮为差等，上焉以供海运，次应差役，下则供杂泛之劳。具籍申府而永行之。②

"上焉供海运"是抽调一部分民户充当海船运户。元代常从民户中签发抽调一定数量去从事封建国家所需要的某种职业，便以该项职业为户名，如运粮船户、盐户、军户、站户等。这些户比一般民户负担要重，因此在其他各项赋役上可以得到某些减免。"次应差役，下则供杂泛之劳"则指其余民户而言。这条记载同样说明杂泛与差役是不一样的。

杂泛就是力役，也叫夫役。它主要包括两个方面，一是人夫，二是车牛，车牛实际上也需要人夫驾驭。建造官舍、治理河渠、修建城池、递运官物等等，都属于杂泛之列。

差役的项目比较复杂，需要做一些说明。严格说来，元代的差役，只有六种。即里正、主首、隅正、坊正、仓官和库子。里正、主首、隅正、坊正

---

① 《通制条格》卷一七《赋役·孝子义夫节妇》。
② 苏天爵：《兵部侍郎靳公神道碑》，《滋溪文稿》卷七。

是一类，可以说是元朝政府基层政权的职事人员。仓官和库子是另一类，为官府保管财物。

元朝制度，农村中行政区划一般分乡、都两级，乡设里正，都设主首。有些地方则"止设里正"①，或止有主首，②其制不一。元朝政府规定，"诸村主首使佐里正催督差税"③。可知两者主要应是为官府催办各项赋税。但在有些地方，两者之间又有所分工，里正专管催办钱粮，主首则负责供应杂事。④此外，地方的治安也由他们负责，在所管范围内发生违反国家禁令的事情，里正、主首"有失钤束"，也要受处分。⑤城市中行政区划有的在录事司下分隅、坊二级，有的仅有隅一级。隅设隅正，坊设坊正，"凡官府排办造作、祇应杂务、羁管罪人、递运官物、闭纳酒课、催办地钱"等等，都由隅正、坊正负责。⑥从里正、主首、隅正、坊正的职责可以看出，他们行使的是基层政权的职能，本身就是基层政权的职事人员。

里正、主首、隅正、坊正的数目各地不一样。以江西为例，每乡设里正一名，上等都设主首四名，中等三名，下等二名。⑦浙江绍兴原来每隅隅正三名，后增为七名，乡村中一度增为十五人。⑧里正、主首、隅正、坊正的役期各地也不相同，有的周岁一更，有的半年一更，也有一季一更。

元代地方上各种仓库的仓官和库子，都由民户差充。⑨此外，官府每遇造作工役，也差民户"以主其出纳，谓之库子"⑩。因为被选差者往往不通书算，稽纳出入，每多误事，后来有的地方改成委派"请俸司吏"充当，"役不及民"⑪。但多数地方仍采取在民户中科派差役的办法。

除了上述六种之外，过去常被研究者认为属于差役范围的社长、弓手、祇候等，严格来说，都不是差役。但是有的名目由于各种原因和差役实际上

---

① 《吴兴续志》，见《永乐大典》卷二二七七。《嘉靖太平县志》卷三《食货志》。《万历黄岩县志》卷三《食货志》。
② 严羽：《均徭记》，《嘉靖邵武府志》卷五。
③ 《通制条格》卷一六《田令·理民》。《元典章》卷六〇《工部三·役使》。
④ 《至顺镇江志》卷二《地理》。
⑤ 《元典章》卷五七《刑部一九·祈赛神社》。
⑥ 《至顺镇江志》卷二《地理》。
⑦ 《元典章》卷二六《户部一二·赋役》。
⑧ 黄溍：《绍兴路总管宋公去思碑记》，《两浙金石志》卷一七。
⑨ 《元典章》卷一二《吏部六·库子》。
⑩ 戴良：《许丞传》，《九灵山房集》卷一九。
⑪ 《元典章》卷一二《吏部六·库子》。

没有多大差别。

差役是一种封建义务，它有两个特点，一是按各户财产情况轮流充当的，有一定期限；二是不能领取薪俸。如果不符合这两条，就不能算作差役。以社长来说，按照元朝政府初立社时的规定，五十家为一社，"令社众推举年高通晓农事有兼丁者立为社长"，"使专劝农"①。这也并非按资产情况轮流充当，因而不能算成差役。事实上，担任社长之后，"仍免本身杂役"②，更足以说明社长职务与差役是两回事。但是，后来情况有所变化。元朝政府立社，本意原在促进农业生产，而许多地方政府却利用它来作为控制人民剥削人民的工具，社长往往被指派"催差办集"，和里正、主首的职责没有多大区别。有些地方索性废除主首，保留里正、社长二者，实际上是以社长代替主首。而且社长职务也和里正、主首一样，定期轮流选差。③ 这样一来，社长就和差役没有多大区别了。因而，有时甚至在一些官方文书中，也把社长与仓官、库子、主首、人夫等并列，作为杂泛差役的一种。④

弓手在宋代是一种差役，但在元代情况有所变化。按照元朝政府的规定，弓手是在民户"每一百户内取中户一名充役，与免本户合著差发，其当差户推到合该差发数目却于九十九内均摊"⑤。这种选派的办法和差役没有共同之处，因为承担差役决不能免除赋税，当然更不存在由其余人户均摊的问题。同时，上面已指出，差役是按资产情况轮流充当的，而弓手一旦拣充后，就固定下来，不再采取轮流的办法，这一点也是很不相同的。实际上，这种由中户选充，然后将本户差发分摊到其余各户头上的办法，和元朝政府补军户的办法是一样的。⑥《元史》将弓手列入《兵志》，⑦《元典章》将弓手税粮引入《军兵税》条目下，⑧ 都足以说明弓手和军户在性质上是很相近的。也就是说，弓手是一种特殊的户，是元代诸色户计中的一种。在元代的方志中，往往以弓手户与民、儒、匠、站等户并列，统称为诸色户计或诸色

---

① 《元典章》卷二三《户部九·立社》。
② 《元典章》卷二三《户部九·立社》。
③ 刘尚质：《绛州知州彭侯去思之碑》，《山右石刻丛编》卷三八。
④ 《元典章》卷三四《兵部一·正军》。
⑤ 《元典章》卷二四《户部一〇·军兵税》。
⑥ 魏初：《奏议》，《青崖集》卷四。
⑦ 《元史》卷一〇一《兵志四·弓手》。
⑧ 《元典章》卷二四《户部一〇·军兵税》。

人户。① 诸色人户中有一部分人户所从事的职业有时也称为役，如军户当军役，站户当站役，匠户当匠役等，但这种役与差役是完全不同的。因为一则前者是终身当役，而且世代相袭，后者则是轮流充当的；二则前者当役后其他赋税可得到减免或照顾，后者当役则得不到照顾；三则前者当役之外，仍须承当杂泛差役，有时免除被认为是统治者的恩惠（见本文第二部分）。弓手户既和军户一样，当然也不能看成是一种差役。但是，由于弓手户的职责是"防盗"，往往利用职权，"致害人命"，元代中期以后，又曾实行轮换的办法，"役三年者罢之，还当民役，别于相应户内补换"②。轮流充当，和差役就很相似了。然而这种轮换之法，弊端更多，很快就停止了。③

在官府中"出入诃喝，左右指使"的首领、面前、祗候，以及"守狴犴，防囚徒"的禁子，"追呼保任逮捕"的曳剌，④ 统称为公使人。从中央到地方，各级官府都设有名目不同、数目不等的公使人，供官员们差遣。这些"于各衙门官人每根底投做总领、面前、祗候人"的，可以说都是"游手好闲的人"⑤。公使人的职务，虽然地位很低，但可以凭借官府的威势，欺压百姓，所以成为那些"游手好闲的人"钻营的对象，各衙门中公使人的实有数目，往往超过了额定数目。如：上等县按规定不过祗候十二名，禁子三名，实际则是"壹个司（录事司）、县官根前佰拾个人跟着"⑥。公使人的"合该税粮，令其余人户包纳"⑦。有些地区的公使人还"按月支俸食钱"⑧。由于公使人等常常仗势"害民"，元朝政府一度想定期予以更换，或"一季一标拨，一体轮换"；或"三年一次交换"。但因怕这样做"数年之后，乡村细民皆为皂隶，起灭词讼，紊乱官府，公私不便"，所以又停止了交换之法。⑨ 这些公使人差充后可长期任职，又可免除税粮，有的还能支俸食钱，说明他们和衙门中的官吏一样，地位有高低之分，但都是一种专门职业，不能算做编户齐民必须承担的封建义务。正因为如此，元代有的方志中称公使

---

① 《至顺镇江志》卷三《户口·土著》。《至正金陵新志》卷八《民俗志》。
② 《元史》卷一〇一《兵志四·弓手》。
③ 《通制条格》卷三《户令·交换公使人隶》。
④ 《经世大典序录·政典·祗从》，《国朝文类》卷四一。
⑤ 《通制条格》卷二七《杂令·带行人》。
⑥ 《元典章》卷六〇《工部三·弓手》。
⑦ 《通制条格》卷三《户令·祗候曳剌税粮》。
⑧ 《元典章》卷六〇《工部三·弓手》。
⑨ 《通制条格》卷三《户令·交换公使人隶》。

人为"皂隶",将它与"户役"（即差役）区别开来。① 至元二十八年（1291）江浙行省的一份文书中说："体知得诸衙门及权豪之家,将富上民户,恃势影占,不当差役,却令供办草料、柴薪、蔬菜等物,或充祗候、面前,私自占使,凡有公家差役,交无力小民替代。"② 充当祗候、面前是逃避差役的一种方法,可见祗候、面前不同于差役,从这件文书中是看得很清楚的。

二 诸色户的当役和免役

上面我们讨论了元代的役（杂泛、差役）所包括的项目。现在进一步讨论诸色户的当役和免役问题,也就是说,讨论役是由哪些人户承当的。这是元代役法中最复杂的一个问题。

元朝的户籍制度与前代大不相同。它将全国居民按不同的职业（还有按民族及其他标准）划分为各种户,统称为诸色户计。主要有军、站、民、匠、儒、盐、僧、道等。其中民户占大多数。各种户向封建国家承担的封建义务各不相同。以杂泛差役来说,全体民户（除了少数经封建国家特许的例外,如受到旌表的所谓义夫节妇、一产三男等③）都要承担杂泛差役,但不同的资产情况有所区别（见本文第三部分）。民户以外的其他各种户,在元代前期原来一般都是不承担杂泛差役的,但到元代中期以后（大体从14世纪初开始）,发生了很大变化,各种户的大多数都要和民户一起均摊杂泛差役。

先说元代前期的情况。

匠户。至元十七年（1280）十二月,元朝政府"敕民避役冒名匠户者复为民"④。当时有人说："各处富强之民,往往投充人匠,影占差役,以致靠损贫难户计。"⑤ 投充匠户以避役,可知匠户是免役的。

军户。至元"十九年二月,诸侯王阿只吉遣使言：'探马赤军凡九处出

---

① 《至顺镇江志》卷一三《虞禄》。
② 《元典章》卷五四《刑部一六·擅科》。
③ 《元典章》卷三三《礼部六·孝节》。元代杂剧《吕洞宾度铁拐李岳》中,岳孔目临死前劝其妻守节时说："那时节保香名到省内,除杂役在官中"。见《元曲选》上册,第501页。
④ 《元史》卷一一《世祖纪八》。
⑤ 王恽：《便民三十五事·论匠户》,《秋涧文集》卷九〇。

征，各奥鲁内复征杂泛徭役，不便。'诏免之，并诏有司毋重役军户"①。军户承当军役，又被征杂泛徭（差）役，故曰"重役"。稍后，成宗大德三年（1299）正月有关军户待遇的诏令，说得更加清楚：

> 军户和雇和买、杂泛差役，除边远出征军人全行蠲免，其余军户有物（力）之家，奥鲁官凭准有司印信文字，官给价钞，和雇和买依例应付，无物（力）之家不得配桩科着外，据人夫、仓官、库子、社长、主首、大户车牛等一切杂泛，并行除免。②

可见军户可以免除杂泛差役，而出征军人则连和雇和买都可以豁免。

站户。"自立站以来，除当站外，不拣甚么差役不当有来。"但地方官府往往科派站户充当里正、主首等杂泛差役，因此，元朝政府又于至元三十年（1293）重申："站户每除当站外，不拣谁休重科差役者。……重科差役底人每有罪过者。"③

儒户。儒户除做买卖纳商税、种田纳租税外，"其余一切杂泛差役并行蠲免"④。这一规定曾多次重申。

医户。中统三年（1262），忽必烈的诏书中规定，医户"除丝绵颜色、种田纳税、买卖纳商税外，其余军需铺马祗应、递牛人夫、诸科名杂泛差役，并行蠲免"⑤。后来在至元九年（1272）、元贞元年（1295），都有免除医户差徭的命令。

僧、道户。早在窝阔台汗元年（1229），就有诏令规定：僧、道"种田作营运者，依例出纳地税、商税，其余杂泛科差，并行免放"⑥。以后也曾多次重申。也里可温、答失蛮（伊斯兰教士）等宗教职业者也和僧、道一样可以免除杂泛差役。

此外，如鹰房打捕、⑦盐户、舶商、海船水手等等，也都可以免役。至于贵族、官僚的免役，当然更不在话下。元代王公贵族各有封地属民，称为

---

① 《元史》卷九八《兵志一·兵制》。
② 《元典章》卷三四《兵部一·正军》。
③ 《元典章》卷三六《兵部三·站户》。
④ 《元典章》卷三一《礼部四·儒学》。
⑤ 《元典章》卷三二《礼部五·医学》。
⑥ 《通制条格》卷二九《僧道·商税地税》。
⑦ 《元典章》卷三八《兵部五·打捕》。按，这是一种专门为皇室放鹰（供打猎用）的人户。

位下或投下，所属人户，也都享有免役特权。元朝政府把全国居民分成四等，即所谓蒙古、色目、汉人、南人。蒙古人都分属各位下（投下），当然可以免役。色目中的"回回"人户（中亚信奉伊斯兰教各民族）等，也可以免役。因此，元代前期按规定应该当役的，是汉人和南人中的民户，还有一部分色目民户（如唐兀户）①。

这种情况到元代中期发生了变化。

由于享有免役权利的户计很多，民户中的"有力富强之家"也"往往投充诸王位下及运粮水手、香莎糯米、财赋、医人、僧道、火佃、舶商等诸项户计，影占不当杂泛差役"。这样就使得民户中可当役者日益减少。元朝政府本意要富裕户承当差役（见本文第三部分），但因可当役者日少，不少地方"止令贫难下户承充里正、主首，钱粮不办，偏负生受"②。这对元朝政府来说是很不利的。因此，元朝政府在元贞元年（1295）和大德五年（1301）曾先后发布命令，要这些"不以是何投下、诸名色影蔽有田纳税富豪户计"与其余民户"一体轮当里正、主首，催办钱粮，应当杂泛差役，永为定例"③。而且还规定首都所在的大都路"凡和雇和买及一切差役，以诸色户与民均当"④。到了大德七年（1303）三月，元朝政府在全国范围内对诸色户的当役免役问题，做出了新的规定。现将这一诏令录引如下：

> 今后除边远出征军人，并大都、上都其间站户，依著在前已了的言语，休管者。其余军、站、人匠、打捕鹰房，并各投下诸王驸马不拣是谁的户计，和顾和买、杂泛差役有呵，都交一体均当者。⑤

根据这一诏令，原来不当役的军、站、匠、打捕鹰房和投下户，都要与民户一体均当杂泛差役了。这是元朝役法一次大的改革。需要说明的是，《元史》记此事说：大德七年（1303）二月，"丙戌，诏除征边军士及两都

---

① 唐兀即原西夏人户，成宗至元三十一年曾"令河西僧人依旧助役"（《元史》卷一八《成宗纪一》），则河西唐兀人户当役可想而知。

② 《元典章》卷二五《户部一一·影避》。按，运粮水手户是元朝漕运船只的水手，香莎糯米户是专门为皇室生产香莎糯米的。财赋户是财赋总管府所属的人户。火佃不详。从这条记载可知这些户也是可以免役的。

③ 《元典章》卷二五《户部一一·影避》。

④ 《元史》卷一八《成宗纪一》。

⑤ 《元典章》卷二六《户部十二·户役》。

站户外，其余人户均当徭役。"① 这显然是和上述诏书原意有一定出入的。因为诏书中提到的只是"军、站、人匠、打捕鹰房"和各投下所辖人户，并没有说所有"其余人户"都在内。例如，儒户在这一次诏令发布后仍可免役。就在这一年十二月，江南浙西道廉访司还专门行下牒文，要所属地区免除儒户的杂泛差役。② 僧、道户在这一次诏令中也未提及，但在这一年闰五月的诏令中，就补充规定"僧人与民均当差役"③。我们应以诏令原文为准。

大德七年三月的诏令是役法改革的开端。自此以后，围绕着诸色户的当役免役问题，元朝政府内部争论不休。一些王公贵族和官僚都想方设法要使自己管辖或有关系的人户仍然得到免役的特权；但是，另一些贵族、官僚却主张尽量扩大当役面，让诸色户都与民户均当杂泛差役。因为"众人不协力当呵，只交当差的百姓每当呵，勾当也成就不得，百姓每越生受去也"④。杂泛、差役都办不好，而且百姓日益贫苦，这样对元朝统治是很大的威胁。元朝统治者既要照顾某些王公贵族、官僚的要求，同时更不能不考虑元朝统治的长远利益，因此在有关役法的一些具体规定上常常摇来摆去，变化无常。于是，我们在大德七年三月诏令发布以后，看到了一些矛盾的奇怪的现象。一方面，元朝政府在大德九年（1305）、大德十一年（1307）、至大四年（1311）、皇庆元年（1312）、延祐元年（1314）、三年（1316）、五年（1318）、七年（1320），接连发布诏令，反复重申取消各投下户及其他一些户的免役权利，要他们与民户一体当役。⑤ 比起大德七年三月的诏令来，后来的规定更加严格，连"回回"人户也被指定"与民均当差役"⑥。只有三种人可以免役，而且都有一定条件限制。一种是大都到上都之间"自备首思"的站户。"首思"是蒙语的音译，原义为汤、汁，用来指驿站上供应来往使臣的分例饮食。供应首思对这些站户来说是很沉重的负担，故得免除杂泛差役。另一种是边远地区出征的军人，他

---

① 《元史》卷二一《成宗纪四》。
② 《元嘉兴路儒人免役碑》，《两浙金石志》卷一四。
③ 《元史》卷二一《成宗纪四》。按，这一次诏令似乎没有发生效力，因为大德八年正月的诏书中说："军、站、民、匠诸色户计近年以来往往为僧为道，影蔽门户，苟避差徭，若不整治，久而靠损贫下人民。"（《通制条格》卷二九《僧道·给据簪剃》）
④ 《元典章》卷三《圣政二·均赋役》。
⑤ 这些诏令见《元典章》卷三《圣政二·均赋役》，《通制条格》卷一七《赋役·杂泛差役》和《元史》各有关本纪。
⑥ 《元史》卷三三《文宗纪二》。《元史》卷一三四《朵罗台传附脱欢传》记脱欢上奏云："回回户计多富商大贾，宜与军民一体应役，如此则赋役均矣。"疑即此时之事。

们原有的"赡军产业"可免，但"续置了百姓每的当差田地"（即从民户或其他户手中买得原来承当杂泛差役的土地），仍须承当杂泛差役（役由田定，见本文第三部分）。第三种是僧道，他们旧有（南方自宋朝灭亡以前，北方和云南自元贞元年以前）的土地和皇帝赏赐的土地可以免役，续置的土地仍要当役。① 但是，另一方面，元朝统治者又不断发令，允许这种户或那种户免役，如军户、② 打捕鹰房、③ 某些投下户、④ 盐户、⑤ 控鹤户⑥等。元朝统治者利用各种宗教作为加强统治的手段，特别崇尚佛教，因此，对于僧尼户曾数次下令特许免役。⑦ 也里可温户、答失蛮户等很快也被准许免役。⑧ 这种矛盾的现象，充分反映了元代中期以后政治的混乱，同时也说明扩大当役面、要诸色户与民一体当役的做法，效果是很有限的。

元朝最后一个皇帝元顺帝上台（1333）后，社会矛盾日益尖锐化，"赋役不均"成为一个很突出的问题。元朝政府除了推行"核田均役"之类措施（见本文第五部分）外，又把扩大当役面作为缓和矛盾的一种办法。元顺帝即位的第二年（1334）正月，就下令"僧、道与民一体充役"。紧接着，同年五月，又"诏王侯、宗戚、军、站、人匠、鹰房、控鹤，但隶京师诸县者，令所在一体役之。"后至元元年（1335），又令"海道都漕运万户府船户与民一体充役"。但这时也有例外，就在元顺帝上台这一年的九月，"诏免儒人役"，次年三月，又重申这一规定。⑨ 僧道充役而儒户免役，说明在元朝统治者心目中，儒学的重要性是大大提高了。但是，"赋役不均"的严重问题并未因封建国家的纸上法令而得到解决，没有多久，全国规模的农民战争就爆发了。

三　杂泛差役的差充办法

通过上面的讨论，我们可以知道杂泛差役原来主要是由民户承当的，元

---

① 见延祐五年的诏令，《元典章》卷三《圣政二·均赋役》。
② 《元典章》卷三四《兵部一·正军》。
③ 大德十一年十二月至大改元诏书中说，不少人户投充怯薛歹、鹰房子以"影避差徭"，可知当时打捕鹰房户（鹰房子）又可免役。见《元典章》卷二《圣政一·重民籍》。
④ 《元典章》卷二五《户部十一·减差》。
⑤ 《元史》卷三三《文宗纪二》。
⑥ 《元史》卷三五《文宗纪四》。
⑦ 《元典章》卷三二《礼部六·释道》。《元史》卷二七《英宗纪一》，卷三三《文宗纪二》。
⑧ 《元史》卷二九《泰定帝纪一》。
⑨ 《元史》卷三八《顺帝纪一》。

代中期以后其他各种人户也要承当，但变化无常。现在，我们进一步研究一下杂泛差役的差充办法，也就是说，在政府规定应该承当杂泛差役的人户中间，杂泛差役又是怎样摊派的。

元世祖忽必烈至元二十八年（1291）曾颁布《至元新格》，对一些制度作了规定。其中之一是："诸差科夫役，先富强后贫弱。贫富等者先多丁，后少丁。开具花户姓名，自上而下，置簿挨次。遇有差役，皆须正官当面点定该当人数，出给印押文引，验数勾差，无致公吏、里正人等放富差贫，挪移作弊。其差科簿仍须长官封收。长官差故，次官封收。"① 这一条讲的是力役也就是杂泛差充的办法（"遇有差役"的"差役"是动词，即差科之意，并非"杂泛差役"的"差役"）。那么，差役又是用什么办法差充呢？武宗至大四年（1311）三月的诏令中说："民间和雇和买、一切杂泛差役""各验丁产，先尽富实，次及下户"②。可见，杂泛（力役）和差役的差充原则是一样的，都是根据各户的财产情况进行摊派的。但在不同地区，对不同的项目，差充的办法往往有很大的差别。

先说杂泛。杂泛差充一般有两种办法。有的杂泛只在一部分比较富足的人户中差充，如浙西修治吴淞江时，"于本州有田一顷之上户内，验田多寡算置里步均派，自备粮赴功"③。这是为了体现"先尽富实"的原则，但在当役者中间仍要"验田多寡"加以"均派"。在有些州县，居民按资产情况划分户等，某些杂泛先在上、中户内摊派。④ 另一种是不论贫富普遍按田土数或税粮数进行摊派，例如"大德间，顺元蛮作乱，朝命行省调兵击讨，役湖北诸郡民饷师黄平府，有司计租亩第转输粮数多寡"⑤。两种办法中，后一种居多，因为对于地方官吏来说，差充的面愈大，愈可以上下其手，从中取利。

再说差役。差役在性质上与杂泛是有所差别的。杂泛是力役，封建国家摊派杂泛是为了无偿征用劳动力，至于前来服役的劳动力是贫是富，对它来说是无关紧要的。差役是职役，里正、主首、坊正、隅正为地方官府催督赋税，摊派力役，承办各种事务，起基层政权的作用；仓官、库子为官府保管

---

① 《通制条格》卷一七《赋役·科差》。
② 《通制条格》卷一七《赋役·杂泛差役》。
③ 《元史》卷六五《河渠志二·吴松江》。
④ 在杂剧《吕洞宾度铁拐李岳》中，一个衙门中的公使人说："这老子是下户我添做中户，是中户我添做上户的差徭。我着那挑河夫当一当直穷断那厮筋。"提高户等，就好差派他去充挑河夫。见《元曲选》上册，第493页。
⑤ 宋褧：《吉水州监税谢君墓碣铭》，《燕石集》卷一四。

各种财物，地位也很重要。因此，官府在选择差役对象时，既要考虑政治上可靠，又要对方有一定的经济力量，以便一旦出现亏空时可以赔补。根据上述要求，元朝政府在有关文书中，一再强调既要选择"廉干无过之人"①，又要在"税高富实户""有蓄积人户"中间差派里正、主首，② 从"殷实人户"中差派坊正，③ 从"有抵业"人户中差派库子④等等。当时的文人记载也说："我朝准前代役法，推资产之殷者为里正，以趋走其里之事。"⑤ 这就是说，差役的主要对象，应该是地主和一部分比较富裕的自耕农民。

由于上述原因，差役在科派时，原来一般都是有一定资产限制的。有些地方以户等为基础，将全体居民划分为三等九甲，在上户或上、中户内轮流差充。如山西绛州地方官"令推选上上户著甲乙簿，于是里正、社长一定而不移"⑥。有些地方的仓场仓务官由"上三户"选充，上三户即九等户中的上三等。⑦ 有些地方则以一定数额的土田或税粮为准，在该数额以上者充役，以下者免。如江西"并以一石之上为则，一体当役，若有税存产去而无蓄积者及一石之下人户，俱不在当役之限"。凡在"当役之限"以内的人户，再聚集在政府衙门中"自行公同推唱供认"，排定次序，"上下轮流，周而复始"。当役人户出钱雇请他人代役是允许的，但在元代这种情况似乎不多。⑧

但是，也有一些地方实行"随产定役"的办法，也就是按各户的资产（主要是田土，或按税粮）摊派差役。特别是进入中期以后，富户逃役的现象愈来愈严重，这种办法也就日益普遍了。"有一石之田者，当一石之役；有一斗之田者，当一斗之差。"⑨ "受差之家，悉准田之多少，田多者应重差而不可辞，田少者称其出而不得扰。"⑩ 具体的办法各地大不一样。如广西梧州，"额定每田一千亩应当里正一季，自上而下，周而复始"⑪。如果富户的田土超过此数，则按比例增加当役时间。若中、下户不及此数，则数户合当一季。梧州地广人稀，故以千亩

---

① 《通制条格》卷一六《田令·理民》。
② 《元典章》卷二六《户部十二·户役》。
③ 《至顺镇江志》卷二《地理·坊巷》。
④ 《元典章》卷一二《吏部六·库子》。
⑤ 陈旅：《刘积甫墓志铭》，《安雅堂文集》卷一二。
⑥ 刘尚质：《绛州知州彭侯去思之碑》，《山右石刻丛编》卷三八。关于社长见本文第一部分。
⑦ 胡祗遹：《政事》，《紫山大全集》卷二一。
⑧ 《元典章》卷二六《赋役·户役》。
⑨ 虞集：《崇安县尹邹君去思之碑》，《道园学古录》卷四一。
⑩ 戴良：《许丞传》，《九灵山房集》卷一九。
⑪ 《冯太守德政碑》，见《永乐大典》卷二三四三引《古藤志》。

当一季。如浙东龙泉，则税粮"满六斛者役一月"①。凡数户合并当役者，则按军户的办法，"以粮多者为役首，次为帖（贴）役云"②。这种办法主要仍是要地主和一部分自耕农民应役，但是其他贫难下户也得分摊部分，实际上就是要他们拿出钱来津贴"役首"，即当役的地主和富裕农民。

由于杂泛差役是根据资产丁力情况科派的，元代初期，封建国家为了鼓励发展农业生产，还曾专门规定："本处官司并不得将勤谨增置到物业添加差役"。不久又作了修改补充，三年之内不添加差役。③ 但是后来役法混乱，这一规定并没有起多大实际作用。

四　杂泛差役与元代社会矛盾

杂泛差役是封建国家强加在编户齐民头上的封建义务。摊派杂泛差役必然引起承担者与封建国家之间的矛盾。但是，正如上面已指出那样，杂泛与差役在性质上是有所不同的，两者摊派时引起的后果也有区别。

前代的力役，一般都有时间的限制，如唐代规定每丁二十天。元代是否有这样的规定，从现存文献中难以说明。从实际情况来说，官府（从中央到地方）可以任意滥派杂泛，没有什么限制。虽然也不止一次地颁布诏令，"民间杂役""勿夺农时"④，其实不过是一句空话。大规模的杂泛，动辄征发数万或数十万，对农业生产完全置之不顾。大德六年（1302），元朝政府在湖南湖北大起丁夫二十余万人，运送丁粮到播州（贵州遵义），"正当农时，兴此大役，驱愁苦之人，往回数千里中"，对生产造成了很大破坏。⑤ 元成宗时，在五台山修佛寺，"土木既兴，工匠夫役，不下数万"，弄得"民有不聊生者矣"⑥。前面提到的大德年间"役湖北诸郡民饷师黄平府"一事，当时"大暑疫疠方作，死者什八九，枕藉于道"，遭遇十分悲惨。⑦ 不仅中央和地方官府可以派役，连一些贵族也可凭倚权势，科派力役。元文宗图帖睦尔做皇帝前住在集庆，想盖佛寺，就"令有司起民夫江南"，这种做法连

---

① 宋濂：《叶治中历官记》，《宋文宪公全集》卷四三。
② 《万历黄岩县志》卷三《食货志》。
③ 《元典章》卷二三《户部九·立社》。
④ 《元典章》卷三《圣政二·息徭役》。
⑤ 《元史》卷一六八《陈天祥传》。
⑥ 宋褧：《吉水州监税谢君墓碣铭》，《燕石集》卷一四。
⑦ 《元史》卷一七六《李元礼传》。

当时有些官僚也觉得不像话，建议他拿钱出来"募夫"，不要任意"役民"①。

杂泛差派的对象是全体当役的居民。实际上，那些富家大户总是千方百计逃避，把杂泛的负担转加到一些小地主特别是劳动人民头上。他们逃役的方法主要有二种。一是投充影占，二是诡名析户。投充影占就是投到贵族、官僚名下，或那些可以免役的户计中，利用他们的特权，免除自己的力役。忽必烈后期，大都的"高赀户"多为宠臣"桑哥等所容庇，凡百徭役止令贫民当之"②，就是一例。元朝政府曾经多次下令禁止"诸位下、诸衙门及权豪势要人家"影占当役人户，正好说明这种现象在当时是很普遍的。③ 诡名析户就是多立户头，将一户分成几户或几十户向官府申报，这样每户的丁力资产很少，就可以少当甚至不当杂泛。山东济宁"富家私田跨县邑，赀无算"，在地方上势力很大，但却"析其户役为数十，其等在最下"，结果"赋役常不及己，而中、下户反代之供输"④。

各级官府的官吏都把差拨力役作为发财的机会。"但遇差夫，不问数目多少，便行一例差拨"；被差者出钱贿赂，才可宽免。他们甚至还以差拨为名，"于市井辏集去处拖扯买卖及入市农人拘留一处，逐旋差拨。虽无差拨，亦三、四日不令还家，索要钞、物方免。以此人民失业，田地荒芜"⑤。当时有人描写差拨力役引起的骚扰时说："漫村赶丁夫，所在沸官府"；"所经辄绎骚，不若被掠虏"⑥。这些被差拨的丁夫，确实和俘虏差不多，"司县人吏又行捶楚，系颈累累，相望于道"⑦。"鸠工具畚锸，排户加笞鞭。"⑧

元朝末年，"赋役之剧，民不聊生。……一户差徭，动至五、六"，结果是"重则亡躯，轻则坏宅，奔散流离，所在皆是"⑨。例如，封建政府为了镇压江、淮一带的农民起义，从北方抽调大批军队南下，同时征发许多农民

---

① 《元史》卷一四五《自当传》。
② 《元史》卷一七三《崔彧传》。
③ 《元典章》卷三《圣政二·均赋役》；卷五四《刑部一六·擅科》。《通制条格》卷一七《赋役》。
④ 虞集：《户部尚书马公墓碑》，《道园学古录》卷一五。
⑤ 《元典章》卷二六《户部十二·夫役》。
⑥ 王恽：《挽漕篇》，《秋涧文集》卷三。
⑦ 《元典章》卷二六《户部十二·夫役》。
⑧ 贡师泰：《河决》，《玩斋集》卷一。
⑨ 叶颙：《呈县判簿乔公》，《樵云独唱诗集》卷五。

为军队运送粮饷。有一首诗歌描写了这一次夫役承担者的遭遇：

> 澉南有农者，家仅一两（辆）车。王师征淮蔡，官遣给军储。翁无应门儿，老身当一夫。劳劳千里役，泥雨半道途。到军遭焚烹，翁脱走故间。车牛力既尽，户籍名不除。府帖星火下，尔乘仍往输。破产不重置，笞捶无完肤。……有司更著役，我实骨髓枯，仰天哭欲死，醉吏方歌呼。①

差役的情况不一样，要复杂得多。前面已经说过，按照元朝政府的规定，差役是在地主和自耕农民中间差充的。对于有些豪强地主来说，承当里正、主首、坊正、隅正之类差役，是他们把持地方、鱼肉乡里的大好机会，可以利用职权，为所欲为。例如：福建莆田黄己，"以资多为闾里之正。……每岁首县，次民资力多寡，定征敛之籍，众不能决，处士发一言，皆称平。争讼者来质是非，告以理法，举酒饮之，各谢而退"②。摊派赋役由他说了算，地方上的纠纷由他裁决。这个里正十足是一个土皇帝。还有一些里正、主首，本身并非豪强地主，而是后者的狗腿子，仰承鼻息，仗势欺压群众，如浙东宁海一带，"大家以赀结长吏，田之租税俾小民、佃者代输，里正因而渔利，每亩征米四升，小民以为病"③。里正、主首干预词讼，"申作事头"④；以及征赋肥己，"不以入官"，反而弄得纳税民户被逮破产。⑤ 对于很多地主和狗腿子来说，差充里正、主首、坊正、隅正之类职务，正是发家的大好机会。例如元初吴兴（今浙江湖州）朱坞地方的褚天祐，在宋、元之际"家资荡尽"，入元以后，屡当差役，尽管他也大喊大叫"差役繁重"，"不能一日安居"，实际上却是因此"日增田业，坟茔庵宇，无不葺治"⑥。元朝末年，浙东庆元一带因"寇乱大造兵甲，邑之役于官者就瘠民肥己"，引起了人民群众的愤怒。⑦

但是，地主和他们的狗腿子利用充当差役从中渔利只是一个方面。另一

---

① 张翥：《澉农叹》，《蜕庵集》卷一。
② 宋濂：《莆田黄处士墓铭》，《宋文宪公全集》卷三四。
③ 方孝孺：《童贤母传》，《逊志斋集》卷二一。
④ 《元典章》卷五三《刑部一五·听讼》。
⑤ 虞集：《书堂邑张令去思碑后》，《国朝文类》卷三九。
⑥ 《褚公祠碣》，《吴兴金石记》卷一五。
⑦ 乌斯道：《周皓斋墓志铭》，《春草斋文集》卷一〇。

方面。还有不少地主和自耕农千方百计逃避差役,甚至有一部分豪强地主也是这样。有的地方甚至出现"无升合之粮而常充乡都之役者"①。在大多数地区,逃役还愈来愈严重,成为元朝政府深感头痛的一个问题。为什么许多人不愿意充当这些看起来有利可图的职务?其中原因比较复杂,需要作具体分析。

对于大多数中小地主和自耕农民来说,一方面,他们并不熟悉官府的事务,很容易受衙门中公使人敲诈欺凌;另一方面,他们在乡里又不敢得罪豪强大户,难以向后者(本来应是赋役的主要承担者)征收赋税,摊派力役。在元朝政府的赋役不断加重,而劳动人民又被迫四散流亡的情况下,他们难以征集足额的赋税和力役,往往不得不自行赔补。因此,"中产之家,岁一当徭,即破荡无几"②。中产以下的人户,当然更为悲惨。还有一些地方,当里正的是富户,当主首的是"力微弱"的小地主和自耕农民。③ "奉公往役名主首,半是摘箬担柴夫。"④ 于是,"事悉取具于主首,而里正坐视其成"⑤。在赋敛不断加重而劳动人民又大量逃亡的情况下,承当里正的富户就把责任都推到主首身上:"课程茶酒率陪闭,所取盐米何锱铢。逃粮逃金不须论,职田子粒尤难输。公家督促过星火,唯听捶挞生虫蛆。"⑥ 结果是"代输者皆主首尔","因之破家者又比比有焉"⑦。由于这样一些原因,这些中小地主和自耕农,都想方设法逃避差役,"每岁差役,争破家求免,幸而免,家破。不免,家破尽而不足,身僇辱死亡"⑧。"破家求免",不外是贿赂官吏上下其手准予免役。有些也采用投充和析户的办法。还有一些人别无他法,只好卖掉土地。"田夫有话向谁言,麦饭稀稀野菜羹。半顷薄田忧户役,近来贱卖与人耕。"⑨ 这个只是"半顷薄田"的农夫,显然不过是个自耕农,但是户役(差役)对他的威胁是如此之大,以致宁可忍痛卖掉自己的命根子——土地,借以免役。差役的危害,由此可见一斑。

---

① 吕浦:《上宪司委林县丞书》,《竹溪稿》卷下。
② 贡师泰:《余姚州知州刘君墓志铭》,《玩斋集》卷一〇。
③ 危素:《富州蠲金纪事》,《危太朴文续集》卷一〇。
④ 李存:《义役谣》,《俟庵集》卷四。
⑤ 黄溍:《参知政事王公墓志铭》,《金华先生文集》卷三一。
⑥ 李存:《义役谣》,《俟庵集》卷四。
⑦ 危素:《富州蠲金纪事》,《危太朴文续集》卷一〇。
⑧ 刘岳申:《清江王县尹去思碑》,《申斋文集》卷七。
⑨ 元淮:《农家》,《金囦集》。户役即差役,见《元典章》卷二六《户部一二·户役》。

有不少地方，"有力富强之家"即大地主也用各种方法逃避差役，"止令贫难下户承充里正、主首"①。造成这种情况的主要原因是政府摊派的赋税太重，官吏还要从中取利，承当里正、主首、坊正、隅正不仅无利可图，弄得不好还要赔补，因此许多富户也望而生畏。赋税太重的情况是多种多样的，总的来说，是因为元朝政治腐败，统治集团奢侈荒淫，挥霍无度，官僚机构日益臃肿，经费不断增加，这些负担最后都落到编户齐民的头上。元代中叶，已有人指出，各种赋税比元朝初年已经增加了十倍。② 到了元朝末年，"课赋无艺"，"增加无算"，逐季都有增添。③ 以浙西松江为例，当地田赋比起南宋末年来增加了七倍，不仅如此，这个地方以产麦为主，官府却偏要征米。弄得当地百姓十分困苦。④ 除此之外，各地还有许多额外的重赋。如镇江，南宋末贾似道行公田法，强买民田为公田，"民间迫于应命，多有岁输租于官而实无是田者"。这样一些"有科无征之粮"，元代照旧征收，而实际上并没有可征收的对象，官府就在里正等身上追征。⑤ 浙东余姚也有同样的情形。⑥ 又如江西常宁州，由于天灾，许多农民死亡流徙，豪强地主乘机兼并土地，"私取田而虚其赋入之数"，结果有六千多亩田土的赋税没有下落，官府就"按籍坐所指户亩责之方保首正"⑦。像这样一类"有额无田""产去税存"的现象，当时在很多地方都是存在的。不断加重的赋税和无主的赋税，里正、主首等通常便分摊到见在人户头上。见在人户因为负担太重，有的被迫逃亡，有的用各种方式拖延、反抗。逃亡日增，反抗日盛，征赋愈难。但是官府由于支出浩大，经费日绌，对赋税不但不肯减免，反而不断增加，拼命向里正、主首等追征，甚至将他们"缲扒吊打，责限陪比，破家荡产，终不能足"⑧。因此之故，承当里正、主首、坊正、隅正一类差役，"率多隳其产业，至鬻妻子以代责入"⑨。有人估计镇江地区承当差役的情况时说，"间有桀黠之徒，稍能枝梧，复为细民之蠹，抑肥者不一二，而瘠者

---

① 《通制条格》卷一七《赋役·主首里正》。
② 程钜夫：《民间利病》，《雪楼集》卷一○。
③ 姚桐寿：《乐郊私语》。
④ 宋禧：《送宇文先生后序》，《庸庵集》卷一二。
⑤ 《至顺镇江志》卷二《地理·乡都》。
⑥ 贡师泰：《余姚州知州刘君墓志铭》，《玩斋集》卷一○。
⑦ 傅若金：《常宁州义役钱记》，《傅与砺文集》卷三。
⑧ 谢应芳：《上周郎中陈言五事启》《龟巢稿》卷一六。
⑨ 傅若金：《常宁州义役钱记》，《傅与砺文集》卷三。

已什佰矣"①。这个说法多少有些夸大（但也说明当时确有因承当差役而"肥"即发财的），从中也可以看出承当差役有两种不同的结果，而破产者则是大多数。正因为如此，"富多田者虑害之及，辄诡析户徙役贫者"②。

以上讲的是承当里正、主首、坊正、隅正这一类差役的情况。至于仓官、库子一类差役，不但无利可图，而且极易出现亏空。官府衙门中的官员和公使人等常常利用仓库营私舞弊，仓官、库子的承当者往往不熟悉其中情形，就成了牺牲品。如江西以甲户（上户）主仓库，"民新附，不识法，又恇怯，率为吏卒攘窃，及岁满破家杀身，至其子孙不能偿"③。那些来自农村的地主，"系庄农之家，钱谷书算，俱不通晓"，更为官吏上下其手提供了方便，弄得"亏兑失陷，致将应有财产、房舍、孳畜等物，尽行折割"④。这一类差役"多致破产"，所以无论富家大户或是中、小地主及自耕农，"争纳赂祈免代"⑤。

地主阶级和封建国家之间，从根本利益来说，两者是一致的。封建国家是地主阶级的权力机关，各地的大小地主就是封建国家的统治基础。但是地主阶级内部在瓜分地租收入和政治权力时是充满了这样和那样的矛盾的，地主阶级各部分和封建国家之间也是这样。元朝政府通过摊派差役让各地的地主掌握基层政权、管理仓库，表明它是意识到以地主为自己统治的支柱的，体现了两者利益的一致性。但是，元朝政府不断加重赋税，除了对劳动人民敲骨吸髓之外，还要从地主阶级手中夺取一部分剥削收入，甚至使他们中一部分人破产，这样必然会引起一部分甚至很大一部分地主对元朝政府的不满。逃避差役，正是这种不满的表现。富户地主逃役，其结果必然是"贫难下户"当役，他们更无力征集赋税，应当杂事，只要一当役，等待他们的必然是破产甚至杀身的结局。当时有人说："富民之奸谲者巧于隐避，产税多析于他名，故役轻而益富。贫懦者田虽鬻而额仍存，故役重而益贫。"这些"贫懦者""物力既殚，官事稽失，荷校受笞，资孥不保"，十分悲惨。⑥ 差役的摊派，扩大了地主阶级和封建国家之间的矛盾，同时使阶级矛盾进一步

---

① 《至顺镇江志》卷二《地理·乡都》。
② 傅若金：《常宁州义役钱记》，《傅与砺文集》卷三。
③ 虞集：《户部尚书马公墓碑》，《道园学古录》卷一五。
④ 《元典章》卷一二《吏部六·库子》。
⑤ 黄溍：《文昌县尹王君墓志铭》，《金华先生文集》卷三七。
⑥ 张世昌：《乌程县尹冯侯均赋役碑》，《（同治）湖州府志》卷四九。

尖锐化。元朝末年，已经有人指出，"诸处盗贼窃发"，"盖有其由矣。始于水旱伤农，而贫穷岁无衣食饱暖之给。次则差役频并，而官吏日有会敛侵渔之害，此其为盗之原也"①。

总之，无论杂泛也好，差役也好，都加深了元代的社会矛盾，成为导致农民起义的重要原因。

五　义役和均役

摊派杂泛差役是造成元代社会生活动荡的一个重要因素，加深了元代的社会矛盾。对于元朝的统治来说，是很不利的。地主阶级中有不少人看到了这一点。他们想出种种办法，进行补救，归纳起来，主要有两种，一种是义役，一种是均役。

义役也叫助役，起于宋代。到了元代，南方一些地区的地主士大夫，继续提倡这种办法。大体来说，义役就是由居民按资产多少各出一定比例的土田或钱钞，由专人管理，将土田的出产或钱钞的利息作为津贴当役者的费用。如江阴陆垕，因患差役不均，"分户九等，各出助田若干，以身为率，先后差次，每岁以三两户应充里正、主首，即以义粟与之"②。江西庐陵王思道："民困徭役，公乃义以济之。首捐田五十亩倡，以次出有差。共得田二百五十亩，岁收粟五百石以供科役。"③后来元朝政府认为这种方式对于役法的推行有利，就积极加以提倡。元仁宗延祐五年（1318），"浙西奏请得旨，令有田百亩之上者出田助役"④。到英宗至治三年（1323），元朝政府下令"行助役法，遣使考视税籍高下，出田若干亩，使应役之人更掌之，收其税籍以助役费，官不得与"⑤。根据中央政府的命令，不少地区的地方官积极推行助役法。如平江（今苏州）长洲县尹干文传在当地令民田百亩"以三亩入官，为受役者之助"⑥。他还曾到上海、华亭、无锡等处协助推行助役法，其中上海共得助役田七百十六顷有奇，每年实得助役粮二万六千余石⑦。又

---

① 苏天爵：《山东建言三事》，《滋溪文稿》卷二七。
② 陆文圭：《陆庄简公家传》，《墙东类稿》卷一四。
③ 王礼：《照磨王公墓志铭》，《麟原前集》卷二。
④ 余卓：《松江府助役田记》，《嘉靖上海县志》卷八。
⑤ 《元史》卷二八《英宗纪二》。
⑥ 黄溍：《礼部尚书干公神道碑》，《金华先生文集》卷二七。
⑦ 余卓：《松江府助役田记》，《嘉靖上海县志》卷八。

如周仔肩在浙东鄞县教民为义役，"林村有当受役者三十五家，首相与谋，眡物力之薄厚，各捐己橐，得钱七千五百缗为子本，推执事者五人操其奇赢，以供百役之费，而存其母常勿绝。复推其五人日诣有司以听征令，岁终则更休焉"①。

但是，对于地主阶级的大多数来说，要他们拿出一部分土地或钱钞来，是很困难的。他们总是千方百计设法逃避，有些干脆加以阻挠。尽管元朝政府明令推行，多数地区不过徒具形式而已，实际上并不起什么作用。而少数推行了助役法的地区，出面组织的不外是"里居"的"达官"②，或"有力者"，也就是地方上的豪绅大户。以助役为名鸠集的田土或钱钞，就掌握在他们或他们的狗腿子手里，主要用来补助他们自己。义役或助役没有也不可能解决役法带来的社会矛盾。

均役就是按财产状况均摊杂泛差役。役法造成了尖锐的社会矛盾。许多地主官僚认为，役法"病民"是由于"役不均"引起的。杂泛差役都是按资产多寡进行摊派的，"户口之贫富无恒业，土田之贸易无恒主"，元朝没有定期的严密的户籍登记制度，因而官吏可以任意上下其手，"虽欲其均卒莫能均"③。"视田亩之多寡以均役"，亦即核实居民的财产（主要是土地），然后根据各户财产的实际情况摊派杂泛差役，就可以做到公平合理，解决役法"病民"的问题。④ 这种办法就叫作"均役"。"均役"首先要清查田土，然后"依粮定役"⑤。元朝中期以后，不少地方行政长官都做过这件事，特别是元朝后期，社会阶级矛盾日益尖锐化，地主阶级中很多人都把调整封建国家与编户齐民之间的关系、缓和社会矛盾的希望寄托在"均役"上。如亦璘真在浙东义乌，"田政久废，民或无田而被役，而田连阡陌者乃仅三岁而一役。公奉宪府令，尽括其实定著于籍，由是民田苗米莫得飞寄诡匿以肆其欺。多田之家则随田之所在验米之多寡受役不一数，而单夫小户，差役俱免，民服其均。"⑥ 白景亮在衢州："先是为郡者于民间徭役不尽较田亩以为则，吏得并缘高下其手，富民或优有余力，而贫弱不能胜者多至破产失业。

---

① 黄溍：《鄞县义役记》，《金华先生文集》卷十。
② 刘辉：《宇文公谅去思碑》，《弘治上海志》卷七。
③ 王艮：《上海县坊正助役义田记》，《嘉靖上海志》卷八。
④ 危素：《休宁县尹唐君核田记》，《危太朴文集》卷二。汪克宽：《省试策》，《环谷集》卷三。
⑤ 胡助：《廉侯遗爱传》，《纯白斋类稿》卷一八。
⑥ 胡助：《达鲁花赤亦璘真儒林公去思碑铭》，《纯白斋类稿》卷一九。

景亮深知其弊，乃始核验田亩以均之，役之轻重一视田之多寡，大、小家各使得宜，咸便安之。由是民之劳而事易集，他郡邑皆取以为法。"① 其他如刘辉在余姚州，② 唐棣在徽州休宁，③ 邹伯颜在福建崇安，④ 都搞过类似的事情。这些进行"核田""均役"的地方官员，通常可以博得"良吏"的美誉。

但是，"均役"云云，实际上也是没有多大效果的。有的虽然热闹了一阵，由于当事者要照顾地主的利益，只好半途而废，如浙东平阳，"县令张侯某思行均役法，问计于公（郑采）。公曰：'役未易均也'，侯问其故。公曰：'侯馆人之家，其产最伙，法当居上上，侯果能平之乎？'侯变色而作。后竟罢不行"⑤。有的表面上进行了，地方官自以为是，实际上具体办事的吏人与豪强地主相互勾结，田土数仍然不实，"均役"也就成了空话。

杂泛差役和赋税一样，都是封建国家赖以生存的重要手段。而杂泛差役的推行，也必然加剧阶级矛盾和统治阶级内部的矛盾，这是封建社会内在矛盾的对抗性质所决定的。任何改良补救的措施，都改变不了这种必然趋势。何况，诸如义役、均役之类措施，本身就有很大弊病，不仅不能达到施行者预期的目的，往往走向反面，从而使得矛盾更加尖锐化。

（原载《文史》第 11 辑，中华书局 1981 年版）

---

① 《元史》卷一九二《白景亮传》。
② 危素：《余姚州核田记》，《危太朴文集》卷二。
③ 危素：《休宁县尹唐君核田记》，《危太朴文集》卷二。
④ 虞集：《崇安县尹邹君去思之碑》，《道园学古录》卷四一。
⑤ 宋濂：《郑公墓志铭》，《宋文宪公全集》卷二五。

论元代的和雇和买

本文研究的课题是元代的和雇和买制度。元代徐元瑞所作法律词典《习吏幼学指南》曾作如下解释：

和雇：两顺曰和，庸赁曰雇。
和买：两平以钱取物也。①

顾名思义，和雇和买就是封建国家以公平合理的价格雇用百姓的车船服务或购买百姓的物品。这种办法，前代已有之，但到了元代，范围更广，影响也大。"和"即两相情愿、公平合理之意，但是，封建国家在雇、买时以"和"为名，实际上是骗人的，和雇和买是强加在编户齐民身上的一项沉重的封建义务。

元代政书《经世大典·赋典》中并没有为和雇和买列目。以《经世大典·赋典》为据修成的《元史·食货志》对此也缺乏专门的记载。迄今为止，也没有人对这个问题做过专门的研究。这不能不说是元代社会经济史研究中的一个缺陷。本文拟就和雇和买制度以及这一制度在元代社会生活中的影响略做论述，不妥之处，请予指正。

一

元代，封建国家（宫廷、中央和地方各级政府）所需的各种物资以及官府工业所需的原料，有两大来源。一是通过各种赋税收集而来，一是通过和

---

① 见《居家必用事类全集》辛集，明嘉靖刊本。

买征购而来。或者可以说，凡是赋税所得不足以满足国家需要的物资，都要通过和买在民间征购。① 而国家所需各种物资的运输，除了驿站之外，主要通过和雇在民间租赁车、船。② 元代官方文书中说，"国家应办支持浩大，所用之物，必须百姓每根底和雇和买应办。"③ 和雇和买对于封建国家机器的正常运转，具有极其重要的作用。

和买的内容繁多。宫廷、中央政府和地方各级政府所需的各种物品，都可以在民间和买，比较常见的有纺织品、建筑材料、军需物资等。元初修大都，各种建筑材料大都来自民间，仅和买秆草、烧草就"不下数十百万束"，料粟"不下数十万石"④。忽必烈为了征日本，在江南造海船，所需木材、铁、炭、麻灰、桐油等物，无不在民间和买。⑤ 军队需要战马，有元一代和买马匹史不绝书。忽必烈时，曾多次和买马匹，每次数千匹至数万匹不等。直至元末，仍不时举行。至正十七年（1357），为了镇压农民起义，一次即在民间和买马匹六万匹。⑥ 元朝政府每年经海道从江南运粮北上，需要装运粮食的口袋十余万条，每条需布一匹，这些布匹也都在民间和买。⑦ 以上列举的只是几个比较大的和买项目，其他还有很多。宫廷铸造铜佛所需的铜，⑧印刷书籍所需的纸张、木板，⑨ 也都在民间和买。

和雇主要是两项，一项是雇车，一项是雇船，都是用来运输各种官府物品。

元初有人说过："曰买曰雇，非常法也，前代不测则用之。今一一逐旋雇买。"⑩ 和买与和雇，本来都是临时性的措施，但在元代应用范围非常广泛，而且日益增多。元朝统一以前，为了应对南宋战争和营建大都的需要，

---

① 例如，徽州路以产纸著名，每年"岁贡"上供纸（赴北纸、行台纸、廉访司纸）三百二十万张，"又有诸衙门和买纸、常课日纸或和买经文纸，动以百万计，不在常数"。（《嘉靖徽州府志》卷七《食货·元岁征之式》）显然，和买纸比法定上供纸的数量还要大。

② 元代的官方文书中常以杂泛差役与和雇和买并提。差役即前代的职役，杂泛主要是力役（夫役），和雇与杂泛的区别是：和雇按规定（事实上不一定）有代价，杂泛是义务，无代价；和雇对象主要是车、船，杂泛主要征用劳力。

③ 《元典章》卷三《圣政二·均赋役》。
④ 魏初：《奏议》，《青崖集》卷四，《四库珍本初集》本。
⑤ 程钜夫：《吏治五事》，《雪楼集》卷一五，陶氏涉园刻本。
⑥ 《元史》卷四四《顺帝纪七》，中华书局标点本。
⑦ 《经世大典·海运》，见《永乐大典》卷一五九四九，中华书局影印本。
⑧ 贡师泰：《义士周光远墓志铭》，《玩斋集》卷一〇，清乾隆南湖书塾刻本。
⑨ 《文献通考》卷首，《万有文库》本。
⑩ 魏初：《奏议》，《青崖集》卷四，《四库珍本初集》本。

和雇和买的数量已很惊人；在元朝统一后，"和雇和买，不绝如流"，比起统一前"转增数倍"①。到了中期以后，更形普遍。为了适应这种情况，元朝政府逐渐建立起了有关的制度。因之，和雇和买在元代，已成为"常法"，亦即编户齐民所承担的封建义务的一个重要组成部分。

中央政府各机构所需物品的和买，都要分派到地方，各级地方政府自己设立的和买名目，当然只能在所管辖范围内进行。元朝政府规定："应有和买只于出产去处，明立榜文，随时收取。"② 榜文上写明："见买物色各该价钱，物既到官，钞即给主。仍须正官监临置簿，凡收物支价，开写某人纳到某物多少，支讫价钱若干，就令物主于上画字，其监临之官仍以印牌关防，以备检勘。"③ 和买物件的价钱，各司（录事司）、县由"正官亲行估体实价"，开具保结文书，申报府、路，由府、路委派"文资正官、首领官通行比较，开具体核"，"比照时估无差，方许支价"。"如后照勘，或因事发露，却有冒滥者，着落估体照勘官吏追赔。"④ 各路的和买，也要"估到实直"，开具保结文书，报到行省，由行省"令不干碍官司核实，别无亏官损民"之事，才许开支。⑤ 总之，都要经过上一级官府的审核，才能开支。行省所委付的"不干碍官府"，通常就是各地的按察司（肃政廉访司）。凡是发现估价有问题的，都要追究责任，"如有多估无实，取问当该官吏招伏，以其冒估之数多少论罪，追征余价还官。若元估相应，故行减驳，亏损人民，亦行治罪"⑥。至元二十一年，江东道按察司对建康路造船铁货价钱"体核相同"，事后却发现多支价钱，除了"追征数足还官"外，还将承办的按察司奏差"拟决二十七下"，签事"罚俸钞半月"，便是一例。⑦ 和买钱款的发放各地并不相同，有的地方在买物时先支价七分，然后申报上级，待体核后再支三分。⑧ 但很多地方都是先收物件，待上级体核后再支物价。

---

① 王恽：《便民三十五事·蠲免军户闪下差发》，《秋涧文集》卷九〇，《四部丛刊》本。
② 《元典章》卷二六《赋役·和买·出产和买诸物》。
③ 《元典章》卷二六《赋役·和买·至元新格》。
④ 《元典章》卷二六《赋役·和买·和买诸物估体完价方许支价》。
⑤ 《元典章》卷二一《户部·钱粮·买物先支七分》。
⑥ 《通制条格》卷一八《关市》，国立北平图书馆影印本。
⑦ 《元典章》卷二一《户部·钱粮·多支价钱体核不实断罚》。
⑧ 《元典章》卷二一《户部·钱粮·买物先支七分》。按，元初修建大都，和买诸物"给价以十分为率，必揩留一、二分，俟估计体度定然后破除放支"。（魏初：《奏议》）留三分支七分是以后的规定。

和籴实际上也是和买。"和籴,谓两平买物也。"① "元和籴之名有二,曰市籴粮,曰盐折草,率皆增其直而市于民。"市籴粮通常是为了备荒、赈济饥荒、边境地区的补给和军队供应的需要。备荒或赈济饥荒通常在产粮地和籴,后两种情况一般都由客商将粮食运到指定的边境地区或军事活动的地点。国家用来支付的,有时是钱钞,有时是盐引。盐折草之法是:"每年以河间盐,令有司于五月预给京畿郡县之民,至秋成,各验盐数输草,以给京师秣马之用。每盐二斤,折草一束,重十斤。"② 盐折草只限于部分地区,数量也不很大,所以人们往往习惯将和籴与市籴粮等同起来。市籴粮有临时性的,如赈济饥荒、供应军需等,每当饥荒渡过或军事活动停止,这种临时性的和籴也就不再进行。但也有经常性的,如备荒和边境地区的补给。就备荒来说,元朝政府规定,每逢"田禾好收"之年,都要"官为和籴",以备荒年粮贵之时减价粜卖,"年年依时收籴粜卖,永为之例"。这种收籴是带有强制性的,主要对象是大户:"收租一万石之上者,三分中官籴一分;三万石之上者,官籴一半;五万石之上者,三分中官籴二分。"③ 就边境补给来说,上都一地"每年合用米粮不下五十万石",其中很大部分来自和籴,为此元朝政府专门建立了上都和籴所,负责这一工作。④ 漠北和林地区,元朝屯驻重兵,世祖时每年官府运粮二十万石,后来不断增多。和林地处遥远,运输艰难,元朝政府在14世纪初在当地实行和籴之法,"募民入粟塞下。……以江淮、长芦盐偿之"。到元代中期,和林每年和籴粮食达二十万石左右,和政府运去的粮食大致相等,基本解决了当地粮食不足的问题。⑤ 边境补给的和籴,采用的是招募客商入粟换取盐引的办法,一般来说是自愿的,不带强制性的。

和籴与和买的区别是:一、和籴专指粮、草而言,和买则包括粮、草之外的所有物品。有时粮、草也可称为和买,但其他物品的官府征购不能称为和籴。二、和买一般用钱钞,和籴则钱钞、盐引二者兼用。三、和买的办法是"估到实直"付与钱钞,所谓"实直"亦即按当时当地的通行价格支付;

---

① 徐元瑞:《习吏幼学指南》。
② 《元史》卷九六《食货四·市籴》。
③ 《经世大典·市籴粮草》,见《永乐大典》卷一一五九八;参见《元典章》卷二六《户部·和籴》。
④ 魏初:《奏议》。上都和籴所是中统二年(1261)设置的,当时上都开平是首都。
⑤ 《经世大典·市籴粮草》;苏天爵:《郭敬简公神道碑》,《滋溪文稿》卷一一,《适园丛书》本。

大多数和籴则"验市直价例，约量添加"，有时"依十分为率，增一分"，有时甚至"添搭二分"①。当然，无论"估到实直""两平支价"，还是"约量添加"，都是官样文章，与事实是有很大出入的。四、和买一般均是政府摊派的，也就是带有强制性的。和籴则有不同情况。边境和籴，招募客商，一般是自愿的。内地备荒的和籴，常常也是政府强行摊派的。

和雇的办法，与和买、和籴有所不同。"凡雇车运物，不分粗细，例验觔重、里路，官给脚价。"② 和雇的价钱，由政府统一规定。通常以千斤百里为计算单位，旱路、水路有别。旱路中山路、平路有别，水路中上水、下水有别。例如，至元二十四年（1287）规定每千斤百里平川中统钞十两，山路十二两；水路上水八钱，下水六钱。到了大德五年（1301）因为"比年诸物涌贵，递运频数，止循旧例，实是亏民"，于是调整为山路十五两、平川十二两，上水、下水也相应增加。③ 和雇价钱的确定要经过户部研究提出方案，由中书省审核批准，再行颁布。和雇的代价一般由地方官府按规定直接支付。

和雇和买通常都由各级地方官府负责，④ 但是宫廷的和雇和买则设有专门的机构。元朝政府在大都设有留守司，其职责是："掌守卫宫阙都城，调度本路供亿诸务，兼理营缮内府诸邸、都宫原庙、尚方车服、殿庑供帐、内苑花木，及行幸汤沐宴游之所，门禁关钥启闭之事。"⑤ 简而言之，就是保护宫廷和都城的安全，负责宫廷建筑的营造和各项设备的管理。大都留守司下属机构甚多，可分四类，一类是大都城门尉，管理门禁启闭管钥之事。一类是各种负责修缮、制造的机构，如修内司、器物局、犀象牙局、窑场等。一类是仓库，如器备库、诸色库等。还有一类是管理和雇和买的机构，最初设立的是覆实司，后来又设置供需府，"凡和雇和买营缮织造工役供亿物色，必令覆实司估其直，而供需府给之"。至顺二年（1331），这两个衙门裁撤了，另立广谊司"总其务"⑥。先由"大都路定时估，每月朔望送广谊司，

---

① 《经世大典·和籴粮草》。
② 《通制条格》卷一八《关市·和雇和买》。
③ 《元典章》卷二六《户部·脚价·添支水旱脚价》。
④ 和籴的情况比较复杂，有的地方由地方官府负责，有的地方（主要是边远地区）则设有专门机构。除上都和籴所外，甘州设有和籴提举司（《元史》卷一〇《世祖纪七》），应昌也有和籴所（《元史》卷一五《世祖纪一二》）。
⑤ 《元史》卷九〇《百官志六》。
⑥ 《元史》卷九〇《百官志六》。《大元官制杂记》（《广仓学窘丛书》本）。

以酬物价"①。覆实司阶从五品，② 广谊司则升为正三品，在大都留守司（正二品）所辖各机构中品秩最高。③ 显然，大都留守司所辖各种负责修缮、制造的机构，其原料的供应和运输，都离不开和雇和买，所以有必要设立这方面的专门管理机构。而其品秩由从五品提高为正三品一事，又说明和雇和买的需要量不断增大，对于维持上述机构工作的重要性日益提升。实际上，这也正意味着落在大都地区居民身上的负担不断加重。

二

和雇和买本应在自愿基础上进行的，但实际正好相反，是强制性的。元朝政府的诏令中常以和雇和买与杂泛差役相提并论，元时人编定的《元典章》，④ 将有关和雇和买的诏令和官方文书都编入户部赋役门，说明在当时无论官方或民间都已把和雇和买看成编户齐民必须承担的一项封建义务。

关于杂泛差役的承当，笔者在《元代役法简论》中曾作说明。简言之，元代前期，民户承当杂泛差役，其他诸色户（军、站、匠等）则可免当。元代中期以后，除了"边远出征军人，并大都、上都其间站户"之外，其余诸色户都要与民户一体充当。⑤ 和雇和买的承当情况，在前期与杂泛差役有所不同，中期以后，则完全相同。

在元代前期（13 世纪下半期），诸色户计中的大多数都要承当和雇和买。民户必须承当，这不用多说。其次是军、站户。至元十六年（1279），有人上诉："西京军户和买和雇，有司匿所给价钞计万八千余定。"官吏因此坐罪。⑥ 十八年六月规定，"安西等处军、站，凡和雇和买，与民均役"⑦。十九年九月，"命军、站户出钱助民和雇和买"⑧。都是说军、站户要和民户一样应当和雇和买。匠户也是一样，至元五年（1268），中都路和买"马驼秆草"，元朝政府规定："今后仰忙兀鲁海牙、那怀、吕合剌、也的迷失等所

---

① 《元史》卷三五《文宗纪四》。
② 《元典章》卷七《吏部·官制》。
③ 顺帝元统二年（1334）罢广谊司，复立覆实司。见《元史》卷三八《顺帝纪一》。
④ 《元典章》内容芜杂，不是官方编定，应是民间书坊为牟利选辑而成的。
⑤ 《文史》第十一辑。
⑥ 《元史》卷一〇《世祖纪七》。
⑦ 《元史》卷一一《世祖纪八》。
⑧ 《元史》卷一二《世祖纪九》。

管人匠，并不以是何诸色人等，但种田的，都教和买者。"① 军、站、匠户是民户以外数量最多的三种户。此外，还有一些人户可以免当和雇和买。首先是儒户和医户，"儒户除纳税粮外，和买、和卖、仓场、库官大小科差并从免除"②。医户与儒户"系一体事理"，所以也在免除之列。③ 其次是僧、道户，他们除了交纳地税、商税之外，可以免除一切差发，和雇和买也在内。再其次是军户中的出征军人家属。元朝政府曾发军攻打日本、交趾（今越南北部），这些"出征军人奥鲁内"，都可以除免和雇和买。④ 至元二十五年（1288），元朝政府下令免除出征斡端（今新疆和田）等处探马赤军的和雇和买。⑤ 至元三十年的命令进一步明确规定："凡出征军毋以和雇和买烦其家。"⑥ 到成宗大德三年（1299），发布了《晓谕军人条画》，其中说得更清楚：

> 军户和雇和买、杂泛差役，除边远出征军人全行蠲免，其余军户有物（力）之家，奥鲁官凭准有司印信文字，官给价钞，和雇和买，依例应付。无物（力）之家，不得配桩科着。外据人夫、仓官、库子、社长、主首、大户车牛等一切杂泛，并行除免。⑦

根据这一条画中的规定，我们可以看出，军户按出军情况可分两类。一类是镇戍军人的家属，一类是出征军人的家属。元朝军队都有固定的镇戍地点，但有时需要调往边远地区（漠北、西北、云南等）出征。军户的装备都须自备，远方出征军人所费更大，所以受到较多的优待。一般军户（镇戍军人的家属）可以免除杂泛差役，但要应当和雇和买，"有物（力）""无物（力）"的区别是指在一般军户中摊派和雇和买的办法。至于远方出征军人的家属，则可以既免除杂泛差役，又免当和雇和买。

除了上述几种情况之外，站户中自备首思者也可免当和雇和买。首思是

---

① 《通制条格》卷一八《关市·和雇和买》。
② 《庙学典礼》卷二《儒人免役及差设山长、正、录、直学词讼约会》。《四库珍本初集》本。
③ 《庙学典礼》卷四《辨明儒人难同诸色户计》。
④ 《元典章》卷三四《兵部·出征·交趾出征军免差役》。
⑤ 《元典章》卷三四《兵部·探马赤军·探马赤军和雇和买》。
⑥ 《元史》卷一七《世祖纪一四》。
⑦ 《元典章》卷三四《兵部·正军》。"力"字据至大四年六月《惩治军官军人条画》补（出处同上）。

蒙语的音译，原义为汤、汁，元代用来指驿站上供应过往使臣的分例饮食。至元二十三年（1286）七月通政院奏：

> 大都、上都两路当站者告言：在先和雇和买不料站户，止令自备饮膳祗候使臣。去年改定官给祗应，令站户例当和雇和买之役，有司又复欺隐官钱，全不支与，是以困乏。请从先例，站户出备祗应，与免和雇和买及其余差役，庶得官民两便。①

这次上奏的意见得到批准。其中"自备饮膳""祗应"与上面提到的首思是一个意思，祗应是首思的意译。可以看出，自备首思的站户便可免除和雇和买，而"官给祗应"的站户则需承担和雇和买。稍后的记载，如元贞二年（1296）正月，"诏蠲两都站户和雇和市"。大德元年（1297）十二月，"免上都至大都并宣德等十三站户和雇和买"②。这并不是元朝统治者对两都之间站户有所偏爱，而是重申上述规定，即两都站户自备首思，因而可以免除和雇和买。

上面对元代前期几种主要户计承担和雇和买的情况做了说明。但是，这些都只是政府的规定，在实行过程中遭到了来自两方面的抵制。一方面，由于和雇和买是十分沉重的负担，凡被指定应当的诸色户计都想方设法逃避，有的投靠诸投下、官僚、寺观、大地主，有的甚至抛弃家业逃亡。另一方面，各投下、官僚、寺观、大地主也都千方百计影占人户，使他们为自己服役，不当封建国家的和雇和买与杂泛差役。其中各位下、投下特别突出。元代的位下、投下即享有分地、封户的贵族、功臣，他们在政治上有很大势力，不仅地方官府对之无可奈何，就是最高统治者也不得不处处考虑他们的利益。各位下、投下往往营求皇帝、皇太后、皇后颁发"除免和雇和买"的诏旨，作为护身符。"诸王、公主、驸马、各投下军站人匠打捕鹰房、权要等户，倚气力不肯依体例应当和雇和买、杂泛差役的上头"，使得这些负担必然落在其余人户头上。③ 应当的人愈少，实行起来的困难就愈大。早在至元十三年（1276），忽必烈就已下令："大都路和雇和买，权豪与民均输。"④

---

① 《经世大典·站赤》，见《永乐大典》卷一九四一八。
② 《元史》卷一九《成宗纪二》。
③ 《元典章》卷三《圣政·均赋役》。
④ 《元史》卷九《世祖纪六》。

说明权豪逃避和雇和买的问题已很严重。元贞元年（1295），新即位的元成宗铁穆耳又下诏："大都路凡和雇和买及一切差役，以诸色户与民均当。"①这些命令遭到权豪们的抵制，并没有什么效果。情况愈来愈严重，不能不引起统治者的深切忧虑。元成宗不断颁布有关改革役法与和雇和买的法令，其中以大德七年（1303）十一月的诏令最为重要。它对诸色人户承当杂泛差役与和雇和买问题做出了明确的规定：

> 今后除边远出征军人，并大都、上都其间站户，依著已了的言语，休管者。其余军、站、人匠、打捕鹰房，并各役下诸王驸马不拣是谁的户计，和雇和买、杂泛差役有呵，都交一体均当者。②

与此同时，还"追收元降除免和雇和市玺书"③。按照这一规定，只有边远出征军人的家属和大都、上都自备首思的站户，可以免当和雇和买，其他诸色户都在应当之列，追收玺书正是为了表示坚决执行的意思。但是，这一规定立即遭到贵族、权豪们的抵制，"大都并腹里路分、江南等处诸王公主驸马各投下官人每各自护回影占百姓，及权豪势要人等沮坏元立定来的体例，交奏启过圣旨、懿旨、令旨与了么道，不当和雇和买、杂泛差役的多有"。皇帝颁发的叫圣旨，皇太后、皇后颁发的叫懿旨，诸王颁发的叫令旨，这就是说，贵族、权豪们破坏规定，是得到最高统治者纵容和认可的。例如，皇太后位下徽政院便曾于大德十一年（1307）得到圣旨，特许所属"军民诸色人匠等户，除本位下合纳的差税外，不拣什么差发、和雇和买、杂泛夫役休科要搔扰者"④。这种情况发展得十分严重，以致在大德十一年年底，新上台的元武宗不得不根据中书省的建议，重申以前的规定："除大都、上都其间有的自备首思的站赤，除边远田地里出征军人外，诸王公主驸马不以是何投下军、站、民、匠、打捕鹰房、怯怜口、厨子、控鹤人等诸色人户，与大数目当差的军站、民户一体均当者，在先教奏的执把着行的圣旨、懿旨、令旨与了的人每，依着这圣旨体例行者。"⑤自此以后，仍然不断有贵

---

① 《元史》卷一八《成宗纪一》。
② 《元典章》卷二六《户部·户役·编排里正主首例》。
③ 《元史》卷二一《成宗纪四》。
④ 《元典章》卷二五《户部·减差·纳绵府杂泛》。
⑤ 《元典章》卷三《圣政二·均赋役》。

族、权豪要求给予所辖户计以免当和雇和买的优待，例如皇庆元年（1312）有人提出大乐忽儿赤（乐人）免除和雇和买、杂泛差役的问题；延祐元年（1314）枢密院、徽政院、中政院、会福院、宣徽院等衙门要求"将他每所管户计，不教当和雇和买、杂泛差役"①；延祐三年（1316），又有"中政院、殊祥院、拱卫司等各衙门官人每"要求"将他每所管户计并控鹤等休交当和雇和买者"，等等。为此，元朝政府多次反复重申上述规定，并且指出："众人不叶力当呵，只交差的百姓每当呵，勾当也成就不得，百姓每越生受去也。"② 为了使"勾当"能够"成就"（和雇和买能顺利实现），元朝政府坚持诸色户计与民一体均当的制度。

但是，上述规定后来实际上作了一定的修正。延祐五年（1318）十一月的一件文书对和雇和买的承当做了更为具体的说明：

> 今后依着累次行来的圣旨，民间但是和雇和买、里正主首、杂泛差役，除边远军人、大都至上都其间自备首思站户、诸处寺观南方自亡宋以前腹里云南自元贞元年为格旧有常住并上位拨赐田土除差外，据边远军人元籍去处各有赡军产业，那里既已优免了，这军官、军人并僧道人等续置了百姓每的当差田地及财赋总管府承佃附余地土，并与其余军、站、民、匠、医、儒、灶户、运粮船户、各枝儿不以是何户计，都交随产一体均当。③

从这件文书的规定可以看出：一、军、站、民、匠、医、儒、灶（盐）等户，以及运粮船户、各枝儿（投下）所属诸色人户，都要"随产一体均当"和雇和买。二、上都至大都自备首思站户可免当和雇和买。三、边远出征军人元籍的"赡军产业"可免和雇和买，但后来添置的"百姓每的当差田地"和承佃财赋总管府的地土，都要承当和雇和买。所谓"百姓每的当差田地"主要指民户的地土。民户的土地要纳税粮，同时要按田亩数或税粮数承担杂泛差役与和雇和买，这就叫作"当差田地"。军

---

① 《通制条格》卷一七《赋役·杂泛差役》。
② 《元典章》卷三《圣政二·均赋役》。
③ 《元典章》卷三《圣政二·均赋役》。

户的"赡军产业"①都可以不纳税粮，也可以不当杂泛差役。凡是出征军人的"赡军产业"，还可免除和雇和买，其余军户则验有、无"物力"亦即财产状况分别承当或免当。如果出征军人买了"当差田地"，既要交纳这部分田地的税粮，还必须承当这部分田地或税粮分摊的杂泛差役与和雇和买。承佃地土的情况也是一样。四、僧、道户享有免税的特权，但有时间限制。江南寺观在宋朝灭亡以前原有的土地、腹里（北方其他地区应同）、云南在元成宗元贞元年（1295）以前占有的土地以及元朝皇帝拨赐的土地，都可以免交税粮，当然也就可以免当杂泛差役与和雇和买。在此以后添置的"百姓每的当差田地"和承佃财赋总管府的地土，既要纳税，又要承当杂泛差役与和雇和买。显然，根据这一规定，僧、道得到了好处，成为第三、第四种享有免当和雇和买的户计。元朝统治者特别重视宗教，给予寺院、宫观以种种特权，僧、道得到种种优遇。在和雇和买问题上，僧、道的优越地位又一次得到了肯定。出征军人家属和自备首思站户的免当是因为他们的负担过重，僧、道部分免当则是因为其地位特殊。

上面讲的是诸色户计承当和雇和买的情况。下面我们再来讨论和雇和买的摊派方法。

至大四年（1311）三月，元仁宗的即位诏书中说："民间和雇和买、一切杂泛差役，除边远军人并大都至上都自备首思站户外，其余各验丁产，先尽富实，次及下户。"延祐五年（1318）十一月的圣旨中说："但是和雇和买、里正主首、杂泛差役……不以是何户计，都交随产一例均当。"② 延祐七年（1320）十一月，元英宗至治改元诏书中说："今后但凡科着和雇和买、里正主首一切杂泛差役，……州县正官用心综理，验其物力，从公推排，明置文簿，务使高下得宜，民无偏负。"③ 这些诏令都是说科着和雇和买与杂泛差役，应以居民的丁产（物力）为据，按贫富摊派不同的数额，或以富贫决定摊派的先后。简而言之，可以叫作随产均当。

随产均当是一个总的原则，各地在实行时，又有不同的办法。一种是按

---

① 军户"限田四顷，以供军需"，这四顷因可免交税粮，称为"赡军地"。按规定，四顷以上土地仍需交纳税粮，但实际上元朝政府默许军户隐匿土地数目，见陈高华《论元代的军户》（《元史论丛》第一辑）。这里只提"赡军产业"与"续置""承佃"，不说四顷之上的土地如何处理，实际上就是把军户原有土地（不管多少）都作"赡军产业"来对待。

② 《元典章》卷三《圣政二·均赋役》。

③ 《元典章新集》《国典·至治改元诏》。

户等摊派。元代将全体居民按不同的财产状况划分为三等九甲，征发各种赋役时经常以户等为据。① 至大四年（1311）诏书中所说的"先尽富实，次及下户"，就是按户等摊派之意（三等即上、中、下）。忽必烈当政时，山东修河道，和买石材等物，"验户桩俵，上户十段，中户不下五、七余块"②。便是一例。另一种则直接按地亩数或赋税（包银、税粮）数摊派。元朝自至元二十六年（1289）以后，再没有进行过人口调查登记（同时要登记资产），对居民丁口资产的变化情况是不清楚的，户等制在很多地方实际上形同虚设。所以很多地方改以地亩或赋税数来分摊杂泛差役与和雇和买。前面所引延祐五年十一月诏令中提到军户和僧道"续置了百姓每当差田地"须承当杂泛差役与和雇和买，便是以土地或土地应纳税粮数作为摊派标准之意。此外，元代前期北方有些州县"如遇和雇、和买夫役等事，即验包银分俵"③。包银是"验贫富品答均科"的，各户所出数额不等，因而各户分摊的和雇和买也不等，这和按土地或税粮分摊的情况是一样的。元朝政府在内地州县和籴粮食，一般也是按户等或土田、税粮摊派的。

三

从上面所述，可以知道，和雇和买与其他赋役一样，都是封建国家强行摊派的，其摊派范围和方式与杂泛差役是大体相似的。但是，和雇和买也有与其他赋役不同的一面，其他赋役是无偿的，而和雇和买是有一定代价的，即所谓"两平支价"。

实际上，所谓"两平支价"完全是骗人的谎话。和雇和买在施行时弊端甚多，应当的百姓一般都要吃亏，有不少因此倾家荡产。其中弊病大体可以概括为以下几个方面：

（一）遍科。和买本应于产物之地，和雇本应于有车之家，根据实际需要，出价雇、买。事实正好相反，"行省每遇和买，不问出产在何地面，件件都是遍行合属。其各道宣慰司承行省文字如此，亦遍行合属总管府。总管府又遍行合属司、县，遂使江南百姓，因'遍行'二字，处处受害"④。浙

---

① 见陈高华《元代户等制略论》，《中国史研究》1979 年第 1 期。
② 王恽：《论开光济两河事状》，《秋涧文集》卷九二。
③ 魏初：《奏议》，《青崖集》卷四，《四库珍本初集》本。
④ 程钜夫：《吏治五事》，《雪楼集》卷一五，陶氏涉园刻本。

东诸暨州陶朱乡正一都"止管民户二百余家","每遇大小和买和籴,俱作全都作数科派"①,便是一例。江南如此,北方也是如此,"凡遇和雇、和买、夫役,不问多寡,即行遍科"②。既行遍科,便"不问有无"。"非其处而漫求,如缘木求鱼,凿冰求火",本是极不合理的。但在封建专制的淫威下,那些并非"出产地面"的人户,不得不去"添价转买"③;往往出现"直一钱物一两买纳"的情况。④江东地区和买赴北上供纸,宣城并不出产,也要负担,"转贩者并缘为奸",成为"民害"⑤。

至元二十年(1283),崔彧上书言时政,其中之一是建议"江西四省军需,宜量民力,勿强以土产所无"。他的意见是针对"江南盗贼相继而起"提出的,可见遍科军需、"强以土产所无"是引起农民反抗的一个重要原因。与此同时,贺仁杰对忽必烈说:"古贡方物,皆其土宜,今者和市,非产其土,一切征之。增直倍蓰,无所于取,吏责后期,又从而罪之,实病民甚"。可见,和市"遍科"已成为社会的一大弊病,引起了社会矛盾的尖锐化。这种情况在政府内部也引起了强烈的反对意见。忽必烈听从了这些反对意见,下令"物非其土所出勿和市"⑥。但是,后来的事实证明,这道命令不过是一纸空文,从来没有认真执行过,各地在和买时,依旧实行遍科之法。道理很简单,首先,不问有无遍科对官吏们来说,是最省事的一种办法,用不着任何调查研究,只需批转公文就可以了。更重要的是,遍科便于上下其手,从中舞弊。例如,有的地方和买时无物可供,"则估百倍赋官,郡县苦督责无敢拒,贪肆者亦阴幸渔猎,虽疮瘠其民不恤"⑦。有的地方在和雇时"则十车之运而为百车之雇,有车之家阖境追摄,必赂而后免"。所以有人痛心地说:"故和买必至望户科着,贪吏恔人,得缘为奸。"⑧

(二)亏价或不支价。和买和雇本应"两平支价","随给其主",实际上根本不是这样一回事。早在忽必烈称帝的第二年(1261),中书省发布的

---

① 《告除科派旨挥》,《越中金石记》卷八。
② 胡祇遹:《民间疾苦状》,《紫山大全集》卷二三。《三怡堂丛书》本。
③ 王恽:《便民三十五事·恤民》,《秋涧文集》卷九〇。
④ 程钜夫:《吏治五事》,《雪楼集》卷一五,陶氏涉园刻本。
⑤ 唐元:《松江府判致仕吕公墓铭》,《筠轩文稿》卷一一。《唐氏三先生集》本。
⑥ 姚燧:《贺公神道碑》,《牧庵集》卷一七,《四部丛刊》本。
⑦ 字术鲁翀:《知许州刘侯民爱碑》《国朝文类》卷一七,《四部丛刊》本。
⑧ 刘敏中:《翰林院议事,又二事》,《中庵集》卷一五,清抄本。

榜文中就承认："或有名和买，不支价钱；虽支价钱，却行尅减。"① 稍后，胡祗遹指出："一切和雇和买造作，并不得钱。近年亲管官吏擅行和买，亏价十九。"② 王恽也说，和买时百姓"添价转买"，官府降到价钱，"比之百姓实费，不及半价，亏损人户"。和雇车辆"官支价钱，十不及二三，其不敷数，百姓尽行出备。名为和雇，其实分着"。而且就在"官降不敷价钱内，官吏又行尅减，且有全不到民，或三五年间并不给降者"③。官吏们尅减侵吞价钱比较常见的办法是利用职权，虚造文册，欺上瞒下："又行移体核，今日体核，明日体核，动辄半年一年。及上司放支价钱，官吏通同，不复给散于民，虚写收管，粘入卷中，以备照刷，公私俱弊。"④ 上面几条记载讲的都是元代前期的情况，进入中期，依然如此，"京师岁所需物，郡邑例买于民，其直旷久不给，给则一半入贪吏手，名为和而实白"⑤。名为"两平支价"（和），实则一钱不给（白）。文宗至顺年间（1330—1332），上都"官买商旅之货，其直不即酬给，以故商旅不得归，至有饥寒死者"⑥。不仅如此，官吏们还要进行刁难，山东堂邑的百姓说："官买物数月不予值，民宁不愿待，愿归治生，而县益亟追以来，终不得值。部使者以责吏，而又征我曹，今道路府史之费且十倍，吾安用得值。"⑦ 官府和买不给价钱，却不许承当和买的百姓回家生产，强迫他们留在衙门所在地等候发放，实际上是乘机进行敲诈勒索。

更有甚者，有些地区的和买项目，竟成了惯例，和其他赋税一样，年年都要无偿照办。例如，元成宗时，因军事需要，在宣德地区和买羊裘帽袴四百余套，上交后"直不下"（不给钱）。这还不算，以后仍"岁输不已"，"民以故弊其资，或立券举债。因不能偿，至鬻妻子"⑧。

（三）放富差贫。前面已经说过，和雇和买的摊派原则是随产均当，但地方官吏在分派时却往往"受赂当买之户而移之下户"⑨。"吏人既久，人情

---

① 王恽：《中堂事记上》，《秋涧文集》卷八〇。
② 胡祗遹：《民间疾苦状》，《紫山大全集》卷二三。《三怡堂丛书》本。
③ 王恽：《便民三十五事·恤民》。
④ 程钜夫：《吏治五事》，《雪楼集》卷一五，陶氏涉园刻本。
⑤ 许有壬：《元公墓志铭》，《至正集》卷五四，清宣统三年河南石印本。
⑥ 《元史》卷一四二《彻里帖木儿传》。
⑦ 虞集：《书堂邑张令去思碑后》，《国朝文类》卷三九。
⑧ 王沂：《知宣德府王公遗爱碑》，《伊滨集》卷二二，《四库珍本初集》本。
⑨ 刘敏中：《翰林院议事，又二事》。

亦熟，在县分管乡、都科差词讼，公行贿赂。……和雇和买，放富差贫，要一科十"①。和雇和买的负担，实际上主要仍是落在贫苦百姓身上。

（四）发给烂钞。有些地方和买和雇时发给部分价钱，经手的官吏便"将元降料钞私下换作烂钞，散与百姓。"烂钞（部分或大部破烂的钞）在市场上不能使用，须到平准行用库贴换，经手的官吏就乘机进行敲诈勒索。好钞换成烂钞，百姓就吃了亏。元朝政府曾于至元二十一年（1284）发布命令："如遇开支和买、和籴钞数，明白开写，行移合属须管依数给散，毋致因而换易违错，御史台严加体察。"②但是效果有限。元代中期，刘敏中列举和雇和买的弊病时便说："易新钞为烂钞者有之。"③

（五）权贵、官吏非法和雇和买。和雇和买本限于封建国家的需要，但许多权贵和官吏也凭借权势，任意在民间和买和雇，肆意掠夺。"诸王阿济格岁支廪饩，和市于民，或不能供，辄为契券。子本相侔，则没入其男女为奴婢。"④百姓不能应付和买，竟被抑逼为奴婢，这个蒙古贵族利用和买对人民进行的压迫，达到令人发指的地步。不少地方的地方官吏"于本管地面民户处，但有出产诸物，倚仗官势，委亲戚，勒令里正，不依市价，先行给散钱数，然后收敛。若人户无本色送纳，勒讫文契，将人口头匹准折，多有逼令逃窜，别生事端"⑤。所谓"将人口头匹准折"，也就是将未能应付和买的百姓子女没为奴婢、牲畜加以没收之意。元朝政府曾经发布命令："本处做官的人每，百姓根底休和买做买卖。"可见这种情况确是相当普遍的。

上面所说的是比较常见的几项弊端，其他名目尚多。有的官府"恣意刁蹬，多余取受；少有相违，拣择退换；不收本色，却要轻赍（钱钞）"⑥。和买本意是要购买物料，现在却向百姓索取"轻赍"，其用意何在，是十分清楚的。有的官吏"谬指其物恶，赂焉而受者有之，预吓以多买而取赂有之"⑦。真是五花八门，无奇不有。和籴的情况与和买不完全相同，但也有相似的地方。边境和籴是自愿的，后来逐渐停废，盛行的是内地和籴。元朝各

---

① 《元典章》卷一二《吏部六·司吏》。
② 《通制条格》卷一八《关市·和雇和买》。
③ 刘敏中：《翰林院议事，又二事》。
④ 苏天爵：《王宪穆公行状》，《滋溪文稿》卷二三。
⑤ 《通制条格》卷二八《杂令·监临营利》。
⑥ 《元典章》卷五八《工部一·杂造物料各局自行收买》。
⑦ 刘敏中：《翰林院议事，又二事》，《中庵集》卷一五。

级官府对内地和籴也常常少给钱甚至不给钱，"官钱未给先取将"①，"民苦和籴转输，而吏胥得因时为奸"②。

和雇和买既是无限制的，在摊派时又有种种弊病，因此它给百姓带来了很大的痛苦。元朝政府也充分意识到这一点，曾经多次设法整顿。除了上面第二部分所说采取扩大承当面的措施之外，还曾多次下令"价直随给其主""两平支价"，但在封建官僚体系控制下，这些命令都不过是永不兑现的官样文章。元顺帝至正七年（1347）七月的一件诏书中说："和雇和买，对物两平支价，形于诏旨屡矣。有司失于奉行，亏价强买，或不给其直，或令百姓输钱，有同差税者。生民困苦，殆不能堪！"③苏天爵在分析元末山东地区百姓困苦、"盗贼时起"的状况时，也把和雇和买的频繁作为重要原因之一。④可见，元末社会矛盾的尖锐化以及全国规模农民战争的爆发，都与和雇和买有一定关系。

总之，有元一代，封建国家在经济方面所加予编户齐民的封建义务，主要有三项，即赋税（主要是科差和税粮，还有盐税等）、杂泛差役、和雇和买。从表面看来，和雇和买与前二者是有区别的：一、赋税和杂泛差役有固定的名目，赋税还有比较固定的数额。和雇和买则往往是临时的，分散的，不固定的。二、百姓承担赋税与杂泛差役是无报酬的，而和雇和买则有一定的代价。但是，从上面所述可以看出，和雇和买与前二者的实际区别是不大的。因为作为整体来说，每年每个地区都有和雇和买，而且数额都是很大的；总的来说和雇和买是固定的，偶尔的蠲除反而成了统治者的"恩典"。而且，百姓承担和雇和买时一般是亏价的，有时连亏价的报酬都得不到，还要遭受种种勒索。我们完全有理由说，和雇和买在本质上与前二者是一致的，都是封建国家强加于它所管辖的编户齐民的，而不是后者自愿的。和雇和买是强制的封建义务，而不是商品等价交换的关系。

但是，也必须看到，和雇和买的盛行，是一种很值得注意的现象。封建国家对编户齐民的榨取，部分地至少在表面上已经采取等价交换的形式，这和当时商品货币关系的发展，是有密切关系的。在自然经济占绝对统治地位的情况下，封建国家只会无偿地榨取编户齐民的实物和劳力；商品经济发展

---

① 顾瑛：《官籴粮》，《玉山璞稿·至正甲午》。
② 《元史》卷一九四《郭嘉传》。
③ 《宪台通记续集》，见《永乐大典》卷二六〇九。
④ 《山东建言三事》，《滋溪文稿》卷二七。

了，货币流通活跃起来了，封建国家的榨取方式也不得不相应地发生某些改变。"两平支价"的和雇和买，便是这种改变的表现。至于和雇和买制度对当时社会经济关系的作用，则是复杂的。一方面，和雇和买使大量货币（即使在亏价情况下）投入流通过程，无疑有助于商品经济的发展。另一方面，和雇和买是表面等价实际榨取的制度，必然使正常的商品交换关系受到阻碍。封建国家的财政制度，必然受当时社会经济关系的制约；而制度一经形成，又反过来对社会经济关系发生影响。

(原载《元史论丛》第 3 辑，中华书局 1986 年版)

元代盐政及其社会影响

元代,盐课是封建国家重要的财政收入之一。一般说来,盐课收入占"天下办纳的钱"的一半以上。[①] 巨额盐课的取得,是元政府对盐业生产者(贫苦盐户)和盐的消费者(广大人民)进行残酷的剥削和掠夺的结果。这一剥削和掠夺之所以能够实现,是由于元政府凭借其政权力量,严密地控制了盐的生产和运销过程。而这一剥削和掠夺的后果,则大大加剧了元代社会矛盾的尖锐复杂程度。

研究元代盐的生产和运销过程,剖析在这一过程中显示出来的各种矛盾,对于认识元代的社会,具有重要意义。然而迄今这仍是一个很少为研究者注目的课题。[②] 本文试图做一些初步的探索。这些探索还不成熟,衷心希望得到指正。

一 元代盐的生产和盐户

(一)盐业生产的一般情况

由于出产的地点和制作的方法不同,元代的盐有海盐、池盐、井盐之分。海盐产于沿海地区,主要由"煮海而后成",也有部分地区利用阳光曝晒来制作。池盐主要产于河东解州盐池,"因自凝结而取";此外,在辽东、

[①] 《元典章》卷二二《盐司人休买要盐引》。

[②] 新中国成立前刘隽写有《宋元官专卖引法的创立与完成》(《中国社会经济史集刊》1939年第2期),一般地叙述了元代盐的运销制度。日人田山茂写有《元代の榷盐法れついて》(广岛史学会编:《史学研究》第9卷,第2期,1937年),原文我未曾见到,只在其他地方看到其主要论点的介绍。新中国成立后,还没有人就这个问题发表过论著。

宁夏等地也有出产。井盐产于四川，"出于井，深者数百尺，汲水煮之"①。

在制盐技术方面，元代大体上沿袭前代，但也有若干差异。第一，福建大部分盐场开始采用晒盐法。②从煮盐到晒盐的转变，既能增加产量，又能减低成本，因而是制盐技术史上的一大变革。虽然在元代这一方法还不普遍，但作为一种新生事物的开端，无疑值得重视。第二，河东解州盐池，唐、宋以来采用畦晒法，即在盐池周围开辟畦子，将池中的卤水导入畦中，利用日光和风力蒸晒成盐。元代则听任其在池中凝结，然后捞取，"不烦人力而自成"③。这种办法实际上较畦晒法落后，到了明代，便重新恢复了畦晒法。

元代盐的生产规模是很大的。从产盐的地区来说，北起辽阳，南迄岭海，旁及四川、河东等地。在这些地区，共设有盐场一百六十六所，④后合并为一百三十七所。⑤从从事生产的人数来说，固定的专业劳动者共有五万二千余户，⑥此外国家还经常发配罪犯到盐场服役，参加生产。从产量来说，世祖末年全国盐产额达一百七十余万引（每引四百斤）。⑦以其中南方各盐区产额与南宋比较，有很大增长（北方因金代缺乏具体数字，无法比较）。⑧

---

① 《元史》卷九四《食货二·盐法》，中华书局标点本。
② "（福建）所辖七场，除煎盐四场外，晒盐六场。所办课程，全凭日色晒曝成盐。"（《元典章》卷二二，《禁治砂盐》）。
③ 王祎：《重修盐池庙碑》，《河东盐法备览》卷一二，乾隆刊本。
④ 这个数字是根据《元典章》卷九《盐场额办引数》条统计得出的。
⑤ 这个数字是根据《元史》卷九四《盐法》统计得出的。
⑥ 王祎：《重修盐池庙碑》，《河东盐法备览》卷一二，乾隆刊本。
⑦ 据《元典章》卷九《盐场额办引数》条（此条所记系世祖末年情况），全国产盐额为一百七十一万余引。但据《元史》卷九四《盐法》门所列至元二十六—二十九年间各盐司盐额统计，则为一百七十七万余引。
⑧

地区	南宋（孝宗乾道）	元（世祖至元末）
两浙	235922 引+	350000 引
两淮	335463 引+	650000 引
福建	41423 引+	70000 引
广东	41382 引+	21982 引
广西	28637 引+	24000 引
总计	682827 引+	1115982 引

说明：（1）元（世祖至元末）各盐区数额见《元史》卷九四《食货二·盐法》；（2）南宋（孝宗乾道）各区产盐额见《宋会要辑稿》食货二三，《盐法》门所引《乾道会要》（中华书局影印本，第6册，第5183页），原额以石计（50斤），此处为便于比较，折合成引（400斤）。

到了元中叶，总产量更激增至二百六十万引左右。

（二）盐业生产的管理和盐户的来源

元代，封建国家直接经营盐业生产，不许民间经营，① 因而制盐业是封建官手工业的一个部门。封建国家之所以能够垄断这个生产部门，首先是因为盐业生产的基本生产资料归它所有；其次，由于它对盐业中的直接生产者实施了严密的劳动力编制。

封建国家是"天地自然之利"的所有者。② 盐业生产的基本生产资料——盐池、盐井、盐田均属于国家。煮盐需要柴薪，因而出产柴薪的荡地便成了盐业生产的另一项重要生产资料；它也属于国家所有，并"非灶户己业"，而是由"官为分拨"的，"不许典卖，亦不许人租佃开耕"③。其他制盐的生产工具如铁桦、铁盘等，工本浩大，"桦一面亦用生铁一、二万斤"④，远非一家一户所能措办，也是由国家置办，交由生产者使用。只有小件生产工具才为生产者所私有。这种基本的和重要的生产资料归封建国家所有的制度，决定了盐业生产中国家和直接生产者的各种关系。

元代从事盐业生产的人户称为盐户。⑤ 由于各地制盐方式不同，又有捞盐户、灶户、晒盐户等名称。唐、宋时称盐户为"亭户"，在元代这一名称继续通用。盐户中的男劳动力称为"盐丁""卤丁"或"灶丁"。

盐户的来源南北有所不同。北方各盐区历经战乱，旧户逃散，主要依靠重新签发，同时也招募旧户复业。⑥ 南方各盐场所受破坏不大，原有的盐户大都依旧从事生产。当各盐场盐户缺额时，往往随时签发民户来补充。⑦

除了盐户以外，元政府还发遣判处"徒"刑的罪犯，到盐场"带镣居役"，期满放还。这批人数量不多，服役时间不长，在生产中所起作用不大。

---

① 成宗时，明令："罢民间盐铁炉灶。"（《元史》卷一九《成宗纪二》，第6页下）后来四川一度开禁，但不久又禁止，见《元史》卷三六，《文宗纪五》卷三八，《顺帝纪一》；卷三九，《顺帝纪二》。

② 《元史》卷九四《食货二·岁课》。

③ 《元典章》卷二二《新降盐法事理》。

④ 陈椿：《熬波图·铸造铁桦》，《上海掌故丛书》本。

⑤ 元初北方签发民户为盐户之事见《元史》卷九四《盐法》门。招募旧户复业之例见《长芦盐法志》卷一四《越支场重立盐场记》，雍正刊本；同卷，《三叉沽创立盐场旧碑》。

⑥ 《元史》卷一一《世祖纪八》。

⑦ 黄溍：《沿海上副万户石抹公神道碑》，《金华先生文集》卷二七，《四部丛刊》本。又见唐元：《松江府判致仕吕公墓铭》，《唐氏三先生集·筠轩文稿》卷一二，明成化刻本。

元代管理盐户的机构是盐运司（茶盐转运司）或提举司，共有九个。①每一盐司下辖若干盐场。在几个比较大的盐司（如两淮、两浙、山东）下面，又设有若干分司，分别管理若干盐场。每一盐场分若干"团"，每"团"由三"灶"或二"灶"组成。②每"灶"由若干家盐户组成。③"立'团'定界址，分'团'围短墙"，每"团"都有固定的居住地区和生产地区。④ 盐司——（分司）——盐场——团——灶——盐户，构成了盐业生产中的管理系统。

盐户必须世代从事制盐，不得改业。他们有特殊的户籍，与民户分开。他们固定在一定的盐场上，不能随便移动。在行政系统上，他们"不统于有司"⑤，除了"犯强窃盗贼、伪造宝钞、略卖人口、发塚、放火、犯奸及诸死罪"等刑事案件"并从有司归问"外，其余"斗讼、婚、田、良贱、钱债、财产、宗从继绝及科差不公、自相告言者"，都由本管盐司"理问"⑥。

可以看出，元代封建国家在占有盐业生产的基本生产资料的基础上，对盐户实施了严密的劳动力编制，并用法权形式将这一编制固定了下来。盐业生产中生产者和基本生产资料的结合，是通过政权强力来实现的。这种方式，充分显示了封建国家具有直接支配生产者人格的权力。

"不论生产采取何种社会形态，劳动者与生产资料总是它的因素。……为了要有所生产，它们必须互相结合。社会结构的各种不同的经济时代，就是由这种结合依以实行的特殊方法和方式来区别。"⑦ 马克思的这段话说明了，劳动者与生产资料的关系，是其他一切社会关系的基础。在元代盐业生产中，封建国家垄断占有了基本生产资料，并通过严密的劳动力编制——超经济强制的一种形式——来实现生产者与基本生产资料的结合。这种关系决

---

① 它们是：两淮、两浙、山东、福建、河间、河东、四川、广东、广海。大都路曾设盐运司，大德元年并入河间。辽阳地区至元初立"开元等路运司"（《元史》卷九四《盐法》），但《元史·百官志》内不列此司，可能不久即废，待考。兴和路宝昌州有盐池，中统时"置盐使司"（《元史》卷五八《地理志一》），张德辉在他的《记行》中亦提及昌州（即宝昌州）有"盐司"（《秋涧文集》卷一〇〇《四部丛刊》本）。此司于至元二十年废，见《元史》卷一二，《世祖纪九》。

② 陈椿：《熬波图·各团灶舍》。

③ 元代每"灶"户数已不可知，宋代"一灶之下，无虑二十家"（李心传：《建炎以来朝野杂记》甲集，卷一四《淮浙盐》，光绪增刻武英殿本），料想元代相去不远。

④ 陈椿：《熬波图·筑垒围墙》。

⑤ 危素：《翰林侍讲学士黄公墓志铭》。《危太朴文续集》卷二《嘉业堂丛书》本。

⑥ 《元史》卷一〇四《刑法·盗贼》；同卷，《食货》。

⑦ 马克思：《资本论》第2卷，人民出版社1956年版，第20页。

定了生产者对封建国家的严格封建依附关系。这种封建依附关系既表现为生产者的人身不自由,又表现为生产者承担的沉重封建义务。

在这里必须指出的是,盐户中间有贫富的差别,富有的盐户和贫穷的盐户所处的阶级地位完全不同。因此,在盐业生产中,实际从事生产劳动的不是全部盐户,而是盐户中的贫苦盐户。只有他们才是盐业中的直接生产者。严密的劳动力编制主要是用来束缚他们的一种制度,他们与封建国家之间有着牢固的封建依附关系。至于富有的盐户,他们与封建国家之间的关系与贫户完全不同,我们将在后面加以叙述。

(三) 盐户的封建义务

盐户的封建义务主要有两个方面。一方面,作为特定官手工业部门的生产者,他们要向国家缴纳生产物——盐。另一方面,他们又是封建国家的编户齐民,因而还必须和民户一样,负担科差、税粮甚至杂泛差役。

向国家缴纳生产物——盐,是盐户的主要封建义务。盐户缴纳的盐有固定的数额,称为"额盐"。每家盐户的"额盐"数各不相同,是由盐司"验其恒产,差为高下",也就是说,根据各户的财力物力,来确定他们所应负担的盐额的。① 由于盐户的经济情况经常起变化,"兴替不恒",所以又规定"三年一比附推排",即重定等级高下。②

为了使盐户能够维持生活和从事再生产,元政府发给盐户以"工本"。"工本"通常以钞计,故亦称为"工本钞",但也有发给粮食——"口粮"的。③ "工本钞"是按盐的数额多少以引为单位发给的。各地制盐的办法不同,难易的程度不一,每引盐的"工本钞"数也有区别,例如晒制而成的盐的"工本钞"只相当于煎制而成的盐的十分之八。④ 由于元代纸币屡次贬值,盐价不断上涨,每引盐的"工本钞"额也随着有所变化。至元十八年(1281)前后煎制而成的盐每引"工本钞"为中统钞三贯,到了元代中期,即增至二十贯(有的地方因无官拨柴荡,另加五贯作为买柴钱)。⑤ 总的说

---

① 刘敏中:《益都路总管李公去思记》,《中庵集》卷二,北京图书馆藏钞本,第3页上。
② 黄溍:《江浙行省参知政事王公墓志铭》,《金华先生文集》卷三一。
③ 陈椿:《熬波图·日收散盐》。
④ 如煎盐每引"工本钞"为5贯时,晒盐为4贯,煎盐增为8贯时,晒盐亦相应增为6.4贯。见《元典章》卷二二,《添支煎晒盐本》条。
⑤ 陈椿:《熬波图·樵砍柴薪》。

来，盐的售价大致为"工本钞"的五、六倍，差距最大时为十比一。一般来说，"工本钞"的增长总是落在盐价的增长后面。

发放"工本钞"的方式通常是生产开始时发给一半或一部分，其余则当盐户缴纳"其所当付"的额盐时补足。① 如果盐户不能缴足额盐，政府除了使用政权力量强行追征外，同时扣发"工本"。封建国家的官僚们把这种"依验多寡，俵付工本口粮"的办法说成是为了"以励勤惰"②，其实质是以此来强迫盐户完成封建义务。对于封建统治者来说，发给"工本"，既是对盐户进行剥削的方式，又是保证再生产进行的手段。

额盐的缴纳是封建国家占有基本生产资料并将盐户强行编制起来使用这些生产资料进行生产的结果。盐业中的基本生产资料是盐田、盐井、盐池这样一些"自然之利"，它们的所有权显然具有土地所有权的性质。额盐的缴纳正是这种"土地所有权由以实现的经济形态"③，额盐因而具有明显的地租性质。额盐是以实物形态向国家缴纳的，似乎是一种实物地租形式。但这只是一种假象。盐业中的生产者是"在地主（在盐业中是封建国家）或他的代表人直接的监督和强制下"、在封建国家占有的基本生产资料上进行生产的；生产的产品全部归国家所有，生产者所得到的只不过是以"工本"为名的、勉强维持生活和再生产的必需费用。这说明他们实际提供的是劳动力，而不是劳动产品。因而额盐是劳役地租的一种表现形式。和农业经济不同的是，在农业中劳役地租意味着生产者的必要劳动和剩余劳动无论在时间和空间上都是截然分开的，生产者向封建主提供的只是他的剩余劳动。而在元代盐业经济中，生产者的必要劳动和剩余劳动无论在时间或是在空间上都是不可分的，生产者的必要劳动同样消耗在封建国家占有的基本生产资料——盐田、池、井上，只有通过工本的形式，才使这种必要劳动得到体现。

除了额盐之外，盐户还须承担其他封建义务。

元代岁赋之法，北方主要有税粮（包括"丁税""地税"）、科差（包括"丝料""包银""俸钞"）二项。这是诸色人户（除了少数例外）都要缴纳的，盐户也在数内。偶尔蠲免盐户的税粮和科差，便成了封建统治者的"恩

---

① 王恽：《顺德路同知宝坻董氏先德碑铭》，《秋涧文集》卷五五，第8页上。
② 陈椿：《熬波图·日收散盐》。
③ 马克思：《资本论》第3卷，第828页。

典"①。南方民户主要缴纳税粮，凡是有田的盐户均不得免。②

元代杂泛差役负担极重。按照定制，"除大都、上都其间有的自备首思的站赤，除边远田地里出征军人外"，诸色人户都要承当。③ 盐户也不例外。然而南方各盐区盐户在南宋时一切科敷差役，悉行蠲免；世祖统一南方之初，沿袭这一制度，规定"灶户自有其役"，不再承担其他差役。④ 但是这个规定和前述元朝基本制度相违，因之很快便成了一纸空文，在绝大部分盐区，盐户都要承担杂泛差役。英宗时，下令民间行"助役"法，"考视税籍高下，出田若干亩，使应役之人更掌之，收其岁入，以助役费"⑤。虽然"助役之文初未尝及灶户"，但实际上官吏在执行时，"辄以赡盐地与民田概抽以充役"⑥。只有个别地区（如福建），盐户免役的规定在一定程度上得到了保证。⑦ 因此，总的说来，元代盐户大都要负担杂泛差役。⑧

从上面简单的叙述，可以看出，元代盐户的封建义务是十分沉重的。他们不仅要承担巨额的盐赋，而且要负担丁地税粮和科差。制盐本身已是一种繁重的役，统治者还要强迫他们担负杂泛差役。总之，元代盐户在当时较之其他诸色户所受压榨剥削，"尤为劳苦"⑨。

同样须要着重指出的是，上述封建义务主要是落在处于封建依附地位的贫穷的盐户头上的。富有的盐户向国家承担的义务具有不同的性质。通过前一节对盐户来源、法律地位以及本节对他们所承担的封建义务的分析，我们对贫苦盐户的社会身份可以有一个大致的认识。贫苦盐户是被强制束缚在基本生产资料上的，他们人身不自由，他们的生产是在"直接的监督和强制下进行"的；他们向封建国家承担的最主要的封建义务是提供劳动力，亦即表

---

① 此类事例如：《元史》卷九六；《元典章》卷三。
② 如："浙右诸场工本，较之浙东，每引减楮泉五缗者，以有涂荡供萑薪也。縣亭户稍耕之，遂收其税，既而又加重焉"。（陈旅：《运司副使东颍李公去思碑记》，《两浙盐法志》卷二九，清嘉庆刊本，第19页上）
③ 《元典章》卷三《均赋役》。
④ 《运司副使东颍李公去思碑记》，《两浙盐法志》卷二九。
⑤ 《元史》卷二八《英宗纪二》。
⑥ 《运司副使东颍李公去思碑记》，《两浙盐法志》卷二九。
⑦ 苏天爵在《齐文懿公神道碑》（《滋溪文稿》卷九《适园丛书》本）中，吴海在《故翰林直学士林公行状》（《闻过斋集》卷五《嘉业堂丛书》本）中，都提到福建大户"妄称煮盐避役"的现象，可见当地盐户是免役的。
⑧ 元代役法问题颇为复杂，这里所述只是一些初步看法，还有待进一步探讨。
⑨ 《元典章》卷三《息徭役》。

现为劳役地租。这些征象必然使我们得出结论：元代贫苦盐户的身份，大体和农奴相近。①

（四）盐户内部的阶级关系

在分析盐户与封建国家之间关系时，还必须注意盐户内部的阶级关系。

盐户中贫富差异极大，在官方文献中即有"富上灶户"与"贫苦灶户"之分。②最富者如松江下砂场瞿氏，"有当役民田二千七百顷，并佃官田共及万顷。浙西有田之家，无出其右者"③。温州永嘉有亭户侵占官民田即达"数千亩有奇"④。这些富上盐户不仅拥有很大的赀产，而且有相当高的政治地位，如松江瞿霆发官至两浙运使，⑤淮东拼茶场缪思恭官至总管。⑥在地方上，他们有的"积为民患，以贿结权势。前后场官少忤之，辄遭反噬"⑦。有的还"恒持州县短长"⑧。

富上盐户也要向国家缴纳额盐，但是他们自己并不从事劳动，而是雇用若干贫苦的盐丁，为自己从事制盐。例如浙东海宁黄湾马氏，便是"世业鬻海，藉群卤丁以事淋熬"的。⑨这种雇佣关系是在封建生产方式制约下的雇佣关系。在这种雇佣关系下，那些贫苦的盐丁完全丧失了独立的人格地位，遭受着富户的残酷剥削。封建国家也承认这种"富者出财，贫者佣力"的办法的合法性。⑩可以看出，富户所缴纳的额盐，其性质是与贫户的额盐不同的。后者具有劳役地租性质，前者则是地租的再分配。

---

① 王崇武先生说：盐丁"是失去了土地的农民"，"很多盐丁，不得不靠贩卖私盐为活。他们冒着很大危险，才能赚得一升半合，因而他们的生活很不安定，作为一个阶级来说，……可划为游民无产者"。（《论元末农民起义的发展蜕变及其在历史上所起的进步作用》，《历史研究》1954年第4期）这个论断是不正确的。盐丁绝大多数并非"失去了土地的农民"，而是为国家强制征调被迫依附于土地（盐田）之上的民户。贩卖私盐，固然可以作为"生活很不安定"的一个证据（其实也不尽然，豪强大姓也贩卖私盐，见下），但根本不能用来作为划分阶级的标志。
② 《元典章》卷二二《新降盐法事理》。
③ 杨瑀：《山居新话》，《知不足斋丛书》本。
④ 宋濂：《元知婺州路总管府事致仕赵侯神道碑铭》，《宋文宪公全集》卷四三，《四部备要》本。
⑤ 杨瑀：《山居新话》，《知不足斋丛书》本。
⑥ 杨果：《缪氏二贤祠记》，《两淮盐法志》卷五四，清嘉庆刻本。
⑦ 苏伯衡：《江浙行省参知政事周公墓志铭》，《苏平仲文集》卷一二，《四部丛刊》本。
⑧ 吴莱：《李仲举、岑尚周哀诔辞》，《渊颖集》卷六，《续金华丛书》本。
⑨ 徐一夔：《黄湾马公墓表》，《始丰稿》卷一三，《武林往哲遗著》本。
⑩ 陈旅：《运司副使东颖李公去思碑》，《两浙盐法志》卷二三。

封建国家还利用这些富户来控制、管理一般贫穷盐户。每"灶"都有"主户",当盐户"煎盐了毕",便由"主户"斛收入仓,"工本"也由他们经手发给。① 元代的这种主户显然就是南宋的"上户",也就是富户。② 富户往往利用这种地位,通过包领和发散"工本"的机会,从中克扣,对贫户进行剥削。③

总之,富上盐户享有种种特权,属于封建剥削阶级。他们所处的地位与贫户是完全不同的。

二 元代盐的运销

元政府垄断盐的生产,每年都掌握有数以百万引计的盐。如此大数额的盐,除了极少一部分用于供皇室、军队、工匠食用之外,绝大部分都投入流通过程,换取货币,作为国家财政收入的一个重要来源。

元代盐的流通主要有两种方式,一种是由商人经手销售,即通常所说的"商运商销"方式;另一种则是由国家直接销售,即"官运官销"方式。

下面我们分别对两种不同的销盐方式做一些说明。

(一) 商运商销

"商运商销"方式即由商人向国家买盐,然后将盐运到各地发售。在这种方式下,盐的流通表现为如下关系:

国家(盐的所有者)——商人——广大群众(消费者)

这种关系包括两个环节:商人向国家买盐;商人将盐运至各地,卖给消费者。

"商运商销"方式包括两种具体形式,一是"行盐"法,一是"市籴"法。"行盐"法和"市籴"法在后一个环节是没有差别的,所不同的是前一

---

① 陈椿:《熬波图·日收散盐》,第47页上。
② 宋代盐户有上、中、下三等之分。"上户为下户发本,此不可无者也。中间上户为官司催盐,亦尚可留者也。"(黄震:《浙东提举到任榜》,《黄氏日抄》卷八〇,清乾隆刻本,第2页上。)可见南宋的"上户",即元代的"富户"。但上、中、下三等盐户之分,元代不复见。
③ 陆居仁:《运司判官戴官章德政碑记》,《两浙盐法志》卷二九。

个环节，即商人向国家买盐，有两种不同的办法。

"行盐"法的基本程序是商人向各盐司（或户部）①纳钱，换取盐引，凭引到盐场（或仓、垛）支盐，②然后将盐运到各地销售。

"市籴"法也叫"入中"法。它的基本程序是，商旅向国家指定的地点纳粮，由国家按照所纳粮数，折合成盐引，发给商人。商人再凭引到各盐场（仓）支盐，销售各地。可以看出，它与"行盐"法不同的地方在于：所纳之物不是钱，而是粮食；所纳之地不是各盐司，而是国家另外指定的地点。③

"市籴"法在三种不同情况下施行过。元初，元、宋长期交战，元政府需要大量粮食，以供军需，因而便在河南、④关中、⑤四川⑥等地，募民入粟，给以盐引。这种办法曾使"钱粟充栋于军中"，对于保证元对南宋战争的胜利起了重要的作用。这是第一种情况。全国统一以后，西北诸王屡兴叛乱，元朝不得不在和林一带屯驻重兵。当时每年需八十万斛粮食，然后"屯戍将士才免饥色"⑦。而"岭北地寒，不任稼事"⑧，这样巨额的粮食主要须由内地运往。由于道路遥远，路程艰险，运粮队伍往往"人粟踣死道亡者过半"⑨。元政府看到了这一弊病，便在郭明德等建议之下，"募民入粟塞

---

①　元代盐引通常归各盐司发卖，但大德十一年武宗初即位时，曾"权时制宜，从户部鬻盐引八十万"（《元史》卷二二《武宗纪一》，第18页下）。又据刘敏中记："壬午，权奸阿合马死，朝廷驿召公（刘楫），议罢盐转运，户部发引收课，以公为尚书统之。公言：岁已过半，恐误课计。若及今告戒，始自来岁正月改行，为可。堂议是之而止。"（《尚书左丞商议尚书省事刘公墓铭》，见北京图书馆藏钞本《中庵集》卷八，第2页上），但后来未实行。

②　两淮盐司原来由盐商买引，自行赴场支盐；大德四年，"改法立仓，设纲攒运、拨袋支发，以革前弊"。（《元史》卷九七《食货五·盐法》；参见《元典章》卷二二《新降盐法事理》）
　　两淮改制后，两浙于延祐年间也设立盐仓，见《元史》卷二六《仁宗纪三》；《元史》卷一七六《曹伯启传》。山东于顺帝时立盐仓，见《元史》卷三九《顺帝纪二》。
　　北方河间盐司"积盐而席其钧石之所"，称为"垛"。各盐场出产的盐，都要运至"垛"集中。可知"垛"即盐仓。见姚燧：《金行都统万户事荣公神道碑》，《牧庵集》卷二二《四部丛刊》本。

③　日人田山茂将"入中"法和"计口卖盐"法说成是"官卖"法（"食盐"法）的两种形式，而以"官卖"法与"通商"法（"行盐"法）并列。（由《元代の竹の专卖とその施行意义》一文转引，见《东洋史研究》第16卷，第2号第152页注⑨。）这种看法值得商榷。综上所述，可知"入中"法是客商贩盐的一种形式，它的基本程序与"行盐"法相同而与"食盐"法（即"计口卖盐"法，见后）完全不同。

④　《元史》卷一七三《崔斌传》。
⑤　姚燧：《中书左丞姚文献公神道碑》，《牧庵集》卷一五。
⑥　姚燧：《中书左丞李忠宣公行状》，《牧庵集》卷三〇。
⑦　柳贯：《送刘宣宁序》，《柳待制文集》卷一六《四部丛刊》本。
⑧　《元史》卷一四〇《铁木儿塔识传》。
⑨　柳贯：《送刘宣宁序》，《柳待制文集》卷一六《四部丛刊》本。

下，……以江淮长芦盐引偿之"①。这一措施很有成效，元中叶，边境"困庚之赢，大约足支三、四年"②。这是又一种情况。此外，在发生饥荒的年岁，元政府也往往"令商人输米中盐"，用来"赈济饥民"③。但这是临时性的措施，并非经常的制度。这是第三种情况。

"商运商销"之盐在元代盐的流通中所占比重，前后有所不同。我们大致可以分成三个阶段来叙述。从太宗到世祖末年是第一个阶段。太宗时初立盐法，从一些记载片断看来，当时实行的正是商旅贩盐之法。④ 世祖时，虽然部分地区实行国家直接销盐之法，但多数地区都由商旅贩盐。世祖一代有关盐法的条画和指令，主要也是关于客商贩盐的规定。第二阶段是从成宗到顺帝初年。很多地区相继推行国家直接销盐之法，但一部分盐区（包括最大的两淮盐区在内）仍行客商贩盐之法，另有一部分盐区（山东、两浙、福建）则两法并行。总的说来，这一阶段商运商销不如前一阶段那样占有绝对优势，但仍占很大比重。第三阶段从顺帝至正三、四年起到元亡止。至正三、四年间，元政府接连下令取消"食盐"法（国家直接销盐的一种主要形式），从而商旅销盐成了唯一的销盐办法。

在"商运商销"方式下，商人充当了最重要的角色。因而，有必要对他们的身份、活动，略做考察。

元代盐商中，权豪贵族和官吏占很大部分。世祖时已多有"各位下并权豪势要之家，纳课买引，赴场支盐"⑤；到后来此风更甚。甚至最显贵的权臣，如顺帝丞相马札儿台，也"广贩长芦淮南盐"，从中取利。⑥ 官吏贩盐营利的现象也很普遍。大德时御史台曾建议："但有勾当里行的官吏人等休买盐者"；然而元政府恐怕"都禁了呵，不宜课程"，只是下令禁止内外中书省、户部、转运司官员买引了事。⑦ 由这件事可以充分看到官吏贩盐所占比重之大。这些权豪贵族和官吏，凭借权势，在取盐时"多带斛重"，甚至

---

① 苏天爵：《郭敬简侯神道碑铭》，《滋溪文稿》卷一一。
② 柳贯：《送刘宜宁序》，《柳待制文集》卷一六《四部丛刊》本。
③ 此类事例甚多，如《元史》卷二二《武宗纪一》，第17页下；同卷，第23页上；卷三三《文宗纪二》，第8页上。
④ 如："甲午（太宗六年）之秋，受旨煎造。……河路通便，商贩往来。"（王鹗：《三叉沽创立盐场旧碑》。《长芦盐法志》卷一四，雍正刊本，第5—6页上。)
⑤ 《元典章》卷二二《立都提举司办盐课》。
⑥ 权衡：《庚申外史》卷上，《学海类编》本。
⑦ 《元典章》卷二二《盐司人休买盐引》；参见《元史》卷二一《成宗纪四》。

一引盐多取至七百斤，① 这样便大大加重了盐户的负担。而在出售时，他们又哄抬价格，对广大消费者进行重利盘剥。②

盐商中也有不少是从私商出身的。他们从盐的买卖中取得巨额收入，成为富豪，"舆马之华，宫庐之侈，封君莫之过也"③。"人生不愿万户侯，但愿盐利淮西头；人生不愿千金宅，但愿盐商千料舶。大农课盐折秋毫，凡民不敢争锥刀；盐商本是贱家子，独与王家埒富豪。"④ 元末诗人杨维桢的这首诗，生动地说出了当时盐商的势力。这些盐商与政府之间有着密切关系，是元代统治阶级的一个组成部分。

盐商在运盐时必须有"水程"⑤，经过沿途关津时都要查验。每一盐司出产的盐都只能在固定的地区内发售。这个地区便是该盐司的"行盐地面"。在各"行盐地面"之间都"立碑额，大字直书：盐不得犯界"⑥。盐商如果贩盐过界，就要受罚。⑦ 当盐商贩盐到达目的地时，"先须住报水程及所止店肆"⑧，经所在官府查对才许发卖。他们将盐卖给当地的"铺户"时，又必须经过官府设立的"盐牙"之手。⑨ 盐商卖完盐后，"退引限五日赴所在官司缴纳"⑩。在各地，一般都由"管民正官"直接管理销盐事宜。⑪ 这说明在客商贩盐方式下，盐的全部运销过程是在元政府严密管理之下的。

封建国家垄断经营整个盐业生产部门的目的，就在于独占全部盐课收入。要达到这个目的，除了严禁私自制盐外，还要严防私盐进入流通过程。严密地控制盐的运销，就是为了杜绝私盐活动的可能性。这一事实，说明了盐虽由商人贩卖，但并没有改变其国家专卖的性质。

（二）官运官销

盐的"官运官销"的基本过程可以用如下形式来表示：

---

① 《元史》卷一五《世祖纪十二》。
② 《元典章》卷二二《设立常平盐局》。
③ 余阙：《两伍张氏阡表》，《青阳集》卷一〇《四部丛刊》本。
④ 杨维桢：《盐商行》，《铁崖先生古乐府》卷五《四部丛刊》本。
⑤ "水程"是一种填明引数、盐商姓名、运销地区的运盐凭证。
⑥ 《元典章》卷二二《提调课程》。
⑦ "行盐各有郡邑，犯界者减私盐罪一等"。（《元史》卷九四《盐法》）
⑧ 《元史》卷九七《盐法》。
⑨ 《元典章》卷二二《新降盐法事理》。
⑩ 《元典章》卷二二《改造盐引》。
⑪ 《元史》卷九四《盐法》。

国家—消费者（广大群众）

在"官运官销"下，国家直接向消费者销盐，不再存在盐商这样一个中间环节。这是"官运官销"与"商运商销"的根本区别。"官运官销"包括"食盐"法和"常平盐局"法两种具体形式。"食盐"法是"官运官销"的主要内容，"常平盐局"法影响很小。

下面我们分别加以叙述。

（1）"食盐"法。

"食盐"法的基本程序是，政府按照居民人口数（或户数）强行分摊盐额，按额征收盐价。这种办法也叫"桩配"，宋、金均曾实行过。

早在太宗窝阔台时，便有人"请运盐按籍计口给民以食"，由于史楫反对，没有施行。[①] 世祖忽必烈时起，部分地区开始实行"食盐"法。到了元中叶，"食盐"法在更多地区内推行。为了说明清楚起见，下面对各盐区分别加以考察。

①大都。至元"八年，以大都民户多食私盐，因亏国课，验口给以食盐"[②]。但不久之后，大都改行常平盐局卖盐法，取消了"食盐"制度。

②山东。世祖中统四年，下令"益都山东民户自买食盐三斤"[③]。此后山东各地"食盐""行盐"变化无常，有些地区还行"常平盐局"制度。[④]

③河东陕西。"食盐"法始行于何时不可考。据顺帝后至元二年监察御史帖木儿不花说，陕西之盐"近年散于民户"[⑤]。可知推行时间较晚。

这一地区有一些特殊的制度。元初，太原民间私盐运入解州境内，价格较廉，解盐为之不售。元政府鉴于私盐禁不胜禁，便增加解州居民的赋税，用以弥补盐课损失，同时允许解州民食太原盐。[⑥] 太原地区，"其地炙卤，民盗煮食。有司虽密其禁，犯者终不衰止，而赋日益不登。遂弛其禁，听民煮食，惟户责输赋漕司"[⑦]。黄河以西宁夏等地，也曾实行"计口摊课，任食

---

① 《元史》卷一四七《史天倪传·附史楫传》。
② 《元史》卷九四《盐法》。
③ 《元史》卷九七《盐法》。
④ 见魏初《青崖集》卷四《奏议》，第10页下；《中庵集》卷二《益都路总管李公去思碑记》，第12页下；《元史》卷九七《盐法》等有关记载。
⑤ 《元史》卷九七《盐法》。
⑥ 《元史》卷二〇五《阿合马传》，第2页上；参看《元史》卷五《世祖纪二》，第20页上。
⑦ 姚燧：《提举太原盐使司徐君神道碑》，《牧庵集》卷一八。

韦红之盐"的办法。① 上述三地实行的制度和"食盐"法在形式上有所不同，但其实质——国家直接强迫居民按口（户）数为食用盐而纳税——则并无区别。因而，它们应属于"食盐"法的范畴。

④两浙。浙东全部实行计口食盐，但各地开始的时间有所不同。绍兴地区，"延祐中，计口食盐之法行"②。而昌国州，则"始于至元二十七年抄数之后，一应诸色人户计口请买"③。

浙西大部分地区也都实行"食盐"法，只有平江、杭州等少数大城市没有推行。④

⑤福建。福建的建、汀、延、邵四路行"客商兴贩"，而漳、泉、福、兴四路则行"桩配民食"。这一"行盐""食盐"地区的划分，是"延祐元年……运司又从权改法"的结果。⑤

⑥广东。据元代方志《南海志》记载，广东盐课提举司"各场周岁总办客旅盐八千九百引；散办盐二万一千一百九十三引。官吏食盐、民食盐、灶户食盐"⑥。所谓"客旅盐"即"行盐"之盐，"散办盐"即"食盐"之盐。由两个数字的大小可以看出"食盐"大于"行盐"。但其开始年代和地区划分均不可考。

⑦广海。成宗初年，史籍记载中已提到："广西盐先给引于民，而征其直。"⑦ 可知"食盐"法推行较早。其他不可考。

⑧辽阳。辽阳出产池盐，但元政府"禁民盗食"，"转漕海盐以鬻民"。

---

① 《元史》卷九七《盐法》。
② 陈旅：《王经历惠政记》，《安雅堂集》卷九，北京图书馆钞本。
③ 《大德昌国州志》卷三《食盐》，《烟屿楼刊宋元四明六志》本。
④ 元中叶，王艮反对浙东"食盐"制度，提出的理由之一是浙西某些地区没有行"食盐"法。据陈旅记载，他说："夫苏、杭，商旅之所集也；它郡口会，苏、杭未尝会也"（《王经历惠政记》，《安雅堂集》卷九，第4页下）。据黄溍记载，则是："且浙右大都，商旅辐辏，未尝以日计也。"（《淮东道宣慰副使王公墓志铭》，《金华先生文集》卷三四，第15页下。）《元史·王艮传》大体据墓志铭，作："浙右之郡。"（卷一九二，第8页下）

三者之中，应以前者为是。（一）《王经历惠政记》作于王艮生前，是同时代人的记述，自然比较翔实；后二记载，作于王艮死后，难免失真。（二）从其他记载来看，除了苏、杭之外，浙西其他地区，包括松江（《松江府志》卷五〇《古今人传·费案》，嘉庆刊本，第27页上）、嘉兴（俞镇：《卢侯颂德诗序》，《嘉兴府志》卷八二，光绪刊本，第68—69页下）都实行过计口食盐制度。笼统地说"浙右大都……未尝以口计也"，自然是不确切的。

⑤ 《元史》卷九七《盐法》。
⑥ 由《永乐大典》卷一一九〇七，《广字部》转引，中华书局影印本，第二〇〇册。
⑦ 《元史》卷一八《成宗纪一》。

世祖时，改为均赋居民盐课，允许他们任意买食池盐、海盐。① 此制与河东解州、太原等地实行的办法相同。此后的记载，例如：至元二十四年，"滦州四处盐课旧纳羊一千者，亦令如例输钞。延祐七年，又命食盐人户岁办课钞每两率加五焉"②。说明这一办法仍在继续推行。

两淮、四川、河间三盐区，从现有记载来看，都没有实行过"食盐"法。但在这些全境"行盐"的地区，邻近盐场的居民也实行计口食盐。如淮东："附场十里之内人户，取见实有口数，责令买食官盐。十里之外，尽作行盐地面。"③ 这样做的目的是为了防止走漏私盐。

以上便是"食盐"法推行的简单情况。到了顺帝时，由于"食盐桩配，害民为甚"，激起了人民群众的极大不满，在某些地区，甚至导致了武装起义，元政府终于被迫在至正三年下令："罢民间食盐法"；四年，又下令："不许抑配食盐"④。自此以后，各地都取消了"食盐"法，恢复了商旅贩盐之法。

综上所述，元代"食盐"法的推行有如下两个特点：一、它的波及面很广。从时间上来说，起自世祖时，迄至顺帝初年，几与元代相终始。从地域上来说，北起辽阳，南达岭海，遍及全国大部分地区。二、它的推行是很混乱的。并不是所有盐区都实行这个办法，就是实行这个办法的盐区之内，也往往有部分地区继续由客商贩盐。而且各区的实行时间互有先后，兴废无常。

"食盐"法的推行是有其深刻的社会内在根源的。封建国家的支出日益浩繁，对盐课收入的要求必然越来越大。而增加盐课收入的办法不外是增加盐产量和提高价格。增加盐产量的结果是盐户日益贫困化，提高盐价的结果是消费者买不起官盐。二者的共同后果是导致了私盐的盛行；而私盐盛行反过来又使得官盐日益壅积不售，盐课收入减少。这样，为了增加收入而采取的措施其结果是影响了收入的增加。在这种情况下，封建统治集团所通常采取的办法，便是诉诸政权力量，强行推销官手工业产品，借以保证收入。这便是元朝政府要推行"食盐"法的根本原因。

元代各地推行"食盐"法不一致，也只能从这个根本原因上得到说明。

---

① 姚燧：《江东宣慰使珊竹公神道碑铭》，《江苏金石志》卷一九，江苏通志局刊本。
② 《元史》卷九四《盐法》，中华书局标点本。
③ 《元典章》卷二二《新降盐法事理》。
④ 《元史》卷四一《顺帝纪三》。

有些地区，矛盾暴露得早，"食盐"法也推行得早，如大都、山东。有些地区，矛盾到后来才开始显著，"食盐"法推行得就比较迟，如陕西、福建。也有的地区，改革"行盐"法以防止私盐买卖，因而便没有实行"食盐"法，如两淮等地。还应该指出的是，元代各盐司有较大的权力，"官以转运名，则夫开阖利柄，随时变通，诸使、判官固得专而制之，非如它有司受成法于上，按而行之，犹衡石之不可以轻重低昂也"①。各盐司可以任意"散民食盐"，因而便大大加强了各地区在实行"食盐"法时的差异程度。

（2）"常平盐局"法。

"常平盐局"法始于至元二十一年（1284），创议者是著名的"奸巧之徒"卢世荣。他提出这个办法表面上是为了抑止"官员、豪富、有气力的人每"，"把柄著行市，揩勒百姓"，使"百姓每都得盐吃"；实际上则是以此作为一种增加国家收入的手段，使"国家更有利钱"②。具体办法是，在各地设立盐局，盐由各盐司支拨，按官价发卖。不久，卢世荣被处死，他的一些措施大多废而不行，"常平盐局"法也不例外。

大德时，大都因"商贩把握行市，民食贵盐，乃置局设官卖之"。后来屡有兴废。顺帝后至元三年（1266），大都官盐局又被革除，"听从客旅兴贩"③。

大都设局卖盐之法，显然受到大都赈籴之制的影响。至元二十二年（1285）起，大都设立米肆卖米，最盛时达十五所。官局卖盐之法实行于籴米之法后，办法大体相同，盐局数目也相等，两者之间的密切关系是显而易见的。

"常平盐局"法在山东部分地区也曾施行过，④但全国绝大部分地区均未推行，它的影响是不大的。

（三）盐的运销过程的几个经济特点

上面就元代盐的运销的两种形式分别做了说明。总的说来，盐进入流通过程这件事本身，即表明了它与多数官手工业产品的用途、性质（它们主要用于供封建统治集团、统治机构消费）有所不同。除此之外，盐在流通过程

---

① 柳贯：《嘉兴盐运分司纪惠颂》，《柳待制文集》卷九，第24页。
② 《元典章》卷二二《设立常平盐局》，第23—25页上。
③ 《元史》卷九七《盐法》。
④ 刘敏中：《益都路总管李公去思记》，《中庵集》卷二，北京图书馆藏钞本，第3页上。

中又显示出若干特点：

（1）无论在官运官销方式下，或是在商运商销方式下，盐都是国家专卖而不是自由买卖的物品。它的流通受到国家的严密控制。两种不同的方式只表明控制的程度略有差异而已。

（2）盐既投入流通过程，就不免具有商品属性。然而，封建国家将盐投入流通过程的目的，是为了增加国家的财政收入。而盐的国家专卖性质，使得这种物品的销售，实质上成了人民群众对封建国家必须承担的一项封建义务。因此，盐的流通是一种藉商品货币关系而实行的封建课税，这就使得它蒙上一层薄薄的商品货币关系的外衣。

（3）在盐的流通过程中，其价格既不取决于生产费用，也不取决于市场的供应需求关系。它主要由封建国家根据其对货币收入的需要来决定，同时也受到纸币贬值的影响。盐价由国家任意调整，这是盐为国家垄断专卖的结果，而这一事实又正好证明了盐的销售是变相的课敛。

（4）封建国家从盐的流通中得到了巨额的收入。[①] 这些收入除了极少一部分以"工本"形式发给盐户外，绝大部分都用以供皇室奢侈挥霍和维持封建统治机构之需，而不是用于扩大再生产。

上述四个互相关联的特征，反映出：盐作为封建官手工业的一种产品，它的流通与一般私手工业产品的流通是有很大不同的。认识这些特征，有助于认识封建官手工业经济的性质，也有助于认识我国封建社会商品经济的复杂性。

---

① 世祖晚年（至元二十六—三十年间），全国盐产为一百七十余万引（见第一部分第一节），此时盐价为每引中统钞一锭，盐课收入应为一百七十余万锭。至元二十九年，"天下所入凡二百九十七万八千三百五锭"。（《元史》卷一七《世祖纪十四》，第14页上），以此计算，盐课占"天下所入"57%—60%左右（我认为这里所谓"天下所入"并非全部财政收入，而是财政收入中的钱钞部分，不包括实物。从下面元中叶的数额可以证明这一点）。元中期的财政收入只有文宗天历二年有记载，计钞九百二十七万七千八百锭，粮一千余万石，此外有币帛、金、银、丝绵等项（《元史》卷三四《文宗纪二》，第25页上），同一时期盐课收入为七百六十六万余锭（《经世大典序录·盐法》，《国朝文类》卷四〇《四部丛刊》本，第21页上）。盐课应为财政收入中钱钞部分的80%左右。

日人井ノ崎隆兴说："至元二十六年度盐课二百万锭和至元二十九年的总岁办额相比，占67%强。……到元中期以后，盐课收入常占财政收入的七八成，这是可以断定的。"（《元代の竹の专卖とその施行意义》，前引杂志，第146页）。从上面所述，可以看出，他的结论是成问题的。

三　盐的产销与元代社会

盐的产销过程和盐的生产者（贫苦盐户）以及盐的消费者（广大群众）有着极密切的关系。对于贫苦盐户来说，从事盐业生产的结果是他们的生活日益贫困化，这不能不激起他们的反抗斗争。对于广大人民来说，盐的流通意味着盐课的不断加重，从而使他们的生活更为困苦，因而大大加深了他们与封建国家之间的矛盾。与此同时，国家对盐的产销过程的控制，又必然导致私盐贩卖的盛行和盐徒的大批出现，这使得元代社会矛盾更加复杂化。下面，我们就上述三个方面分别加以说明。

（一）贫苦盐户的日益贫困化和他们的反抗斗争

贫苦盐户承担着沉重的封建义务。缴纳额盐是封建义务的主要部分。封建国家为了增加盐课收入，不断提高各盐司上缴的盐额。从世祖末年到延祐、天历时，前后不过三四十年，全国盐产量增加了75%强。如以延祐、天历时各司盐额与全国统一前后的盐额比较，可以发现，四五十年内，两淮盐司因为原来盐额太高，增长比例不大，但绝对值仍有很大增长。至元十六年（1279）为五十八万余引，天历二年（1329）为九十五万余引。其他盐司普遍增加了一倍、数倍甚至数十倍。[①] 随着总的盐额数不断提高而来的是各家盐户的"课额岁以增"[②]。当许多盐户因生活困苦被迫逃亡时，官府又将他们留下的盐额加摊到现存户头上，"勒令带煎"[③]。而在"逃亡户率令见户包纳其盐"时，照例是"豪强者以计免，而贫弱愈困"[④]。课额日增，结果是"煎户日困穷"[⑤]。

其他封建义务也加深了贫苦盐户的苦难。例如浙西一带盐户承担杂泛差役，"役又不得休，坐是败产者众"[⑥]。

除了沉重的封建义务之外，封建官僚机构的腐化营私也大大加深了贫苦

---

① 《元史》卷九七《盐法》。
② 王沂：《傅梦臣淮漕使遗爱诗》，《伊滨集》卷一《四库珍本丛书》本。
③ 《元史》卷九七《盐法》。
④ 《元史》卷一七六《谢让传》。
⑤ 王沂《傅梦臣淮漕使遗爱诗》，《伊滨集》卷一《四库珍本丛书》本。
⑥ 陈旅：《运司副使东颍李公去思碑记》，《两淮盐法志》卷二九。

盐户的贫困化。贪污腐化是封建官僚制度的先天属性，元代此风更甚，盐政系统也不例外。发放"工本"是盐政系统官吏舞弊的主要目标。"亭民岁给工直，恒半入奸吏"，已成为元代的普遍现象。①而已被"主给者掊克于上"的"工本"，再经与官吏相勾结的"富强者包领于下"，贫困的"细丁罔有濡润"②。这样，在多数场合下，贫困的盐户连维持最低生活水平的代价都得不到。

贫苦盐户的身份具有强烈的封建依附性质，社会地位近似农奴。盐政系统的官吏不仅作为封建皇权的代表，而且作为生产者的监工出现。他们的统治手段较之一般行政系统更为残酷凶暴。他们对待盐户"如圈置兔、狼残隼虐，无毫毛隐痛"③。每当征收额盐时，"追收急星火，犴狱常纠纷"；盐户缴盐不能满额时，便"往往死鞭杻"④。总之，贫困的盐户不仅在经济上受到苛重的剥削，而且人身受到种种凌辱。

元代贫苦盐户所受压迫是十分深重的，他们的命运是极其悲惨的。元末诗人王冕曾在一首诗中描述了浙东一家贫苦盐户的不幸遭遇，而这也正是所有贫苦盐户命运的深刻写照：

清晨度东关，薄暮曹娥宿；草床未成眠，忽起西邻哭。

敲门问野老，谓是盐亭族。大儿去采薪，投身归虎腹；小儿出起土，冲恶入鬼箓。课额日以增，官吏日以酷；不为公所干，惟务私所欲。田关供给尽，蹉数屡不足。

前夜总催骂，昨日场胥督；今朝分运来，鞭笞更残毒。灶下无尺草，瓮中无粒粟；旦夕不可度，久世亦何福！

夜永声语冷，幽咽向古木。天明空启门，僵尸挂荒屋。⑤

残酷的压榨使广大贫苦盐户濒于死亡线上。这种悲惨的境地必然使得他们起来反抗。贫苦盐户反抗斗争的方式是多种多样的，主要有下列三种：

---

① 贡师泰：《送朱元宾赴南靖县尹序》，《玩斋集》卷六，清乾隆刊本。
② 陆居仁：《运司判官戴官章德政碑记》，《两浙盐法志》卷二九。
③ 杨维桢：《两浙盐使司同知木八剌沙侯善政碑记》，《东维子文集》卷二三《四部丛刊》本。
④ 王沂：《傅梦臣淮漕使遗爱诗》，《伊滨集》卷一《四库珍本丛书》本。
⑤ 王冕：《伤亭户》，《竹斋诗集》卷一，清嘉庆诸暨王氏刻本。

(1) 鬻卖私盐。元政府严禁盐户私自卖盐。为了堵绝盐户私自卖盐的途径，元政府在盐坊周围设置巡防军队，严密纠查。但是，"盐萌依私权为命"①，为了维持生活，他们不顾统治者的禁令，出售私盐。例如至正十一年淮东一次捉获私盐四起，其中两起便是由盐户手中卖出的。② 这是最常见的一种反抗形式。

(2) 逃亡。为了保证劳动力，盐户被固定在盐场上，不得离开。这就迫使他们用逃亡的办法来摆脱悲惨的命运。山东地区，"十家村落逃亡五"③。两浙地区"各场元签灶户一万七千有余，后因水旱疫疠，流移死亡，止存七千有余"。广东盐司的"灶户盐丁，十逃三四"④。

(3) 武装斗争。贫苦盐户的反抗斗争更进一步发展，便采取武装起义的形式。世祖时，福建盐夫就曾参加黄华领导的反元起义。⑤ 元末农民战争中，崛起于淮东的张士诚部起义军，主要是由"苦于官役"的盐丁组成的。⑥ 福建长乐、福清一带的盐丁，也曾策划起义，但没有成功。⑦

必须指出，贫苦的盐户由于他们受剥削被压迫的阶级地位而不断进行反抗斗争，而富有的盐户则积极支持元朝政府镇压这些反抗斗争。这在元末农民战争中表现得最为明显。张士诚部起义军初起事时，立刻遭到丁溪盐场大姓刘子仁的反动武装堵截。⑧ 而在他进军浙西时，元嘉兴守将缪思恭曾使他遭受相当大的损失。⑨ 这个缪思恭"世居（淮东）拼茶场"，正是盐户中的上层富户。⑩

（二）苛重的盐课大大加深了元政府与广大人民之间的矛盾

元政府取得巨额盐课收入的办法，除了对贫苦盐户进行残酷的压榨外，便靠对消费者（广大人民）进行剥削。

---

① 杨维桢：《送芦沥巡检范生序》，《东维子文集》卷四。
② 《元南台备要·建言盐法》，《永乐大典》卷二六一一，中华书局影印本，第三二册。
③ 郭五常：《悯灶丁》，《山东盐法志》附编，清嘉庆刊本。
④ 《元史》卷九七《盐法》。
⑤ 《元史》卷一〇《世祖纪七》。
⑥ 叶子奇：《克谨篇》，《草木子》卷三上，中华书局1959年版，第53页。
⑦ 吴海：《故翰林直学士林公行状》，《闻过斋集》卷五《嘉业堂丛书》本。
⑧ 《洪武实录》卷二〇，江苏国学图书馆影印本。
⑨ 姚桐寿：《乐郊私语》，《学海类编》本。
⑩ 杨果：《缪氏二贤祠记》，《两淮盐法志》卷五四。

在第一部分第三节中，我们已经指出，元政府付给盐户的"工本"只相当于盐价的五、六分之一，甚至是十分之一。其余除了部分用来支付盐政机构的管理费用外，便都成了封建国家的纯收入。这一纯收入中包括对贫苦盐户的剥削，同时又是对广大消费者进行掠夺的结果。盐的价格与成本之间巨大差额的存在，是元政府获得巨额盐课的关键所在。

元朝政府财政收入经常不敷支出，统治者便用滥发纸币作为弥补亏空的手段，其结果是纸币不断贬值，物价上涨。盐价也不例外。至元十三年（1276），全国统一之初，每引盐售价为中统钞九贯；到延祐三年（1316），增为每引一百五十贯。① 四十年间，增加了十六倍强。人民群众为物价的增长遭受了巨大的损失，政府则从中获取巨额收入。

特别值得指出的是，上面所述的只是官定价格，实际价格要远远超出官价。如至元十八年（1281）时，官价一引十五贯，而潭州卖到一百八十两（贯），江西卖一百七十两（贯），大都也要一百二十两（贯）。② 皇庆年间盐价一百贯一引，"官豪商贾，乘时射利，积塌待价，又取五百文一斤。市间店肆，又征三分之利。故民持一贯之钞，得盐一斤，贱亦不下八百"。据此，则实际售价为官价的三、四倍。因此，"濒海小民，犹且食淡；溪山穷谷，无盐可知"③。

盐价高昂并不断飞涨，使"民财困竭"；"食盐"法的推行，给广大人民带来了更大的痛苦。

在"食盐"法下，国家对广大人民进行着直接的、赤裸裸的掠夺。购买食盐成了每个编户齐民必须承担的封建义务，就连在襁褓中的婴儿亦不得免。④ 在分摊盐额时，不管户口有无减耗，只依原额桩配。逃亡死绝人户的盐额，便落到四邻人户头上。如昌国州，"递年以来，逃亡事故，民户比元数已亏，而盐额如故。多是里正、主首及见在户口，代为闭买；年复一年，已皆靠损"⑤。不仅如此，各地盐司在积盐过多时，还不断递加桩配额。山东在世祖时每户月桩配三斤，年三十六斤。成宗大德时，"口岁至五十斤"⑥。

---

① 《元史》卷九四《盐法》，中华书局标点本。
② 《元典章》卷二二《新降盐法事理》。
③ 叶知本：《减盐价书》，《两浙盐法志》卷二七。
④ "长儿五岁方离手，小女三周未能走；社长呼名散户由，下季官盐添两口。"（王冕：《江南妇》，《竹斋诗集》卷二）。
⑤ 《大德昌国州志》卷三《食盐》，《烟屿楼刊宋元四明六志》本。
⑥ 刘敏中：《益都路总管李公去思记》，《中庵集》卷二，北京图书馆藏钞本，第3页上。

昌国州大德元年（1297）摊派一千六百另四引一百十四斤；第二年，"运司以盐课壅滞，遂于额外增二千五百六十引"①。增加额较原额更多。定海当延祐时，"县民包买食盐，三倍于元会计之数"②。不仅如此，官吏们还往往利用"桩配"的机会，进行敲诈。如山东，"盐剩而食弗尽，尽诬以私鬻"③。因此，"食盐"法引起人民倾家荡产之事，层出不穷。如福建，"盐法……行桩配，民至破家鬻产以偿"④。陕西人民"籴终岁之粮，不酬一引之价。缓则输息而借贷，急则典鬻妻子"⑤。两广地区，"食盐害民，所在皆是；而岭海之间，其害尤甚。……民至破家荡产犹不充"⑥。

总之，无论是商旅贩盐，或是"食盐"法，都给人民带来了很大的苦难，从而大大加深了广大人民与元政府之间的矛盾，这种矛盾有时激化，导致武装起义。顺帝至正初年福建漳州人民起义便是由桩配食盐引起的。⑦ 而苛重的盐课和其他封建赋税一起，更使得元末浙西一带"民间破家荡产，不安其生"，因而"入海为盗者有之"⑧。

（三）私盐贩卖盛行，盐徒与农民起义

为了保证盐利为国家所专有，元政府采取各种措施，严禁私盐。这些措施主要包括：严格防止盐场与外界交通、⑨ 在各地设立巡盐军和缉拿私盐的吏役、⑩ 制定严厉处置私盐贩卖的律令等。⑪

但是，官盐价昂，一般百姓食用不起，势必设法买食低价的盐；而贫苦

---

① 《大德昌国州志》卷三《食盐》。
② 黄溍：《中兴路石首县尹曹公墓志铭》，《金华先生文集》卷三三。
③ 刘敏中：《益都路总管李公去思记》，《中庵集》卷二，北京图书馆藏钞本，第3页上。
④ 蒋易：《送韩士敏从尚书行部还朝序》，《鹤田文集》卷下，北京图书馆藏钞本。
⑤ 《元史》卷九七《盐法》。
⑥ 郑元祐：《江西行省左右司郎中高昌普达实立公墓志铭》，《侨吴集》卷一二，明弘治刊本。
⑦ 《元史》卷九七《盐法》。
⑧ 朱德润：《平江路问弭盗策》，《存复斋续集》，《涵芬楼秘笈》本。
⑨ 陈椿：《熬波图·各团灶舍》。参看《元典章》卷二二《新降盐法事理》。
⑩ 世祖中统年间，令各地设巡禁私盐军（《元史》卷五《世祖纪二》），平南宋后，在江淮一带设置了一支五千人的巡盐军（《元典章》卷二二《镇守军人兼巡私盐》）。成宗时江浙以船五十艘，水工千三百人，沿海巡禁私盐（《元史》卷一九《成宗纪二》）。此外，各地镇守的军队，地方上的弓手，都有缉拿私盐的职责。
⑪ "诸犯私盐者，杖七十，徒二年，财产一半没官"（《元史》卷一○四《食货》）。
按：元代私盐，"不计斤两"，一体处刑，与唐、宋之制不同。后来明代继承了元制而又加重，见沈家本《盐法考》，《沈寄簃先生遗书》，1929年刊本。

盐户生活十分困苦，也需要私下出售一部分盐，用以维持他们低下的生活水平。这两个方面都是元政府严密控制盐的产销、对生产者和消费者进行残酷剥削的必然后果。只要封建国家继续对贫苦盐户和广大群众进行剥削，私盐贩卖就必然存在。政权强力不可能消除私盐贩卖现象，因为封建国家不能放弃盐课收入，也就不能不对贫苦盐户和广大群众进行剥削。同时，由于封建官僚制度必然具有的腐化贪污这一先天属性，又使得元政府的各项防范措施往往转向它自身的反面：官吏和军人都凭借权势从事私盐贩卖，从而更为大规模的广泛的私盐买卖提供了条件和可能。

元代称私盐贩卖者为盐徒。盐徒的声势极盛。内地的盐徒"构集人众，执把器杖，再行赶喝驴马，动者不下百十头匹。略买私盐，……公然贩卖食用"①。"每遇巡捕，拒伤官兵。"② 仅河东盐司地面，每年捉获的私盐贩即"不下千百余起"③。沿海的盐徒则驾驶"在海大船，每岁入场，通同场官、灶户人等，公然买卖。……每船少者买贩数百引，多者千余引。运至扬州路崇明州地区石牌镇扬子江口转卖。此间边江拨脚铁头大船，结艅运至上江发卖。拒敌巡哨军船，杀害军官人等，岁岁有之"④。

从社会身份来区分，盐徒有两类。一类是豪强大姓，他们为了牟取暴利而从事私盐买卖。⑤ 例如浙东绍兴，"有余大郎者，私鬻盗鬻，招集亡命之徒，动以千百。所至强人受买，莫敢谁何！"⑥ 另一类是贫困的下户，他们中间有的为饥寒所迫，不得不以贩卖私盐作为谋生的途径；⑦ 有的则因买不起官盐，便组织起来私煮私贩，解决自身的食盐问题，元末福建福宁州地区流传的一首歌谣，便反映了这种情况："大男终岁食无盐，老妇蒸藜泪盈掬；阿男辛苦学弄兵，年年担盐南海滨。担头有盐兵一束，群行大队惊四邻。"⑧

在统治者看来，贩卖私盐，影响国家财政收入，已是不可容忍；武装走

---

① 《元南台备要·建言驼赃马匹》，《永乐大典》卷二六一一，中华书局影印本。
② 《元典章》卷二二《私造酒曲依匿科断》。
③ 《元南台备要·建言驼赃马匹》，《永乐大典》卷二六一一，中华书局影印本。
④ 《元南台备要·建言盐法》，《永乐大典》卷二六一一，中华书局影印本第三二册。
⑤ "而私鬻盗贩者，皆猾民豪室"。（王沂：《送李舜举转运判官序》，《伊滨集》卷一五。）
⑥ 王祎：《绍兴谳狱记》，《王忠文公集》卷八《金华丛书》本。
⑦ "乡邻有以阻饥而与旁县民私鬻盐者，类辈数十百人。"（苏伯衡：《韩君墓志铭》，《苏平仲文集》卷一三《四部丛刊》本。）
⑧ 《福宁州谣》，《元诗选》癸集壬卷下，清康熙刊本。

私，更是"背法欺官，莫甚于此！"① 因而经常出动军队剿捕。这样，私盐贩与官军之间便经常发生武装冲突，"私盐渐多法渐密，陇里干戈攘白日"②。盐徒们"拒捕斥后懦，争强夸直前"③，官军往往不是他们的对手。有时这种冲突还导致了大规模的武装斗争。世祖时，广东盐贩陈良臣起事，"众至万人"。陈败后，欧南喜"复啸聚其党，至十万人，僭称名号，伪署官职，攻陷城池，戕杀吏民"④。顺帝初年，山东益都盐徒郭火你赤等起事，"拥旗鼓，入城邑，掠人民，纂囚徒，共益其党。火庐舍，劫府库，争取其财。横行曹、濮、滑、浚、相、卫诸郡，西抵太行，由磁、洛而归"。他们把山东、山西、河南都闹了个天翻地覆，使得"庙堂"堪"以为忧"⑤。

在元末农民战争中，大量盐徒参加了起义军。由于他们一般均具有较丰富的斗争经验和社会阅历，因而往往很自然地成为起义军中的一部分重要骨干力量。浙东的方国珍出身"鱼盐负贩"⑥，淮东张士诚出身亭户，但也"兼业私贩"⑦。江阴起义军领袖朱定的出身也是"贩盐无赖"⑧。福建盐徒在起义斗争中起了重要作用："众盛称十二支，……攻破闽侯官、怀安、闽清、永福、长乐诸县及福清州。"⑨ 就是南系红军徐寿辉集团中，盐徒也不在少数；在这一支起义军向长江下游发展过程中，盐徒起了重要的作用："江州在江南，舒州在江北。……私盐船上插红旗，下江攻城如蓺急。前年江州李侯死，余侯今岁舒州没。"⑩

必须指出，盐徒并不全是农民战争的积极参与者。他们中间有很大一部分往往站在统治者一边，是旧王朝的积极拥护者；还有一部分虽然参加了起义，但极易动摇。前一种情况的例子如全国农民战争前夕，集庆花山有一股起义武装，数量不多，"官军数万不能进讨，反为所败"，后来元政府招募盐

---

① 《元典章》卷二二《私造酒曲依匿科断》。
② 王逢：《忧伤四首》，《梧溪集》卷二《知不足斋丛书》本。
③ 刘基：《感时述事十首》，《诚意伯文集》卷一三《四部丛刊》本。
④ 黄溍：《广东道都转运盐使合剌普华公神道碑》，《金华先生文集》卷二五。
⑤ 苏天爵：《新升徐州路记》，《滋溪文稿》卷三。
⑥ 《洪武实录》卷七。
⑦ 陶宗仪：《纪隆平》，《辍耕录》卷二九，中华书局1959年版。
⑧ 《洪武实录》卷六。
⑨ 吴海：《故翰林直学士林公行状》，《闻过斋集》卷五。
⑩ 盛景年：《哀歌行》，《元诗选》癸集己卷上。江州即九江，舒州即安庆。李侯指李黼，元江州守官。余侯即余阙，元安庆守官。二人先后为南系红军所杀。

徒，才将它消灭。① 后一种情况的例子是元末浙东的方国珍，他虽然曾参与反元斗争，但很快就变节降元。

在阶级斗争风暴中，盐徒们有着不同的政治态度，这是很自然的。盐徒包括两种身份截然不同的人，一种是豪强大姓，一种是贫民下户。豪强大姓从事私盐贩卖，既与封建国家有矛盾，但又往往与官吏相勾结，互为奸利。他们在一定时期一定条件下可以起来反抗官府，但其根本的阶级利益是与封建王朝一致的。因而他们在阶级斗争高潮中不是坚决与元王朝站在一起，便是在参加起义后动摇变节。而一般贫民下户出身的盐徒，除了少数受蒙蔽参加反动阵营一方外，绝大部分则是农民起义的坚决参与者。

结　语

综上所述，可以得出如下的结论：

元代，盐课是国家财政收入的一个重要来源。封建国家之所以能够获得巨额的盐课收入，主要是由于它严密地控制了盐的整个生产过程和运销过程。

在盐业生产中，封建国家对基本生产资料的占有，以及它对劳动力的严密编制，是它对盐业生产实施严密控制的前提。在这个前提之下，封建国家对生产过程进行监督，并强迫生产者承担沉重的封建义务，从而保证了对全部生产物（盐）的占有。而全部生产物（盐）的占有，又正为国家控制运销过程提供了条件和可能。无论在商运商销方式下，或是官运官销方式下，盐的销售都具有国家专卖性质，只是在程度上两者有所差别。

盐的产销过程是封建国家对盐的生产者（贫苦盐户）和消费者（广大群众）进行残酷剥削和掠夺的过程。因而，这一过程必然日益加深封建国家与盐户和广大群众之间多种形式的矛盾，当它进一步深化时，便爆发武装斗争。

盐的产销过程中，暴露出来的矛盾是封建社会基本矛盾——地主阶级及其政权与人民群众之间矛盾的一种表现形式、一个方面。而它的深化，反过来又大大促进了这个基本矛盾的尖锐化。

（原载《历史论丛》第 1 辑，中华书局 1964 年版）

---

① 陶宗仪：《花山贼》，《辍耕录》卷二八。参看《元史》卷四一《顺帝纪四》。

元代的海外贸易

元代，随着历史上规模空前的统一多民族的中央集权国家的出现，我国人民与亚、非各国人民的政治、经济、文化各方面的联系，比起前代来，都有很大的发展。

国际贸易是各国人民之间经济交流的一种重要方式。元代的国际贸易，包括海道贸易和陆路贸易两个方面，而以海道贸易占主要地位。本文准备对元代海外贸易的情况做一些初步的考察，目的在于从一个侧面来阐明当时我国与亚、非各国的友好关系。

一

我国通过海道与其他国家进行贸易，从汉代起，就有明确的记载。到了宋代，海外贸易规模之大，远远超过了前代。

元朝政府消灭南宋政权、统一全国的同时，即着手组织海外贸易。元世祖至元十四年（1277），当元军取得浙、闽等地后，元朝政府就沿袭南宋制度，在泉州、庆元（浙江宁波）、上海、澉浦四地，设立市舶提举司（简称市舶司），招降并重用原南宋主管泉州市舶的官员蒲寿庚。至元十五年八月，忽必烈命福建行省向外国商船宣布："其往来互市，各从所欲。"[1] 由于政府的积极提倡，海外贸易在改朝换代之际不但没有受到影响，而且有所发展。

在忽必烈统治的末年，曾一度"禁商泛海"。但成宗即位（1294），立即取消了这一禁令。大德七年（1303），又"禁商下海"，取消市舶机构。武宗至大元年（1308）恢复。至大四年（1311），再次革罢市舶机构。仁宗

---

[1] 《元史》卷十《世祖纪七》。

延祐元年（1314）复立。延祐七年（1320），又"罢市舶司，禁贾人下番"。但到英宗至治二年（1322），"复置市舶提举司于泉州、庆元、广东三路"①。前后四禁四开。自此以后，一直到元朝灭亡，没有再发生变动。元朝政府屡次取缔，主要出于政治上的需要；而每次取缔后不久就被迫重开，说明海外贸易已成为国民经济中相当重要的组成部分。

有元一代，经由中央政府先后指定开放的对外贸易港口，最多时有泉州、庆元、广州、上海、澉浦、温州、杭州等七处，但兴废不常。到元末，仅有泉州、广州、庆元三处。在这些港口，元朝政府设置市舶司，管理市舶即海外贸易事宜。最初，市舶司由中央政府指定有关行省的高级官员负责。后来，一度与盐运司合并，成立都转运司。不久，又将二者分开，以市舶司隶泉府司（院）和致用院。最后，改隶行省。

元朝关于市舶的制度，"大抵皆因宋旧制，而为之法焉"②。至元三十年（1293），在原南宋市舶官员参与下，正式制订了市舶法则二十二条。③延祐元年（1314），重颁市舶法则二十二条。④二者内容基本相同，主要包括：市舶抽分抽税办法，舶船出海手续，禁运物资种类，市舶司职责范围，以及外国商船的管理办法，等等。这些法则的主要精神，是使海外贸易处于元朝政府的严密控制之下。

根据市舶法则的规定，出海贸易的船只、人员、货物，都要经市舶司审核批准，发给公验、公凭，方能成行。开船时，市舶官员还要"检视""有无违禁之物"（金银、兵器、粮食等都禁止出口）。舶船出海，只许往原申请前往的地区贸易，"不许越过他国"⑤。出海贸易均须在规定期限内返回。返航时，"止赴原请验、凭发船舶司抽分，不许越投他处"，更严禁中途"渗泄作弊"。舶船返航途中，市舶官员提前到"年例停泊去处"，"封堵坐押赴元发市舶司"，如庆元、上海等处的市舶官员往往赶到温州甚至潮州海面去"封海舶"⑥。待舶船进港靠岸时，"又行差官监搬入库，检空船只，搜

---

① 以上见《元史》各有关诸帝本纪。
② 《元史》卷九四《食货二·市舶》。
③ 《元典章》卷二二《户部八·市帕》。
④ 《通制条格》卷一八《关市·市舶》。
⑤ 越过原申请地区，到其他国家贸易，称为"拗蕃"，"例藉其货"。见《元史》卷一八四《王克敬传》。
⑥ 危素：《彭君墓志铭》，《危太朴文续集》卷五。许有壬：《李公神道碑铭》，《至正集》卷六一。

检在船人等，怀空方始放令上岸"。所有舶船货物均须抽分。抽分时，"省官亲临，具有定制"①。开始时细货（珍宝、香料等高级商品）十分抽一，粗货（一般商品）十五分抽一。延祐元年（1314）改为细货十分抽二，粗货十五分抽二，加了一倍。抽分之后，还要交舶税，三十抽一。完成上述手续后，才允许"舶商发卖兴贩客人"。违反上述任何一项规定的轻则没入船货，重则处罪判刑。

对于"番船"（外国商船）所载货物和中国舶船"夹带南番人将带舶货者"，也"照数依例抽解"，然后由市舶司差人"发卖其应卖物货"。"番船"回还本国时，也由市舶司发给公凭、公验，并在公验内"附写将去物货，不许夹带违法之物"②。

上述办法主要适用于自行造船出海贸易的商人和"番船"。此外，元朝政府还实行过"官本船"的办法，即由政府"具船给本，选人入番贸易诸货，其所获之息，以十分为率，官取其七，所易人得其三"③。最初实行这个办法是在至元二十二年（1285）。元朝政府想用这种办法垄断海外贸易，不许"别个民户做买卖的"下海，为此拨出了十万定钞做经费。④ 后来不许私商下海之法没有行通，但"官本船"一直存在。例如，大德五年（1301）杨枢"浮海至西洋"，就是乘的"官本船"⑤。元代后期，市舶司在一度取消后重新恢复时，泉州曾"买旧有之船，以付舶商"，这些船当然也成了"官本船"⑥。拿国家本钱从事海外贸易的商人，叫作"斡脱"⑦。元朝政府设置的发放高利贷机构斡脱总管府发放给"海舶市诸蕃者"贷款的利息为八厘，比起一般贷款轻四分之三。⑧

在元代的对外贸易港中，以泉州、广州、庆元三处较为重要，其中尤以泉州占首位。泉州以"刺桐"一名著称，为当时世界各国商人、旅客所熟知。大旅行家马可·波罗、伊本·白图泰等，都对这个海港的规模和繁荣情

---

① 程端礼：《监抽庆元市舶右丞资德约苏穆尔公去思碑》，《畏斋集》卷五。
② 上述引文凡未注明出处者均见《市舶法则》。
③ 《元史》卷九四《食货二·市舶》，卷二〇五《卢世荣传》。
④ 《元典章》卷二二《户部八·市舶》。
⑤ 黄溍：《海运千户杨君墓志铭》，《金华先生文集》卷三五。
⑥ 《元史》卷一九二《王艮传》。
⑦ 《元典章》卷二二《户部八·杂课》。按，"斡脱"原系阿拉伯语"商队"之意。元代凡用官本从事高利贷或其他活动的，概称"斡脱"。
⑧ 姚燧：《高昌忠惠王神道碑铭》，《牧庵集》卷一三。

况称赞不已，认为是世界最大的海港之一。马可·波罗说，印度一切船舶运载香料及其他一切贵重货物咸莅此港。摩洛哥人白图泰曾在此港看见大舶百数、小船不可胜计。当时我国的记载也称它为"番货、远物、异宝、奇玩之所渊薮，殊方别域富商巨贾之所窟宅，号为天下最"①。广州自唐、宋以来，一直是海外贸易的重要港口。元代，与之发生贸易关系的国家和地区"视昔有加焉"，"而珍宝之盛，亦倍于前志之所书者"②。这两个港口，主要从事对东、西洋的贸易（东、西洋见本文第二部分）。浙东的庆元，则是我国对日本和高丽贸易的主要港口，同时也有部分从事东、西洋贸易的船舶由此进出，"是邦控'岛夷'，走集聚商舸，珠香杂犀象。税入何其多！"③

杭州、温州也是历史悠久的贸易港。南宋后期，废弃了杭州、温州的市舶务，使这两个港口的对外贸易一度中断。到了元代，又重新繁荣起来。杭州"旁连诸蕃，椎结卉裳"④。温州有专供商舶使用的码头。⑤ 13世纪末周达观前往真腊（柬埔寨），便是"自温州港口开洋"的。⑥ 此外，澉浦则在南宋后期创立"市舶场"的基础上，发展成为一个具有相当规模的港口，"远涉诸番，近通福、广，商贾往来"，被称为"冲要之地"⑦。上海原是松江府华亭县的一部分，至元二十七年（1290）始正式建县，不久又设市舶司。上海及其附近的昆山、嘉定一带，"数十年来，习始变，舟楫极蛮岛，奇货善物，往往充上国"⑧。昆山原来本是墟落，"居民鲜少"。元代兴起，被称为六国码头，"番、汉间处，闽广混居"，"海外诸番，亦俱集此贸易"⑨。元末，尽管这里的市舶司取消了，但中、外商舶仍常由这里进出。澉浦和上海的兴起，正说明了元代海外贸易在前代基础上有了新的发展。

---

① 吴澄：《送姜曼卿赴泉州路录事序》，《吴文正公集》卷一六。
② 陈大震：《南海志·舶货》，见《永乐大典》卷一一九〇七。按，《南海志》原书已散佚，《永乐大典》中所保存的"舶货"部分，对于研究中外交通具有很高价值。
③ 张翥：《送黄中玉之庆元市舶》，《元音》卷九。
④ 黄溍：《江浙行中书省题名记》，《金华先生文集》卷八。
⑤ 黄溍：《永嘉县重修海塘记》，《金华先生文集》卷九。
⑥ 周达观：《真腊风土记》。
⑦ 《元典章》卷五九《工部二·造作》。
⑧ 袁桷：《乐善堂记》，《清容居士集》卷一九。
⑨ 杨惠：《（至正）昆山郡志》卷一，《风俗》。顾祖禹：《江南六·太仓州》，《读史方舆纪要》卷二四。按，当时市舶司设在上海，但主要海港码头则是昆山的刘家港，海运漕粮和商舶均由此进出，如延祐时，有"上都国师亦取道兹境"附商舶去阇婆国，见《江苏通志稿·金石》卷二十《昆山州重建海宁禅寺碑》。

元朝政府每年从市舶获得巨额收入。抽分所得的实物，除一部分上供最高统治集团挥霍外，其余都由市舶司就地出售，"将民间必用并不系急用物色，验分数互相搭配，须要一并通行发卖，作钞解纳"①。发卖抽分和市舶税所得物货的收入，在元代中期每年达数十万锭钞之多。② 无怪当时人们说："此军国之所资"了。③

二

元代从事海外贸易的商人，称为舶商，在国家户籍上，专成一类，称为舶户，或舶商户。

舶商户中有不少自己拥有船只和雄厚资金的大商人。以嘉定一地为例，元代中期这里有"赀巨万"的海商朱、管二姓。④ 朱、管二家因互相争霸被元朝政府籍没后，又有"下番致巨富"的沈氏。⑤ 此外，还有许多中、小商人，他们无力自备船只，只能充当有船大商人的"人伴"，"结为壹甲，互相作保"，下海贸易，或是在舶船上充任各种职务或"搭客"，捎带货物，出海买卖。⑥

元代的贵族官僚，也常常经营海外贸易，牟取暴利。最有名的是元代前期的朱清、张瑄。他们以经营海道漕运得到元世祖的赏识，高官厚禄，利用职权，"巨艘大舶帆交番夷中"⑦。

元代海上航行的商船称为舶船。当时的记载说："尝观富人之舶，挂十丈之竿，建八翼之橹，长年顿指南车坐浮庋上，百夫建鼓番休整如官府令。舵碇必良，绰纤必精，载必异国绝产。"⑧ 这些"挂十丈之竿，建八翼之橹"的海舶，大概是载重一、二千料的船。⑨ 宋代修造二千料海舶已很普通，大

---

① 《通制条格》卷一八《关市·市舶》。
② 《元史》卷二六《仁宗纪三》。
③ 《元史》卷一六九《贾昔剌传》。
④ 宋濂：《汪先生神道碑》，《宋文宪公全集》卷五。
⑤ 陶宗仪：《金甲》，《辍耕录》卷二七。
⑥ 《通制条格》卷一八《关市·市舶》。
⑦ 陶宗仪：《朱张》，《辍耕录》卷五。
⑧ 任士林：《送叶伯几序》，《松乡先生文集》卷四。
⑨ 据宋代徐兢《宣和奉使高丽图经》所载，载重二千斛的海舟"大樯高十丈"，"每舟十橹"。二者型制颇为相近。

的有达五、六千料者，① 元代相去不远。

"料"的确切含义不清楚，② 但由元代记载可知千料船载重千石。③ 据此，则二千料船载重应在二千石左右。元制，一石重一百二十斤，按此计算，二千料船载重约为一百二十吨左右，若五千料船，载重应在三百吨左右。根据元代记载，贩卖私盐的"在海大船"，载盐少者数百引，"多者千余引"④。元制盐一引四百斤，若千引则为二百吨，若千五百引则为三百吨，可知当时海船载重二、三百吨已不罕见。这样规模的海舶，在当时世界上实居首位，无怪当时外国旅行家对中国海舶都感到惊异，大为赞赏。

根据马可·波罗等外国旅行家记载，当时中国海船大都以松木制成，船底二或三层（有的说四层）。普通四桅，也有五桅或六桅。每船分隔成十余舱或数十舱。附带小船，供碇泊时上岸采柴汲水之用。元代一些记载，也提供了关于海船构造的若干资料。海舶两旁都用"大竹帮夹"，和宋代海舶一样，目的是为了保持稳定，便于破浪航行。⑤ 舵杆普遍用铁梨木（或作铁棱木）。"铁梨之木世莫比"，"来自桂林、日本东"，这种木材坚固耐用，价格甚贵，造船时往往"不惜千金置"⑥。铁锚大者重数百斤，下有四爪。⑦ 还有木制的碇。

元代我国劳动人民的航海技术也达到了很高的水平。指南针已成为海舶必备之物。当时有关海上航行的文献中常有"行丁未针""行坤申针"等记载，即是根据指南针在罗盘上的位置以定方向，这就是所谓"针路"⑧。在海上航行的水手和商人，都把"子午针"看成是"人之命脉所系"；"针迷舵失"，是对海舶的致命威胁。⑨ 海上季节风（信风）的规律早已为我国水手熟练掌握。元代去东、西洋诸国，"遇冬汛北风发舶"，利用东北风起航；一般是在"次年夏汛南风回帆"⑩。去高丽则正好相反，去乘南风，夏季发

---

① 吴自牧：《江海船舰》，《梦粱录》卷十二。
② "料"可能是船舶容量的计算单位，也可能是造船用木量的计算单位。有待进一步研究。
③ 《经世大典·海运》，《永乐大典》卷一五九四九。
④ 《南台备要·建言盐法》，《永乐大典》卷二六一一。
⑤ 《海运新考·成造船式》。
⑥ 李士瞻：《坏舵歌》，《经济文集》卷六。
⑦ 周密：《癸辛杂识》续集卷上，《海蚯》。
⑧ 周密：《癸辛杂识》续集卷上，《海蚯》。
⑨ 汪大渊：《岛夷志略》。子、午是罗盘上正南、正北的标志。
⑩ 《通制条格》卷一八《关市·市舶》。

船,冬季乘北风回帆。风顺时三、五天可到。去日本,一般在夏天,利用西南季风,回国多在春、秋二季,利用东北季风。顺风时十天左右。

舶船内部有严密的组织。每条舶船上都有纲首、直库、杂事、部领、火长、舵工、艄工、碇手等职务分工。他们是船上的技术人员和水手,都是由商人招募来的。纲首即船长,直库负责管理武器。杂事、部领的具体职责不详,杂事大概负责日常杂务,部领也许就是水手长。火长就是领航员,掌管指南针。舵工或称大翁(大工),又称长年,负责掌舵。"大工驾柁如驾马,数人左右拽长牵,万钧气力在我手,任渠雪浪来滔天。"碇手负责碇、锚,"碇手在船功最多,一人唱歌百人和;何事深浅偏记得,惯曾海上看风波"①。艄工则是一般水手。管理樯、桅的水手称为亚班。

由于元代我国海舶制造和航海技术都居于世界先进之列;再加上全国统一以后,农业、手工业都得到一定的恢复和发展,能够为海外贸易提供丰富的物资。因此,我国商舶所到之地,东起高丽、日本,西抵非洲海岸,十分活跃。

根据元成宗大德八年(1304)刊印的《南海志》中有关市舶的记载,②当时与广州发生贸易关系的国家和地区,已达一百四十处以上。这些国家和地区,东起菲律宾诸岛,中经印尼诸岛、印度次大陆,直到波斯湾沿岸地区、阿拉伯半岛和非洲沿海地区。其中有相当一部分地名,不见于其他记载。这份资料,充分说明了元代贸易活动的范围远远超过了前代。不仅如此,它还将所有这些国家和地区,划分为大东洋、小东洋、小西洋等几个区域。从元代其他记载看来,东、西洋的名称已经广泛应用。③ 明、清两代都沿用这些名称。和前代将这些国家和地区统称为"南海诸国"相比较,这种区域划分显然进了一大步。它说明由于海外贸易的开展,我国人民的海外地理知识不断增长。

元朝末年大旅行家汪大渊撰写的《岛夷志略》一书,是关于这一时期我国海外贸易活动的另一份珍贵文献。汪大渊先后两次"附舶以浮于海",回国后将自己的见闻记录下来,全书包括九十余个国家和地区,"皆身以游览,

---

① 贡师泰:《海歌十首》,《玩斋集》卷五。
② 陈大震:《南海志·舶货》,见《永乐大典》卷一一九〇七。按,《南海志》原书已散佚,《永乐大典》中所保存的"舶货"部分,对于研究中外交通具有很高价值。
③ 如汪大渊《岛夷志略》、黄溍《海运千户杨君墓志铭》等。

耳目所亲见"①。根据他的记载，我们可以知道，元朝商舶遍及东、西洋各地，经常出入于波斯湾的波斯离（今巴士拉）、层拔罗（桑给巴尔）等处。宋代，从中国到故临（元代的俱蓝，印度西南部）都乘坐中国船，再往西去，就要换乘大食（阿拉伯人）的船只。② 到了元代，情况显然发生了很大变化，中国商船已成为波斯湾和非洲各大海港的常客了。

元代的官方文书里也常说舶船前往"回回田地里"和"忻都田地里"③。前者指的是阿拉伯半岛、波斯湾沿岸和非洲东北部广大地区。后者指的就是印度次大陆。

外国的记载也证明了元代商舶在亚、非地区有很大影响。交阯（越南北部）的贸易港云屯，"其俗以商贩为生业，饮食衣服，皆仰北客（中国商人）"④。印度的马八儿，商品大部运往中国，西运者不及东运的十分之一。伊本·白图泰说，由印度到中国航行，只能乘坐中国商船。他在印度港口古里佛（加尔各答）曾看到同时停泊着十三艘中国商船。

三

元代我国通过海道向亚、非各国输出的商品，可以分为农产品和手工业产品两大类，而以手工业产品为主。

农产品主要是谷米。至元二十五年（1288）的一份官方文书中提到，广州商人于乡村籴米百石、千石甚至万石，搬运到"海外占城诸番出粜"⑤。但因元朝政府屡加禁止，所以总的来说它在对外贸易中不占重要地位。

手工业产品又可分为如下几类：

（1）纺织品。包括苏、杭五色缎、绸、绢、布（花布、青布）等。丝也是重要出口物资。纺织品是我国历史悠久的传统出口物资，享有极高声誉，深受亚、非各国人民欢迎。

（2）瓷器、陶器。包括青白花碗、瓦瓮、粗碗、水埕、罐、壶、瓶等。至今西南亚地区伊朗、土耳其等不少国家的博物馆中都保存有元代的瓷器，

---

① 汪大渊：《岛夷志略》后序。
② 周去非：《外国门上》，《岭外代答》卷二。
③ 《通制条格》卷二十七《杂令》。
④ 《大越史记全书》卷五《陈纪一》。
⑤ 《通制条格》卷十八《关市·下番》。

非洲不少地区也有元代瓷器遗物出土。伊本·白图泰说，中国瓷器品质最佳，远销印度和其他国家，直到他的家乡摩洛哥。

（3）金属和金属器皿。金、银都是禁止出口的东西，但实际上仍有不少泄漏出去。此外，出口的金属有铁条、铁块等半成品和锡器、铜器（鼎、锅）、铁器（碗、锅）等物。

（4）日常生活用品。如木梳、漆器、雨伞、席、针、帘子等。

（5）文化用品。包括各种书籍、文具和乐器。书籍和文具主要对高丽和日本出口。

（6）经过加工的副食品。如酒、盐、糖等。①

大体说来，上述各种商品的大多数在宋代甚至更早已成为我国的出口商品，但是元代质量有所改进（如瓷器），数量也有所增加。这些商品除了一部分系供各国统治阶级消费之外，很大一部分都是人民生活和生产所必需的物资。例如，周达观在真腊看到，当地人民"盛饭用中国瓦盘或铜盘"，"地下所铺者，明州（宁波）之草席"②。还值得指出的是，当时我国若干手工业产品的出口，对于有些亚非国家手工业技术的发展，起了一定的作用。如埃及的工人就仿制中国的青花瓷器，瓷胎用本地出产的陶土，瓷器上常有阿拉伯工人的名字。高丽原买中国的琉璃瓦，后自行燔制，"品色愈于南商（指由海道去的中国南方商人）所卖者"③。

元代我国从亚、非各地进口的商品，种类极多。《南海志》记载有七十余种，主要是从东、西洋进口的。《（至正）四明续志》所载市舶物货达二百二十余种，既有来自东、西洋的货物，也包括自日本、高丽进口的商品。④将二者汇总，去掉重复，可知当时进口商品不下二百五十种。

将这些商品加以简单分类就会发现，珍宝（象牙、犀角、真珠、珊瑚等）和香料（沉香、速香、檀香等，总数在四十种以上）占了很大一部分。这些商品主要满足统治阶级奢侈生活的需要，但香料中有些可作药材。另一类重要物资是药材，《南海志》登录了二十四种，《（至正）四明续志》所记更多，除了从东、西洋进口的没药、阿魏、血竭等药物外，还从高丽大量输入茯苓、红花等物。进口的其他物资包括布匹（白番布、花番布、剪绒单、

---

① 上述出口物资种类，主要根据《岛夷志略》，同时也参考了其他记载。
② 周达观：《真腊风土记》。
③ 《高丽史》卷二八《忠烈王世家一》。
④ 《（至正）四明续志》卷五《土产·市舶物货》。

毛驼布等)、器皿(高丽出产的青瓷和铜器,东、西洋诸国出产的藤席、椰簟等)以及皮货、木材(包括船上用的铁梨木)、漆等物。日本出产的木材受到我国人民欢迎,是建筑和造船的极好材料。高丽出产的新罗漆,质量非常高。

《南海志》说:元代"珍货之盛","倍于前志之所书者"。可惜,宋代广州进口物品缺乏详细记载,难以比较。但是,庆元地区宋、元两代都有记载,可资比较。据南宋《(宝庆)四明志》所载,市舶物货共一百六十余种。[①] 而元代《(至正)四明续志》所载则为二百二十余种。这两个数字,雄辩地说明了元代海外贸易比起前代来有更大的规模。

我国从事海外贸易的商船,不仅与亚、非各国直接贸易,而且在各国之间转贩各种商品,如将西洋诸国出产的布匹贩运到东洋各国出售,将北溜(马尔代夫群岛)出产的𧵅子(即贝壳,东、西洋某些地区以此作货币,元代我国云南地区亦以此作为货币,与金银、纸钞同时流通)运到乌爹(印度西部乌代浦尔)等处换米,贩占城(越南南部)布到吉兰丹(马来亚南部)等。对于促进这些国家和地区的经济交流,起了积极的作用。[②]

元代我国商舶与亚、非各国的贸易,有的采取以物易物的方式,如灵山(越南燕子岬)出产的藤杖,一花斗锡可换一条,"粗大而纹疏粗者"则可易三条。巴南巴西(印度西部)的细棉布,"舶人以锡易之"。有的则用金、银作交换手段,如龙涎屿(苏门答腊西北巴拉斯岛)出产的香料,"货以金、银之属博之"。值得注意的是,由于与中国商舶贸易往来频繁,不少国家、地区的货币已与元代纸钞之间,建立了一定的汇兑比例关系。交阯铜钱"民间以六十七钱折中统银(钞)壹两,官用止七十为率"。罗斛(泰国南部)用𧵅子作货币,"每一万准中统钞二十四两,甚便民"。乌爹等处行用银钱和𧵅子,每个银钱"准中统钞一十两,易𧵅子计一万一千五百二十有余"[③]。

除了贸易活动外,中国商人和水手还积极向各国各地区人民介绍我国的生产技术。火药是中国人民一大发明,元末传到高丽,介绍火药技术的便是一个"江南商客"[④]。真腊原来席地而卧,新置矮桌、矮床,"往往皆唐人制

---

① 《(宝庆)四明志》卷六《叙赋下·市舶》。
② 汪大渊:《岛夷志略》。
③ 汪大渊:《岛夷志略》。
④ 《李朝太祖实录》卷七。

作也"。原来当地无鹅,"近有舟人自中国携去,故得其种"①。

和平友好的贸易关系,大大加深了中国与亚、非各国人民之间的友谊。当时东、西洋各国都称中国人为唐人,中国商舶为唐舶。文老古(摩鹿加群岛)人民"每岁望唐舶贩其地";浡泥(加里曼丹岛)人"尤敬爱唐人,醉则扶之以归歇处";麻逸(菲律宾明多罗岛)的商人将中国商舶的货物"议价领去,博易土货,然后准价(偿)舶商,守信终始,不爽约也"②。

四

上面我们简略叙述了元代海外贸易的情况。最后,还想指出的是:

(一)海外贸易虽然是在元朝政府和大商人控制和组织下进行的。但是,如果没有农民和手工业者创造大量可资海外贸易之用的物资,没有造船工人修造了可供海上航行之用的船舶,没有许多船员和水手不畏风险,驾驶船舶,那么,海上贸易是无法进行的。通过海外贸易,促进了我国与亚、非各国人民之间的经济、文化交流,加深了彼此之间的友谊,这是统治阶级所不曾意料到的。这是广大劳动人民的历史功绩。当然,统治阶级中某些人也对此做出了贡献,同样是应充分肯定的。

(二)元朝统治者出于剥削阶级贪婪的本性,曾经与某些邻近的国家发生过冲突。但是,从整个元代来看,这些冲突不过是历史长河中的逆流,友好的交往始终是我国和亚、非各国之间关系的主流。这一点从海外贸易的状况可以得到充分的证明。

(三)元朝统治者和大商人从事海外贸易的目的,是满足自己奢侈生活的需要,海外贸易的成果绝大部分也为他们所侵吞。在当时的历史条件下,海外贸易的发展有很大的局限性,我国人民与各国人民的交往也受到很大限制。只有在社会主义的今天,在人民当家做主的条件下,我国的海外贸易才有可能蓬勃发展,我国人民也才有可能充分发展同各国人民的友好关系,对人类做出较大的贡献。

(原载《历史研究》1978年第3期)

---

① 周达观:《真腊风土记》。
② 汪大渊:《岛夷志略》。

元代户等制略论

自南北朝起，我国历代封建王朝在登记户籍时，常将编户齐民按资产的不同情况，划分若干等级，作为征发赋役的依据。这就叫作户等制度，如唐代有九等户，宋代有五等户、十等户。元代承袭前代的办法，继续实行户等制。

《元史》编撰十分草率，《食货志》中竟没有专门篇章记述户籍制度，当然也就没有讲到户等制。不少经济史的研究者因而产生一种错觉，以为元代根本不存在户等制，或以为元代的诸色户（军户、站户、灶户等）和各类户（元管户、交参户、漏籍户等）就是户等。[①] 这些看法都是不正确的，户等制的基本特点是按资产划分，元代诸色户主要是按职业（也有按民族成分及其他标准）划分的，各类户则是按户籍登记的不同情况划分的，因此不能把诸色户和各类户与户等制等同混淆起来。元代确实存在按资产划分的户等制，不仅见之于封建国家的法令，而且在社会生活中发生了作用。了解户等制度，对于认识这一时期的赋役制度很有好处。本文拟就这个问题，做一些简要的说明。

一　元代户等制的推行情况

元代正式推行户等制，始于世祖忽必烈中统五年（1264）。有关推行户等制的"圣旨条画"，全文如下：

[①] 这些看法见《宋元明经济史稿》第269页；《元代赋役制度考略》见《文史哲》1958年第2期；《明代黄册制度》第12页。日本柳田节子教授《元代乡村的户等制》（东洋文化研究所纪要，第七十三册），肯定了元代乡村中存在户等制（实则城市中亦有户等制），但其论述方面与本文多有不同，请参看。

诸应当差发，多系贫民。其官豪富强，往往侥幸苟避。已前哈罕皇帝圣旨："诸差发验民户贫富科取。"今仰中书省将人户验事产多寡，以三等九甲为差，品答高下，类攒鼠尾文簿。除军户、人匠各另攒造，其余站户、医、卜、打捕鹰房、种田、金银、铁冶、乐人等一切诸色户计，与民户一体推定，鼠尾类攒。将来科征差发。据站户马钱祗应，打捕鹰房合纳皮货鹰隼，金银、铁冶合办本色，凡诸色户所纳物货，并验定到鼠尾合该钞数，折算送纳。钦此。①

"条画"中所说的"哈罕皇帝"是元太宗窝阔台。"差发"一词在元代有两种含义，有时泛指一切赋税，有时专指科差（元代赋税的一种名目，包括包银、丝料和俸钞三项）而言。从这件"圣旨条画"可以看出，窝阔台汗统治时期（1229—1241）已经提出按贫富差别征收不同赋税的原则，忽必烈上台后，推行户等制，就是把这个原则具体付诸实施。根据这件"条画"，可以知道户等制的主要内容是：（一）按照居民"事产多寡"，亦即贫富的不同，划分户等。（二）共分三等九甲。三等是上、中、下，九甲是指每一等中又分上、中、下，如上上、上中、上下……。因而有时人们就称之为九等户。但在施行时，为了避免过于复杂，常常也只分三等。（三）登记户等的簿籍叫作"鼠尾文簿"，科征赋役时，即以鼠尾簿为准。

需要指出的是，在忽必烈上台以前，蒙古政权所管辖的我国北方地区，各种制度是很混乱的。由于征发赋役以及其他的需要，有些地方的官吏在自己管辖的范围内，部分或临时地已经推行过划分户等的办法。例如，窝阔台统治时期，曾在北方大规模签发民户充军，某些地方军阀就定民户为三等，以中户充军，"上、下户为民，著为定籍"②。这是因为北方原来在金朝统治下，就曾实行过将居民"验土地、牛具、奴婢之数，分为上、中、下三等"的制度，在蒙古政权各级机构中任职的不少汉族官员，都是金朝的遗老遗少，熟悉这种户等制度，所以就沿袭了下来。③忽必烈上台后颁布的"圣旨条画"，从某种意义上说，不过是将部分地区已经存在的制度，加以厘正统一，并在当时蒙古政权所控制的地区内全面推广而已。但是，全面采用户等

---

① 《通制条格》卷一七《赋役·科差》。
② 王恽：《忠武史公家传》，《秋涧文集》卷四八。
③ 金、宋等之制不同，金朝实行三等户，宋朝城乡有别，乡村分五等，城郭分十等，元代户等制明显沿袭金朝制度（金朝户等又与唐朝相近），与宋制有所区别。

制还有其深刻的社会背景。当时蒙古政权统治北方已近半个世纪，蒙古贵族中围绕着如何进行统治一直有着激烈的争论。以忽必烈为代表的一部分蒙古贵族主张联合汉族地主，采用中原封建王朝原有的统治方式，即所谓"汉法"。另一派则主张用蒙古"旧俗"。忽必烈登上帝位，意味着前一派的胜利。他上台后，积极采用"汉法"，对各项制度进行改革，用以加强中央集权，巩固封建统治。按资产划分等级的户等制，是中原历代封建王朝长期采用的制度。采用这种制度，既可以保证赋役的征发的实现，又有利于欺骗群众缓和矛盾。因而，很容易就为忽必烈采用推广，作为"鼎新革故"的一项重要措施。

还需要提到的是，就在上述诏令颁布后不久，至元四年（1267），忽必烈曾"谕东京等路宣抚司，命于所管户内以十等为率，于从上第三等户签选侍卫亲军一千八百名。若第三等户不敷，于第二等户内签补"①。据此则又有十等户制。但此外没有发现类似的记载，估计应是部分地区的一项临时性措施。②

中统五年颁布"圣旨条画"时，蒙古政权所能控制的还只是北方地区。至元八年（1271），忽必烈建国号大元。至元十六年（1279），元灭南宋，统一全国。在统一后不久，元朝政府于至元十九年（1282）五月，重申中统五年的"条画"，并下令"遍行诸路"③。这样，户等制便在全国范围内推行开来了。元代的杂剧④和数学教科书⑤中都提到户等，说明这种制度确实已付诸实施并在社会生活中发生了一定的影响。

封建社会的财产，主要是土地。元代划分户等，以资产为准，也就是主要以土地为准。"州之役赋，视亩地之多寡，以为户籍之高下。"⑥ 所谓"户籍之高下"，指的就是户等。各地土地的占有情况不一样，划分户等的标准

---

① 《元史》卷九九《兵志二·宿卫》。
② 明代有的记载说："元定人户为十等，立科差法，有丝料、包银、夫役三项，皆视丁输办，其详不可考。"（载《闽书》卷三九《版籍志》。《[同治]泉州府志》卷十八《户口》所记同，显系抄袭《闽书》。）
③ 《元典章》卷二五《户部十一·差发》。
④ 《吕洞宾度铁拐李岳》，《元曲选》上册。
⑤ "今有某州所管九等税户，甲等三百六十四户，乙等三百九十六户，丙等四百三十二户，丁等五百七十户，戊等五百八十四户，己等六百七十六户，庚等八百五十户，辛等九百二十户，壬等一千六百八户。今科粮六万五千六百六十四硕，今作等数各差一硕六斗配之：问各户及逐等各几何"？（朱世杰：《算学启蒙》卷中。）
⑥ 李祁：《茶陵州达鲁花赤脱因善政诗序》，《云阳集》卷二。

也不会一样，但大致可以确定的是，上户"田多"，下户"无地消乏"①，前者是大、中地主，后者是贫苦农民。特别富有的大地主，则称为"出等上户"②。余下的"中户"，则应是小地主及自耕农。城镇中的商人和手工业者，即所谓"开张门面之家"，则按其资金，划分户等，如平江（今江苏苏州），"（邓）文贵家无田，入贸迁之利，郡县甲乙赀算，在中产最下"③。"中产最下"即中下，九等户中的第六等。

城乡居民的户等，都登记在鼠尾簿上，"至于分其等第，以备差科，则又有所谓鼠尾簿者焉"④。"第其高下而差徭之，谓之鼠尾簿。"⑤ 所谓"分其等第"，"第其高下"，就是划分户等。蒙古政权统治中原后，曾于太宗七年（1235），宪宗二年（1252）世祖至元七年（1270）先后在北方大规模"籍户"，亦即调查登记户口。统一全国以后，又于至元二十六年（1289）"籍江南户口"⑥。每次"籍户"时，不但要登记丁口，而且要登记资产，"漏报事产"要受处分。⑦ 有些地方官为了省事，干脆就"令其民家以纸疏丁口、产业之实，揭门外，为之期，遣吏行取之，即日成书"⑧。这种登记居民丁口、产业，并根据其贫富划分不同等级的簿籍，就是鼠尾簿。⑨

在登记之后，"凡丁口死亡，或成丁，或产业孳畜增添消乏，社长随即报官，于各户下令掌簿吏人即便标注"。掌握各户丁口财产的变化，便于及时调整各户的等级。鼠尾簿制定后，"邻佑、主首、社长互相保结，不实者罪之"。鼠尾簿有关于居民资产和户等的记载，是官府征发赋役和处理民事纠纷的依据，"凡遇差发丝银、税粮、夫役车牛、造作、起发当军，检点簿籍，照各家即目增损气力分数科摊"；"至于土田、婚姻、驱良、头匹、债务一切词讼，一一凭藉照勘"⑩。鼠尾簿用处很大，因此一些能干的地方官员都把登记鼠尾簿、划分户等，作为头等大事来抓，例如山东定陶县尹赵时勉，

---

① 《成宪纲要》，见《永乐大典》卷一五九五〇。
② 虞集：《平江路重建虹桥记》，《道园学古录》卷九。
③ 杨瑀：《山居新话》。
④ 危素：《余姚州核田记》，《危太朴文集》卷二。
⑤ 贡师泰：《余姚州知州刘君墓志铭》，《玩斋集》卷一〇。
⑥ 《元史》卷一五《世祖纪十二》。
⑦ 《元典章》一七《户部三·籍册》。
⑧ 虞集：《户部尚书马公墓碑》，《道园学古录》卷一五。
⑨ 鼠尾簿并非自元代始，宋朝就有（也作五等丁产簿）。金代也有："差次物力，为鼠尾簿，按而用之。"（元好问：《吏部尚书张公神道碑铭》，《遗山文集》卷二〇。）
⑩ 胡祗遹：《县政要式》，《紫山大全集》卷二三。

刚一到任，"即验民力为九等，悉著于籍。凡赋役调发，按籍而行"①。

登记丁口资产和户等的簿籍为什么叫作鼠尾簿呢？这和簿籍的编排方式是有密切关系的，中统五年的"圣旨条画"中说："以三等九甲为差，品答高下，类攒鼠尾文簿"；至元二十八年（1291）颁布的"至元新格"中规定："诸差科夫役，先富强后贫弱。贫富等者，先多丁，后少丁。开具花户姓名，自上而下，置簿挨次。"② 有的地方官吏主张："置立簿集鼠尾人民及工匠花名，遇有递送造作，轮次应当，周而复始。"③ 从以上这些记载，可以看出，登记丁口、资产的簿籍是将人户按资产高下，分等攒集的，富强的上户在前，贫弱的下户在后，就像老鼠尾巴由粗而细一样，故称之为鼠尾簿。④

中统五年的"圣旨条画"规定军户和匠户另行立籍，其余诸色户（站、医、卜等）都与民户"一体推定"，即编在同一鼠尾簿内。既然编在同一鼠尾簿内，当然也就同样划分户等，如站户即有"贫乏下户"⑤"近上富实有丁力站户"⑥ 之分，船户中有"近下小户""近上户""酌中户"等名称。⑦ 又，就在忽必烈发布推行户等制的同一年，元朝政府规定各地负责地方治安的弓手"于本路不以是何投下当差，户计及军、站、人匠、打捕鹰房、斡脱、窑冶诸色人户，计每一百户内取中户一名充役，与免本户合著差发，其当差户摊到合该差发数目，却于九十九户内均摊"⑧。既有中户，必有上、下户，据此则可知军户、匠户与其他户计一样，都是划分户等的。至于北方民户中，有元管、交参、漏籍、协济等名目，统称为各类户。这些户也都有上、中、下户等之分。至元十八年（1281）关于在全国范围内全面推行户等制的法令中，就明确规定："据元管、交参、协济等户合著差发，通验人户气力产业，品答高下，贫富均摊，务要均平。"⑨ 可见，户等与诸色户、各类户是不同的概念，划分的标准不一样，不能把前者和后二者等同起来。诸色

---

① 苏天爵：《定陶县尹赵公墓碣铭》，《滋溪文稿》卷一八。
② 《通制条格》卷一七《赋役·科差》。
③ 胡祗遹：《民间疾苦状》，《紫山大全集》卷三三。
④ 当时还把登记田亩形状的簿册取名为鱼鳞簿，与鼠尾簿并行，两者都是以动物的某一部分形状来命名的。
⑤ 《元典章》卷二六《户部十二·户役》。
⑥ 《元典章》卷三六《兵部三·站户》。
⑦ 《海运则例》，见《金声玉振集》。
⑧ 《元典章》卷二四《户部十·军兵税》。
⑨ 《元典章》卷二五《户部十一·差发》。

户和各类户都要划分户等，再按户等承担一定的赋役。

二　户等制与各项赋役之间的关系

元代实行户等制，已见上述。实行户等制，主要作为征发赋役的依据，但此外对社会生活的其他方面也有一定的作用。下面，我们分别作一些说明。

第一，户等与科差的关系。元代的赋税，主要有两个项目，一是科差，一是税粮。科差包括包银、丝料二种，"其法各验其户之上下而科焉"。后来又增添了俸钞，"其法亦以户之高下为等"①。

征收科差"以户之高下为等"，也就是"验贫富品答均科"。国家规定的每户科差数额，实际上只是一个平均数，在征收时，要将应征的总额按户等高低，再加分摊，户等高的多出，户等低的少出。忽必烈统治时，有人上奏，以河北安平县为例，"元每一十户额当钞五十两，内包钞（银）四十两，俸钞一十两"。十户之中，三户系"近上户计"，"该纳包、俸三十两"，即每户十两。"外有近下户七户，元着二十两"，每户平均该二两八钱半。同一奏章中还指出，安平县签军七十七户，内七十六户"俱系近上户计"，如按法定平均额每户应纳包银、俸钞五两，则"该七锭三十两"；但实际上这七十六户"元当包银二十四锭七两四钱七分"，比平均额高出三倍左右。可见，在征收科差时，户等起着很大的作用，各等之间科差的数额是有很大差别的。②

科差主要行于北方。元英宗延祐七年（1320），在江南部分居民中征收包银，每户额征二两，规定"本处官司验各家物力高下，品答均科"③。有的地方官府推行时，"程其物力，定为等级，民不病而事以集"④。有的地方则"分户为九等，止科其上者而已"⑤。尽管有的是"品答均科"，有的"止科其上者"，但均与户等有关，则是没有问题的。南方征收包银之法没有实

---

① 《元史》卷九三《食货志一·科差》。按，《经世大典序录·赋税·科差》（《国朝文类》卷四〇）说：包银、丝料"各验其户而上下科取之"，不如《元史》所说明确。
② 魏初：《奏议》，《青崖集》卷四。按，所谓"近上户计"应指上四等（或五等）户而言，"近下户"应指下五等（或四等）户而言。又，元制，钞一锭等于五十两。
③ 《元典章》卷二一《户部七·钱粮》。
④ 黄溍：《于公行状》，《金华先生文集》卷二三。
⑤ 陈旅：《丘同知墓志铭》，《安雅堂文集》卷一二。

行多久，很快就停止了。

第二，户等与税粮的关系。元代南北税粮的征收办法不同。北方税粮分丁、地税，大体按三种不同情况征收，一类是征收地税，白地每亩三升，水地五升，属于这一类的有僧、道、儒户等；一类是四顷以内免税，四顷以上按亩起征，属于这一类的有军、站户等；另一类是征收丁税，不计所种亩数，每丁二石，属于这一类的有民户等。① 南方税粮则一律按亩征收。无论是按亩征收或按丁征收，都与户等没有关系。但是，税粮的交纳，有近仓、远仓之别，"富户输远仓，下户输近仓"②，"若近下户计去仓地远，愿出脚钱就令近民带纳者听"③。户等在这里起一定的作用。

第三，户等与差役、力役之间的关系。元代的差役，主要有里正（城市中是坊正或隅正）、主首、仓官、库子等项名目。里正（坊、隅正）、主首是为封建政府的办事人员，主要管催办赋税和供应官府的各种需索，仓官、库子则为官府管理财物。这几类人员役期长短各地有所不同，有的周年一更，有的半年或一季一更。力役又称杂役或杂泛，系官府征调劳动力或车牛而言。元代常常将二者联系在一起，称之为"杂泛差役"。

杂泛差役都与户等有密切的关系，"各验丁产，先尽富实，次及下户"④。差役通常都以上等户充当，也有自上而下依次轮当。如北方的仓场库务官由"上三户"担任，"上三户"即是上户中的三甲（上上、上中、上下）。⑤ 山西绛州"推选上上户著甲乙簿，于是里正、社长一定而不移"⑥。南方如江西，也"择民甲户主仓库"，甲户就是上户。⑦ 广西梧州，"将管民户编排上、中、下三等九甲，额定每田一千亩应当里正一季，自上而下，周而复始，行之期年，已有定式"⑧。这就是说三等九甲依次轮当，以千亩当里正一季，若上户有田千亩则当一季，两千亩当两季。中、下户不及千亩，则或减少时日，或数户合当一季。浙西昆山"法以四时役民为坊正、管库"，官吏上下其手，"民不得宁，多流出境"；后来知州王世杰就根据贫富"厘

---

① 元代北方民户税粮负担问题，历来说法不一，这里讲的是我自己的意见。
② 《元史》卷九三《食货志一·税粮》。
③ 《通制条格》卷一七《赋役·科差》。
④ 《通制条格》卷一七《赋役·杂泛差役》。
⑤ 《紫山大全集》卷二一《政事》。
⑥ 刘尚质：《绛州知州彭侯去思之碑》，《山右石刻丛编》卷一三八。
⑦ 虞集：《户部尚书马公墓碑》，《道园学古录》卷一五。
⑧ 《冯太守德政碑》，见《永乐大典》卷二三四三"梧"字门。

为三等"，依次承当。有些地方官府差人押运粮米，"每米五百石，差上户一名，充押运头目"①，这也是差役的一种。

力役一般由各等户"品答均科"，科派的原则是"先富强，后贫弱；先多丁，后少丁"，也就是先上户，后中、下户，"自上而下，置簿挨次"②。江西饶州曾规定："各县每米五百石，差上户一名，充押运头目"③。大德七年（1303）河南省的一件文书中说："江陵路偿运播州米粮，不行查照鼠尾文册，致令司、县将近上田多人户不曾点差，却将无地消乏下户监勒一概差遣。"④ "查照鼠尾文册"即按户等高下差派力役，"不行查照"就是不按户等差遣，因而近上户不曾点充，而下户却被差遣。

有的地方还实行不同户等分别承担差役和力役。如元武宗时，靳孟亨在江西赣县实行"以粮为差等，上焉以供海运，次应差役，下则供杂泛之劳，具籍申府而永行之"⑤。

第四，户等与和雇、和买之间的关系。按照原来的意义，"两顺曰和，佣赁曰雇"，"和买，两平以钱取物也"⑥。官府雇百姓出力，买百姓东西，既称之曰"和"，本应该得到百姓同意，并给予合适的代价才行。但实际正好相反，无论和雇也好，和买也好，都是由政府强行摊派的。

名义上和雇、和买都应"依时置估，对物给价"⑦，但事实上则是少给甚至不给。因此，和雇、和买成了编户齐民必须承担的一项封建义务，元朝政府的诏令文书中，也常常把和雇、和买同杂泛差役相提并论。

和雇、和买常常是按户等摊派的。元朝政府法令中规定，"民间和雇、和买"和杂泛差役一样，"各验丁产，先尽富实，次及下户"⑧。"诸和雇脚力皆尽行车之家，少则听于其余近上有车户内和雇。"⑨ 忽必烈时，山东修河道，和买石材等物，"验户桩俵，上户十段，中户不下五、七余块"⑩。元武

---

① 《元典章》卷二一《户部·押运》。
② 《成宪纲要》，见《永乐大典》卷一五九五〇。
③ 《元典章》卷二一《户部·押运》。
④ 《通制条格》卷一七《赋役·科差》。
⑤ 苏天爵：《兵部侍郎靳公神道碑》，《滋溪文稿》卷七。
⑥ 徐元瑞：《习吏幼学指南》。
⑦ 《元史》卷一〇二《刑法志一·职制》，《通制条格》卷一七《赋役》。
⑧ 《元史》卷一〇二《刑法志一·职制》，《通制条格》卷一七《赋役》。
⑨ 《通制条格》卷一七《赋役·科差》。
⑩ 王恽：《论开光、济两河事状》，《秋涧文集》卷九二。

宗时，规定政府需用"匹帛木绵等物"，"于上中户计开张门面之家收买"①。元朝末年，政府在江浙和籴粮食（和买的一种），也是"第户产之高下，以为籴之多寡"②。

第五，户等与军、站、弓手等户的拣充。元朝政府不时从民户中拣选一部分，专门从事封建王朝需要的某种职业，有的服兵役，出军打仗，叫作军户；有的承当站役，叫作站户；有的当负责治安的弓手；如此等等。

从民户中拣充时，常常以户等为依据，一般均从中等以上户选充，这是因为被指定从事某种专门职业的户计，其负担往往较民户为重，需要有一定的资产才能支持。忽必烈时，为了对南宋作战，屡次签军，不少地方就"视丁地入中甲者，户抽一人籍之"③。有些地方则"取上户富强丁多有力之家"④。站户也是一样。所以当时有人说："着中物力之家，尽充军、站。"⑤ 因为上、中户签发过多，到了后来，军、站户只好从"近下户计"中拣充了。⑥ 地方上"防盗"的弓手，也是"每一百户选差中户一名当役"⑦。有些地方的艄工、水手，也"于各管中、下户内，照弓手例差设"⑧。

第六，其他一些税收有时也以户等为据。例如，元代某些地区居民食盐采用按户"桩配"之法，即照官价由国家强行配给一定数量的盐，实际上是一种变相的税。山东沿海一带"每户月桩配三斤"，每年应为三十六斤，但"桩配"时按户等"毫厘品答"，所以"近上户计每年不下桩配盐三百斤"⑨。又如，元末福建建阳，"于税粮正额之外"，"三等九甲月征有钱"⑩。

第七，减免赋役也与户等有一定关系。由于遭遇天灾，元朝政府常不得不减免一定地区的赋役，有关减免的法令常规定对不同户等采取不同的标准。如元武宗至大二年（1309）十一月，"东平、济宁荐饥，免其民差税之

---

① 《元典章》卷二六《户部十二·和买》。
② 《元史》卷一四五《月鲁不花传》。
③ 姚燧：《冯公神道碑》，《牧庵集》卷二〇。
④ 《紫山大全集》卷二二《军政》。
⑤ 王恽：《上世祖皇帝论政事书》，《秋涧文集》卷三五。
⑥ 王恽：《便民三十五事》，《秋涧文集》卷九〇。
⑦ 《元史》卷一〇一《兵志四·弓手》。
⑧ 《至顺镇江志》卷二《津渡·丹徒县·西津渡》。
⑨ 魏初：《奏议》，《青崖集》卷四。
⑩ 蒋易：《送蒋伯羽序》，《鹤田文集》卷下。

半，下户悉免之"①。

户等制与赋役征发的关系，主要表现在上述几个方面。元朝政府还规定各等户用不同的聘礼，② 结婚时"饮膳上、中户不过三味，下户不过二味"③。在推广种桑时，对各等户提出不同的要求，"上户地一十亩，中户五亩，下户二亩或一亩，皆筑垣墙围之，以时收采桑葚，依法种植"④。如此等等，都说明元代的户等制不仅作为征发赋役的标准，而且在社会生活的不少方面都加以运用。户等制在元代发生过相当大的作用，是不容忽视的。

三　户等制与元代的社会矛盾

元朝实行过户等制，户等制与元代赋役征发有密切关系，在社会生活中有着相当的影响，这些都是客观存在的无可否认的事实。但是，必须指出，这项制度在元代推行得并不彻底，在相当多的地区，实际上只是徒具形式，也就是说，户等的划分常常与居民的资产情况不相符合。造成这种情况的原因是多方面的，主要是：

第一，前代制度，定期（一般为三年）调查居民的丁力财产，根据变化的情况及时调整户等。元代也有人说："民之税赋，三年则第其贫富而均平之。"⑤ 但无论元朝中央政府也好，各地的地方政府也好，都没有按一定期限进行过户籍登记和调整户等的工作。元代前期有人指出："我朝之于军、民，一籍之后，近则五、七年，远者三四十年，略不再籍。孰富强，孰贫弱，孰丁口增加，孰丁口消亡，皆不能知。"⑥ 元代大规模"籍户"，只有我们在本文第一部分提到的四次，此后再没有搞过。这样，编户齐民"中间等第高下，大成偏重"⑦。封建社会进入后期以后，财产转移比较快，元代就有"千年田，八百主"的谚语，"夫民力不齐，大者三十年，小者十年，强弱

---

① 《元史》卷二三《武宗纪二》。
② 《通制条格》卷三《户令》。
③ 《通制条格》卷二七《杂令》。
④ 《元史》卷九三《食货志一·农桑》。
⑤ 王结：《均赋》，《牧民忠告》卷下。
⑥ 胡祗遹：《军政》，《紫山大全集》卷二二。
⑦ 王恽：《便民三十五事》，《秋涧文集》卷九〇。

异矣"①。丁力资产的情况变化了，"年深岁久不通推，贫富高低几变移"②，对这种情况，"官吏坐观恬不问"，户等依然如故，赋役仍按原来的户等摊派，这就造成了很大的混乱。

第二，各级官吏利用职权，任意上下其手，从中舞弊，也造成户等与居民实际资产情况有很大出入。元代籍户时，通常都是名义上由地方官员主持，实际上主要是衙门的吏人和基层的职事人（里正、主首）经办。后两种人经手编造鼠尾册；编定之后，鼠尾簿由吏人保管，他们根据基层职事人的报告，将各户财产变化的情况，在鼠尾簿上"标注"③。无论在"籍户"时或在"籍户"之后，各级官吏和基层职事人都可以在鼠尾簿上玩花样，任意变更户等。当时就有人说过，户等"妄增擅减在乡司（基层职事人）"④。元代的一出杂剧中，描写衙门中的吏人，自夸他的手段神通广大时说道："这老子是下户我添做中户，是中户我添做上户的差徭。"⑤ 这种题材出现在戏剧作品中，说明在当时是很普遍的事情。

第三，地主豪强总是想方设法，降低自己的户等，用以逃避或减轻自己的赋役负担。他们常用的办法是"诡名析户"，即多立户头："富家私田跨县邑，赀无算。……析其户役为数十，其等在最下，赋役常不及己，而中、下户反代之供输，莫敢何问。"⑥ "田多之家，多有诡名分作数家名姓纳税，以避差役，因而靠损贫难下户。"⑦ 在有些遭灾地区，地主还与官吏互相勾结，"将上、中户计妄作贫穷缺食下户，支请钱粮，冒除差税"⑧。

由于上述几个方面的原因，户等的划分常常名实不符，结果是"民或无田而被役，而多田者其役顾与下户同"⑨。封建国家推行户等制，目的是保证赋役的征发能够实现，有利于统治的巩固而不致引起阶级矛盾的尖锐化。地主阶级只要有可能就违反这些规章，但他们却要所有其他的人遵守它们。元代的地主为了谋取私利，总是千方百计地违反户等制，尽管这种制度从根本

---

① 吴海：《美监郡编役序》，《闻过斋集》卷一。
② 《紫山大全集》卷七，《巡按即事口号》。
③ 胡祗遹：《县政要式》，《紫山大全集》卷二三。
④ 《紫山大全集》卷七，《巡按即事口号》。
⑤ 《吕洞宾度铁拐李岳》，《元曲选》上册。
⑥ 虞集：《户部尚书马公神道碑》，《道园学古录》卷一五。
⑦ 《元典章》卷一九《户部五·民田》。
⑧ 《元典章》卷一七《户部三·籍册》。
⑨ 王祎：《义乌县去思碑》，《王忠文公集》卷一三。

上说是有利于地主阶级整体的长远利益的。这是由他们的剥削阶级的贪婪本性决定的。户等制的推行，只是为官吏和地主豪强欺压和剥削群众增开了方便之门，从而进一步加剧了元代的阶级矛盾，这应该说是封建统治者制订这项制度时所未能预料的。封建社会的内部矛盾使一切旨在巩固封建统治的政策法令都走向其自身的反面，户等制也不例外。

（原载《中国史研究》1979年第1期）

论元代的军户

我国封建社会历代王朝的军队,大体不外是采取两种方式组织起来的,一种是募兵,一种是征兵。征兵又有各种不同的办法,有的是在全国及龄人丁中按一定条件征集,有的是专门指定一部分人户出军。元代实行的就是后一种办法。这些被指定出军的人户,在国家户籍上专列一类,称为军户。

元代军队成分复杂,有蒙古军、探马赤军、汉军、新附军之分。[①] 探马赤军指漠南蒙古五部组成的军队。汉军即在北方原金朝统治区签发的汉人组成的军队。新附军指投降元朝的南宋军队。与之相应,在国家户籍上,也就有蒙古军户、探马赤军户、汉军户与新附军户等不同名目。他们的待遇是各不相同的。在这篇文章里,我们对有关元代军户的一些问题做初步的探讨。

一

元代的蒙古军、探马赤军、汉军、新附军的士兵来源是不一样的,可以分成三种不同的情况。

蒙古军和探马赤军是一种情况。探马赤军主要是由漠南蒙古五部组成的,实际上是蒙古军的一个独立分支。[②]《元史》说:"蒙古军皆国人,探马赤军则诸部族也。其法,家有男子,十五以上、七十以下,无众寡尽签为兵。十人为一牌,设牌头,上马则备战斗,下马则屯聚牧养。孩幼稍长,又籍之,曰渐丁军。"[③] 这段话是对的,但有需要补充和修正的地方。蒙古族以

[①]《元史》卷九八《兵志一》。
[②] 参见杨志玖《元代的探马赤军》,《中华文史论丛》第六辑,1965年。
[③]《元史》卷九八《兵志一》。

游牧为生，"生长于鞍马间，人自习战，自春徂冬，旦旦逐猎，乃其生涯"①。蒙古政权建立后，"其民户传统，十人谓之排（牌）子头，自十而百，百而千，千而万，各有长"。这种十进制组织同时也是军队的组织形式，"其军即民"，兵民一体。② 但是，战争一般并不需要全体动员，因此，常常采用部分签发的办法，如太宗窝阔台元年（1229）下令："每一牌子签军一名，限年二十以上、三十以下者充，仍定立千户、百户、牌子头。"③ 定宗贵由时，命野里只结歹征讨西方，从各个王公手下每十人中签发二人从军。这是一个方面。另一个方面，随着统治地区的不断扩大，蒙古政权的职能也日益复杂化了，除了军事征伐以外，还要建立驿站和其他种种管理工作。蒙古政权便陆续又从蒙古人户中抽调一些人专门承担站役、为统治者放鹰打猎等等。这些职业分工逐渐稳定了下来。后来，专门出军当兵的人户就称为蒙古军户、探马赤军户，专门当站役的称为蒙古站户，等等。

汉军是另一种情况。汉军是从原金朝统治的北方汉族聚居地区签发的士兵："既平中原，发民为卒，是为汉军。"④ 成吉思汗南下攻金时，曾接受降将郭宝玉的建议，颁布"条画五章"，其中规定："军户，蒙古、色目人每丁起一军，汉人有田四顷、人三丁者签一军；年十五以上成丁，六十破老。"⑤ 但是，这一规定是否实行过，现在是不清楚的。到了元太宗窝阔台统治时期，签发汉军之事见于记载者逐渐增多。"壬辰岁，河南北始伍民为军。"⑥ 壬辰是太宗四年（1232），这是见于记载的蒙古政权在"汉地"首次签军。当时蒙古军正在对金朝南迁后的都城汴京（今河南开封）发动攻势，这次签军显然为了适应上述军事活动的需要。但这是临时性的签发，还没有正式将被签者的家庭定为军户。太宗六年（1234），金朝灭亡。蒙古政权完全控制了中原地区，随后大规模进行人口调查，即所谓"括户"。在这次"括户"以后不久，即将军、民分开，各另立籍，此事创议者是真定军阀史天泽："时兵、民未分，赋役互重，复遇征伐，则趋办一时，中外骚屑，殆不聊生。公（真定汉族军阀史天泽）悯焉，诣阙并奏其事：'……军则中户

---

① 赵珙：《蒙鞑备录》。
② 彭大雅、徐霆：《黑鞑事略》。
③ 《元史》卷九八《兵志一》。
④ 《元史》卷九八《兵志一》。
⑤ 《元史》卷一四九《郭宝玉传》。
⑥ 柳贯：《靳公墓碑铭》，《柳待制文集》卷一一。

充籍，其征赋差贫富为定额。'上皆从之。"① 区分军、民，这样就正式有了军户。自此以后，蒙古政权对南宋接连发动战争，中原签发汉军之事也越来越多，如太宗七年（1235），签宣德等五路人匠充军，每二十人出军一名。八年（1236），燕京路、真定、河间等处每二十户或二十丁签军一名。② 九年（1237），签发"西京、大名、真定、河间等诸州郡军四千六十余人，占籍征行"③。到了太宗十三年（1241），官方统计，中原地区"元籍诸路民户一百万四千六百五十六户，除逃户外，有七十二万三千九百一十户，随路总签军一十万五千四百七十一名，点数过九万七千五百七十五人，余因近年蝗旱，民力艰难，往往在逃"④。以军户每户出一军计算，则当时签发的军户已达民户的七分之一。

宪宗蒙哥即位后，蒙古政权与南宋之间的战争日趋激烈。蒙哥在四川战死，其弟忽必烈嗣位，又经过了十余年的战争，最后消灭南宋，统一全国。战争规模的扩大，要求不断增加士兵的数量，于是签军之事更多。元代有人说："自壬子（宪宗二年，1252）至至元十一年（1274），前后五次签军。"⑤ 其实这是指规模较大的签军而言，至于小规模的部分地区的签军，可以说无年无之。宪宗二年（1252）"籍汉地民户"，也就是再一次对汉地居民进行调查登记。⑥ 同时又进行签军："岁壬子，（阔阔）奉命签诸路军籍，以丁壮产多者充之，所至编籍无挠，人皆德之。"⑦ 这一次编定的军籍称为"壬子籍"，在二十年后仍受到重视，被用来作为区别军、民的重要依据。宪宗四年（1254），蒙古政权"初籍新军"⑧。实际上也是签发汉军。这次签军直到次年（乙卯，1255）才完成，所定军籍称为"乙卯年军籍"⑨。宪宗六年（1256），主管"漠南汉地军国庶事"的皇弟忽必烈奏请"续签内郡汉军"，得到蒙哥汗批准。⑩ 以上几次，规模都很大，但签军的具体数字都是不清楚

---

① 王恽：《史忠武公家传》，《秋涧文集》卷四八。
② 《元史》卷九八《兵志一》。
③ 黄溍：《答禄乃蛮氏先茔碑》，《金华先生文集》卷二八。
④ 《元史》卷九八《兵志一》。
⑤ 胡祗遹：《军政》，《紫山大全集》卷二二。
⑥ 《元史》卷三《宪宗纪》；卷一四七《史天倪传》。
⑦ 《元史》卷一三四《阔阔传》。
⑧ 《元史》卷三《宪宗纪》；卷一四七《史天倪传》。
⑨ 《元典章》卷一七《户部三·逃亡》。
⑩ 《元史》卷三《宪宗纪》；卷一四七《史天倪传》。

的。宪宗时期地区性的小规模签军，如宪宗八年，丰州千户请签军千人，修治金州；① 同年，山东也有签军之事，滕县民丁善即于这一年"签充正军"，等等。② 蒙哥战死，其弟忽必烈与阿里不哥二人争夺汗位，阿里不哥的亲信脱里赤"括兵于漠南诸州"，"民甚苦之"，忽必烈"察其包藏祸心，所集兵皆纵之"，而且以"签军之扰"作为阿里不哥的一大罪名，用以争取汉地百姓的拥戴。③ 但是，忽必烈登上帝位后，为了继续进行对南宋的战争，同时又在北方和阿里不哥斗争，很快又开始了签军。数字可考的，如世祖中统元年（1260）平阳、京兆签军七千人；④ 至元四年（1267），太原、京兆、延安、河南等地以及女真、水达达共签军一万余人。⑤ 至元六年（1269），签民兵二万，又从原李璮旧军内起签一万人。⑥ 至元七年（1270），成都府签义士军八千余人。⑦ 至元九年（1272），襄樊之战进入高潮，"诏选郡国子弟益兵襄汉"⑧，从诸路共签军三万。至元十年（1273），陕西又签军六千。⑨ 这一年元军攻下樊城，襄阳宋朝守军投降。至元十一年（1274），元朝政府决定向南宋发起全面的进攻，将领们认为："我师南征，必分为三，旧军不足，非益兵十万不可。"忽必烈根据这一意见，下令签军十万人。⑩ 这是元朝在中原地区规模最大的一次签军，"中外骚然者数月"⑪。自此以后，偶尔还有一些局部范围的签军，规模都很小。可以说，元朝签发汉军，到至元十一年（1274）便基本停止了。

从上面列举的远非完整的数字，可以看出，仅忽必烈一代先后签发的汉军已在二十万人以上，加上太宗、宪宗列朝所签，总数至少应在三十万人以上。若以一军一户计，汉军军户亦在三十万户以上。而据至元十一年

---

① 《元史》卷三《宪宗纪》。
② 《经世大典·站赤》，见《永乐大典》卷一九四一八。
③ 《元史》卷四《世祖纪一》，按，脱里赤所起军包括蒙古军和汉军，"十丁内再起两名"，但"方行点数"时，就被忽必烈擒获了，见郝经《复与宋国丞相论本朝兵乱书》，《陵川文集》卷三八。
④ 《元史》卷四《世祖纪一》。
⑤ 《元史》卷九八《兵志一》。
⑥ 《元史》卷四《世祖纪一》。
⑦ 《元史》卷九八《兵志一》。
⑧ 刘敏中：《冯氏先茔碑铭》，《中庵集》卷五。
⑨ 《元史》卷九八《兵志一》。
⑩ 《元朝名臣事略》卷二《丞相楚国武定公》；《元史》卷八《世祖纪五》。
⑪ 王恽：《至元十一年，岁在甲戌》，《秋涧文集》卷一五。

（1274）统计，北方共有一百九十六万余户，① 军户至少占全部户数的六分之一强，这是不成问题的。据有的记载说："朝廷初签军，民间户十点二。"② 则太宗时所签军户数已为民户的五分之一。又有记载说，至元十一年签军时，太原实行"三户抽一"的办法，③ 加上原有的军户，则军户总数应占民户的三分之一以上。又如卫辉路，"郡当冲要，民为兵者十之九，余皆单弱贫病，不堪力役"④。真定，"于河北为重镇，民多占籍军伍"⑤。这些记载都可以说明，汉军军户在全体居民中所占比重是很大的，在不少地方超过三分之一甚至更多，我们所说的占六分之一强的估计是比较保守的一个数字。

蒙古兵、民一体，成年男子人人都有服军役的义务，因此，在签发蒙古军与探马赤军时，不存在以财产作标准的问题。汉军则不同，签发时是考虑财产状况的。元代实行户等制，将全体居民按财产丁力的不同状况分为三等九甲，⑥ 签发汉军时，一般都取中户。太宗时史天泽请取中户为军，另行立籍，已见前述。至元四年，下令于"酌中户内丁多堪当人户"中签军。⑦ 攻打襄阳时，"抽中民之家为兵"⑧。至元十一年大规模签军，也是专门指定"籍中户为兵"的。⑨ 为什么签发汉军要考虑财产状况？这是因为元代制度，士兵的鞍马器仗都要自备。置办这些装备就要花费大量钱钞，没有一定财产是负担不起的。为什么取中户而不取上户？这是因为签充军户后可以豁免或减少其他封建义务（科差、税粮、杂泛差役等），按照规定，上户应负担的封建义务要比中、下户多，如果签发上户当军，封建国家的财政收入会受到影响，摊派杂泛差役也会遇到困难。按户等签发，取中户，这是汉军军户的一个特点。

需要说明的是，汉军军户一般从民户中签发，有时也从匠户、盐户以及

---

① 《元史》卷八《世祖纪五》。
② 任士林：《赵公墓志铭》，《松乡先生文集》卷三。
③ 姚燧：《徐君神道碑》，《牧庵集》卷一八。
④ 《元史》卷一四八《董文用传》。
⑤ 黄溍：《宛平王氏先茔碑》，《金华先生文集》卷二九。
⑥ 见陈高华《元代户等制略论》，《中国史研究》1979 年第 1 期。
⑦ 《元史》卷九八《兵志一》。
⑧ 姚燧：《张公神道碑》，《牧庵集》卷二○。
⑨ 姚燧：《徐君神道碑》，《牧庵集》卷一八。

僧、道、儒中签充。① 这说明军户的地位是比较特殊的，在元朝政府看来，保证军兵的数额，乃是一项最为重要的事情。

除了签发之外，在部分地区还实行过募兵之法。太宗时，河北宁津签军，地方官吏以为"河北初定，人心危疑，众未可动也"为理由，"下令招募愿者充之，不旬日得军数百人，宁津以安"②。宪宗时，延安一带"籍民为兵，皆悬赏募之，人率授银三十两始行"。但招募的士兵与签发的军兵不同，他们只要"津馈不如于前"，便会成批逃亡，"军吏以法诛之，莫之能止也"。所以蒙古统治者宁可采取"大选阅郡民"即签发军户的办法。③ 募兵之法所起作用是很小的。

新附军的情况，又有所不同。新附军就是原南宋的军队。在平定南方后，元朝政府多次"差官分头招诱"原南宋军人，"通行分拣"，"堪以当军者收系当军，依旧例月支钱粮"；"不堪当军者，官给牛具、粮食，屯田种养"④。这些继续当军的原南宋军人，就称为新附军，新附军有家属的，就称为新附军户。可以看出，新附军不是从民间签发来的，这是它和蒙古军、探马赤军、汉军的不同之处。

元朝政府十分重视保持军户的稳定性，"天下既平，尝为军者，定入尺籍伍符，不可更易"⑤。实际上，在全国统一以前，对军户户籍的控制已很严密。除了一些"贫乏无丁者"得以放罢为民外，只有少数能以特殊技能为统治者服务的，才得免除军籍。⑥ 就是对于贫困的军户，元朝政府的基本态度是："军籍已定，不宜动摇，宜令贫富相资"，亦即合并当军（见本文第二部分），"果甚贫者，令休息一岁"或数岁。⑦ 总之，尽量使军户的数目不致削减，是元朝政府的一项基本政策。这样做的目的，是为了保证军队有足够数量的兵士。元朝政府还规定，凡是军户无子、招来养老女婿，或同族子侄

---

① 《元史》卷九八《兵志一》。
② 任士林：《赵公墓志铭》，《松乡先生文集》卷三。
③ 《袁公神道碑铭》，《山右石刻丛编》卷二七。
④ 《元典章》卷三四《兵部一·新附军·招诱新附军人》。
⑤ 《经典大典序录·军制》，《国朝文类》卷四一。
⑥ 如太原宋超，隶军籍，以医术闻名，曾治愈忽必烈的爱将，因而得到特许，"削兵籍而隶医"。（程钜夫：《太原宋氏先德之碑》，《雪楼集》卷八。）山西大同李仲璋等百余户签充中卫军户，李仲璋诉本地富饶，"麦甲于他郡，可供尚膳"，于是均得改充纳面人户，"悉除军籍"。见李庭宝：《脱脱禾孙李公去思碑》（《山右石刻丛编》卷三五）。
⑦ 《元史》卷五《世祖纪二》，"中统三年六月壬寅"条。

承继产业的，同时也必须继续承当正军或贴户。① 蒙古族通行收继婚，当时北方汉族也受到影响，有些人实行收继婚，元朝政府曾加禁止；但是，军户可以例外，"军人正身亡殁，户下弟男理合承替军役，所据抛下妻室若有必合收继者依例收继"，甚至南方的新附军也允许这样做。② 新附军人身死，抛下妻室，"官为配对成户"，将她们嫁给"无妇军人"，"所生儿男，继世为军，似为少失元数"③。如此等等。这些规定，都是为了保证军籍亦即军户数量的稳定。

各种军户的来源不同，元朝政府管理的制度也各不相同。

对于蒙古军户、探马赤军户和汉军户，元朝政府设立奥鲁进行管理。奥鲁是蒙语，一译阿兀鲁黑，原义为"老小营""营盘""家每"（家的复数，即若干家在一起）等。④ 过着游牧生活的蒙古族，在出征时，"不以贵贱，多带妻孥而行，自云用以管行李衣服钱物之类"⑤。每遇作战，军队上前线，这些随军的家属和辎重留在与前线保持一定距离的后方。妇幼辎重所在，便称为奥鲁。成吉思汗"战胜了塔塔儿，逐至兀勒灰河失鲁格勒只惕地面，并四种奥鲁掳尽"⑥。便是指成吉思汗在打败了塔塔儿部的军队之后，乘胜追击，将留在后方的四种塔塔儿的老幼辎重全部掳掠了过来。元代有人说："奥鲁者，盖本朝军人族属之名也。"⑦ 就是上面讲的意思。但是，奥鲁的含义后来有所变化。随着战争的日益频繁，军人不断出征，有必要设立专门机构来管理军人的族属，按照习惯，大蒙古国就称这种机构为奥鲁。所以，奥鲁有两种含义，既指军人族属，又指管理军人族属的机构。进入中原以后，蒙古军和探马赤军的族属，仍设奥鲁进行管理。至于在中原签发的汉军，"军出征戍，家在乡里"，和上述情况类似，所以也设立奥鲁来进行管理。⑧

虽则都是设立奥鲁管理军人族属，但对蒙古军、探马赤军和对汉军的

---

① 《元典章》卷一八《户部四·军民婚·军民户头得为婿》。贴户：共同承担正军一名的几户中，不出丁参军，而是出钱、物贴补出丁参军户的军户。
② 《元典章》卷一八《户部四·不收继·汉儿人不得接续》，《军民婚·军殁妻女嫁例》。
③ 《元典章》卷三四《兵部一·军户·无夫军妻配无妇军》。
④ 见《元朝秘史》卷四、八、一○、一一、一二有关各条。
⑤ 赵珙：《蒙鞑备录》。
⑥ 《元朝秘史》卷五。
⑦ 王利用：《周侯神道碑》，《山右石刻丛编》卷二七。
⑧ 《经典大典序录·军制》，《国朝文类》卷四一。

管理体制有很大区别。前者是在各万户千户下设奥鲁官,"又定蒙古奥鲁官,大翼万户下设奥鲁总管府,从四品。小翼万户下设奥鲁官,从五品。各千户奥鲁,亦设奥鲁官,受院札。各千户奥鲁,不及一千户者,或二百户、三百户,以远就近,以小就大,合并为千户翼奥鲁官,受院札"[①]。这就是说,蒙古军(探马赤军也一样)的族属,即蒙古军户和探马赤军户,是由军人所在的万户、千户中设立的奥鲁官负责管理的,奥鲁官是蒙古军和探马赤军编制的一个组成部分。汉军奥鲁的隶属关系先后有很大变化。原来,掌管汉军的北方的一些汉族军阀,如真定史氏、顺天张氏、东平严氏、益都李氏等,他们臣服于大蒙古国,得到汉军万户的头衔,但又保持着一定的独立性,各自割据一方,军队是他们的世袭财产,奥鲁也归他们管辖,实际上和蒙古军、探马赤军差不多。中统三年(1262)忽必烈平定益都李璮之乱后,乘机裁抑北方汉族军阀的势力,加强中央集权。他首先将管民官与管军官分开,"诸路管民官理民事,管军官掌兵戎,各有所司,不相统摄"。其次,又将汉军奥鲁从汉军万户下独立出来,"诸路汉军奥鲁毋隶各万户管领。……凡奥鲁官内有各万户弟、男及私人,皆罢之"[②]。此外还采取了一些措施。汉军奥鲁从汉军万户管领下分立出来以后,元朝政府有时为之设立专门的管理机构(各路奥鲁总管),有时则由军事机构(统军司、元帅府)或其他机构代管。到了至元五年(1268),管理体制有重大的改变,"罢各路奥鲁官,令管民官兼领"[③]。在至元九年(1272)、至元十七年(1280)曾两次重申这一规定。后来,还进一步指定各级地方的"长、次官"均兼管奥鲁。这些规定都是就汉军奥鲁而言的,因此,北方的路府州司县长、次官都有兼诸军奥鲁的职衔。[④] 这一制度,直到元末,并无改变。归结起来,区别便在于:蒙古军和探马赤军的奥鲁是由军队管辖的,汉军奥鲁是由地方官府兼管的。

既然汉军奥鲁的管理体制作了很大的改变,为什么元朝政府不对蒙古军和探马赤军的奥鲁作同样的改革?人们必然会提出这样的问题。这是因为,元朝政府的一条基本方针,便是基于民族歧视,制造民族之间的隔阂和矛

---

① 《元史》卷八二《选举志二》。
② 《元史》卷五《世祖纪二》。
③ 《元史》卷六《世祖纪三》。《元典章》卷一一《吏部五·职守·管民官兼奥鲁》。
④ 《元史》卷九一《百官志七》只言路府达鲁花赤与总管、知府兼领奥鲁,对州县未曾提及,实属疏忽。

盾。蒙古军、探马赤军和汉军尽管都是它的统治工具，但在待遇、使用上，厚薄亲疏是很明显的。元朝政府竭力保持蒙古军和探马赤军的特殊地位。以立社为例。元朝政府规定民间五十家为一社，便于劝课农桑。原来已决定"蒙古、探马赤每根底，与汉儿民户一体作社者"。后来枢密院反对，理由是蒙古军、探马赤军的数字是军国机密，一旦入社，就会被各处管民官知道，"于公不便"。于是，忽必烈下令："休与汉儿民户一处相合者，依着万户的体例里另行"①。奥鲁也是一样，如果蒙古军户、探马赤军户都归地方官府管理，军数自然会被管民官知晓，这正是元朝政府所加意防范的事。所以，也采取"依着万户的体例里另行"的办法，使蒙古军户、探马赤军户由万户、千户直接管理。

无论蒙古奥鲁、探马赤奥鲁或是汉军奥鲁，它们的职责主要是：一、起发军人服役。军人的签发、顶替等，都要经过奥鲁。阿里不哥与忽必烈争夺王位时，阿里不哥部下浑都海"多与蒙古军奥鲁官兀奴忽等金帛"，得以"尽起新军"②，便是一例。军人起发服役时，通常都要差人押送，"如军及五十名之上，差委请俸正官押送。如五十名以下，许差有职役不作过犯能干人员押送一名"③。二、征取出征军人的盘缠（封桩钱）。关于这方面的情况在本文第二部分讨论。除了这两项职责之外，凡是军户犯有"奸盗诈伪"等重大案件，由管民官发落，凡是军、民"相争婚姻、驱良、田土、钱债等事"，则由管民官与奥鲁官"约会"在一起"归断"④。

上面讲的是蒙古军、探马赤军与汉军的管理问题。至于新附军军户的情况，则有所不同。元朝政府在收编新附军后，没有设置奥鲁。与之相应，新附军家属所在的江淮以南地区，各级地方政府的长、次官都没有兼管奥鲁的职衔。⑤ 关于新附军户的管理办法缺乏明确的记载，但从下列一些情况可以推断它们应是归所在万户管理的：（1）江西等处新附军万户有权过问新附军

---

① 《元典章》卷二三《户部七·农桑·立社》。《通制条格》卷一六《田令》。
② 《元史》卷一二六《廉希宪传》。
③ 《通制条格》卷七《军防·押送军器》。
④ 《元典章》卷五三《刑部十五·约会·军民词讼约会》，按，汉军奥鲁官由地方管民官兼任，这里的"约会"系就蒙古军奥鲁和探马赤军奥鲁说的。
⑤ "诸路总管府……达鲁花赤一员，总管一员，并正三品，兼管劝农事，江北则兼诸军奥鲁"。"散府……领劝农、奥鲁与路同"。（《元史》卷九一《百官志七》）

家属婚姻等事；①（2）延祐六年（1319）庐州路乌江县提出："本县所管诸色等处军属家小，与民相参住坐，今后莫若除出在营军人与民相关，依例约问；据离营军属余丁争斗等事，听管民官勾问，庶得事体归一。"乌江县管内的军人家属，主要应是新附军户。但河南行省以为"迤南路、府、州、县衙门俱无兼管奥鲁职名"，遇到"军民相干词讼"，对于那些"离营军属余丁"，"若依腹里管民官就问"，体制上有所不合（"腹里"的管民官都兼奥鲁，因而可以处理此类案件），建议元朝政府考虑与此有关的体制问题。元朝政府的答复是："军民相关词讼"，重的由有司归断，轻的"合行约问（管军官），三遍不来，管民官归断"②。在司法程序上的这一规定，和对待蒙古军户、探马赤军户一样。有关词讼要约会新附军的管军官共同处理，就像要约会蒙古军和探马赤军的奥鲁官共同处理一样，说明了新附军户是由管军官管理的。

元代实行奥鲁制的并不限于军户，在部分站户和匠户中也有这一制度。这是因为部分匠户和站户被征发到其他地方去服役，所以对他们留在原地的家属也设置奥鲁进行管理。

二

元朝政府不断从民户中签发一部分从事其他各种职业，实际上是强迫他们承当各种封建义务，当时即称为"当役"，如站户承当站役，匠户承当匠役，盐户制盐，军户则承当军役，如此等等。凡属军户，都应出一名成丁男子到指定地点当军，如遇死亡、逃亡，就要"以次丁应役"，也就是由"哥哥、兄弟、孩儿每替头里补有"③。既然当军是一项封建义务，所以待遇是很低的。蒙古、汉军每人每月五斗米一斤盐，新附军人因无贴户，正身六斗米一斤盐，家口四斗米。④ 冬夏衣装由政府放支。⑤ 马匹、兵器和日常所需生

---

① 《元典章》卷一八《户部四·军民婚·军殁妻女嫁例》；卷三四《兵部一·军户·无夫军妻配无妇军》。
② 《元典章》卷五三《刑部十五·约会·军民词讼约会》。
③ 《元典章》卷三四《兵部一·替补·正军兄弟孩儿替补》。
④ 《元典章》卷三四《兵部一·军粮·军人支盐粮例》。
⑤ 《元典章》卷三四《兵部一·军装》。

活费用，都需自备。① 甚至往来的路费，也要军户自行筹措。②

军户的封建义务主要是承当军役，因而在其他方面可以得到一定的照顾。元朝政府规定百姓应纳的赋税，主要有二项，一是税粮，一是科差。北方的税粮，对各种户采取不同的办法，有的户按亩纳地税，有的户（主要是民户）按丁纳丁税，军户最初"视民输半租"，应是比民户减半交纳丁税。③民户每丁交两石，军户每丁一石。但很快便改变了办法。而以汉军军户和站户属于同一类，"限田四顷，以供军需，余田悉纳赋税"④。元代北方地税每亩三升，每顷税粮三石，四顷为十二石，这十二石本应交纳的税粮就作为出征军人的封装钱。⑤ 这四顷地就叫作"赡军地"。四顷以上的土地都要纳税。但实际上元朝政府对于军户拥有四顷以上的土地的纳税问题，并不认真，甚至公开宣布："不得言告军户地亩数字"，"不得打量汉军地土"⑥。也就是默许军户隐匿地亩。军户的土地纳税时"近仓送纳"⑦。元朝制度，地税要由纳税者送到指定仓库，"富户输远仓，下户输近仓"⑧。军户也输近仓，这是一种优待。另一项科差，包括包银、丝料、俸钞三者。对于军户来说，科差是可以得到豁免的。元朝的地方政府每当从民户中签发军户之后，为了不致减少科差的收入，往往将被签发户承担的科差数目，分摊到其余民户身上。⑨后来，元朝政府曾明令："随路所签新军，其户丝、银均配于民者，并除之。"⑩ 可见这种情况是相当普遍的。赋税之外，还有杂泛差役、和雇和买，也都是编户齐民必须承担的封建义务。杂泛指力役。差役就是前代的职役，

---

① 元朝的侍卫亲军"每年放军还家，置备鞍马军需气力"。（《通制条格》卷七《军防·禁治扰害》。）"各处当役军人……所用军需盘费，皆须家属供给"。（《元典章》卷三四《兵部一·军官·禁起军官骚扰》。）元朝政府曾屡次禁止军官"假借换要"军人马匹，正好说明这些马匹原来系军人所有（《元典章》卷三四《兵部一·正军·省谕军人条画二十三款》）。元朝政府虽则有时也下令："贫不能应役者，官为资给。"实际上是官样文章。（《元史》卷四《世祖纪一》）

② 元朝政府规定，两广、福建等"边远去处"镇守军人，得替回家，日支行粮米一升，到大江住支。其余镇守军人不在此限。见《元典章》卷三四《兵部一·军粮·得替军人行粮》。

③ 《国朝文类》卷四一《经典大典序录·军制》。

④ 苏天爵：《王宪穆公行状》，《滋溪文稿》卷二三。

⑤ 《至正金陵新志》卷一〇《兵防志·国朝兵戍大略》载："其汉军本户，元签免粮田四顷，岁以所为封装钱，给当役者。"

⑥ 《元典章》卷二四《户部十·军兵税·不得打量汉军地土》。

⑦ 《元典章》卷三四《兵部一·正军·晓谕军人条画十四款》。

⑧ 《元史》卷九三《食货志一·税粮》。

⑨ 魏初：《奏议》，《青崖集》卷四。

⑩ 《元史》卷八《世祖纪五》"至元十一年五月辛丑"条。

元代有里正、主首、仓官、库子等名目。和雇是官府出钱雇用劳力或车牛，和买是官府出钱买东西，"和"既有两相情愿，又有价值相当的意思，但实际上和雇和买是由官府强行摊派的，而且代价常常少给甚至不给，因此也是一种封建义务。忽必烈时期，除了民户以外，其他诸色户差不多都可以免除杂泛差役与和雇和买，以致这些方面的负担主要落到民户头上。民户负担过重，往往破产逃亡，造成封建统治秩序的不稳，因而，忽必烈有时也要求军户和其他一些户"助民和雇和买"或分当杂泛差役，但都是临时性的措施，并未形成制度。到了元成宗时，民户的杂泛差役、和雇和买负担过重的情况日益突出，元朝政府不得不在政策上做出重大的变动，先后几次下令要诸色人户"与民一体当役"，但是军户仍得到优待："军户和雇和买、杂泛差役，除边远出征军人全行蠲免，其余军户有物（力）之家，奥鲁官凭准有司印信文字，官给价钞和雇和买，依例应付，无物（力）之家不得配桩科着外，据人夫、仓官、库子、社长、主首、大户车牛等一切杂泛，并行除免。"① 这就是说，边远出征军人的家属可以全免杂泛差役与和雇和买，其余军户免除杂泛差役，但要区别物力（丁力货产）情况，富有的承担和雇和买，贫困的豁免。在成宗一代及以后元朝诸帝统治时，关于诸色户承当杂泛差役与和雇和买问题曾不断引起争论，政策也不断改变，但军户在这方面的特殊照顾却一直维持了下来。

上面说的是汉军军户的封建义务。至于蒙古军户和探马赤军户，情况要复杂一些。他们和汉军军户一样，是不纳科差的。蒙古族原来生活在草原上，以放牧牲畜为生。蒙古政权建立后，对牧民的牲畜实行百中取一的制度。② 内迁以后的蒙古军户和探马赤军户，有很大一部分仍然过着游牧的生活。③ 元朝政府规定的"抽分羊马牛"的办法是"一百口内抽分一口"，不到一百口的，"见群三十口抽分一口"；不到三十口的免抽。对于探马赤军

---

① 《元典章》卷三四《兵部一·正军·晓谕军人条画十四款》。
② 《元史》卷二《太宗纪》："敕蒙古民有马百者输牝马一，牛百者输㸺牛一，羊百者输羒羊一，为永制。"
③ 例如，真定"监郡（达鲁花赤）忙哥撒儿以国兵奥鲁数万口散处州郡间，营帐所在，大致驿骚，伐桑踩稼，生意悴然。"（王恽：《忠武史公家传》，《秋涧文集》卷四八）元代称蒙古人为国人。"国兵奥鲁"即蒙古军户。"京兆路州郡所有营盘草地极广，旧为探马赤牧马地面。"（王恽：《便民三十五事》，《秋涧文集》卷九〇。）

户,则稍有优待,"不到一百个呵,休抽分者"①。蒙古军户,想必也是如此。这是一种情况。还有一些蒙古军户和探马赤军户,迁到内地后,逐渐以经营农业为主。元朝政府也采取一些措施,拨给荒田旷土,鼓励他们从事农耕。对于这些务农的蒙古军户和探马赤军户,元朝政府采用对待汉军军户的同样的办法,即四顷以下免税。例如,至元二十一年(1284),"给西川蒙古军钞,使备铠仗,耕遂宁沿江旷土以食,四顷以下者免输地税"②。至于和雇和买,蒙古军户、探马赤军户一度也要承担,后来得到豁免,③ 也不负担杂泛差役。

新附军户的情况比较特殊。除了新附军人正身每月支取六斗米一斤盐之外,家口每人按月支取四斗米。如果军人死去,留下的家小,仍由"官为养济","每月放支口粮四斗"④。而蒙古军、探马赤军和汉军的家小都是不能支取口粮的。"新附军人全家老小支请口粮,即与汉军不同,别难限地",也就是不能照汉军那样,四顷以内免税。因此,他们的土地和江南民户的土地一样,要"一体当差纳税"⑤。江南的地税是按亩征收的,根据土地的好坏征收不同的税额。江南的杂泛差役在很多地方是按地亩摊派的。凡是有土地的新附军户都要缴纳相应的地税,承担相应的杂泛差役。

前面已经说过,元朝政府签发的汉军军户为数很多,虽然有一定的标准,但实际上各户的丁力赀产情况已经有很大的差别。签充军户后,多数因天灾人祸而急剧破产,也有少数因阵前掳掠或其他原因发家致富。军户中的贫富强弱日益悬殊。"兵籍之民,强弱相悬,有不堪役者。"⑥ 为了保证军人应役,元朝政府推行正、贴军制,即"以两户或三户合并正军一名"⑦,有的地方甚至以"三户、五户并作一军"⑧。在这两、三户或三、五户中,"丁力强者充军,弱者出钱,故有正军、贴户之籍"⑨。正军户出丁当军,贴军户

---

① 大德八年圣旨,见《元典章》卷五七《刑部十九·杂禁·抽分羊马牛例》。按,见百抽一之制,曾多次重申,如元贞二年五月、皇庆元年八月都有类似的命令。
② 《元史》卷一三《世祖纪十》。
③ 《元典章》卷三四《兵部一·正军·惩治军官军人条画》,《兵部一·探马赤军·探马赤军和雇和买》。
④ 《元典章》卷三四《兵部一·军粮·渐丁军人口粮》。
⑤ 《元典章》卷二四《户部十·军兵税·新军限地难同汉军》。
⑥ 刘敏中:《李公去思记》,《中庵集》卷二。
⑦ 《元史》卷六《世祖纪三》。
⑧ 魏初:《奏议》,《青崖集》卷四。
⑨ 《元史》卷九八《兵志一》。

则出钱津贴正军户供盘费装备之用。"同户当军"的二、三户或三、五户内，正军户又称为"军头"或"户头"。有的地方，贴军户除了出钱津贴之外，还要为正军户（军头）织造布绢，① 可以想见，一定还会有类似的其他的义务。军户释放为良的驱口，通常也就成为该军户的贴户。② 正军户与贴军户之间有着密切的利害关系，贴军户如若破产，就会影响正军户的出军负担，因此，元朝政府规定："正军、贴户验各家气力，津助当军，破卖田产，许相由问，恐损各户气力。"具体来说，通常民户典卖田地时，按法律规定，要先问有服房亲及邻人愿否收买或收典，然后再及其他；军户典卖田产时，则"先尽同户有服房亲（同户当军的有服房亲），并正军、贴户，如不愿者，依限批退，然后方问邻人典主"③。有的贴户将田土典与他人，自己逃亡，经正军户告发到官，官府就将出典的田土追回，令该正军户"种养为主，收到子粒等物，津贴军钱"④。

但是，正、贴军户的财产丁力状况是会发生变化的。原来分派时，资产丁力强者出军，弱者津助，时间一久，"强者弱，弱者强"，原来的分派已不能符合实际情况。所以，元朝政府又规定："正军贫乏无丁者，令富强丁多贴户权充正军充役，验正军物力却令津济贴户，其正军仍为军头如故。"⑤ 这就是说，当正军户贫弱时，改由贴户出军，正军户津助，但贴户只是"权充正军应役"，原来的正军户虽然不出军了，仍是"同户当军"的几户中的"军头"（户头），一旦正军户资产丁力充裕了，还得继续出军，恢复原来的正、贴户关系。元代官方文书中记载，有的正军户因家中无人出军，就"尽以田产孳畜"付给贴户"为主当军"⑥。元代杂剧《救孝子贤母不认尸》，描写的就是一户正军户的故事。主角杨李氏，是个庄农人家，被签为军户，"因为夫主亡化，孩儿年小，谢俺贴户替当了二十多年"。等到他的孩儿长大后，又替回贴户，自行当军。⑦ 这个故事虽以金代为背景，实际上讲的是元代的情况。

上面所讲的正、贴户制，都是汉军军户的情况。《经世大典·军制》和

---

① 《元典章》卷二二《户部八·匿税·军户匿税》。
② 《元典章》卷三四《兵部一·军户·分拣军户》。
③ 《通制条格》卷一六《田令·典卖田产事例》。
④ 《通制条格》卷一六《田令·妄献田土》。
⑤ 《元史》卷九八《兵志一》。
⑥ 《经世大典·站赤》"至元二十六年"条，见《永乐大典》卷一九四一八。
⑦ 《救孝子贤母不认尸》，《元曲选》上册。

《元史·兵志》也只说汉军有正军户、贴军户。原来"家有男子，……无众寡尽签为兵"的蒙古兵制，当然用不着什么正军、贴户之分。对于贫困的蒙古军户和探马赤军户，一般采取国家赈济的办法。但是，因为各种原因放良的军驱，则被指定充当原来使主（驱口所有者）的贴户。例如，元朝政府曾下令，探马赤军户的驱口"娶到良人，所生儿男，……候正驱身死，另立户名"，"为良作贴，同户当军"①。这种"奴得纵自便者，俾为其主贴军"的办法，无论对汉军或对蒙古军、探马赤军都是适用的，实际上就是使"放良"的驱口仍与使主保持一定的依附关系。蒙古军和探马赤军的贴户，很可能只限于这一种情况。至于新附军，他们是支请国家口粮的，"俱无产业，止是靠请过活，又有家累重大者，月支盐粮。养赡不敷，难同汉军俱有封装贴户"②。这些没有"封装贴户"的新附军人，元朝政府规定每月正身六斗米一斤盐，家属老小四斗米一斤盐。③

军户必须出军，但军户是从民户或其他各种户中签充的，就其本来职业而言，多数是农民，也有儒士、商贾、工匠等等，他们中的绝大部分是没有受过军事训练的。因此，每当出军之时，便常常出现"雇觅"他人替代的现象，有钱的富户干脆就派驱口去顶名出军。大蒙古国时期曾规定"募代者杖百"，结果查"得募人代者万一千户"，没有查出的还不知有多少，可见这种情况是很普遍的。④这些用钱雇觅而来的人丁，当然不会认真服役，往往"未及半年或十个月，却行逃窜"⑤。驱口更不会为主子卖命。这样的事情多了，必然影响军队的战斗力。例如，至元十年（1273），元朝政府调查在成都军事失利的原因，有人就指出："今蒙古、汉军多非正身，半以驱奴代"，主张"严禁"⑥。针对这种情况，元朝政府曾多次重申必须正身应役，"违者罪之"⑦；只有那些"软弱残疾不堪当役等户，许令雇觅惯熟好人出军"⑧。其实正身应役，也有很大的弊病，那些没有受过军事训练的人，"一旦使之负重挽弓，搴旗斩将，登城陷阵"，不过是"徒弃人命"而已。而那些军官

---

① 《通制条格》卷三《户令·良贱为婚》。
② 《元典章》卷三四《兵部一·逃亡·逃军窝主罪名》。
③ 《元典章》卷三四《兵部一·军粮·军人支盐粮例》。
④ 《元史》卷一二五《布鲁海牙传》。
⑤ 《元典章》卷三四《兵部一·替补·军丁残疾雇替》。
⑥ 《元史》卷一六二《李忽兰吉传》。
⑦ 《元史》卷六《世祖纪三》。
⑧ 《元典章》卷三四《兵部一·替补·军丁残疾雇替》。

和奥鲁官吏却正好以此为名，敲诈勒索，放富差贫。"正身之弊，肥军官之私门，削弱军人之气力。"① 尽管元朝政府屡次强调"正身应役"，效果是很有限的。

军户出军，没有假期。出征或远戍的士兵，有时可以"放归存恤一年"或数年。② 对于贫乏的军兵，偶尔也采取轮流休息一定时间的办法。③ 但是这些都是统治者临时的"恩典"，并非固定的制度。凡是阵前亡殁的士兵，"本户军役依旧制存恤一年，若病死者亦以存恤半年"，过了一年或半年的期限之后，就要"勾起户下其次人丁补役"④。如果军人逃亡，就勾取"其次亲丁代役"⑤。

军兵出外远戍，除了口粮之外，其余费用大都要自备。兵士的费用由自己家中和贴军户共同负担，称为封桩（一作封装）钱，⑥ 也叫盘缠。征戍的士兵所在地和原籍奥鲁往往相隔数百里甚至数千里，⑦ 封桩钱如何到达他们手里，是个很大的问题。当时实行过三种办法。一种是由军户直接送到士兵驻戍地。这种办法困难很多，因而很少实行。第二种是由所在军队"预以官钱给戍军费，而以各奥鲁所征还官"⑧。后来元朝政府为了防止出现亏空，就对这种办法做一些改变："先于奥鲁内收敛数足，解省（指都省，即中书省）纳讫，凭都省咨文数目，于行省见在钱内支散军人用度。非奉都省咨文，不得一面借支。"这种办法有很多弊病，"军人每底盘缠，军人每的家里要了者，省里转发与呵，三二年不到军人身上，军人每哏生受有"。因此，

---

① 胡祗遹：《军政》，《紫山大全集》卷二二。山东历下有一个名叫袁度的儒生，"家故贫，惟授徒资束修养母"，因为"其名且隶兵籍"，所以只好"质钱佣人以行"，"苟弗给，即自往"。这个"夙婴羸疾"的知识分子，用于作战，其效果是可想而知的。见张养浩《袁士常墓志铭》，《归田类稿》卷十。

② 《元史》卷二一《成宗纪四》。

③ 例如，至大四年因"军人气力消乏"，下令侍卫汉军每牌子内各一名一年，迤南汉军每牌子内各二名二年"轮流存恤养力"。（《元典章》卷三四《兵部一·正军·惩治军官军人条画》）

④ 《元典章》卷三四《兵部一·正军·省谕军人条画二十三款》。

⑤ 《元史》卷九八《兵志一》。

⑥ "北兵戍南土者，宗族给其衣费，谓之封桩钱。"（宋濂：《棣州高氏先茔石表辞》，《宋文宪公全集》卷十五。）"宗族"之说是不很确切的。又如，"军人封装钞定，所以供给衣袄急用之物。"（《经世大典·站赤》，见《永乐大典》卷一九四二〇）。

⑦ 如，镇守福州的军人，来自河北东平一带，见《经世大典·站赤》。（《永乐大典》卷一九四二〇。）

⑧ 《元史》卷一二《世祖纪九》。

又有第三种办法，那便是由"各万户、千户里使的人去各军家里"去取。①第三种办法在至元二十一年（1284）开始施行。每年由各"万户府验着军的姓名，攒着册，行省官每根底与着行省印信文书里，差千户、百户骑着铺马，立限前来取发者"。来到军兵所在奥鲁，奥鲁官吏就协同差来的千户、百户向正、贴军户"征取起发钞定"②。有的则由"各处行省差人催取"③。这种办法，也有很大弊病，我们在后面将会讲到。应该说明的是，第三种办法实行后，第二种办法并未就此绝迹，在某些地区仍然实行。但是第三种办法比较普遍。④

封桩钱是一个经常引起纠纷的社会问题，它既牵涉到正军户与贴军户之间的关系，又牵涉到应役军人与军户以及所在军队的关系。于是，在元代便出现了一种特有的诉状格式——"军人告取封装格式"，现转录如下：

告状人某

右某年几岁，无病，系本奕程千户下请粮汉军身役。伏为状告，某元系济南路某县某村附籍军户，于某年月日前来本奕应当军役，至今三年有余。本家与贴户并不供还盘缠，前来应付衣装用度。日下天色寒冻，沿身衣服破碎，难以应役，若不告乞行移本处官司，着落本家取讨封装前来应付盘缠，实是生受。谨状上告本奕千户，伏乞

详状施行。所告执结是实，伏取　　台旨

年　月　日　告状人姓　某　状⑤

这种"状式"是专供应役军人上告索取封装（桩）用的。它的出现，就足以说明因为封装引起的纠纷是很普遍的。"状式"中提到"行移本处官司，着落本家取讨封装前来应付盘缠"，应是指上述第二种办法。

---

① 《元典章》卷三四《兵部一·军装·军人盘缠》。
② 《元典章》卷四六《刑部八·以枉法论·减征事故起发盘缠》。
③ 《经世大典·站赤》，见《永乐大典》卷一九四二〇。
④ 延祐二年的一份文书中，提到山东管民官"押送封装盘缠"赴枢密院交纳"之事，见《通制条格》卷七《军防》。
⑤ 《事林广记》别集，卷四。

三

军户中的财产丁力状况是参差不齐的。以汉军军户来说，尽管元朝政府规定取中户为军，而很多地方政府"例取上户富强丁多有力之家"，这是因为他们知道"不取丁多富强之家，则不能持久应役"。但是，由于签军为数过多，而上户有限，实际上被签者中间有很多中户以及下户。例如，至元九年，河北安平县"新签军七十七户，……俱系近上户计"。到至元十一年签军时，"已是近下户计"①。当时有人举例说："且如某村计一十户，从上签军，鼠尾至第五次，五户与第一户一例当军，强弱分拨相悬奚啻数倍。"元代将编户齐民按财产丁力情况编成鼠尾簿，上户在前，依次为中、下户。"从上签军"，先取上户，轮到第五次时已是中、下户了，第五次所签军户的丁力资产情况和第一次所签军户相比，差别当然是很大的。因此，汉军军户中有贫有富，"富者至有田连阡陌，家资累巨万，丁对列什伍；贫者日求生活，有储无甑石，田无置锥者"。蒙古军户、探马赤军户和新附军户中，贫富差别也是很大的。

军户必须应当军役。应役军人"屯守去处，南至南海，北至和林，别有征行，则南者益南，北者益北，动又至于数千里外，去家有逾万余里者"②。这些"屯戍征进军人，久服劳苦，近者六七千里，远者万里之外，每遇收捕出征，万死一生，所需盘费、鞍马、器仗，比之其余差役尤重"③。13 世纪末，有人说，"征戍远方，一兵岁费，不啻千缗"④。而 14 世纪初"拨往和林军人，计其起发所费，每户该钞至有八十定者"⑤。千缗即千贯（两），合二十锭；八十锭为四千贯（两）。"千缗"对于军户来说，已是沉重的负担；"八十定"的费用，落在"寻常庄农之家"头上，"若不典卖田土，何处出办"⑥，在 13 世纪后期，军户因服军役而贫困破产之事，已屡见不鲜。至元

---

① 王恽：《便民三十五事》，《秋涧文集》卷九〇。"近上户计"疑指上四（或五）等户，"近下户计"疑指下四（或五等户）。
② 《元典章》卷二四《户部十·军兵税·不得打量汉军地土》。
③ 《元典章》卷四六《刑部八·诸赃一·军官取受例》。
④ 字术鲁翀：《王公神道碑》，《国朝文类》卷六八。
⑤ 《元典章》卷二四《户部十·军兵税·不得打量汉军地土》。
⑥ 《元典章》卷二四《户部十·军兵税·不得打量汉军地土》。按，元成宗大德时官定米价二十两至二十五两一石，八十定折合米一百六十石到二百石。

十七年，"辽东路所益兵，以妻子易马"①。至元二十五年，山东济宁出征的蒙古军，"其家皆乏食"②。便是两个例子。有人给忽必烈上书时说道，引起百姓逃亡的原因有五，"三曰：军"。"何谓军？军资不赡，鬻卖田产。产既尽矣，无以供给，如此逃者，军所致也。"③ 可见这种情况已很普遍。到了14世纪上半叶，情况更加严重。汉军军户的"中等人家，庄田废尽，现今乞丐为生者处处有之"④。"蒙古军在山东、河南者，往戍甘肃，跋涉万里，装橐鞍马之资，皆其自办，每行必鬻田产，甚则卖妻子。"⑤ 探马赤军"如今这几年频出征其间里，军人每气力消乏了呵，把人口媳妇孩儿每典卖了"，⑥ "将根原分拨与来的草地典与了人"的现象更加普遍。⑦ 至于新附军人，待遇比不上其他三种军户，同样要戍守出征，其结果更可想而知。⑧ 正因为军役繁重，当役者往往破家，所以民户一旦被籍为军，便为之痛心疾首，甚而"有自戕求脱者"⑨。

军役负担沉重，而管军官和奥鲁官吏还要营私舞弊，从中取利，这就更加加深了军户的苦难。

元代各级军官对应役军人的剥削和压迫是十分残酷的，元朝官方文书中就说过："有一等贪饕万户、千户、百户，不肯奉公优恤军人，专务克取益己为心，既怀无厌之谋，广设贪夺之计，百般厘勒扰损军人，无所不至。"⑩ 他们常用的手段是：（1）利用权势强迫军人为自己服役。"今之管军官视军卒如草芥，如粪土，少有技艺者日程月课不得休息，不许人替代。无技艺者种田种菜，打墙盖屋，打捕牧放，风雨寒暑，不胜困惫。"⑪ 元朝政府三令五申，禁使军官"占使"军人，"不得为私己勾当修造工役、营运买卖、行船

---

① 《元史》卷一一《世祖纪八》。
② 《元史》卷一五《世祖纪十二》。
③ 赵天麟：《太平金镜策》，见《历代名臣奏议》卷二五九《赋役》。
④ 《元典章》卷二四《户部十·军兵税·不得打量汉军地土》。
⑤ 《元史》卷一三四《和尚附千奴传》。
⑥ 《元典章》卷三四《兵部一·军驱·拘刷在逃军驱》。
⑦ 《元典章新集》《户部·交易·探马赤军典卖草地》。
⑧ "南方止是新附军人，间有一二出等大户及军官之家，余皆亡宋时无赖之徒，投雇当军，归附后籍为军户，仅有妻子而无抵业。"（郑介夫：《太平策》，《历代名臣奏议》卷六七《治道》）可见他们中大多数是比较穷困的，一遇出军，可想而知。
⑨ 姚燧：《徐君神道碑》，《牧庵集》。
⑩ 《元典章新集》《兵部·军制·军中不便事件》。
⑪ 胡祗遹：《军政》，《紫山大全集》卷二二。

走车"①。实际上都是一纸具文，没有效果。（2）放高利贷。军官们用各种办法迫使军人及其家属向他们借债。有的扣发军人的封桩钱（盘缠），"军每用着盘缠呵，他每根底揭借着有，每月一两钞一钱二钱利钱要有"②。有的临时催逼军人备置"衣甲器仗军需什物"，"责其所无之物，令于己家贵买，军无盘费，不许于人处借贷，须于己家取债，不百日半年，而出利过倍"③。更有甚者，在出征屯戍军人得病时，"军官利在危殆之际，必用资财，拟指军人北方本家所有孳畜田产，厚息借贷，准折还纳，终致破产，不敢有词"④。有的干脆就"虚钱实契"，任意勒索。元朝政府对此也曾屡颁圣旨，但只是不许"多余取利"，"岁月虽多，不过一本一利"。这样的限制本身就是无力的。⑤（3）欺压敲诈军人的家属。军官们往往利用"放还"（休假）的机会，"遍历所管军户，索要洗尘吉凶庆吊人情，其间盖造屋宇人夫木植马匹草料，并行科敛"。有的甚至"将引老小，沿着所管的军户人家安下，取要饮食马匹草料"，临行还索要撒花。每户军户每年为出军准备的费用"不过十数余定"，而"千户、百户、弹压及无俸接手人等打旋取要撒花钱物、食用羊酒、马匹草料不下二三十定"。军户们"正额军需负债取息，勉强而供给不前，被扰横科竭资破产，倾力而打发不起，倒损疲乏者，每每如是，逃窜流亡者往往皆然"⑥。军官们如此，军官的"父子兄弟"也把军人的家属看成自己的佃户庄客，"凡遇农桑蚕缫出行修造一切力役等，将军人落后家属俱得非理占使"⑦。至于那些奉命到奥鲁来勾补军人，起发封桩钱的军官，"遍诣军户，取要钱物"，与奥鲁官吏串通作弊，放富差贫，更是常见的事情。例如，忽必烈时，枣阳千户王仲贤，到中都取发军人，合起正军六名，"不令正身应役，却行取讫钱物，冒名替代"⑧。

除了上述三个方面以外，军官向军人索取贿赂，强换军人的好马，减克军人和军马的粮饷等，也都是常见的事。总之，"管军官吏不恤军力，百端

---

① 《通制条格》卷七《军防·禁治扰害》。
② 《元典章》卷二七《户部十三·私债·多要利钱本利没官》。
③ 《元典章》卷三四《兵部一·正军·省谕军人条画二十三款》。
④ 马祖常：《建白一十五事》，《石田先生文集》卷七。
⑤ 《元典章》卷二七《户部十三·私债·军官不得放债》。
⑥ 《通制条格》卷七《军防·禁治扰害》。《元典章新集》《兵部·军制·军中不便事件》。
⑦ 《元典章》卷三四《兵部一·军官·禁军官子弟扰军家属》。
⑧ 王恽：《弹王千户冒名代军事状》，《秋涧文集》卷八八。

科敛"，是元朝政府也不得不承认的事实。① 元代中期，马祖常对于"世袭军官蚕食部下行伍"的现象感到"深可哀痛"，他十分感慨地说："中原军户日蹙，军官日富。"②

除了各级军官之外，奥鲁官吏对军户的榨取也是很严重的。前面说过，起发军人服役，是奥鲁的主要职责，正是在这件事上，奥鲁官吏可以上下其手，放富差贫，鱼肉军户。元代的户籍制度是很混乱的，"我朝之于军民，一籍之后，近则五七年，远者三四十年，略不再籍。孰富强，孰贫弱，孰丁口增加，孰丁口消亡，皆不能知。临时赋役，一出于奸吏之手，一听奸民之妄诉，中间亦有实是消乏独夫寡妇孤子无产业者，亦不能辨明"。赋役如此，军役也是如此。"军无簿籍，富实贫难，无实可照，一凭司县依刷保结。由是观之，是出军不出军，权不出于朝廷，一出于司县之手。今日司县官吏……私狗贪污，十盖六七，习以成风，死且不惧，保结一言，何难脱口。"地方官也就是奥鲁官，他们利用职权，与军户中的富户相勾结，欺压军户中的贫困者，"富强者执苞苴，行贿赂，反以为贫乏，而坐家作活。贫困者持空拳，无杯酒之礼，反以为富实，而督勒出军。强者愈强，弱者愈弱"③。结果是，很多军户"或已亲行当（役）又复雇觅，或两处重当不能辨明，不得交代，以致坏产破家，无处申诉"。而一些"敢为奸欺者，贿赂鄂勒（奥鲁）官吏，通同作弊，或在家而云已行应役去讫，或富贵而妄言贫难，或身在而言身故。或有余丁而言户绝，或以乡贯村庄姓名争差为问，逗留岁月，似此欺蔽，不止一端"④。在军户中间，一面是"百丁万亩不介胄"；另一面，许多"两椽茅屋一孤影，妻子寒饿常酸辛"的贫苦军户，却被迫出军，"终年应役欲谁代，穷边刁斗昏复晨"⑤。元朝统治者也说："奥鲁官吏遇有军前起补逃亡事故军人，放富差贫，最为深弊"；不止一次下令禁治。⑥ 可见这种情况是很普遍的。除了起发军人之外，分拣合并军户，确定正、贴，也是奥鲁官吏受贿营利的机会："近年分拣军户，遂为贴并，官吏因法受贿。富与富并，则气力有余，贫与贫并，主客皆弱，以致破家坏产，举家

---

① 《元典章》卷四六《刑部八·取受·军官取受例》。
② 马祖常：《建白一十五事》，《石田先生文集》卷七。
③ 胡祗遹：《军政》，《紫山大全集》卷二二。
④ 胡祗遹：《民间疾苦状》，《紫山大全集》卷二三。
⑤ 胡祗遹：《征戍叹》，《紫山大全集》卷四。
⑥ 《元典章》卷三四《兵部一·正军·晓谕军人条画十四款》。

逃窜。"①

大德十一年（1307）颁布的"至大改元诏书"中说："蒙古、探马赤诸翼军人四方征戍，多负劳苦。加以管军官员、奥鲁官员非理侵渔，消乏者众。"② 军役和军官、奥鲁官的侵渔，使大多数蒙古军户、探马赤军户贫困化，汉军户和新附军户当然更是如此。备受压迫的征戍军人和军户，往往被迫逃亡。有的则出家为僧道，借以逃避军役。早在至元五年（1268），已是"军前多有逃亡事故歇役军人"③，后来这种情况更加严重，大德三年（1299）的"圣旨"中说："所司不知抚养，以致军前歇役数多。"④ 至大四年（1311）的，"圣旨"中说："军人躲避军役，为僧为道者"众。⑤ 逃亡者有汉军、新附军，也有蒙古军。⑥ 军户逃亡，备见上面所述。这种情况不能不引起元朝政府的忧虑，为此采取了多种措施。这些措施归纳起来不外两个方面，一方面是"戒饬中外军官、奥鲁官吏各修乃职，严行禁治"；另一方面是招纳逃军与在逃军户自行出首复业，给予一定优待，对那些不肯出首复业的逃亡军人与军户，则加以残酷的刑罚。⑦ 但是，军官、奥鲁官吏对军人和军户的剥削和压迫，实际上是封建生产关系的一种表现形式，正像元朝政府限制地主的私租不过是一纸空文一样，它对军官、奥鲁官吏所规定的种种限制，也起不了多少作用。军官、奥鲁官吏依旧剥削、压迫军人和军户，军人和军户逃亡的越来越多。大德三年（1299）、至大四年（1311）接连发布诏令推行上述两方面措施之后，到延祐七年（1320），"逃窜流亡者，往往皆然"⑧。

军户制的弊病愈来愈突出，既加剧了社会矛盾，又削弱了元朝政府的统治力量。于是，便不断有人出谋划策，企图进行补救。如"东平布衣"赵天麟向元世祖忽必烈上书道："凡军役之家，宜令枢密院差官，随处与奥鲁官

---

① 胡祇遹：《军政》，《紫山大全集》卷二二。
② 《元典章》卷二《圣政一·抚军士》。
③ 《元典章》卷三四《兵部一·逃亡·处断逃亡等例三款》。
④ 《元典章》卷三四《兵部一·正军·晓谕军人条画十四款》。
⑤ 《元典章》卷三四《兵部一·正军·惩治军官军人条画》。
⑥ 《元典章》卷三四《兵部一·正军·惩治军官军人条画》；卷三十四《兵部一·逃亡·逃军复业体例》。
⑦ 《元典章》卷三四《兵部一·正军·晓谕军人条画》；卷三四《兵部一·逃亡·逃军复业体例》。
⑧ 《元典章新集》《兵部·军制·军中不便事件》。

一同照户口产业再行定之。臣窃见军户有财竭力屈、丁壮俱无，而妇人婴孺承其门籍者，有壮夫百丁、良田千顷，而亦与贫人一例应军役者。或谓军籍不敢轻动，则是敢于苦贫逸富，而不敢行均一之政也。凡军役十年一定，限内皆不可改移，限至许告消乏。凡定军之法，但升降军籍之家，不得已，而采工匠之上户以充之可也。"① 赵天麟以为问题在于没有严格按人口赀产来确定军役，建议十年一定，"升降军籍之家"，即确定正军、贴户。又如以精明强干著称的官僚胡祗遹，他详细分析了军户制的种种弊病，十分感慨地说道："本朝最偏重者无若军政，最纷乱者无若军政。贫富强弱，百倍相悬，非偏重而何；大无纲统，细无纪目，非纷乱而何。"他主张："鳏寡孤独、疲癃残疾、无产业单丁者，皆宜放为民，除去军籍。"对其余"年壮有妻室子孙、田亩及顷者，四丁并为一户，轮番周岁当年。或身故而子孙未成丁，或凶年食不足，官为赈济，不得货卖土田孳畜，消折气力"②。所谓"四丁并为一户"即四丁合出一军之意，"轮番周岁当年"系指四丁轮流、每丁当军一年。他的主张对正、贴户制做了较大的修正。胡祗遹甚至还提出进一步改革的方案："军户贫富不均，宜以物力分数，纳钱入官，招募健卒，以济实用，以纾疲乏。"③ 军户根据物力（资产丁力）的情况分别向政府缴纳代役钱，政府另行招募兵士。这一方案实际上是要对军户制做根本性的改革，改行募兵制。此外，还有其他一些建议。

但是，在全国统一以后，元朝政府除了热衷于搜刮之外，几乎不愿做任何带有改革意义的事情，对军户制也是如此。这些程度不同的改革方案都不过是一纸空文，不曾为元朝政府接受，更谈不上付诸实施。

四

元代有关军户的签发和管理制度以及这一制度的弊病，大体如上所述。应该承认，军户制有它的优点，一则可以保证军队士兵有比较稳定的来源，而且相对来说（和募兵制比较）这些士兵不易逃散（逃散就要签补次丁）；二则士兵的费用很大一部分由军户供给，可以维持一支庞大的军队而政府的

---

① 赵天麟：《太平金镜策》，见《历代名臣奏议》卷二七三《理财》。
② 胡祗遹：《军政》，《紫山大全集》卷二二。
③ 胡祗遹：《政事》，《紫山大全集》卷二一。

负担不致过重。在宋、元战争中，元朝控制的北方不到一百五十万户，动员了二十万以上的军队，约七户出军一人；南宋控制的南方一千一百余万户，军队七十余万人。去掉老病柔弱，得五十余万人，平均约十五至二十户出军一人；① 双方户数为一与七之比，而军队则为一与三之比。除去其他原因暂且不说，元朝实行军户制，南宋实行募兵制，应是造成双方士兵数与户数比例不同的一个重要原因。南宋士兵的薪饷装备，甚至部分家属的生活费用，都由政府支给；每逢作战，先需犒赏，因之军费负担沉重，和元朝的军户制大不相同。宋、元战争，元胜宋败，原因很多，而双方兵制的不同，也是一个必须加以考虑的重要因素。

但是，军户制有其内在的不可克服的矛盾。它是封建政治制度的一个组成部分，封建生产关系的基本特征——地主对农民的剥削和压迫——必然也在它的内部得到反映。封建国家强制军户承当军役，军官、奥鲁官吏与军户中的富户相勾结，欺压和剥削一般军户，都是封建生产关系的表现。随着整个社会阶级矛盾的日益尖锐，封建国家、军官、奥鲁官吏对一般军户的剥削和压迫必然不断加深，愈来愈多的军户破产、逃亡。军户制名存实亡。元顺帝至正五年（1345），政府下令"革罢奥鲁"②。奥鲁是军户制的重要组成部分，它的革罢说明军户制到这时实际上已经不起什么作用了。过了几年，元末农民战争就爆发了（1351）。元朝的官军，腐败不堪，望风奔溃，元朝政府不得不倚靠地主武装来与农民军对抗。这种局面的出现，与军户制的崩溃是有密切关系的。

（原载《元史论丛》第1辑，中华书局1982年版）

---

① 关于宋、元户口数，见《元史》卷五八《地理志一》。元朝兵数见《元朝名臣事略》卷二《丞相淮安忠武王》。南宋兵数见《宋史》卷四一六《汪立信传》。

② 《元史》卷四一《顺帝纪四》。按，元末农民战争爆发后，郭嘉任广宁路总管，"兼诸奥鲁劝农防御"。（《元史》卷一九四《郭嘉传》。）则似奥鲁名义上仍存在。是否在"革罢"以后又曾恢复，待考。

论元代的站户

站户是元代诸色户计中的一种。元朝政府为了"通达边情，布宣政令"，在全国范围内，建立了周密的站赤制度。① 被政府签发来承担站役的人户，在国家户籍上自成一类，称为站户。研究站户，对于认识元代的站赤制度和户籍制度都是很有意义的，而且有助于了解元朝的赋役制度和阶级关系。近年来已有一些论文对此做过探索，提出了不少值得重视的见解；② 但是，还有不少问题值得进一步研究。本文拟在已有研究的基础之上，对元代站户的状况做比较详细的叙述。

一

元代站赤制度的起源，一般说始于窝阔台时，据《元史·太宗纪》，窝阔台汗于己丑年（1229）即帝位时，"始置仓廪，立驿传"③。在《元朝秘史》记载道："斡哥歹皇帝说，……使臣往来，沿百姓处经过，事也迟了，百姓也生受。如今可教各千户每出人马，立定站赤，不是紧急事务须要乘坐站马，不许沿百姓处经过。……（察阿歹）说，站赤一节，我自这里立起，迎着你立的站，教巴秃自那里立起，接着我立的站。说将来了。"窝阔台还将立站作为自己的四大功劳之一。④ 据此，则立驿传（站赤）自窝阔台汗始。这与事实是有出入的。驿传制度在中国古已有之，辽、金均曾采用。继

---

① 《元史》卷一一〇《兵志四·站赤》。
② 叶新民：《元代统治者对站户的剥削和压迫》，《内蒙古大学学报》1979年第3、4期；［日］太田弥一郎：《元代れおけぬ站户の形态》，《东洋史研究》第三六卷第一号。
③ 《元史》卷二《太宗纪》。
④ 《元朝秘史》续集卷二，第二八〇节。

辽、金而起的大蒙古国，为了本身的需要，很快也接受了这种制度。早在成吉思汗统治时期，某些地区已经恢复或新建了驿传，亦即站赤。成吉思汗十四年（1219），刘仲禄等奉命去山东延请邱处机时，益都军阀张林曾"给以驿骑"；十六年（1221）邱处机由漠北镇海城西行时，有"蒙古驿骑二十余"从行。邱处机东归后，成吉思汗有圣旨慰问，其中说："沿路好底铺马得骑来么？路里饮食广多不少来么？"① 又十六年从南宋方面派遣来北方的使臣也有记载说："彼奉使曰宣差，自皇帝或国王处来者，所过州县及管兵头目处，悉来尊敬，不问官之高卑，皆分庭抗礼。……凡见马则换易，并一行人众，悉可换马，谓之乘铺马，亦古乘传之意。"② 所谓"乘铺马"在元代就是驿传（站赤）的另一种说法。保存在《经世大典·站赤》中的太宗元年的两道有关站赤的圣旨，都是关于驿马、祇应的具体规定，而非创设站赤的命令。③ 从上述情况看来，太宗窝阔台并非站赤制度的创始者，他的功绩，应是扩大了站赤的规模，建立了贯通整个大蒙古国疆域的站赤系统，初步制定了有关站赤的管理制度。

既然成吉思汗统治时期已有站赤存在，可以想见，应该也已存在承当站役的站户，但是目前尚未发现有关这一时期站户的记载。诚然，在《元史·郭宝玉传》中有一则众所周知的记载，但其可靠性是很值得怀疑的。这则记载说，郭宝玉在著名的乌沙堡之战中投降蒙古军，"木华黎引见太祖，问取中原之策。宝玉对曰：'中原势大，不可忽也。……'又言：'建国之初，宜颁新令。'帝从之。于是颁条画五章，如：出军不得妄杀；刑狱惟重罪处死，其余杂犯量情笞决；军户，蒙古、色目人每丁起一军，汉人有出四顷、人三丁者签一军，年十五以上成丁，六十破老；站户与军户同；民、匠限地一顷；僧、道无益于国有损于民者，悉行禁止之类。皆宝玉所陈也"④。乌沙堡之役发生在太祖六年（1211），《元史·郭宝玉传》记"颁条画五章"在癸酉年（太祖八年，1213）之前，则应为太祖六年至七年（1211—1212）之事。但是，证之当时史实，有不少可疑的地方。首先，所谓成吉思汗"颁条画五章"仅见于此，没有任何其他记载可以证明。第二，当时蒙古刚刚开始向金朝发动攻势，所控制的"汉地"还不

---

① 李志常：《长春真人西游记》卷上及附录。
② 赵珙：《蒙鞑备录》。
③ 《经世大典·站赤》，见《永乐大典》卷一九四一六。
④ 《元史》卷一四九《郭宝玉传》。

多，兵荒马乱之中，谈不上在汉人中签军、站和对民、匠限地的问题。第三，所谓"出军不得妄杀"以及禁止僧道，与成吉思汗的所作所为，根本是相反的，这是人所共知的。基于上述理由，我们觉得《郭宝玉传》的记载是不足为据的。"站户"的正式出现，就现有记载而言，似乎以见于《经世大典》的太宗元年圣旨为最早。①

蒙古政权一贯把立站作为维持统治的必不可少的手段。除了在蒙古本土普遍立站外，在控制、统治某一地区之后，总是立即着手建立站赤，签发站户。太宗窝阔台六年（1234），蒙古灭金，随即在北方括户，次年完成。这次登记的户籍称为乙未籍（乙未，太宗七年，1235）。凡列入户籍者就成了大蒙古国的编户齐民，也就必须承担种种强加于他们的封建义务。在括户的同时及以后，蒙古政权就陆续签发部分人户，承当军、站等役。签发站户之例，如易州李英的祖先原是河南陈州商水人，"岁壬辰（1232），天兵克汴，诏徙河南之民实河北郡县，先曾祖絜其家，侨易州。岁乙未，始占驿传户版"②。乙未年以后北方还陆续建立新站，因而也就不断签发站户。平定南宋以后，在江南地区很快也把驿站普遍建立起来，同时便在各地签发站户，如镇江路在"归附之初"就"差拨站户一千余户"在六处当站。③ 西北、漠北、西南等边远地区，也都先后建立了站赤，通常就在当地少数民族居民中签拨站户。蒙古政权在北方草原游牧地区建立站赤时，规定每二万户供应一站。④ 但在农业区这种办法显然是行不通的，从现有记载来看，农业区驿站分布的原则是根据交通的需要，因而各地并不均匀，站户的签发在各地也是很不一致的。镇江马站、水站总计三千八百余户，五万余口，在军、匠、儒、医诸色户之上。⑤ 集庆（南京）路站户则只有二千户左右。其中在城的江宁四百九十余户，上元五百余户，而溧阳州则只有五户。⑥ 立站时间前后不一，驿站的分布不均衡，站户都是随时根据需要签拨，没有统一的计划，

---

① 《元朝秘史》续集卷二第二八〇节有关于窝阔台立站的记载，汉文旁译以"札木臣"为"站户"，"兀剌阿臣"为马夫。疑不确。"札木臣"之义是管理驿站者，亦即站官；"兀剌阿"即站马，"兀剌阿臣"应为管理铺马者，可译作马夫，实即元代的站户。
② 苏天爵：《易州李氏角山阡表》，《滋溪文稿》卷二〇。
③ 《至顺镇江志》卷一三《驿传》。
④ ［波斯］志费尼：《世界征服者史》，何高济译，内蒙古人民出版社2001年版，第34页。
⑤ 《至顺镇江志》卷三《户口》。
⑥ 《至正金陵新志》卷四《铺驿》。

往往很不合理，有的地方站户多，有的就很少。① 站户主要在民户中签发，有时也从其他诸色户中签发。

元代官修政书《经世大典》的《站赤》门所载腹里、河南、辽阳、江浙、江西、湖广、陕西、四川、云南、甘肃共有一千四百处左右，加上岭北、吐蕃等处，应在一千五百处以上。各站"所领站户，多者三、二千，少者六、七百"②。若以五百户计，则应有七十五万户；若以二百户计，也有三十万户。我们曾估计军户为二、三十万户，③ 站户总数显然应在军户之上，至少也与军户相等。这就是说，在元代诸色户计中，除民户外，站户的数量是最大的，军户次之。站户的重要性，从这一点上也可以看出来。

签发站户是有一定财产标准的。元代有的记载说："北方诸站，则验孳畜之多者应之；南方诸站，则验田亩签之。"④ 所谓"验孳畜"来决定应役与否的"北方诸站"，显然是指蒙古地区而言，但数量到底是多少，则是不清楚的。所谓"验田亩签之"的南方诸站，应是指江淮以南地区而言。元朝政府在江淮以南摊派杂泛差役、签发各种户时，常以田亩数或税粮数为标准，如江西差设里正、主首，"并以一石之上为则"⑤；江西"所辖路分合设祗候、曳剌、牢子等"，都在"税粮三石之下户内差充"⑥，等等。签充站户，也采用这种办法。元朝平江南之初，在镇江路"有田粮上户"中签发一千余户站户。⑦ 至元二十年（1283），"都省差官，与江淮行省、宣慰司、各路官，依验各路税册，于苗米八石之下，二石之上有丁户内差拨充水站户"。至元二十九年（1292），福建于苗米五石之下四石之上户内签充船户（即水

---

① 至元时，兴国路通山县"邑民供给驿置道里迂回，甚以为苦。侯（县达鲁花赤秃忽赤）诣省辨析，俾蕲黄之民供淮北之驿，通山之民供江北之驿，合适其便。彼此之民感德。"（《吴文正公集》卷三五《安定州达鲁花赤秃忽赤墓表》）这种不合理现象是很普遍的，得到调整的却是个别的，后面还将讨论。
② 《经世大典·站赤》"延祐四年"条，见《永乐大典》卷一九四二一。按，各站户数是很不一致的，大都至上都途中的"达达四站"（榆林、洪赞、雕窝、独石）每站为一千三百五十户（《经世大典·站赤》，见《永乐大典》卷一九四一九）。而上都东北的尖山、涌泉、新店三站，每站为三百户（同上）。叙州至荆南府"共计二十一站，二千一百户"，则平均每站只有百户（同上）。东北狗站每站只有三十户。大抵腹里、河西、江南等交通要道各站，站户数多，其他地区较少。
③ 陈高华：《论元代的军户》，《元史论丛》第一辑，中华书局1982年版。
④ 《丹墀独对·站赤》，见《永乐大典》卷一九四一六。
⑤ 《元典章》卷二六《户部十二·户役·编排里正主首例》。
⑥ 《元典章》卷六〇《工部三·祗候人·额设祗候人数》。
⑦ 《至顺镇江志》卷一三《公廨》。

站户）。① 同年，湖广的辰州路、常德路、岳州路等处立水站，则均在"地一百五十亩之上，二百亩之下户差拨应当"②。镇江路签发的站户，虽未明言税粮或田亩数，但称之为"有田粮上户"，肯定是比较富裕的，而各地差充水站户的田粮、地亩标准，则是偏低的。这是因为，前者当的是马站，费用浩大；相对来说，水站费用要少得多。至于江淮以北原金朝统治的农业区，即当时习惯所说的"汉地"，站户和军户一样，主要是按户等从中户中间签发。忽必烈时王恽上书说："国家自围攻襄阳以来，签取军役，盖五举矣。将着中物力等户，尽充军、站，中间抛下上户，其能有几，皆贫难下户。"③但有时也从上户签发。④ 即使是中户，财产状况也各不相同，签发时，物力高的当马站，低的当牛站（马站比牛站费用大），以此类推。⑤ 但是，实际上被签发的有很多是贫弱下户，这是因为站役繁重，富户往往贿赂官府，逃避签发，而以贫户充数。

站户被签、登记入籍之后，世代相承，不得改易。忽必烈曾为此专门发布命令，后来的统治者又加以重申。⑥ 元朝政府签发其他诸色户（如军、匠、盐等）时，也是如此。这种大规模签发人户从事封建国家需要的各种特殊职业并使之固定化的办法，是元代户籍制度的特点之一。但是，由于站户贫富分化日益明显，而当站又必须有一定的资产丁力，元朝政府有时不得不加以分拣，重新在民户中签补，这种情况到元代中期以后很普遍，后面还将讨论。

交通有陆道、水道，元朝政府设置的站赤也分陆站和水站。陆站也叫旱站。⑦ 陆站交通工具主要是车、马、牛，故又分马站、牛站和车站（也有一

---

① 《成宪纲要·驿站》"签发水马递运站户"条，见《永乐大典》卷一九四二五。
② 《六条政类》"镇远至岳州立水站"条，见《永乐大典》卷一九四二三。按，至元二十五年江西龙兴路签正贴水站夫二百九十一户，总计粮田二百一十六顷八十四亩，平均每户不到一顷。二十六年吉州路水站签四十六户，总计粮田四十六顷余，平均每户一顷。二十七年赣州路签夫八十二户，总计粮田九十六顷。可见江西水站户均在一顷上下，比湖广要低，见《经世大典·站赤》（《永乐大典》卷一九四一九）。
③ 王恽：《上世祖皇帝论政事书》，《秋涧文集》卷三五。
④ 如延祐元年七月，甘肃行省在"曲先、沙州、瓜州上户内，签补一百户，以充察巴站役"。（《经世大典·站赤》，见《永乐大典》卷一九四二一）
⑤ 《经世大典·站赤》，"至大三年六月"条，见《永乐大典》卷一九四二〇。
⑥ 《元典章》卷三六《兵部三·站户·元签站户不替》。《经世大典·站赤》"延祐元年十月廿七日"条，见《永乐大典》卷一九四二一。
⑦ 《六条政类》"信州等立站赤"条，见《永乐大典》卷一九四二三。

些站兼备车、马），在陆站当役的站户也分为车站户和马站户、牛站户。水道交通工具是船，在水站当役的站户也称为船户。此外，在边疆地区，有的地方还使用狗或骆驼作站赤的交通工具，故又有狗站户①和帖麦赤驿（站）户②等名称。

元朝政府在中央设置了诸站都统领使司，后来改名通政院，专门管理有关站赤事宜。至大四年（1311），元仁宗即位，因"通政院怠于整治，站赤消乏"，将站赤交给兵部管理。③但很快就重立通政院，专管蒙古地区站赤，而以兵部管理"汉地"站赤。到延祐七年（1320），元英宗嗣位，又以"达达、汉人站""悉归之通政院"④。各站设置提领、副使、百户，管领站务。提领由官府诠注委派，副使、百户则于站户内选充。⑤大都、上都各站，因为"每岁车驾行幸，诸王百官往复，给驿频繁，与外郡不同"，所以在提领之上，还设有驿令、丞。在百户之下，又有管马牌头。⑥所谓牌头，即十人长。站户十户为一甲，牌头即一甲之首。⑦在通政院之下，诸站之上，没有另行设立专门的站赤管理机构，有时由各路达鲁花赤、总管提调，有时由路府州县达鲁花赤、长官管领，但后一种情况为时不长，总的来说，以前一种情况居多。⑧

上面说的是站赤的管理情况。值得注意的是，站户的管理与站赤的管理并不完全相同。元朝政府在签发人户当站之后，固然有不少就在本地当役，但还有很多人则被派遣到离家很远的地方当役。例如，在北方，山东夏津县的站户要到大都附近的榆林站等处当役；⑨陕西西乡县站户"应役者至褒城驿，不啻数百里，户至贫乏"⑩。至元二十九年在大都至上都中途增设站赤，

---

① 狗站在辽阳行省北部，共十五站，见《经世大典·站赤》（《永乐大典》卷一九四二二）。参见《辍耕录》卷八《狗站》条。
② "牧骆驼者，曰：帖麦赤。"（《元史》卷九九《兵志二》）帖麦赤驿户见《元史》卷三四《文宗纪三》"至顺元年二月辛卯"条。
③ 《经世大典·站赤》"至大元年四月二十四日"条，见《永乐大典》卷一九四二〇。
④ 《经世大典·站赤》"延祐七年四月二十九日"条，见《永乐大典》卷一九四二一。
⑤ 《元典章》卷九《官制三·站官》。按，重要的站设正、副提领，一般的站只设提领一人。
⑥ 《成宪纲要·驿站》"差马"条，见《永乐大典》卷一九四二五。
⑦ 站户典卖田土时须问同甲户，可见站户的基层组织是甲，见《元典章》卷一九《户部五·田宅·站户典卖田土》。
⑧ 《元典章》卷三六《驿站》"拯治站赤""长官提调站赤"诸条。《经世大典·站赤》，见《永乐大典》卷一九四二〇、一九四二一。
⑨ 《经世大典·站赤》"至大四年五月"条，见《永乐大典》卷一九四二〇。
⑩ 蒲道源：《西乡宜差燕立帖木儿遗爱碣》，《顺斋闲居丛稿》卷一六。

就将原在保定至大名一线上的站户调拨过来，一下子就挪动了好几百里。①南方也有类似的情形，如江西、湖广有不少站设于深山之中，"离家窎远，绝无火烟"②。镇江路"尝以本路人民充当扬、真二州等马站，盖因归附之初，浙西诸郡隶江浙行省管领，为见淮东扬州等处，元系亡宋边地扰攘，百姓四远避兵，地广人稀，以此于镇江路有田粮上户内差拨站户一千余户，于扬州在城及邵伯、瓜州、真州、六合、建康下蜀六处当站"③。可见无论南北，这种情况都是很普遍的。出外应役的只是站户中的个别成年男子及其妻、子，家庭中的其他成员则仍留在本地从事原来的职业，为应役者提供各项费用。世祖中统四年（1263）于六州立站，"取迤南州城站户籍内，选堪中上户应当"。"于各户选堪当站役之人，不问亲、驱，每户取二丁及家属，于立站去处安置。"④ 就是这个意思。站户出丁到他处当站的情况，和军户差不多。所以元武宗时有人陈言："随处军、站，出鞍马，备物力，服役于千万里之外，其民良苦。"将两者并提。⑤ 军户出军，其"家在乡里，曰奥鲁，州县长官结衔兼奥鲁官以莅之"⑥。当站役者归站官管理，他们"在乡里"的家又是怎样管理的呢？至元十一年（1274）十月的命令说，"站户同军户奥鲁，拟属元籍州县；外据立站去处，止令直隶总管府"⑦。明确把站户同军户一例看待。至元二十八年（1291）七月，元朝政府因"州府司县官司又复桩配站户和雇和买、杂泛差役，比之民户尤甚骚扰"，再次下令"路府州县达鲁花赤、长官依军户体例，兼管站赤奥鲁，非奉通政院明文，不得擅科差役"⑧。军户由各级地方官府的达鲁花赤、长官兼管，按枢密院的规定办事；站户也由他们兼管，按通政院的规定办事。军户和站户虽然都隶属于原籍州

---

① 《六条政类》"安置龙门站"条，见《永乐大典》卷一九四二三。
② 《六条政类》"河南立站"条，见《永乐大典》卷一九四二三。
③ 《至顺镇江志》卷一三《公廨》。
④ 《元史》卷一〇一《兵志四·站赤》，按，至大三年（1310）在高唐州签站户二人，一名吕忠"籍面男子十名，内成丁七名，不成丁三名，俱是亲口"，一名华秀，"户下男子十名，内婿二名，不成丁一名。"（《经世大典·站赤》，见《永乐大典》卷一九四二〇）这两户站户的户口构成情况，可以帮助了解"每户取二丁"的意义。
⑤ 《经世大典序录·军制》，见《国朝文类》卷四一。关于军户奥鲁，请参看《论元代的军户》。
⑥ 《经世大典·站赤》"至大四年七月"条，见《永乐大典》卷一九四二〇。
⑦ 《经世大典·站赤》，见《永乐大典》卷一九四一七。按，《元史·兵志四》作："随处站赤直隶各路总管府，其站户家属令元籍州县管理。"没有提到"同军户奥鲁"。
⑧ 《经世大典·站赤》，见《永乐大典》卷一九四一九。

县，但他们和民户或其他诸色户的待遇是有区别的，行政管理系统是不一样的。在这里应该说明的是，奥鲁本有二义，一指出征军人在后方的家属，一指管理出征军人家属的机构。上引至元二十八年命令中的"兼管站户奥鲁"，似就前一义而言，即兼管在乡里的站户而言，并非设立有管理站户的奥鲁机构。元代江淮以北各级地方官府的职衔都是兼管诸军奥鲁，却没有兼管诸站奥鲁，便是明证。在这一点上，站户与军户又是有所不同的。

站户与军户的区别还可以从鼠尾簿的编制上看出来。鼠尾簿是政府登记居民丁力资产的簿籍，摊派杂泛差役和雇和买的依据。中统五年（1264）的有关法令中规定，军、匠另行攒造，站户则与民户等"一体推定，鼠尾类攒"①。这就是说，站户要与民户一样承当杂泛差役和雇和买。这是元初的情形，后来情况有所变化，下面将会讨论。军户和站户在性质上是比较相近的，而元朝政府对军户和站户的管理，有相同的地方，又有不一样的地方。这就说明，对元朝的诸色户计，应该逐个作具体的分析，不能一概而论。

站户与军户还有一个相似之处，便是二者都有正、贴之分。《经世大典·站赤》中最后一部分记载腹里和各行省所设站赤情况，其中南方的江浙、江西、湖广三省水站分正、贴户，马站则分正、贴马。实际上在同一资料前面编年部分的一些记载表明，南方马站也有正、贴户之分；②北方车、马站有"达达贴户"，则必有正户。③此外，元代官员所写的"事状"中也提到"上都路洪赞马站贴户提领"字样。④可见，站户中正、贴之分，无论南北应是普遍存在的。军户数户合出一军，出军户即为正军户，其他诸户出钱物相助，称为贴军户。站户是数户合养一马，或合应一船之役。显然，凡喂养之家或出船夫之家即为正户，其他出钱物津助之家即为贴户。大德七年（1303）三月，河南汝宁府上言："通政院每岁差官于补换站户名下追征津贴钞，赴上都通政院交纳。……窃见省、府、枢密院差官驰驿前来，催取诸翼军人封装，追征数足。仍付来官收管，乘驿以送，止差弓兵防护。站需即与封装无异。又本府至上都往复六千余里，徒劳押运，乞比照封装事例，今后

---

① 《通制条格》卷一七《赋役·科差》。
② 江西抚州崇仁县云山马站贴户杨汝玉，见《经世大典·站赤》"至大元年正月"条（《永乐大典》卷一九四二〇）。
③ 《经世大典·站赤》"中统四年五月十七日"条，见《永乐大典》卷一九四一六。
④ 王恽：《弹马全擅科钞事状》，《秋涧文集》卷八八。

令通政院差来官就交站户役钞,乘驿前去,有司应付防送弓兵,诚为便益。"① 前面已说过,站户和军户一样,都要到远处应役。元朝政府中有关部门(万户府、行省)派人到军人所在奥鲁向军人家属(正军户)和贴户征收钱物,发给军人作为盘缠,称为封装。通政院追征的"与封装无异"的"站需",既称为"津贴钞",显然是向住在原籍的正站户家属和贴户索取的。正、贴户制是元代户籍制度的一个重要特点,军户中最明显,站户中也是存在的,其他一些户也有类似的情况。这是值得注意的。

二

站户的主要封建义务,顾名思义,就是承当站役,其次也要承担赋税、杂泛差役以及和雇和买等。前面已经说过,站可分为水、陆站,水站即船站,陆站以马站为主,还有车站、牛站、狗站等。记载较多、情况比较清楚的是马站户,下面我们以马站户为主就站户的封建义务作一些说明。

站户应当站役,站役又包括几个方面:养马(狗、牛、骆驼,船户则要保养船只)、出马夫(船户出水手,其他牲畜也要站户出劳动力驱使)、供应首思。

陆站的主要交通工具是马,马站户的主要职责就是养马,随时提供驿站使用。马站南北均有,情况很不一样,北方的马站户,忽必烈中统四年(1263)规定二户半养正马一匹,贴马一匹,贴马即备用马,站户在喂养正马一匹的同时,还要喂养贴马一匹,这等于加重了一倍的负担。② 至元元年(1264)改为四户"共当正马一匹",不言而喻同时还要养贴马一匹。③ 这个规定以后成了比较固定的制度,不论汉人站或"达达站"(蒙古站)都是如此。后来的记载,有的说"三、五户共当正马一匹"④;有的说三、四户养马一匹;⑤ 都和四户共当正马一匹的规定接近。也就是说,一般是三至五户养马一匹。有的元代记载说:"站九户当一马",不是有错误,便是个别地方

---

① 《经世大典·站赤》"大德七年三月"条,见《永乐大典》卷一九四二〇。
② 《经世大典·站赤》,见《永乐大典》卷一九四一六。
③ 《成宪纲要·驿站》"站户",见《永乐大典》卷一九四二五。《元典章》卷三六《兵部三·站赤·立站赤条画》。
④ 《经世大典·站赤》"至元十九年九月十二日"条,见《永乐大典》卷一九四一七。
⑤ 《经世大典·站赤》"至元二十九年五月十六日"条,见《永乐大典》卷一九四一九。

的情况。① 但陕西是个例外，那里"每地一顷为一分，一丁亦为一分，总十四分当站马一匹"，因此有的"一户养马三、四匹"。后来改为十七分当站马一匹，但站户与马匹的比例肯定和一般的情况是有很大差别的。② 南方的马站户，则是按税粮数当役的，"以粮七十石出马一匹为则。或十石之下，八九户共之；或二、三十石之上，两、三户共之"。如果有"纳粮百石之下，七十石之上，自请独当站马一匹者"，也可获准。③ 因而，南方当铺马一匹的站户，自一户至八、九户不等。至于四川的"站户多系凋瘵贫民，三十家应当铺马一匹"，大概是比较特殊的情况。④ 共当一马的诸户中有正、贴之分，这在上面已经说过了。

站马亦称铺马，蒙语称为兀剌。⑤ 初立站时，蒙古站铺马由站户自备，或由所在百户、千户内征发；汉人站的马匹则由所在路的"见在户计一例科着"，或"验天下户数，通行科定"，协济立站各路；也就是说，诸色人户都要分摊购买马匹的费用。⑥ 后来，有些地方改由政府出钱买马，分拨给站户饲养应役，但一旦病毙后，就要由饲养的马站户赔补。有些地方的站马"皆站户所买，凡遇倒毙，责限随即补充"⑦。当役的马称为正马，另外，管理站赤的官员"为恐见在站马不测病故，厘勒本户预置贴马一匹在家喂养，以备补换"⑧。各站都置有文簿，登记所有马数，挨次轮流差遣走递。⑨

除了养马之外，无论南北，站户还要出人丁作马夫——兀剌赤，"迎送往来使臣"，递换接送铺马。⑩ 关于兀剌赤的差充办法不很清楚，很可能是与

---

① 郑介夫：《太平策》，见《历代名臣奏议》卷六七《治道》。
② 《经世大典·站赤》"至元二十九年五月十六日"条，见《永乐大典》卷一九四一九。
③ 《经世大典·站赤》"至元二十五年二月"条，见《永乐大典》卷一九四一八。
④ 《元典章》卷三六《兵部三·给驿·起马置历挨次》。
⑤ 《事林广记》辛集《至元译语》。这个词来自突厥语。
⑥ 《经世大典·站赤》"太宗四年六月十六日圣旨""太宗十年六月二日圣旨"，见《永乐大典》卷一九四一六。
⑦ 《经世大典·站赤》"大德四年六月"条，见《永乐大典》卷一九四一九。
⑧ 《元典章》卷三六《兵部三·铺马·贴马在家喂养》。按，《经世大典·站赤》所载各省驿站马数中，北方各站不分正、贴马，南方江浙、江西、湖广所属大多数驿站均分正、贴马，见《永乐大典》卷一九四二三。另据此书所载世祖中统四年四月二十八日圣旨，上都一带各站也分正、贴马，可知北方站马亦应有正、贴之分，见《永乐大典》卷一九四一七。
⑨ 《元典章》卷三六《兵部三·给驿·起马置历挨次》。
⑩ 《经世大典·站赤》"至元二年闰五月六日"条，见《永乐大典》卷一九四一六。

铺马相应的，如养马一匹同时出一、二人当兀剌赤。①

马站户的另一项义务是供应首思。首思是蒙语的音译，原义为汤、汁，元代以此词泛指站户所负担的过往使臣的分例（饮食、灯油、柴炭等），有时也意译为祗应。② 首思的供应办法先后有过变化。最初，和铺马的置备办法一样，首思也是由各站所在地诸色户计均摊的，甲辰年（1244）三月，东平府路万户总管军民长官严忠济上奏说："随城郭居住别投下开铺营运之家，不肯协济本路祗应。"蒙古政权下令："照依元降大札撒（法令）协济祗应，如违治罪。"③ 其他投下的开铺营运之家都要协济祗应，当地的诸色户计不难想见。1245年盩厔重阳万寿宫圣旨碑中说："而今这先生根底，大小差役、铺马祗应休当者。"④ 显然，佛道的寺院宫观也要均摊铺马、祗应，所以蒙古统治者才会在圣旨中特许重阳万寿宫可以豁免。享有特权的寺院宫观尚须经特许才得豁免，其他诸色户可想而知。忽必烈上台后，各项制度有所改革。至元元年（1264）八月规定站户免税四顷"以供铺马祗应用度"⑤。站户至迟到此时已须负担首思。在此后一段时间内，首思的应付办法是不很统一的，多数地方是站户自备首思，⑥ 有一些地方民户仍须承担。⑦ 后来，又实行站户"应当杂役，官降首思"之法。此法实行的结果是站户"困乏尤甚"，于是在至元二十年（1283）七月又恢复"除免站户和雇和买、一切杂泛差役，仍令自备首思"之法。⑧ 但是至元二十二年（1285）别失八里站仍

---

① 据《至正四明续志》卷六《赋役》，在城站铺马二十拨（正马一匹、备马一匹为一拨），兀剌赤四十名，每拨二名。

② 使臣分例是每人日支肉一斤，面一斤，米一斤，酒一瓶（升）。此外有油盐杂支钞、炭（冬季）等。从人只支米、面。

③ 《经世大典·站赤》，见《永乐大典》卷一九四一六。

④ 蔡美彪编：《元代白话碑集录》，第12页。

⑤ 《经世大典·站赤》，见《永乐大典》第一九四一六。

⑥ 站户自备首思见《元典章》卷三六《兵部三·站赤·立站赤条画》；《经世大典·站赤》"至元十八年闰八月"条。

⑦ 至元十七年二月二十八日，"平章政事阿合马奏：和州言，民户祗应往来使臣首思，以故困乏"。（《经世大典·站赤》，《永乐大典》卷一九四一七）。按，1276年《龙门禹王庙令旨碑》中仍有"铺马、祗应休要者"字样，这可能是过去圣旨的简单复述，也可能是由于当地仍在诸色户中采取均摊的办法（碑文见《元代白话碑集录》第25页）。此后的一些白话碑中也有类似的字句，不另引。据记载，至元十三年时全国驿站"使客饮食之费，一岁之中，不过中统钞二千定"，到至元廿四年"物直高下"已增加十余倍，往来使客又不断增多，"吏无以给之，强取于民"。（杨载：《赵公行状》，《松雪斋文集》附录）可见即使是官给首思，实际上仍存在向民户征取之事。

⑧ 《经世大典·站赤》，见《永乐大典》卷一九四一八。

是官给价钱买备当年的首思羊和解渴酒，并给钞规运息钱以供后来之费，这也许是边疆地区的特殊情况。这一年又曾改为"官给祗应"，到至元二十三年（1286）大都、上都两路的站户重新改为"站户出备祗应，与免和雇和买及其余差役"①。其他诸路仍然由官府供给。② 这种办法一直继续下来，成为元代通行的制度，只有元贞二年（1296）一度要大都、上都的站户也均当和雇和买，由"管民官应付各站分例"，但到第二年十二月便"仍旧令站户自备首思"，除免这十三站和雇和买之役。③

上面讲的是站户承当站役时的各项义务，或者说，站役主要包括上述三个方面。除此以外，民户承当的各项赋役项目中，有一些站户也是要负担的。元代民户承当的封建义务，主要有税粮、科差和杂泛差役三大类，此外还有和雇和买。下面分别做一些说明。

先说税粮、科差与站户的关系。北方的科差，主要包括包银、丝料和俸钞三项，站户和军户、儒户、僧道户等"皆不与"④。北方的税粮，对各种户实行不同的征收办法：民户每丁岁纳粟两石；僧、道、也里可温、答失蛮、儒人等户按田亩数每亩岁纳三升或五升；"军、站户除地四顷免税，余悉征之"⑤。所谓"四顷免税"是个值得讨论的问题。前面已经说过，元朝政府规定北方马站户四户养马一匹，实际上并不完全如此，三户或五户养马一匹的情况都是存在的。至于陕西按丁、地折分计算，当马一匹的户数，或多或少，相差更大。那么，是共同养马的各户总共免税四顷，还是各户每户均免税四顷呢？两者的出入，显然是很大的。关于此事有不同的记载。《经世大典·站赤》载中统五年（1264）八月的命令说："站户贫富不等，每户可限四顷，除免税石，以供铺马、祗应用度，已上地亩，全纳地税。"⑥《元史·兵志四·站赤》所载完全相同。据此，则每户站户均可免税四顷。《元

---

① 《经世大典·站赤》，见《永乐大典》卷一九四一八。《通制条格》卷一七《赋役》。
② 至元二十五年（1288）正月，因"创立水陆站赤去处，祗应繁重，已拨额钞不足支用"，于是向北方三十八路增发钱钞，但大都、上都两路不在内（《经世大典·站赤》，见《永乐大典》卷一九四一八）。由此也可看出，当时大部分站赤实行"官给祗应"之法。
③ 《经世大典·站赤》，见《永乐大典》卷一九四一九。其他诸路一般均官给首思。仁宗皇庆元年十一月，枢密院官说："其始以民户立站，首思并降官钱"，从而要求军人立站时，首思羊及什物"依百姓例，支与官钱"。见《永乐大典》卷一九四二○。
④ 《元史》卷九三《食货志一·科差》。
⑤ 《元史》卷九三《食货志一·税粮》。
⑥ 《经世大典·站赤》，《永乐大典》卷一九四一六。

史·世祖纪二》则说："诸站户限田四顷免税，供驿马及祗应。"无"每户"字样。但《成宪纲要》所记大不相同："至元元年十一月，中书右三部区处到马站户，元定附籍四户共当正马一匹，四户以上共除地四顷外，余上地土依例纳税。若有四户之下当正马一匹者，亦共除地四顷，余者依例征税。"所谓"共除地四顷"，应是当正马一匹诸户共免税四顷，其余地土纳税。也就是说，免税四顷是以每匹站马作为计算单位，而不是以每站户作为计算单位的。这两种不同的记载的是非，尚难下结论。但元朝政府在中统五年规定军、站户免税四顷的同时，还规定僧、道、儒人等户种田者白地每亩税三升，水地五升。按此标准折算，每顷土地应纳税粮在十二石至十五石之间，四顷土地税粮应在四十八石至六十石之间。前面已说过，南方马站户"以粮七十石出马一匹为则"。这七十石税粮是免纳的。北方当正马一匹诸户如共免税四顷，则只合十二到十五石，与南方相差太远；如每户均免四顷，则四户为五、六十石，五户为六、七十石，与南方的免征税粮数比较接近。前面也讲过陕西的办法，一丁或地一顷各为一分，原先十四分当站马一匹，后改为十七分。若全以地计，即十七顷当站马一匹，北方其他地区站户若每户免税四顷，四户则应为十六顷，大体也相当。以南方和陕西的情况来作比较，应该认为，北方承当站马一匹的四（五）户每户各免税四顷是比较合理的。这也就说明，无论南、北或陕西，有关承当站马的财产标准，基本上是一致的。至于南方的站户，也不当科差（科差只行于北方）。南方的马站户，凡共当正马一匹者，不论户数多少，总共免交税粮七十石。水站户也是一样，一条站船的水站户共免税粮四十石。北方除免税粮以土地计，南方则直接以税粮数计，这是因为南北征收税粮的办法不同，北方土地的征税标准是划一的，南方的土地征税的标准是不统一的，高低相差很大。所以，站户免纳税粮的办法也要适应南北的这种差异。

北方的站户四顷以上全纳地税，南方的站户也有类似的情况。南方的站户被签充时，"不拣多少税有呵，都交站里入去者"[①] 各户税粮数多少不等，就互相"凑合"成额定的数目。但是，土地可以自由买卖，岁月一久，无论民户、站户或其他户计，土地占有情况都会发生变化，有的减少，有的增多。站户从民户或其他户计那里买得纳税的土地，这部分土地仍须照常向官府纳税，与原来"当站"的土地不同，称为余粮。

[①] 《成宪纲要》，见《永乐大典》卷一九四二五。

再说杂泛差役、和雇和买与站户的关系。杂泛就是力役，差役就是前代的职役，在元代主要名目有里正、主首、仓官、库子等。[①] 杂泛差役是很沉重的负担，常常导致当役者倾家荡产，免除杂泛差役也就成了特殊的照顾。和雇是官府出钱雇佣人力或车牛，和买是官府出钱购买所需的各种物品，所谓"和"，本是公平合理、两相情愿之意，但实际上都是强迫摊派的，价钱则少给甚至不给，连官府也不讳言这是与杂泛差役同等的封建义务。站户承当杂泛差役与和雇和买的办法先后有过变化。先讲杂泛差役。站户最初与民户一起编在鼠尾簿里，意味着同样要承当杂泛差役。但自备首思者可以免当。到了至元三十年（1293），元朝政府规定："站户每根底，除当站外，不拣谁休重科差役者。"[②] 这就是说，一切站户均免当杂泛差役。但在成宗大德七年（1303），元朝政府对役法进行了改革。在此以前，诸色户计免役者多，杂泛差役主要由民户承担，以致民户日益困弊，破产逃亡之事不断发生。大德七年三月，元朝政府下令诸色人户都和民户一体均当杂泛差役，只有边远出征军人和两都自备首思的站户可以免除。[③] 这一规定以后曾多次重申，成为固定的制度。再讲和雇和买。至元十八年（1281）六月，"安西等处军、站，凡和雇和买与民均役"[④]。至元十九年（1282）九月，进一步规定："军、站户出钱助民和雇和买。"[⑤] 可见所有站户都要承担和雇和买。但在至元二十年七月的命令中，自备首思的站户可以免除杂泛差役与和雇和买，至元二十三年又加重申，这在前面已经说过。至元二十九年（1292）十一月，元朝政府一度改变政策，以"百姓消乏"为理由，下令"其和雇和买，不分军、站、民户，并令均当。"但主管驿站的通政院提出异议，结果改为自备首思的大都、上都站户除免，其余站户不言而喻要与军、民均当和雇和买。[⑥] 这一规定在以后也曾多次重申。总起来说，站户是否应当杂泛差役与和雇和买，是与应付首思的情况有密切关系的。在大多数场合，凡是官府应付首思的驿站，其站户就要承当杂泛差役与和雇和买；凡是自行应付首思的驿站，其站户就可免当杂泛差役与和雇和买。后一种情况主要限于大都、上

---

① 参看陈高华《元代役法简论》，《文史》第十一辑，中华书局1981年版。
② 《元典章》卷三六《兵部三·站户》。
③ 《元典章》卷二六《户部十二·户役·杂泛差役一体均当》。
④ 《元史》卷一一《世祖纪八》。
⑤ 《元史》卷一二《世祖纪九》。
⑥ 《经世大典·站赤》，见《永乐大典》卷一九四一九。

都的驿站。

元代北方和南方的赋役制度有很大不同。以应当杂泛差役与和雇和买的办法而言，北方一般以户等为准，通常是将诸色人户按财产丁力的不同情况划分为三等九甲，摊派杂泛差役与和雇和买时"先尽富实，次及下户"，有时就限制在上、中户范围之内。站户也划分为户等，其应当杂泛差役与和雇和买的办法没有具体材料可以说明，但从它和民户一起编排鼠尾簿来看，想必是和民户差不多。元代南方民户应当杂泛差役与和雇和买有不同的办法，有的地方和北方一样，也以户等为准，但大部地区则直接以土田或税粮数为标准，差役规定由土田若干亩或税粮若干石以上户充当，杂泛与和雇和买则按土田或税粮数进行摊派。但是，站户应当杂泛差役的只是"余粮"，即站户入站田土之外的田土。站户被签充时占有的土地通常要全部入站，即为当站土地，所纳税粮凑成七十石即当马一匹，不再向国家交纳。但岁月一久，土地占有的情况不能不发生变化，有的站户在当站土地之外，又有余粮。大德六年（1302），浙西、江东等地"将站户不问余粮多寡，一概差充里正、主首，应当杂泛差役"，以致"妨误当站"；元朝政府决定，"各处站赤除当站田粮外，所有余粮比附本乡都有田纳税不以是何户计内，照依科粮鼠尾，验田数多者从上挨排，轮流应当"①。民户和其他当役人户都是按鼠尾簿上户等，自上而下轮流充当的，有的则只限于上、中户。站户也采取同样的办法（比附），所不同的是只算余粮，入站田土不在数内。② 余粮多者在先，少者在后，轮流挨次充当，每次一季或半年。这是普遍实行的办法。有些地方则略加变通，按余粮数额平均摊派当役时间。③ 例如，各站为祗应设置的库子，便在"站户余粮内差设二名，就准本户里正、主首身役"④；其具体办法是："照勘正、贴户实有余粮，除下户外，下至十石，多者积算，通融计日应当，周岁轮流一次。"⑤ 太平路在城驿的库子就是"验驿户民赋，谓之余粮，俾任其费"的。所谓"驿户民赋"，就是驿户向官府交纳的田赋。"民赋及十石者户四十有九，递供是役"。但是后来贫富变化，"富者恬然弗增，贫者则

---

① 《元典章》卷三六《兵部三·站户·站户余粮当差》。按，海运船户也实行余粮当役的办法，见《经世大典·漕运》，"至大四年"条（《永乐大典》卷一五九四九）。
② 大德八年曾规定"余有苗粮酌中户内"选派库子，见《元典章》卷一六《户部三·分例·站赤祗应库子》。
③ 《元典章》卷二六《户部十二·户役》。
④ 《经世大典·站赤》"大德十年"条，见《永乐大典》卷一九四二〇。
⑤ 《经世大典·站赤》"延祐三年九月"条，见《永乐大典》卷一九四二一。

困且逋，巧诈日滋，诡匿产税，苟于规免，期限愈蹙，不逾年而再役"，于是进行改革，"得胜役者仅二十七户，蠲除困乏，新得三户，总为户三十。以赋之石，为其日之差，凡一千一十有一日，凡三岁而一周"①。这仍然是"多者积算，通融计日应当"的办法。

上面我们简略叙述了站户所承担的封建义务。由于资料的缺乏，这些叙述肯定是有不够准确和不够全面的地方，但是基本的轮廓应该说还是清楚的。总起来说，元朝政府签发部分民户充当站户，目的就是要他们承当站役；站户既然承当站役，其他封建义务（民户所必须承当的）便可以得到全部或部分的豁免，元代有人说："如水马站户之除粮免差，粮资足以补办，祗应可抵里役。"就是这个意思。② 除粮是用以补办站马、站船；站户提供祗应（首思），所以抵免杂泛差役，而不供祗应的就要当役。这种情况，并不限于站户，从民户中签发的其他诸色户（军、匠、盐户等）都有类似的情况。不弄清这一点，就不可能真正了解元代的赋役制度与户籍制度。反过来说，将全国居民划分为诸色户计，诸色户计的封建义务各有不同，正是元代赋役制度与户籍制度的基本特点之一。只有对包括站户在内的诸色户计作分别的细致的研究，才有可能就元代的赋役制度和户籍制度得出比较近乎事实的结论。

三

元代有人说："民之受役，莫重于站赤。"③ 这种说法也许有些过分，因为还有一些户（军、盐等）所承受的封建义务也是很繁重的。但是至少可以说，站户是元代负担沉重的若干人户中的一种。

站户负担深重，主要是由元朝政府的"给驿泛滥"造成的。驿站是元朝政府兴办的交通体系，专供政府使用，不许民间使用的。乘骑驿马或站船，需有官府的证明。元朝政府的制度，"其给驿传玺书，谓之铺马圣旨。遇军务之急，则又以金字圆符为信，银字者次之；内则掌之天府，外则国人之为长官者主之"④。铺马圣旨也叫铺马札子，每件铺马圣旨（札子）分别可以

---

① 陶安：《驿户余粮应役记》，《陶学士文集》卷一七。
② 郑介夫：《太平策》，见《历代名臣奏议》卷六七。
③ 黄溍：《定国忠亮公神道第二碑》，《金华先生文集》卷二四。
④ 《元史》卷一〇一《兵志四·站赤》。

起马一匹或数匹，各驿站必须为执把者提供相应的站马和首思。① 圆符亦称圆牌，铁制，分金字、银字两种，"朝廷军情大事，奉旨遣使者，佩以金字圆符给驿，其余小事止用御宝圣旨。诸王公主驸马亦为军情急务遣使者，佩以银字圆符给驿，其余止用御宝圣旨"②。所谓御宝圣旨即是铺马圣旨。持有圆符者经行驿站时可以得到优先的权利。除此以外，诸王的令旨也可以起发站马，不受铺马圣旨的限制。③ 只要有铺马圣旨、令旨、圆符就可骑站马，索取首思分例。各站经过的使臣数目是不一定的，有的站多有的站少，有时多有时少；因而各站站户承担的站役（出站马、充乌剌赤、供首思）也是不固定的，有的站户多有的站户少，有时多有时少，但总的趋势是起发站马愈来愈多，站户负担愈来愈重。

元朝政府建立站赤，"本以宣布政令，通报军情急事"④，所以对给驿（起发站马、供应首思）的范围曾多次颁布命令，做出限制："除朝廷军情急速公事之外，毋得擅差铺马。"⑤ 但是，驿站是当时最完善最便利的交通体系，站马和首思对于铺马圣旨和圆符的持有者又是免费供应的，因此，无论贵族、高级僧侣或是官吏都千方百计觅取铺马圣旨和圆符。元朝政府最初对颁发铺马圣旨和圆符控制较严，在贵族、官僚、高级僧侣们的不断乞求下，颁发数目日益增加，再加上诸王任意颁发铺马令旨，来往于驿站的人不断增多。当时把这种现象称为"给驿泛滥"，成为一个严重的时常谈论的问题。仅大德八年（1304）诸王阿只吉的使臣给驿者就达七百五十余起⑥，其他可想而知。当时"诸王、妃子、公主、驸马及千户各枝人员，有事奏言，辄起铺马，或乘己马，前来大都，害于站赤，糜费刍粟"⑦。这些贵族派人"印经盖寺，成造供器，催征田粮等事"，也都要起乘铺马，支首思分例。⑧ 元朝皇帝崇尚藏传佛教，经常有大批喇嘛（西番僧人）来往于吐蕃地区与大都之

---

① 除铺马札子外，还有起船札子，供水站用，见《高丽史》卷七二《舆服志·印章》。
② 《元史》卷一〇三《刑法志二·职制下》。关于圆牌见蔡美彪：《元代圆牌两种之考释》，《历史研究》1980年第4期。
③ 诸王的铺马令旨见《经世大典·站赤》"至元二十九年十二月二十日""大德元年六月七日"等条（《永乐大典》卷一九四一九）。
④ 《经世大典·站赤》"至元十年九月"条，见《永乐大典》卷一九四一七。
⑤ 《经世大典·站赤》"天历三年二月"条，见《永乐大典》卷一九四二一。
⑥ 《经世大典·站赤》"大德九年十一月五日"条，见《永乐大典》卷一九四二〇。
⑦ 《经世大典·站赤》"皇庆二年六月二十二日"条，见《永乐大典》卷一九四二〇。
⑧ 《经世大典·站赤》"延祐元年闰三月"条，见《永乐大典》卷一九四二一。

间，途经数千里，他们的乘驿成了一个突出问题，仅"大德九年至十年正月，西番节续差来西僧八百五十余人，计乘铺马一千五百四十七匹，至甚频数"①。还有一些喇嘛，没有铺马圣旨，"自索驿马"②。元朝的中央政府和地方政府的各级官员也都巧立名目，利用驿站，办理私事。各行省官员"推称事故，给驿来者多有之"；而中央"各衙门推称事故，给驿差出者亦有之"。举凡"搬取家属，收拾子粒，迁葬娶妻，送灵嫁女"等等，无不动用驿马。③

"给驿泛滥"带来严重的后果。站马疲于供役，"起马频数，多致羸毙"④。站马倒毙，官府就要站户补买，这是一项沉重的负担。另一方面，过往的使臣增多，首思分例也必然增加，自备首思者负担加重自不待言，就是官府供应首思的驿站，祗应钱数也有定额，首思分例超出定额部分，也必然落在站户（有的还落到当地居民）头上。因此，"给驿泛滥"必然导致站户日益贫困，被迫流亡。试举数例。大都附近的良乡站，有站马一百二十三匹，⑤而该站在大德十一年（1307）九月到十二月四个月内，共起发铺马达一万三千三百余匹次。以一百二十天计，平均每天都要出马一百二十匹以上。⑥也就是说，几乎所有的站马都要天天当役，不得休息，其结果是可想而知的。甘肃所属临洮等处驿站，"日逐起马不下百匹，昼夜未尝少息，常见铺马不敷，停留使客"；以致"站户被害，鬻产破家，卖及子女，诚可哀悯"⑦。杭州在城马站有马一百八十匹，内正马九十匹，贴马九十匹。而延祐元年（1314）闰三月间，"见在使臣五十三起"，"驿舍充满，僦赁民居，动经年余不还。日乘小铺马一百二十余匹，常支羊肉分例，马无停闲，户多死徙"⑧。前面已说过，贴马本备补换之用，不在当役之列，杭州在城马站的正马仅九十匹，显然不敷使用，势必动用贴马一体走递。"站户物力，止养一匹，犹且消乏难供；今添一匹，其每岁倒死补买之费及鞍辔喂养之须，又而

---

① 《经世大典·站赤》"大德十年五月十日"条，见《永乐大典》卷一九四二〇。
② 《经世人典·站赤》"天历二年十一月二十七日"条，见《永乐大典》卷一九四二一。
③ 《经世大典·站赤》"天历三年三月"条，见《永乐大典》卷一九四二一。
④ 《经世大典·站赤》"大德三年正月七日"条，见《永乐大典》卷一九四一九。
⑤ 《经世大典·站赤》"中书省所辖腹里各路站赤"条，见《永乐大典》卷一九四二二。
⑥ 《元典章》卷三六《驿站·站赤·拯治站赤》。
⑦ 《经世大典·站赤》"至大四年九月"条，见《永乐大典》卷一九四二〇。
⑧ 《经世大典·站赤》"延祐元年闰三月"条，见《永乐大典》卷一九四二一。

加倍,站户安得不坏"①!至大二年(1309)十月,元武宗的圣旨说:"站户消乏的缘故,使臣每多行的上头,消乏了也者。"② 事实就是这样。

站户当役是一种封建义务,即所谓役。过往的使臣、僧侣都属于享有特权的统治阶级,在他们心目中,站户不过是为他们服役的百姓,可以任意作威作福。给驿泛滥,站马不敷,首思供应紧张,来往的使臣、番僧虐待站户甚至管站官吏的事情也就更多。元人王沂曾写过一首诗,题为《草凉楼驿》,诗中道:③

> 凤州黄花驿,山路石齿齿,
> 少年跃马来,自云巴省使。
> 垒磈囊中装,蛮毡杂珍贿,
> ……
> 驿卒相股栗,盘水前拜跪,
> 须臾验馆券,咄嗟具甘旨。
> 持杯未投箸,叱咤戟其指,
> 前途须骏足,快若雷过耳。
> 吏也前致辞,民饮食无米,
> 小邑无权奇,连槽才百尾。
> 使嗔欲裂眦,极力加鞭捶,
> 以索絷其足,以鞭楉其耳。
> 惊呼聚老稚,恳告未遽已,
> ……

使臣的专横,驿卒、站吏所受的凌辱,在这首诗中都得到了反映。14世纪上半期高丽著名诗人李齐贤在中国访问期间,就曾目睹番僧挞杀站吏之事,蕃僧逍遥法外,站吏的"妻子相看空雪泣"④。同一时期高丽的汉语教科书《朴通事》中,有一段关于驿站的记载,叙述使臣到站,先索要分例饮食,后要好马乘骑,站里管事人员没有满足他的要求,便发话道:"拿将管

---

① 《元典章》卷三六《兵部三·铺马·贴马在家喂养》。
② 《成宪纲要·驿站》"拘收冗滥执把",见《永乐大典》卷一九四二五。
③ 王沂:《草凉楼驿》,《伊滨集》卷二。
④ [朝鲜]李齐贤:《新安站有蕃僧挞杀站吏》,《益斋集》卷二。

马的来吊着，将棍来打。这贼弟子孩儿，你听我说与你：这使臣是使长耳目一般的使臣，你不见这金字圆牌，一日九站十站家行，你怎么不肯将头马来！这厮们打的轻，他不睬，好生打。"① 这段记载与王沂的诗篇所述可以说完全相同，说明这类事情在当时是非常普遍的，以至于外国的汉语教科书中也有所反映。元朝的官方文书中也说："外处差出去的使臣每，打拷站赤，取要钱物，多要铺马。"② 其他记载也提到，福建"驿传尤苦使者暴横，食餍犹榜吏，必惬所需乃去"③。站吏如此，站户可想而知。任意拷打是加在站户身上的严重政治压迫，也加速了这些人经济上的破产。

站户是从民户中签发来的，也和民户一样，有富有贫。富有的站户总是想方设法逃避站役，他们常用的逃役办法是：（1）投奔各投下、官僚或寺观，以求影蔽。元成宗大德元年（1297），桓州、昌平等站上报说："各站额设车（马）正贴人户，有近上富实有丁力站户，避重逐轻，或弟或兄，擅自将本户分房家口，一面呈献诸王位下隐占，或投充人匠、校尉等户，不肯当站，止靠见役人户应当。"④ 便是一例。又如杭州仁和县土豪沈杨善原是马站户，后来"簪戴道冠，求充崇德州道判"，于是便不当站役。⑤ 元朝政府的一件文书中说："如今有气力的站户出去了呵，站赤倒断了的般有"；"有气力的站户不交出去"，"只教当站"⑥。所谓"有气力的站户"即富有的站户，"出去"即指他们投奔各处，逃避站役。可见这种情况是很多的。（2）与站官勾结，将自己应当的站役转加到其他站户头上。例如，元成宗时，四川驿站的"站官弄权，将富势之家马匹，作弊歇闲，其贫弱者连日差遣，以致死损马匹，消乏站户"⑦。元武宗时，兵部的一件文书中也说："站官克剥站户，将富户取受脱放，及将马匹靠损。"⑧ 前一种是"富者出籍"，其结果是"贫者充役"⑨；后一种是富者作弊，其结果也是贫者充役。总之，站役的重

---

① 《朴通事谚解》卷中。按，元朝政府规定，"缓慢公事"每日只许行三站，以免站马当役过度。此人持有金字圆牌，故一天得行九站、十站，而且要各站提供头马。
② 《元典章》卷三六《兵部三·站赤·拯治站赤》。
③ 贡师泰：《福建都元帅府奏差潘积中墓志铭》，《玩斋集》卷一○。
④ 《元典章》卷三六《兵部三·站户·站户别投户事》。参见《经世大典·站赤》"大德元年七月"条（《永乐大典》卷一九四一九）。
⑤ 《元典章》卷三六《兵部三·站户·站户簪戴避役》。
⑥ 《元典章》卷三六《兵部三·站户·元签站户不替》。
⑦ 《元典章》卷三六《兵部三·给驿·起马置历挨次》。
⑧ 《成宪纲要·驿站》"禁革站官人等"，见《永乐大典》卷一九四二五。
⑨ 《经世大典·站赤》"至元十六年五月二十日"条，见《永乐大典》卷一九四一七。

担主要落在贫困的站户身上，富有的站户并不在其列。对于包括站户在内的元朝诸色户计，都应作阶级分析，不能把它们视为一体来论述其政治、经济地位。封建国家所规定的只是诸色户计的封建义务，而诸色户计内部的不同阶级所承担封建义务的情况是有很大差别的。

驿站的官吏地位很低，提领不过九品，所以常受来往使臣、西僧的欺凌。但是，对于站户来说，他们则是封建权力的代表。元朝政府通过他们来管理站户。和元朝政府其他部门的官吏一样，他们也是千方百计对一般站户进行剥削和压迫。上面所说和富有站户相勾结，把站役都加在贫户身上，便是常见的一种手段。还有一种比较流行的手段是"结揽"。所谓"结揽"原意是指某些人替部分民户包纳赋税，从中渔利，这些人就叫作揽户。站官"结揽"则是他们依仗权势，勒令站户出免役钱，由他们"转雇诸人替当"站役，有的则转雇马、牛应当。免役钱实际上比站户当站的费用还要高得多，"所以站户贫难，典卖田宅在逃，无可申诉"。镇江有部分站户在扬州等地驿站当役，扬州等地官府不令他们应役，却"往往差人追补马匹及草料鞍辔什物等钱，带领站官人等，于站户处恣意索觅。征到钱钞，自行收买不堪马匹，不久倒死，复来价买，所食草料，尽为己有"①。官府收钱，收买马匹等物当役，这也是"结揽"之法。"结揽"的弊端很多，既给站户带来很大痛苦，同时也影响驿站的顺利运行。因此，元朝政府多次下令禁止结揽，要求站户正身应役，说明这种情况是相当普遍的。总之，站官"因事作弊，妄行科敛钱物，百般骚扰"，给一般站户带来很大的痛苦。②

政府的给驿泛滥，再加上来往使臣、番僧的暴虐，富户的逃役，站官的压榨，使得大多数站户日益困苦，有的卖妻鬻子，有的流移逃亡。元代中期诗人马祖常在《养马户》一诗中，叙述一家站户，"前年夫死役"，"田屋尽质鬻"；剩下寡妇也被迫养马应役，"远适雕窝谷"（雕窝，上都附近站名）。因站马倒死，站吏"鞭挞寡妇哭"。诗人许有壬在同样标题的一首诗中也描述了站户的悲惨境遇。③ 各族站户破产流亡的记载，可以说是触目皆是，与有元一代相终始。也有一些站户，对于封建压迫十分愤恨，自发地进行了斗争。元代中期，"有中使代祀秦蜀山川，道出延安驿，以马不善驰，命从者

---

① 《至顺镇江志》卷一三《驿传》。
② 《元典章》卷三六《兵部三·站赤·立站赤条画》。
③ 许有壬：《养驴》，《石田文集》卷一。

以革带系馆人耳，悬于柱端，挞之流血。馆人憾之，俟中使还宿驿中，夜入扼其吭以死"①。这虽是一个站户的反抗举动，但使臣的暴虐行为，站户的强烈不满情绪，都可以从中看出来。

多数站户的破产流亡以及他们的反抗，必然使驿站制度趋于废弛，这对元朝政府来说是很不利的。"若不整治，恐遇军情急事迟误，关系非轻"②。于是，便陆续采取了许多"拯治站赤"的措施，主要有如下几个方面：（1）对贫困的站户进行救济，发给钱钞或牲畜。（2）颁布命令，禁止使臣、番僧拷打站官、站户，如皇庆二年（1313）圣旨："往来使臣捶挞站赤，其民良苦。中书其移文整治，毋令站赤被害。"③（3）改变给驿办法。元成宗大德二年（1298）、九年（1305），均曾下令拘收诸王的铺马令旨。④后来又进一步将大多数衙门的"应有铺马圣旨，尽数拘收，果有公事给驿，移文省部应付。不经省部者不得给"⑤。给驿的权力不久又转到通政院。⑥（4）核实签补站户。站户因各种原因不断死亡流移，为数甚多，无法应役，元朝政府便进行核实和签补。所谓核实便是清查原有的站户，凡是逃役者"重挞之，回与站赤"⑦。有的地方官"核实驿户，得富实者若干，皆奸民久避役者，即日趋事。贫穷者悉听免归，而驿传始不乏矣"⑧。签补就是从民户中签发一部分来补充站户之不足。元世祖时已有签补之事。到元成宗时，签补更为普遍。成宗大德三年（1299）皇帝圣旨，江南各省站户"委有消乏逃亡人户"，经有关官府"保勘体复明白"，"随即于相应户内签补"⑨。这一套程序后来就成为固定的制度。至大三年（1310），山东高唐州"签人户吕忠充榆林马站户，抵替贫难赵松户役；签华秀充失八儿秃牛站户，补代逃亡冯进当站"⑩。一补贫难，一补逃亡，就是签补的例子。

但是，这些措施所起的作用是很有限的。元朝政府与广大站户的关系是

---

① 苏天爵：《奉天路总管韩公神道碑》，《滋溪文稿》卷一二。
② 《经世大典·站赤》"天历三年二月"条，见《永乐大典》卷一九四二〇。
③ 《经世大典·站赤》"皇庆二年正月十五日"条，见《永乐大典》卷一九四二〇。
④ 《经世大典·站赤》"大德二年二月"条，见《永乐大典》卷一九四一九。同上书，"大德九年十一月十五日"条，见《永乐大典》卷一九四二〇。
⑤ 《经世大典·站赤》"泰定二年六月"条，见《永乐大典》卷一九四二一。
⑥ 《经世大典·站赤》"天历三年三月九日"条，见《永乐大典》卷一九四二一。
⑦ 《经世大典·站赤》"大德元年七月二十二日"条，见《永乐大典》卷一九四一九。
⑧ 苏天爵：《河南府总管韩公神道碑》，《滋溪文稿》卷一七。
⑨ 《元典章》卷三六《兵部三·站户·体覆消乏站户》。
⑩ 《经世大典·站赤》"至大四年六月"条，见《永乐大典》卷一九四二〇。

封建的统治与被统治关系，必然带来剥削与压迫；随着元朝政府的日益腐朽，对包括站户在内的诸色户计中的广大劳动人民的剥削和压迫愈来愈厉害，这是必然的趋势，不是任何措施所能改变得了的。何况，这些措施都要通过各级官吏去执行，不是草草了事，就是乘机营私舞弊。对站户的救济不过是杯水车薪，而且很大一部分被官吏所中饱。禁止使臣拷打站官、站户的命令根本不起作用，实际上也没有对此采取任何有力的措施。关于给驿虽然有明文规定加以限制，但事实则是"虽有旧章，多不遵守"；直到元朝末年，依然是"给驿泛滥，以致站户屡签屡亡"[①]。签补站户也是一样，弊端甚多，"及至（站户）陈告到官，各处亲管州县官司以保勘不完为由，故行迁调往复，动经数年，不能随即补替，致使站户愈加靠损，其中质男鬻女应役者有之，抛家弃业逃亡者有之"。有的地方官府"并将贫下小户，虚捏事产，妄作富实人户签充"[②]。这是至正十二年（1352）二月御史台的文书中所叙述的情况，当时全国规模的农民战争已经爆发。可见元朝政府"拯治站赤"的措施并未收效。元朝灭亡的原因之一是政府机构的腐败和各种制度的废弛，从而加剧了阶级矛盾的尖锐化程度，驿站即是其中的一个方面。

（原载《元史论丛》第2辑，中华书局1983年版）

[①] 《宪台通纪续集·作新风宪制》，见《永乐大典》卷二〇六九。
[②] 《南台备要·签补站户》，见《永乐大典》卷二六一一。

蒙古灭金的三峰山战役

公元1232年，蒙古军与金朝的军队在钧州（今河南禹县）三峰山遭遇。蒙古军以寡敌众，全歼金军，创造了军事史上的奇迹。三峰山之战对当时的政治局势有极大的影响，它标志着金朝的灭亡已成定局。对于这样一次具有重大意义的战役，还缺乏专门的研究。本文拟对这一战役的背景、经过和影响做简要的说明，以期引起进一步的讨论。

一

13世纪初，北方草原上出现了以成吉思汗为首的蒙古政权。统治我国北方已近一个世纪的金朝，很快便遭到蒙古军队的攻击。在1211—1214年之间，蒙古军突破金朝设置的界壕，大举进攻。河北、山东的大部分地区都为他们所攻取，只有十来个孤立的城市仍在金朝手里。面对着这样危险的局势，金朝统治者被迫求和。蒙古军在抢劫和勒索了大量财物和人口之后，退回塞外。这是蒙金战争的第一阶段。

由于害怕蒙古军再度进攻，金朝政府匆忙将首都从中都（今北京）迁到南京（今河南开封）。蒙古统治者认为金朝迁都是对议和没有诚意的表现，于是很快又发动了进攻。1215年，蒙古军占领了中都。接着，山西、河北的大部分地区或为蒙古军所攻取，或为依附于蒙古政权的汉人军阀所割据。金朝在黄河以北只剩下平阳（今山西临汾）、河中（今山西永济）等少数据点，黄河成了双方对峙的主要分界线。金军的主力，就屯驻在黄河、潼关一线。

从1215年到1224年间，成吉思汗把注意力转向西方，亲自率领大军西征，与金朝作战交给大将木华黎负责。上述山西、河北地区的经略，主要便是由木华黎指挥的。1224年，蒙古军主力东归。成吉思汗重新部署了作战方针，把重点由东线（河北、山西）转移到西线，先攻西夏，再以西夏为通道，进占关中，由侧面迂回。1226年，成吉思汗亲自率军进攻西夏。1227年，西夏灭亡，成吉思汗同时死去。在临死以前，他就对金作战的方针作了明确的指示："金精兵在潼关，南据连山，北限大河，难以遽破。若假道于宋，宋、金世仇，必能许我，则下兵唐、邓，直捣大梁。金急，必征兵潼关。然以数万之众，千里赴援，人马疲弊，虽至，弗能战，破之必矣。"① 后来军事形势的发展，确实没有超出这位杰出军事家的预计。

成吉思汗之死暂时中断了蒙古政权的军事活动，也结束了蒙金战争的第二阶段。在1229年春天召开的忽里勒台大会上，蒙古贵族与高级将领们根据成吉思汗的遗愿，拥戴其第三子窝阔台继承汗位。在按照蒙古传统习惯举行庆贺典礼之后，窝阔台汗"开始治理国家，安排朝政"。最主要的内容便是"派军征讨世界各地"。其中他本人"决定亲征契丹（指金国），由他的兄弟随同"。这位兄弟就是成吉思汗的第四子拖雷。② 这次忽里勒台大会宣告了窝阔台汗统治的开始，也标志着蒙金战争第三阶段的开始。第三阶段是蒙金战争的最后阶段。

1230年阴历7月，窝阔台汗亲自领军出征，拖雷等从行，河北、山西等地的汉族军阀也纷纷率军前来从征。这次军事行动的目标是军事重镇凤翔（今陕西凤翔）。1222年，木华黎曾会合西夏军队合围凤翔，月余不下，撤围而去。木华黎因此愤悒而死。③ 这次窝阔台汗亲自督军围攻，声势与前大不相同。金朝得到消息后，便命令驻守在潼关附近的主力军队出关应援，以解凤翔之围。但是金军主将完颜合达和移刺蒲阿"见北兵势大，皆有惧心"，"怯不敢动"。在朝廷一再催迫下，白天出关二十里，晚上便收兵入关。④ 凤翔得不到支援，在1231年4月间失守。⑤ 完颜合达和移刺蒲阿随即将京兆（今陕西西安）的居民迁到河南，不久便放弃了这座重要城市。潼关以西，除了少数据点之外，已是蒙古人的势力范围了。

蒙古军占领凤翔，也就打开了通往四川的道路。凤翔以南的大散关，就

---

① 《元史》卷一《太祖纪》。
② [波斯]志费尼：《世界征服者史》上册，第220页。
③ 《元史》卷一一九《木华黎传》。
④ 《金史》卷一一四《白华传》。
⑤ 《金史》卷一七《哀宗纪上》。按，《元史》卷二《太宗纪》以此为二月间事。

是原来金、宋的分界线。在进攻凤翔以前，窝阔台汗与蒙古宗王、贵族已根据成吉思汗的临终嘱咐，经过周密的策划，确定了三路进军的策略。中军由窝阔台汗亲自率领，先取黄河以北金军最重要的据点河中，然后突破黄河，指向洛阳。左路由成吉思汗妻弟斡陈那颜为统帅，由山东向西挺进。左路军主要由山东、河北一带汉族军阀的队伍组成，一起牵制金朝兵力的作用。右路军由拖雷率领，由凤翔渡渭水南下，过宝鸡，进入汉中，涉宋人之境，迂回到金朝的后方。约定在下一年春天，在汴京（即南京，今河南开封）会合。① 蒙古的军事行动，"指期约日，万里不忒，得兵家之诡道"，后来这一计划果然如期实现。②

拖雷率领的右路军是这次战役的主力。据金朝在这一年九月得到的情报，拖雷"所领军马四万，行营军一万"。金朝将领分析蒙古军情况时认为，"睿宗所领兵骑虽多，计皆冗杂。大兵军少而精，无非选锋"③。"睿宗""大兵"一类名词，都是元代修《金史》时修改的。"睿宗"即拖雷，"行营""大兵"均指窝阔台汗亲自指挥的中路军。由此可知右路军有四万人。所谓"冗杂"应指右路军中成分比较复杂，既有蒙古军，又有大量汉军。见于各种记载的右路军中蒙古军重要将领有失吉忽都忽、朵豁勒忽、野里知吉歹、夔曲涅、速不台、失剌斡忽勒、脱不合和按竺迩等。失吉忽都忽是成吉思汗的义弟，封右翼千户，曾从成吉思汗西征。波斯史家拉施特的《史集》，说他在拖雷指挥之下作战。④《元史·拖雷传》中提到的"忽都忽"，应即此人。朵豁勒忽也见于《史集》所载，并说他是成吉思汗亲信"四杰"之一博尔术（字斡儿赤）的弟弟，其他记载则说他是忙兀部人，早年追随成吉思汗，立有战功。成吉思汗即位后封为左翼千户。⑤ 野里知吉歹在入金境后指挥右路军的后军，见《元史·拖雷传》。有的记载中提到右路军"主将按只觯"，与野里知吉歹为一人。⑥ 他是成吉思汗兄弟哈赤温之子。他和成吉思汗的其他亲属一样，不在左右万户统率之下。成吉思汗分封给他三千军队。⑦ 这时也追随拖雷出征。夔曲涅一名，也见《元史·拖雷传》。《元史》另一

---

① 《元史》卷一一五《睿宗传》。《金史》卷一一一《完颜讹可传》。
② 郝经：《东师议》，《郝文忠公文集》卷三二。
③ 《金史》卷一一四《白华传》。
④ ［波斯］拉施特：《史集》第2卷，余大钧、周建奇译，商务印书馆1985年版，第35页。
⑤ ［波斯］拉施特：《史集》第1卷第2分册，第373页。
⑥ 李庭：《田公墓志铭》，《寓庵集》卷六。
⑦ ［波斯］拉施特：《史集》第1卷第2分册，第379—380页。

处提到的"魁欲那拔都",与此应即一人。① 其生平事迹待考。蒙古兀良合部的速不台,是成吉思汗的左翼千户。在西征时,他曾奉命与只别二人转战数千里,深入斡罗思(俄罗斯)之境,威震一时。② 克烈部的失剌斡忽勒和脱不合是兄弟,均为成吉思汗的右翼千户,参与西征。此时至少有一人在拖雷麾下。③ 雍古部(即汪古部)的按竺迩,隶属于成吉思汗次子察合台麾下,也曾参与西征,又参与凤翔之役。

右路军中的重要汉军将领有郭德海、奥屯世英、薛塔剌海和贾塔剌浑、刘黑马、田雄、梁瑛等。他们来自两个方面。一类是隶属于蒙古军的汉军将领,如金朝降将郭德海,曾"从先锋柘柏(即只别)西征";右路军组成后,他"导大将魁欲那拔都,假道汉中,历荆、襄而东"④。女真人(元代将女真列于"汉人"之内)奥屯世英,投降蒙古后"以材武为成吉思汗所知",随窝阔台汗破凤翔,又随拖雷南征。⑤ 薛塔剌海和贾塔剌浑,都是炮兵(石砲)元帅,曾参与西征,这时也编入右路军中。⑥ 另一类是汉地军阀。他们割据一方,但必须向蒙古政权缴纳贡赋,并在战争时随同出征。威宁(今河北张北西)刘黑马,他的父亲刘伯林是最早投降蒙古的金军将领之一,镇守威宁一带。窝阔台汗即位时,以刘黑马为汉地三万户之首,势力强大。他从征凤翔,右路军组成后,又为先锋。⑦ 刘黑马的部属夹谷龙古带和张玮也都随右路军出征。⑧ 占有隰、吉州(今山西隰县、吉县)的田雄,当窝阔台汗即位时"升千户,充御前先锋使",从征凤翔。"驾还,诏公率兵从主将按只鲷道汉川,以取河南。"⑨ 汾州(今山西汾阳)梁瑛,在窝阔台汗即位时"特授金符、御前千户","扈从南征"。凤翔攻克后,又参加右路军南下。⑩ 绛州(今山西绛县)刘亨安,从征凤翔,又随南征。

此外,《元史·拖雷传》还提到,右路军入河南后曾"以三千骑命札剌

---

① 《元史》卷一四九《郭德海传》。
② 《元史》卷一二一《速不台传》。王恽:《兀良氏先庙碑铭》,《秋涧文集》卷五〇。
③ 姚燧:《高昌忠惠王神道碑》,《牧庵集》卷一三。
④ 《元史》卷一四九《郭德海传》。
⑤ 李庭:《奥屯公神道碑》,《寓庵集》卷七。
⑥ 《元史》卷一五一《薛塔剌海传》《贾塔剌浑传》。
⑦ 《元史》卷一四九《刘黑马传》。
⑧ 姚燧:《兴元行省夹谷公神道碑》,《牧庵集》卷一六。
⑨ 李庭:《田公墓志铭》,《寓庵集》卷六。
⑩ 张藻:《评事梁公之碑》,《山右石刻丛编》卷二四。

等率之为殿",后"以札剌失律,罢之,而以野里知给歹代焉。"这个"札剌"大概就是汉军三万户中的另一人札剌儿,又作萧札剌、石抹札剌。屠寄《蒙兀儿史记》卷五十一《札剌儿传》已持此说,并以为札剌儿即重喜。但屠氏在该传中说:"斡哥歹(即窝阔台汗)至钧州,罪札剌儿失律,斩之马前。"不知何据。重喜在钧州三峰山之战后,仍是汉地七万户之一,见《元史》卷一百四十九《刘黑马传》。

从上面所述可以看出,右路军中集中了一批蒙古重要将领,可以考定的千户已有四至五人,加上宗王野里知吉歹,还有未见于记载的,其阵营无疑是很强大的。其中特别是速不台和野里知吉歹,当时已以善于作战闻名于世,后来还担负重任。汉军也是很精干的,刘黑马统率的威宁人马,以骁勇善战著称。如果"札剌"即汉地三万户之一札剌儿,则右路军中有汉军二万户。其他汉军,也都是久经磨炼的百战精锐。特别值得指出的是,右路军中有很大一部分参加过西征,经历过长途转战的考验。其中还有西征军中前进得最远的先锋队伍(速不台、郭德海)。西征的经验,无疑对右路军的迂回作战起了有益的作用。这批西征军队,显然组成了右路军的核心。汉军军阀的军队除威宁之外,均来自山西,看来是按地区分配的。

早在围攻凤翔的时候,蒙古方面已对南宋采取行动,一面派遣速不罕为使,与南宋的四川制置司联系,要求假道借粮,一面则派遣军队进入南宋骚扰,"纵骑焚掠,出没自如"。显然,这是企图用军事的压力,来达到假道借粮的目的。当时大散关以南,都是南宋管辖的地区,驻有军队,防备金朝的入侵。面对蒙古方面的要求和骚扰,南宋的四川制置使桂如渊根本不去组织有效的抵抗,反而派官"议和,事甚秘"。并下令"诸将毋得擅出兵沮和好,且遣琅能、李大举诣凤翔虏酋所回报,而督汉中趣办牛羊酒以犒馈师"[①]。桂如渊的态度绝不是偶然的心血来潮,而是体现了南宋政府的既定方针。蒙古政权在这次军事行动以前,已与南宋政府之间有过使节往来。南宋政府企图假手蒙古,消灭自己的"世仇"金朝;而蒙古也想利用南宋牵制金朝的兵力,并为自己的活动提供方便的条件。双方已达成某种程度的协议。桂如渊在蒙古军这次行动以前,已得到南宋政府的"和约密指"[②]。他忠实地执行了政府的意旨,完全不考虑蒙古军行动所造成的破坏和因此带来的

---

① 魏了翁:《郭公墓志铭》,《鹤山先生大全文集》卷八二。
② 耶律铸:《凯歌乐词九首序》引《蜀边事略》,《双溪醉隐集》卷二。

屈辱。

南宋在西边的防务，以大散关（陕西宝鸡西南）与金为界。在大散关与四川之间，有五州、三关。三关是武休关（今陕西留坝县境内）、仙人关（今甘肃徽县东南）、七方关（今甘肃徽县与陕西略阳之间），五州是阶州（今甘肃武都）、成州（今甘肃成县）、西和州（今甘肃西和）、凤州（今陕西凤县）和天水州（今甘肃天水）。当时人说："蜀以三关为门户，五州为藩篱。"① 桂如渊在遣使犒师的同时，"悉召西和、天水并边之师，入保七方"，实际上已准备放弃三关以外的五州之地。蒙古军在攻克凤翔以后，便越过大散关，四月破凤州。天水、西和等地相继陷落。五月，蒙古军自间道越过武休关，占领了兴元（今陕西汉中）。②

蒙古军的上述活动是为大规模进军作准备。五月间，拖雷便再次以速不罕为使，"诣宋假道，且约合兵"③。四川方面的宋朝军民，饱受蒙古军的蹂躏，满怀激愤，十月间在青野原（今甘肃徽县南）杀死了速不罕。④ 拖雷便以南宋"食言背盟"为理由，"分兵攻宋诸城堡，长驱入汉中，进袭四川"⑤。蒙古军"自利（今四川广元）而阆（今四川阆中），自阆而果（今四川南充），长驱深入，若践无人之境"⑥。与此同时，又派使者向南宋四川制置司提出"假道借粮"的要求。这次的使者是李国昌和按竺迩，他们对桂如渊软硬兼施，一面强调宋金世仇，假道灭金可以洗雪国耻；一面威胁："师压君境，势不陡还，谓君不得不吾假也。"在蒙古的压力下，桂如渊完全屈服，"既输刍粮，使百人导之东适"⑦。

应该指出的是，南宋与蒙古虽然互通使节，并有某种程度的协议，但双方对和好的认识是很不一样的。对于南宋来说，与蒙古议和是一种远交近攻对付金人的策略，和好主要是指双方在反对金朝过程中的某种程度的合作。但在蒙古方面，则大不一样。蒙古人"决不同任何民族讲和，除非它们首先

---

① 《宋史》卷四四九《高稼传》。
② 魏了翁：《郭公墓志铭》，《鹤山先生大全文集》卷八二。
③ 《元史》卷一一五《睿宗传》。
④ 耶律铸：《凯歌乐词九首序》引《蜀边事略》，《双溪醉隐集》卷二。
⑤ 《元史》卷一一五《睿宗传》。
⑥ 李鸣复奏疏，见《历代名臣奏议》卷九九。
⑦ 元明善：《雍古公神道碑》，《永乐大典》卷一〇八八九。

向他们投降"①。在成吉思汗为首的蒙古统治集团看来，南宋使者前来议和，就是前来归降；而归降者在蒙古出兵征伐时，必须助粮助军，以表忠诚。1227年，蒙古军攻打西夏时，一部曾侵入南宋境内，并派遣两名金牌使者前来议和，"大书伪号于牌之上，自谓为天所赐，附以幅纸，几百有余言，狂僭异常，悖嫚无礼，大概只欲吾投拜，否则厮杀耳。彼所谓投拜即吾之所谓和也。"② 这次蒙古军到来，桂如渊虽然遣使犒师，但没有立即接受假道资粮的条件，自然要施加军事压力。杀害使者历来被蒙古人认为是最严重的挑衅，决无再妥协的余地，成吉思汗西征即以此为借口。但由于此时急于实现原定的战略意图，所以在桂如渊答应他们的条件后，蒙古军迅速南下，暂时停止了对四川的进攻。

由于桂如渊的屈辱让步，这一年的十一月，蒙古军顺利地越过了兴元以东、由南宋军队据守的险隘饶峰关（今陕西西乡县东北），来到金州（今陕西安康）。金州是个四通八达的交通枢纽，"东接襄、沔，南通巴、达，西连梁、洋，北控商、虢"③。汉水就在金州以北，可以顺流而下，直抵襄、樊。但是蒙古军没有走便捷的水路，而是由金州向东南方向挺进。占领房州（今湖北房县）。然后由房州转向东北，在均州（今湖北均县）、光化（今湖北光化）一带，有的用皮囊、有的则"乘骑浮渡"，通过汉水。④ 当时南宋在附近襄阳一带屯有重兵，他们采取观望的态度，没有任何动作。这已是十二月间的事。

与此同时，由窝阔台汗亲自指挥的中路军，对河中发起了猛烈的进攻。河中背靠关陕，南阻黄河，地势险要，金朝有人认为是"国家合基所在"。当金宣宗准备由中都迁都时，有人建议迁至河中。在平阳、太原相继失守后，河中成了金朝在黄河以北的唯一战略据点，对河南起了屏障的作用。这一次，河中保卫战继续了五个月之久，最终在十二月间为蒙古军所攻克。自

---

① ［意］加宾尼：《蒙古史》，见道森编：《出使蒙古记》，吕浦译，中国社会科学出版社1983年版，第25页。
② 李鸣复奏疏，见《历代名臣奏议》卷三三八。
③ 顾祖禹：《读史方舆纪要》卷四七《河南二·兴安州》。
④ 顾祖禹以为蒙古军"繇金州浮汉而东，战于唐、邓间"。其他一些记载也有类似说法。实误。本文所述路线见《元史·睿宗传》《元史·刘黑马传》以及《金史·完颜合达传》《金史·移剌蒲阿传》等。皮囊是蒙古军渡水常用的工具，后来征四川、征大理都用过。加宾尼的《蒙古史》中对此有详细叙述，见《出使蒙古记》，第34页。

此，"大河之险"，金军"不得专恃矣"①。蒙古军渡河，只剩下选择时间和地点的问题了。

"突骑一夜过散关，汉江便著皮船渡。襄阳有兵隔岸看，邓州无人浑不顾。"②右路军千里转战，迂回到金朝的后方。中路军攻占河中，屯兵黄河之滨。两者遥遥呼应，形成了腹背夹攻的形势。而拖雷在渡过汉水以后，立即"遣夔曲涅率千骑驰白太宗（窝阔台汗）。"窝阔台汗"即遣慰谕拖雷，亟合兵焉"③。蒙古的战略计划就要实现了。

二

蒙古军由关中迂回，这在事先并非全无迹象可寻。早在金宣宗时（1213—1223），派遣使节到蒙古，"北中大臣有以舆地图指示之曰：'商州到此中军马几何'？又指兴元云：'我不从商州，则从兴元路入汝界矣。'"④蒙古方面在对金战争的策略是经过长期周密的酝酿的。木华黎晚年亲自率军进攻关陕，说明由西侧迂回的策略已经比较成熟，准备付诸实施。成吉思汗由西征回归后，接着对西夏用兵，也是为下一步的行动作准备。他的临终嘱咐并不是偶然的。事实上，金朝的有识之士也已看到这一点，指出应注意"假道于宋，出襄、汉，入宛、叶"的问题。⑤但是，金朝统治集团昏庸腐朽，"每北兵压境，则君臣相对泣下，或殿上发长吁而已。兵退，则大张具会饮黄阁中矣"⑥。将领们拥兵自重，害怕与蒙古军作战。所以始终没有人正视这个问题、采取任何有力的措施。

1231年九月间，金朝政府已得到中路军与右路军分别行动的消息。有人建议出动驻屯在黄河的主力部队渡河到河中，与蒙古中部军作战，"如此中得利，襄、汉军马必当迟疑不进"。但是军队统帅移剌蒲阿等害怕渡河以后被蒙古军截断归路，不敢出兵，这一计划又成泡影。⑦十一月间，蒙古军越过饶峰关，由金州而东，消息传到汴京，"时日已暮，省、院官入奏"，紧急

---

① 《金史》卷一一一《完颜讹可传》。
② 郝经：《三峰山行》，《郝文忠公集》卷一一。
③ 《元史》卷一一五《睿宗传》。
④ 《金史》卷一一二《完颜合达传》。
⑤ 《金史》卷一二四《尤甲脱鲁灰传》卷一二七《杜时升传》。
⑥ 刘祁：《归潜志》卷三。
⑦ 《金史》卷一二七《杜时升传》。

商量对策。这时政府中主要有两种意见。一种主张以逸待劳，坚壁清野，据守城市及山寨，"彼深入之师，欲攻不能，欲战不得，师老食尽，不击自归矣"。另一种意见则主张征调黄河、潼关一线的主力部队南下迎战。事实上，正如有人已指出那样，蒙古铁骑一旦迂回到后方，"铁骑长驱，势如风雨，无高山大川之阻，土崩之势也"[1]。所谓"坚壁清野"，不过是像战争第一阶段那样，保住少数几个城市苟延残喘而已。而且这时的蒙古实力与以前大不相同，已经灭国数十，对于金朝是势在必得，要想苟延残喘也不易得。金哀宗必然想起了过去的历史教训，知道采取前一种意见是坐以待毙，不如迎敌决战，说不定还有侥幸取胜的机会。于是就决定立即调动大军南下，与蒙古右路军决一雌雄。

拖雷右路军越过汉水时，"兵不满四万"，其中还包括"辎重"在内。[2]据金朝方面的情报，"虽号三万，而辎重三之一焉"。实际上作战的部队不足三万人。金朝南调的大军，有二十万人左右。十一月，金军由完颜合达和移剌蒲阿率领南下。金军统帅派遣使者入宋，"以劄付下襄阳制置司，约同御北兵，且索军食"。"劄付者，指挥之别名"。宋朝制使"怒辱"使者，"且以恶语复之"[3]。当时南宋一心与蒙古和好，不会与金朝合作抵挡蒙古，这是很明显的。但是金朝统帅直到此时尚寄希望于南宋，而且采取傲慢的态度，可见昧于形势到了何等程度。

十二月初一，金军到达邓州（州治穰城，今河南邓州市），屯于顺阳（穰城县所辖镇，今淅川县南）。十二月十七日（戊辰），蒙古军开始渡汉水。金军方面得消息，高级将领会商作战计划，"谓由光化截江战为便，放之渡而战为便？"有人主张："截江为便，纵之渡，我腹空虚，能不为所溃乎？"金军以逸待劳，乘蒙古军半渡时进行袭击，这应该说是比较有利的作战方案，但却遭到了移剌蒲阿的否定。金军屯驻在顺阳二十日左右，无所动作，待到蒙古军快要全部渡完时，才连夜进军，在邓州西南六十里的禹山，"分据地势，步迎于山前，骑屯于山后"，等待蒙古军的到来。十二月二十三

---

[1] 《金史》卷一七《哀宗纪上》，卷一一三《赤盏合喜传》。
[2] 《金史》卷一一二《移剌蒲阿传》。
[3] 《金史》卷一一二《完颜合达传》。

日，①"日未出，北兵至"，经过一番观察之后，他们没有正面与金军交锋，而是"散如雁翅，转山麓，出骑兵之后，分三队而进"，从不同方向，发动几次冲击。金军阵营一度动摇，但很快稳住了阵脚。蒙古军几次冲击无效，便向来路退去。金军中有的将领建议"乘其却退当拥之"。移剌蒲阿认为："彼入重地，将安归乎，何以速为？"没有跟踪追击。

据南宋使臣报道，蒙古军"破敌则登高眺远，先相地势，察敌情伪，专务乘乱。故交锋之始，每以骑队径突敌阵，一冲才动，则不论众寡，长驱直入，敌虽十万，亦不能支。不动则前队横过，次队再撞，再不能入，则后队如之"。总之，用一切方法使对方的阵脚动乱，然后乘虚而入。② 访问过蒙古的教皇使节对此也有类似的描写。禹山之战，蒙古军的主要方针，就是要使金军阵势发生混乱。波斯史家的记载说，拖雷曾命令失吉忽秃忽带着三百骑兵，来回驰骋，想诱使金军离开原地。但是金军毫不理睬，丝毫也没有移离原地。拖雷说："只要他们还没离开自己的原地，就不可能同他们作战。"于是改变了策略。蒙古方面的记载也说："及金人战于禹山，佯北以诱之，金人不动。"③ 各种记载的情节详略不同，亦有出入，但有一点是共同的，那就是蒙古军仍实行其一贯的作战方法，设法使金军动乱，而金军稳住阵脚，不为所动。在这种形势下，拖雷立即退去，脱离接触，不再交战。

从金军方面来看，其统帅显然对蒙古军的战术有所了解，同时又对蒙古军作战的机动能力怀有畏惧心理。因此，既不愿在它渡河时出击，又不愿在它退去时追击，坚持以固定的阵势来与之抗击，其用意无非是要确保安全，使自己立于不败之地。禹山之战中，金军人数虽多却处于守势，蒙古军人数虽少却处于攻势，两军的优劣已很明显。蒙古军虽则退去，并未受多少损失。金军统帅却"以大捷驿报，百官表贺，诸相置酒省中"，庆祝胜利。

禹山之战后第二日，蒙古军"忽不知所在，营火寂无一耗"。接连数日不见动静，金军将领不知所措。直到十二月二十八日（己卯），才发现蒙古军"在光化对岸枣林中，昼作食，夜不下马，望林中往来，不五六十步而不闻音响"。实际上，此时蒙古军的一部已"散漫而北"，抄略金军的后方。

---

① 十二月二十三（癸酉）战于禹山，见《金史·移剌蒲阿传》。一说发生于"丙子"（二十五日），见《金史·完颜合达传》《元史·睿宗传》。《金史·移剌蒲阿传》记载三峰山之战前后较详，故从之。

② 彭大雅、徐霆：《黑鞑事略》。

③ [波斯] 拉施特：《史集》第2卷，第35—36页。

此时金军近二十万人屯驻禹山已近十日，粮饷不继，到二十九日（庚辰）便回军"入邓就粮"。次年（蒙古窝阔台汗四年，1232年）正月初二，金军已发现蒙古游骑抄掠后方，"惧其乘虚袭京城"，便全军北撤，这时尚有骑兵二万，步兵十三万。

金军北撤过程中，蒙古军三千骑兵紧紧追随，但又避免交锋。一路所经州县，都为蒙古游骑所破，"所有积聚焚毁无余"。金军"由邓而东无所仰给"，行动迟缓，直到十二日（癸巳）才抵达钧州（今河南禹县）附近的沙河（即颍水①）。蒙古骑兵五千已在河北列阵以待。金军夺桥纵击，蒙古军并不迎战，敛军避去，而当金军欲扎营时，又来袭击。如此反复，使金军"不能得食，又不得休息。"从这一天黄昏时开始下雨，第二天变成雪。蒙古军的数量不断增加，金军且战且行，到达离钧州还有二十五里的黄榆店，雨雪大作，无法前进，驻营三日（十二、十三、十四）。

十五日（丙申），金哀宗遣近侍到军中传旨，要金军全部立即撤回京师，因为发现蒙古中路军已突破黄河南下。原来，防守黄河的金军主力南调后，河防空虚。黄河中段在白坡（洛阳东四十里）的一段"有石底，岁旱水不能寻丈"，北宋末金军即由此渡河，进攻汴梁。这时蒙古中路军在窝阔台汗亲自率领下也从这里顺利渡过了黄河，时间是正月初七（戊子）。接着在十三日（甲午）克郑州。② 这个消息使得金军统帅十分惊慌，立即拔营撤退。但是这时蒙古右路军的兵力已经集中，中路军也已陆续赶到，摆开了决战的阵势。他们不再采用尾随骚扰的办法，而是正面拦截，阻止金军撤回汴京。

拖雷率领的右路军共三万人左右，中路军前来增援的，是以亲王口温不花为首的万余骑，③ 总数不到五万人。与之比较，金军在数量上仍占绝对优势。但是，金军南调北撤，长途跋涉，疲惫不堪，已经造成战斗力的急剧下降。再加上南北防线均被突破，统帅丧失信心，士兵更无斗志，完全处于被动挨打的局面。蒙古军的拦截，迫使金军在钧州西南二十里的三峰山布列阵势，与蒙古军对峙。这一天"雪大作，白雾蔽空。人不相睹"。"金军僵冻无人色，几不能军。"而来自北方的蒙古军则习惯于在寒冷的天

---

① 《读史方舆纪要》卷四七《河南二·钧州》云："颍水在州北二里，……东入许州界，或谓之沙河。蒙古人败金人于沙河，即州西之颍水也。"
② 《金史》卷一一一《乌林答胡土传》。《元史》卷二《太宗纪》。
③ 《元史》卷一一五《睿宗传》。

气作战，"战宜极寒，无雪则磨石而祷天"①。他们的人马都有充分的御寒装备。因而在几天大雪以后，蒙古军"安然无恙，寒冷对他们和牲畜没有造成丝毫损伤"②。在这样形势下，力量的对比已经明显地有利于蒙古军。这时拖雷下令放开通往钩州的道路，让金军逃走。饥寒交迫的十余万金军，完全丧失了战斗意志，争先恐后逃命。拖雷纵军追击，"追奔数十里，流血被道，资仗委积"，彻底消灭了这支庞大的军队。③ 金军崩溃的时间是正月十六日。④

13世纪中叶访问过蒙古的西方传教士叙述蒙古军的作战方式时说："如果偶然遇到敌人战斗得很好时，鞑靼人就放开一条路，让他们逃走；然后当敌人开始逃走，并且互相分隔开来时，就立即攻击他们，这样，敌人在逃走中被屠杀的人，远比在交战中被杀的人为多。"⑤ 南宋方面的记载说："其胜则尾敌袭杀，不容逋逸。"⑥ 三峰山之战中，蒙古军就是这样做的。

三

对于金朝来说，"天下劲兵皆为二帅（完颜合达、移剌蒲阿）所统，倚以决存亡"⑦。三峰山败后，"自是金不能兵矣"⑧。接下去便是汴京被围，哀宗出走归德，后入蔡州（今河南汝南）。蒙古窝阔台汗六年（1234）正月，蔡州破，金亡。事实上，三峰山战后，金朝不过是苟延岁月而已，灭亡是不可避免的了。

三峰山之战，蒙古军以少胜多，创造了军事史上的奇迹。当代的中外记载和后代的许多史籍，往往强调"天助"，给这一战役涂上了神秘的色彩。波斯史家志费尼的《世界征服者史》和拉施特的《史集》中都讲述说

---

① 彭大雅、徐霆：《黑鞑事略》。
② ［波斯］拉施特：《史集》第2卷，第37页。
③ 关于三峰山之战经过的叙述，除注明出处外，据《金史·完颜合达传》和《金史·移剌蒲阿传》。
④ 《金史》卷一一二《完颜合达传》。《元史》卷二《太宗纪》。
⑤ 《出使蒙古记》中译本第35页。
⑥ 彭大雅、徐霆：《黑鞑事略》。
⑦ 《归潜志》卷一一。
⑧ 王恽：《兀良氏先庙碑铭》，《秋涧文集》卷五〇。

拖雷令人施展法术，得到三天三夜的大雨雪，使蒙古军取得了胜利。① 其实，蒙古军的胜利，有其必然性，也有偶然的因素。从整个战役过程来看，蒙古军始终掌握着主动权，而金军则一直处于被动的境地。蒙古军始则转战千里，迂回后方，迫使防守黄河的金军南移；继则散漫而北，深入腹地，又使金军不得不后撤；最后两路军会合，利用有利的气候条件，驱使金军逃跑，在追击中加以消灭。"一切战争的敌我双方，都力争在战场、战地、战区以至整个战争中的主动权，这种主动权即是军队的自由权。军队失掉了主动权，被逼处于被动地位，这个军队就不自由，就有被消灭或被打败的危险。"② 在整个战斗过程中，金军一直被动挨打，而且从来没有采取任何积极的行动，来改变这种局面。当蒙古军渡汉水时，以及禹山之战后，金军都有机会主动出击，但却没有加以利用。由此可见，金军的失败是必然的。

天降大雪，气候严寒，是个偶然的因素。这个因素加速了金军的失败。没有这场大雪，金军的失败不会那样快，那样悲惨，也许能保存较多的实力，延缓金朝的灭亡。但是，第一，这个偶然因素之所以起作用，是因为蒙古军方面已经占有明显的优势。其次，大雪带来的寒冷，对于双方是一样的。但是蒙古军能经受寒冷，并利用它来战胜对手，金军则在寒冷面前崩溃，这是双方军队不同的素质决定的。双方对寒冷气候的不同反应，同样是有其必然性的。

蒙古右路军转战千里，孤军深入，"犯兵家之所忌"，但却取得了成功。这并不是偶然的行动。"朔方善为斡腹兵"③，长途奔袭，迂回包抄，是蒙古军经常使用的战术之一。在对金作战第一阶段时，攻居庸关不得入，由小路迂回，突破了天险。对宋作战时，以偏军深入云南大理，从侧面迂回，形成对南宋夹击的形势。在西征时，也曾使用过这样的战术。蒙古骑兵的机动性和坚韧性，以及就地补充给养的作风，为长途迂回提供了可能。但更重要的是，迂回作战从来都是蒙古军整个作战计划的一个有机组成部分。从不同方面同时发动攻势，互相配合，使对方顾此失彼，疲于

---

① ［波斯］志费尼：《世界征服者史》上册，第227—228页。这种法术的具体内容是对着鲊答（鲊答，一种动物的胆结石）念咒语，便可致风雪。参见《史集》第1卷第2分册第165页，关于成吉思汗与乃蛮人战斗中乃蛮人使用巫法的叙述。

② 毛泽东：《抗日游击战争的战略问题》，《毛泽东选集》，人民出版社1966年版，第401页。

③ 郝经：《三峰山行》，《郝文忠公集》卷一一。

奔命，是迂回作战得以实现的前提条件。当然，就三峰山之战而言，还有一个重要因素，那便是蒙古军充分利用了南宋与金朝的矛盾，从而使自己的迂回计划顺利地完成。

（原载《文史哲》1981年第3期，收入本集时作了较大修改。）

早期宋蒙关系和"端平入洛"之役

南宋与蒙古发生接触，始于嘉定七年（1214），到元灭南宋（1279）为止，宋蒙（元）关系继续了六十余年。在整个13世纪，两者的关系是其政治生活中最重要的事件，对于当时社会生活的各个方面都发生深刻的影响。

大体说来，从开始发生接触到端平元年（1234），是宋蒙（元）关系的初期阶段。这一阶段双方表面上保持着"和好"的关系，实际上南宋利用蒙古来牵制金朝，减轻自己的压力，蒙古则企图以此使南宋"投拜"。嘉定六年（1213）冬到端平元年初宋蒙合军破蔡灭金，是双方"和好"关系的顶点。紧接着南宋发起的"端平入洛"之役，标志着宋蒙（元）关系的恶化，进入到一个新的阶段。这一段历史过去没有得到充分的研究，各种记载由于执笔者立场不同，往往互相矛盾。本文拟就有关的历史史实进行综合叙述，并对其中一些问题加以必要的考辨。

一

12世纪上半期，女真崛起于东北，建立金朝，与北宋联合灭辽。接着，金兵南下，灭北宋。宋康王赵构南逃，在江南立国，是为南宋。赵构向金朝屈辱称臣，得以苟且偷安。继位的孝宗赵昚积极主张抗战，但因内部军政腐败，加上用人不当，军事上接连失利，被迫言和。此后，对金和、战问题，在南宋政府中一直存在着激烈的争论。王夫之说："宋自南渡以后，所争者和与战耳。"[①] 事实确是如此。

12世纪末，蒙古草原上弘吉剌、塔塔儿诸部逐渐强盛起来。他们对金朝

---

① 《宋论》卷一三《宁宗王》。

的暴虐统治极为不满，不断进行反抗，金朝不得不连年派出军队，对草原诸部进行镇压。有关草原诸部与金朝发生冲突的消息通过各种渠道辗转传到了南方。从现有的记载来看，至迟在庆元元年（1195），南宋政府已经知道"近来金虏被鞑靼侵扰"，只是"传闻不一"。南宋政府对于这种情况当然是感到高兴的，赶紧下令内外诸军主帅整顿军备。① 自此以后，南宋出使金朝的使臣、守边的将领，不断传来消息，"皆谓金、鞑相持，遗黎内附，若乘机进取，可以尽复故疆"②。由韩侂胄主持的开禧北伐（1205—1207），正是在这种形势估计的背景下发动的。但是，直到1206年，蒙古草原诸部才统一于成吉思汗的旗帜之下，又经过了几年的准备，蒙古政权才能大举向金朝进攻。开禧北伐前后，金朝虽已感到来自草原的威胁，但还没有达到必须全力以赴加以对付的地步。南宋军队一出动，金朝便集中主力加以反击，宋军接连败退，韩侂胄也因此送命。开禧北伐的失败，除了政治的军事的原因之外，对于"金鞑"之间关系的错误估计，是一个很重要的因素。韩侂胄想以"开边"来巩固自己的权位，对于那些如实反映的情况根本听不进去，凡是奏报"虏人困于鞑靼，而有危亡之形"的人，他立刻加以重用，于是便有人故意编造或夸大事实，来迎合他的需要。③ 但是，应该指出的是，金朝后来急于结束这一场战争，同意与南宋议和，其原因之一，确是"内困鞑靼"，"势不能久"④。无论如何，值得重视的是，尽管鞑靼（蒙古）没有直接参与宋金之间的角逐，但是它已成为双方在决策时所必须加以考虑的一个政治因素了。

　　1206年，成吉思汗统一蒙古草原各部，建立大蒙古国，很快便发起了对金的战争。在此以前，与金朝交锋的是分散的草原诸部，现在金朝面对的是统一的草原游牧政权。过去那些分散的部落已使金朝军队疲于奔命，现在这支由杰出统帅指挥的劲旅更使金军望风奔溃。嘉定四年（1211）六月，南宋派余嵘充金国贺生辰使。在抵达涿州定兴县时，"铃声迅急，驿马交驰，溃

---

① 《宋会要辑稿》，兵二九之四六。一般论述宋蒙关系者，都以1211年余嵘出使金朝得知燕京被围为起点，这是不符合事实的。应该指出的是，这时所谓鞑靼，是对草原蒙古诸部的泛称。
② 魏了翁：《应诏封事》，《鹤山先生大全集》卷一八；《被诏除礼部尚书内引奏事第四札》，同上卷一九。
③ 魏了翁：《答馆职策一道》，《鹤山先生大全集》卷二一。罗大经：《邓友龙使虏》，《鹤林玉露》卷一四。周密：《邓友龙开边》，《齐东野语》卷一一。
④ 刘克庄：《宝谟寺丞诗境方公行状》，《后村先生大全集》卷一六六。开禧之役金人急于求和的情况，在《金史》中也有记载，见卷一〇九《许古传》。

军累累,号泣言:鞑靼到宣德县,去此只三四百里"。使节无法前进,被遣回。八月,余嵘回朝讲述了自己的见闻,指出:"今鞑靼坚锐,即女真崛起之初;而金人沮丧销懦,有旧辽灭亡之势。"① 南宋政府于是又下令"江淮、京湖、四川制置司谨边备"②。嘉定六年(1213),南宋政府先后派遣董居谊、真德秀、李皋等出使金朝,都因对方无人接待而折回,"传闻彼国见为鞑靼攻围甚急,内外使绝不通"③。蒙古攻金,使得南宋统治集团中多数人大为高兴,他们"大抵以夷狄之衰,乃中国之利"。但是也有一些头脑比较清醒的人如真德秀,既看到金朝"有必亡之势",同时也意识到此后欲求"保固江淮,闭境自守",恐不可得;"多事之端,方自此始"④。

蒙古与南宋的直接接触,始于嘉定七年(1214),这一年正月九日,蒙古使者三人渡淮而南,到南宋管辖的濠州钟离县,"出文书一囊,绢画地图一册,云是鞑靼王子成吉思遣来,纳地请兵"。当地守臣以"不奉朝旨不敢受"为理由加以拒绝。"因戒边吏,后有似此者,即驱逐去之,违者从军法。"⑤ 所谓"纳地请兵"显然是南宋边吏上报时粉饰之词。从各种情况可以推断,这三个使者的使命应是要求南宋出兵,联合攻金。他们遭到拒绝一事说明,南宋政府这时对金、蒙之争还是采取观望的态度。这一年四月,金宣宗为了逃避蒙古的攻击,迁都汴京(河南开封)。七月,金朝将迁都一事正式通知南宋政府,并要求继续交付岁币。南宋政府中为此展开了一场激烈的辩论。真德秀、刘爚等都反对交付岁币。真德秀列举上、中、下三策,上策是止绝岁币,以其颁犒诸军,激励士气;中策是"移文与议,削此年增添之数,还隆兴裁减之旧";下策是"彼求我与,一切如初"。他认为实行下策是"召侮之端,致寇之本也"⑥。刘爚不仅反对交付岁币,而且反对派遣使节,他说:"竭民膏肉以奉垂亡之虏固不可,彼方据吾故都,尚遣使以贺,可乎!""若复通女真之岁币,既失大国之体,复起取侮之端。"他主张以

---

① 刘克庄:《余尚书神道碑》,《后村先生大全集》卷一四五。
② 《两朝纲目备要》卷一三。
③ 《宋会要辑稿》兵二九之四八。
④ 真德秀:《辛未十二月上殿奏札二》,《真文忠公集》卷二。
⑤ 李心传:《建炎以来朝野杂记》乙集卷一九《鞑靼款塞》。按,《元朝秘史》续集卷一记:"在后成吉思差使臣主卜宰等通好于宋,被金家阻挡了,以此成吉思狗儿年再征金国。"狗儿年即嘉定七年。可见成吉思汗曾派遣使者与南宋通好。从《秘史》所记看来,主卜宰等出使应在狗儿年以前,但被金人阻拦未能到达,故狗儿年出征金朝时再次派出使者。
⑥ 真德秀:《直前奏事札子》,《真文忠公文集》卷三。

"盗贼未息,道路未通,幽都(指燕京)未反"为理由,"以为迁延之词",停止发送岁币。① 同时也有相反的意见,如主管淮西财赋的乔行简便认为:"强鞑渐兴,其势已足以亡金。金昔吾之仇也,今吾之蔽也,古人唇亡齿寒之辙可覆,宜姑与币,使得拒鞑。"当时执政的史弥远倾向于后一种意见,"以为行简之为虑甚深,欲予币"。但是太学生们坚决反对,"同伏丽正门,请斩行简以谢天下"②。两种意见相持不下,当权的史弥远便采取折中的办法,既向金朝派遣使节,保持联系;但又不发岁币,"诿曰漕之渠干涸",难以运送。③

金、宋本是"世仇",南宋当权者在金朝衰微危急之时仍然遣使通好,等于是给予支持,这种做法很自然引起"举国哗然,以为未便"。南宋当权者不顾公众舆论做出决定,除了上述"唇亡齿寒"的考虑外,更重要的是害怕战争。韩侂胄主持开禧北伐,遭到失败;史弥远乘机上台,改弦更张,"修讲好之说"。从此畏敌如虎,再不敢言兵,而军政废弛也就日甚一日。即使是丧败之余的金朝,也不敢与之绝交,害怕会因此"召怨而启衅"。当权者用来辩解的公开理由是:"吾军政未修,一旦绝币,兵连祸结,岂不甚于行李玉帛之费。"没有作战的准备,更没有取得胜利的信念,于是只好用敷衍拖延的办法,以观时变了。当时已有人指出,当权者的态度,不过是"借生事之戒,以盖其怯畏之心;托待时之说,以便其苟安之意"④。

但是,南宋当权者的敷衍拖延方针并未生效。嘉定十年(金兴定元年,1217)四月,就在南宋政府两次遣使之后不久,金朝出动军队在边境上发动了大规模的进攻。金朝出兵的借口是"宋岁币不至"⑤,真实意图是因为北方疆土日蹙,"而欲取偿于宋"⑥。南宋政府被迫应战,并在六月下诏伐金。诏文中说:"一朝背好,谁实为之;六月饬戎,予非得已。"强调自己是被动

---

① 刘爚:《乞绝金虏岁币札子》《奏乞措置江淮民兵》,均见《云庄文集》卷一。
② 叶绍翁:《请斩乔相》,《四朝闻见录》甲集。按《宋史》卷四一七《乔行简传》仅记其上言"金有必亡之形,中国宜静以观变。因列上备边四事"。未记"与币"之说。
③ 真德秀:《江东奏论边事状》,《真文忠公文集》卷五。此状上于嘉定九年(1216)十二月。按,《续资治通鉴》卷一六〇"嘉定七年七月庚寅"条"考异"云:"《宋史·本纪》'嘉定七年七月,以起居舍人真德秀奏,罢金国岁币',然是年十一月、八年正月即遣使,是未尝罢也。盖因德秀之言而议罢,因乔行简之言而改计耳"。此说实误。遣使与发送岁币并非一事,后来金朝进攻即以停送岁币为借口。
④ 刘克庄:《毅肃郑观文神道碑》,《后村先生大全集》卷一四七。
⑤ 《金史》卷一五《宣宗纪中》。
⑥ 《金史》卷一〇六《术虎高琪传》;卷一一〇《杨云翼传》。

应战的。①这时的金朝军队已与过去大不相同，不但与蒙古交锋每战必败，甚至不能与西夏相抗。②但是，"南渡以来"南宋统治集团"畏虏之病""深入骨髓"，过去"畏虏之新焰"，现在则"畏虏之余威"。尽管形势有利，而他们根本没有取得胜利的信心和决心，"有可强之势而自贬以趋弱，有可胜之理而预忧其必败"③。因此，双方都没有赢得军事上的优势，边境上出现了拉锯战的状态。在这种情势下，有人"献策北通鞑靼"④，南宋政府接受了这个建议，派遣苟梦玉出使蒙古。⑤当时蒙古主力西征，苟梦玉在嘉定十四年（1221）前往中亚，见到成吉思汗。同年，与蒙古使节一起回国。⑥与此同时，南宋的淮东制置使贾涉也派遣都统司计议官赵珙往河北蒙古军前议事。⑦苟梦玉在嘉定十六年（1223）曾再次出使蒙古，作有《使北录》（已佚）。五年以后，亦即绍定元年（1228），南宋四川制置使郑损和桂如渊新旧交接时，郑损曾"以时相所喻和议密指告之，且畀以朝廷所授苟梦玉《使北录》两册"⑧。可见，苟梦玉两次出使，已与蒙古政权达成了某种协议，其经过就记载在《使北录》里。现在我们已无法知道协议的具体内容，但不难推知一定是关于双方协力灭金的安排，也就是"结连夹攻之议"⑨。

蒙古成吉思汗自1219年率主力西征，对金战争由大将木华黎主持。木华黎在陆续攻取河北、山东、山西和关中的广大地区后，于1223年死去。1224年，成吉思汗班师。他并没有立即对金朝发动进攻，而是先行解决西夏，消除来自侧翼的威胁。1226年，成吉思汗率主力向西夏进攻。次年春二月，一支蒙古军以"取金、夏"为名，突入南宋管辖的"关外五州"之地，大败宋军。南宋四川制置使郑损仓皇失措，下令"弃阶、凤、成、和、天水

---

① 《宋史全文》卷三〇《宁宗》。
② 《金史》卷一一〇《杨云翼传》。
③ 刘克庄：《丁丑上制帅》，《后村大全集》卷一二八。
④ 刘克庄：《庚辰与方子默佥判》，《后村大全集》卷一二八。文中说这是"去岁"之事，则应系嘉定十二年（己卯，1219）提出。
⑤ 《元史》卷一《太祖纪》。
⑥ 耶律铸：《凯歌乐词·序》，《双溪醉隐集》卷二。
⑦ 周密：《嘉定宝玺》，《齐东野语》卷一九。赵珙回来后写有《蒙鞑备录》，是研究蒙古早期历史的珍贵资料。参看王国维《〈蒙鞑备录〉笺证》。从时间上看，赵珙很可能是伴随苟梦玉出使或是为苟出使作准备的。
⑧ 《蜀边纪略》，见耶律铸《凯歌乐词·序》中所引。
⑨ 刘克庄：《庚辰与方子默佥判》，《后村大全集》卷一二八。

五州，画守内郡"①。这一年七月，西夏亡、成吉思汗病死，这支蒙古军自行退走。

既然苟梦玉的出使已经达成某种协议，那么，为什么蒙古军还要骚扰南宋边境呢？这是因为，蒙古贵族所理解的"和好"，就是"投拜"。"吾以讲好为和，彼则以投拜为和，金非不通好也，通好而不投拜，其祸卒不可解，于他国亦然"。蒙古军在五州地区活动期间，曾遣两名佩带金牌的使者"一至西和州，一至秦家坝"，"大书伪号于牌之上，自谓为天所赐，附以幅纸，几百有余言，狂僭异常，悖嫚无礼，大概只欲吾投拜，否则厮杀耳"。"总其大略，蔽以一言，盖欲臣妾我也，欲使吾国中尽行投拜也。"②南宋虽然有使节往来，但不曾"投拜"，所以便要施加军事压力。南宋权臣史弥远，原来在对金关系上是妥协派，宋金关系破裂后，他就寻求与蒙古建立联系，为此不惜做出种种让步。四川制置使郑损是史弥远的亲信，在任上曾得到史弥远"所喻和议密指"。他之所以轻易放弃关外五州之地，除了无能之外，肯定还与"和议密指"有关。蒙古用武力压南宋"投拜"，郑损隐瞒真相，居然上报"言鞑靼欲和"③。这既是为了掩饰自己的失地罪行，同时也是为了迎合南宋当权者的愿望。果然，南宋政府下达指示，"欲正其名曰通好"。"不曰讲和，而曰通好，可为名正言顺矣"。但实际上，"讲和"也好，"通好"也好，都不过是南宋当权者"婉为之词，而鞑之意则不尔也"④。将"讲和"改为"通好"，出于宋理宗之口，⑤实则反映了史弥远的思想，他们都想用好听的名词，掩盖事实真相，自欺欺人，苟安一时。

成吉思汗病死，使蒙古的军事活动暂时停顿下来。1229年，窝阔台继为蒙古大汗，决定亲自指挥大军分三路伐金。窝阔台自己领兵为中路，突破黄河南下；成吉思汗妻弟斡陈那颜为左路，从山东方面向河南进攻；皇弟拖雷

---

① 魏了翁：《虞公墓志铭》，《鹤山先生大全集》卷七六。按，南宋时代的四川，"以三关为门户，五州为藩篱"。（《宋史》卷四四九《高稼传》）三关即武休关、仙人关、七方关，五州在三关之北，包括今天甘肃南部和陕西南部的部分地区。

② 《历代名臣奏议》卷九九，李鸣复札子。同书，卷三三八，李鸣复论今日当议备边之实。按，据波斯史家记载，蒙古召谕各族归降的信件常用的措辞是："如你们不屈服，也不投降，我们怎样知道如何呢？古老的天神，他知道。"（《世界征服者史》，第29页）当时蒙古给南宋的"悖嫚无礼"的信件，显然也是这样的。

③ 刘克庄：《忠肃陈观文神道碑》，《后村先生大全集》卷一四六。

④ 《历代名臣奏议》卷九九《治道》。

⑤ "宝庆三年丁亥五月十一日辛酉，姚翀朝辞进对，次奏通好北朝事。上曰：'以我朝与北朝本无纤隙，不必言和，只云通好足矣'。"（耶律铸：《凯歌乐词·序》引《理宗日历》第百五一）。

为右路，由汉中从侧面迂回到金朝后方。1230年冬，右路蒙古军又进入五州地区，一面纵骑焚掠，一面派遣使者与南宋官员谈判。南宋四川制置使桂如渊在蒙古的武力威胁面前，根本没有组织抵抗。他一面下令"诸将毋得擅出兵沮和好"，"悉召西和、天水凡并边之师，入保七方（关）"；另一面派遣使者到凤翔会见蒙古统帅，同时还"督汉中趣办牛羊酒以犒鞑师"①。他以为，只要像郑损一样，让出五州之地，蒙古军就会停止前进。但是，事实完全否定了他的估计。蒙古军这次军事活动的目的是实现成吉思汗生前的计划，"假道"宋境，出金人以不意。所以，他们并没有以五州为满足，其一部很快便由"两当出鱼关，军沔州"。两当（今陕西两当）在仙人关之北，沔州（今陕西略阳）则在仙人关以南，三关之险已被突破。在这种形势下，蒙古又派遣大将按竺迩为使者，到兴元（今陕西南郑），对桂如渊提出"假道"的要求："师压君境，势不徒还，谓君不得不吾假也。"桂如渊再一次做出了屈辱的让步，开放武休关，派遣百人引导蒙古军主力南下，经由天险饶风关，直抵金州（今陕西安康），并为他们提供粮草。②桂如渊身为南宋的地方最高军事长官，保卫疆土本是职责所在，但他却处处"惧拂鞑意"，听任蒙古军"横行"。这是因为他和郑损一样，都是史弥远的亲信，继续按照史弥远的"和约密指"行事。后来有人指出，"桂如渊固守其（指郑损）说"，"人莫不咎如渊之暗，而不知弥远实使之"③。

右路蒙古军由金州进占房州（今湖北房县），然后由房州挥师东进，在均州（今湖北均县）、光化（今湖北）一带用皮囊渡过汉水。这一带当时都是南宋的管辖地区。1231年底，蒙古军与金军在邓州（今河南邓州市）西南遭遇。1232年春，蒙古军在钧州（今河南禹县）三峰山消灭了金军主力，继而包围汴京。同年冬，金帝弃汴京出走，先到归德，1233年五月至蔡州（今河南汝阳）。在蒙古攻金过程中，南宋一直采取观望的态度。而蒙古军在取得对金作战胜利之余，又重复过去对南宋和战并举的办法，先是"偏师由信阳直捣德安，犯黄岗"，在南宋境内"纵兵大掠，驱人民牛马，道浮光渡

---

① 魏了翁：《郭公神道碑》，《鹤山先生大全集》卷八二。
② 元明善：《雍古公神道碑》，见《永乐大典》卷一〇八八九《古》字门。请参看陈高华《说蒙古灭金的三峰山战役》，《文史哲》1981年第3期。
③ 魏了翁：《应诏封事》，《鹤山先生大全集》卷一八。

淮以北"①；接着又派遣王檝为使，到襄阳与南宋谈判，要求出兵合攻。② 襄阳是负责长江中游防务的京湖制置司所在地。1232年正月，史弥远之侄史嵩之被任命为京湖制置使，这个"乳臭小子，谬当阃寄"，显然是史弥远为了适应当时形势所做出的安排。③ 史嵩之到任后，积极贯彻史弥远的意图，与蒙古联络。王檝到来后，南宋政府决定出兵，同时派遣邹伸之等"使北朝审实"。

蒙古对金作战已经取得了决定性的胜利，蔡州的防御远不如汴京，攻克这个金朝皇帝的最后藏身的城市对他们来说不过是时间的问题，为什么还要南宋出兵合攻？这在当时已有人提出疑问。如吴潜说："其鞑能吞十分有九之金，而不能得取蕞尔一隅之蔡，至求我以共济，此可疑者一。"关于蒙古方面的意图缺乏明确的记载，可以推断不外以下两个原因：（1）为了窥探南宋的虚实，为下一步军事活动作准备。吴潜指出："又自襄阃失谋，合兵攻蔡，鞑之酋长往来无禁，吾将帅之能否，士马之多少，地里之险易，粮储之有无，与夫边备之空虚，边民之愁叹，彼无不熟知之。"④ 郑性之也有同样的看法："鞑人……顷犯襄蜀，既知我地利；后诱我夹攻，又知我无力。"⑤ （2）前面已说过，蒙古统治者心目中的"和好"与"投拜"是同义词。凡投拜者，每遇蒙古出征，都要出兵相助。⑥ 蒙古统治者要南宋出兵，其本意实际上是考验南宋是否真心投拜。但是，这次奉命出使的王檝，本是金朝统治下的汉人，他知道如果提出"投拜"要求，南宋决不会答应，于是便从中作弊，"言于北则以为降，言于南则以为和"，一面诳骗南宋出兵，另一面用以博得蒙古统治者的信任。⑦ 这种情况，南宋方面实际上也是了解的。真德

---

① 吴潜：《应诏上封事条陈国家大体治道要务凡九事》，《许国公奏议》卷一。
② 王檝使宋，据《宋史》卷四一《理宗纪》所记系于绍定五年（1232），同《续资治通鉴》卷一六六。据《元史》卷一五三《王檝传》，应为癸巳（1233）年之事。记载邹伸之等出使经过的《使燕日录》（见《湛渊静语》卷二）也说事在"绍定癸巳"。
③ 《历代名臣奏议》卷二八五，吴昌裔疏。
④ 吴潜：《应诏上封事条陈国家大体治道要务凡九事》，《许国公奏议》卷一。
⑤ 刘克庄：《毅肃郑观文神道碑》，《后村先生大全集》卷一四七。
⑥ 成吉思汗灭西夏的理由之一，就是他西征时，西夏不愿出兵相助，见《元朝秘史》续集卷一、卷二。王夫之在分析这一段历史时，已提出这一点，他说："蒙古之蹂女直也，闻之则震，当之则靡，左驰右突，无不遂之愿欲。其将渡河而殄绝之，岂待宋之夹攻而后可取必乎？然且间道命使求之宋者，其志可知矣。女直已归其股掌，而涎垂及宋，殆以是探其情实，使迟回于为诉为拒之二途，而自呈其善败。故曰宋之应此亦难矣。"见《宋论》卷一四《理宗》。
⑦ 郝经：《与宋国三省枢密院书》，《陵川文集》卷三七。郝经当时奉忽必烈之命，出使南宋，他是熟知宋蒙交往的内情的。

秀就曾当面向宋理宗报告襄阳官员提供的材料："闻房酉元不晓和字，只是要人投拜；而其臣下乃将投拜之语，改为讲和。"① 但是，南宋统治者和掌权的大臣，为了自身的政治需要，有意回避这个事实。

围绕着出师问题，南宋政府中展开了激烈的争论，"或谓金垂亡，宜报仇耻，或言鞑贪，宜防后患"②。宋理宗自己在蒙古攻金后，"屡有中原好机会之叹"；这个"平旦视朝，顷刻而罢"对"四方利病"不甚了了的统治者，"实喜""恢复之说"，想要做一番祖先没有做成的事业。③ 而一些"揣摩上意"的"边臣"，也就多方迎合理宗的意图，其中对出军助战主张最有力的便是史嵩之和他的部属孟珙。但史、孟的想法和理宗并不相同，他们主张出军为的是和蒙古和好。孟珙说："倘国家事力有余，则兵粮可勿与；其次当权以济事。不然，金灭无厌，将及我矣。"④ 南宋军事力量衰弱，无法与蒙古相抗；出兵助攻，可以讨好蒙古。否则，金朝一灭，蒙古必然移兵相攻。孟珙的这番分析得到了史嵩之的完全赞同，说明他们看法一致。可以看出，这些对金作战派同时又是对蒙和好论者，对他们来说，对金作战主要不是为了"雪耻"或"恢复"，而是为了对蒙和好的需要。他们和南宋以前历史上的主战派是有根本区别的。权臣史弥远和史嵩之的观点是一样的。⑤ 皇帝、宰相和边帅都主张出兵，反对者自然不起什么作用。嘉定六年（1213）冬，孟珙率军二万，与蒙古合兵攻蔡州。端平元年（1234）春，蔡州陷，金亡。

金亡以后，京湖制司发布平金露布，"具述得蔡之由，若尽出于我者"⑥。南宋政府为此举行盛大仪式，"备礼告于太庙"⑦。其实，被围的蔡州

---

① 真德秀：《讲筵手记》，《真文忠公文集》卷一八。
② 刘克庄：《孟少保神道碑》，《后村先生大全集》卷一四三。
③ 吴泳：《论中原机会不可易言乞内修政事札子》，《鹤林集》卷一九。
④ 刘克庄：《孟少保神道碑》，《后村先生大全集》卷一四三。按，《宋史·孟珙传》没有这一段话。孟珙一贯主张对蒙和好，魏了翁就曾指出，"孟珙亦素主和好者"。（魏了翁：《奏和不可信常为寇至之备》，《鹤山先生大全集》卷二八）。
⑤ 端平元年（1234）有人说史弥远"暮年轻信兄子，交鞑灭金，其谬甚矣。"（刘克庄：《丁给事神道碑》，《后村大全集》卷一四一）。其实"交鞑"是史弥远的一贯方针，史嵩之不过执行而已。
⑥ 真德秀：《甲午二月应诏上封事》，《真文忠公集》卷一三。这份露布的作者是孟珙的幕僚程万，见王袆《跋平金露布》，《王忠文公集》卷一三。
⑦ 《宋史》卷三二《理宗纪二》。

是个"无食无兵"的孤城，城破之时"仅存残兵数百人及伪参政一人而已"①。如此战绩，实在没有多少值得夸耀的地方。何况，即使是攻打这样一座孤城，起决定作用的仍是蒙古军。② 当时北方的文人说："蔡城一事，盖大朝（指蒙古）征伐之功。"③ 而刘克庄也曾当面对理宗说："夫以借助灭守绪（金哀宗），为战则不武。"④ 南宋政府的这番举动，真可以说是自欺欺人。

从当时形势来看，只要金朝灭亡，南宋便会面临蒙古的强大压力，这是显而易见的。南宋政府中有不少人就此提出过警告，被困在蔡州的金哀宗也曾专门派人对南宋讲过"唇亡齿寒自然之理"⑤。对南宋政府来说，比较可行的是：加强战备，固守边境，坐观成败。出兵合攻既劳民伤财，又透露自身的虚实，并使自己处于直接与蒙古对峙的状态，实是下策。但是，南宋政府却重蹈北宋政府联金灭辽的覆辙，采取了下策。

二

金朝灭亡后，蒙、宋境地相接，便出现了对峙的局面。端平元年（1234）二月，南宋政府决定派官省谒八陵（河南境内北宋诸帝陵墓）。四月，下令朝内百官"集议和战攻守事宜"，又令"在外执政从官、沿边帅府并实封以闻"⑥。显然，至迟此时，南宋当局已在考虑采取军事行动收复河南了。

宋理宗虽然昏庸无能，但却热衷于"恢复"，已见前述。权相史弥远一贯主张对蒙"和好"，但他于嘉定六年（1213）冬病死。史弥远死后，理宗开始"亲总庶政，赫然独断"，对于"恢复"中原，更加积极。继史弥远之后的当权的宰相郑清之，原是史一手提拔起来的，但他深知自己没有史弥远那样权势，必须改弦更张，于是便迎合理宗的主张，企图"邀边功"来巩固

---

① 吴潜：《应诏上封事条陈国家大体治道要务凡九事》，《许国公奏议》卷一。
② 《宋史·孟珙传》大肆宣扬宋军战功，这是元末修史者因袭刘克庄《孟少保道碑》而未加考辨所致，其实有许多情节不尽可信。例如，其中讲到宋军曾救蒙古大将张柔于危急之中，而据元好问《顺天万户张公勋德第二碑》（《遗山文集》卷二六），情况正好相反。
③ 王恽：《玉堂嘉话八》，《秋涧文集》卷一〇〇。
④ 刘克庄：《召对札子》，《后村先生大全集》卷五二。
⑤ 《金史》卷一九《哀宗纪下》。
⑥ 《宋史全文》卷三二《理宗二》。按，《宋史·理宗纪》未记此事，实是一大遗漏。《宋季三朝政要》记是年夏"诏集议和战攻守"。

自己的地位。① 当时朝内官员反对用兵者居多，沿边将帅中，京湖的史嵩之坚决反对，他表示宁可"迕旨"也不同意出兵。② 沿江制置使陈韡也持不同的意见。两淮的赵范、赵葵、全子才正好相反，他们都主张乘机进取，送呈的论奏书牍"议论蜂生，气吞四夷"，大有"图前人未集之功于指呼叱咤之间"的气概，其中赵葵尤为坚决。③ 其实就在前一年冬天，赵葵就任淮东安抚制置使时，理宗问"和好如何"？他说："且今边事未强，军政未备，只得且与之和。一年无警，则自家做两年工夫。自家根本既壮，彼或叛盟，足可御敌。"④ 现在时间不过半年，"根本"显然未壮，他就改变了主意。赵范、赵葵是兄弟，原京湖制置大使赵方之子，赵方曾抗击金兵，二赵曾在扬州击毙李全，迫使杨四娘子退回山东，为南宋政府解除心腹大患，名震一时。但是，他们此时在"边事未强，军政未备"的情况下，坚决主张用兵，一方面是出于对北方形势的错误估计（后面还要说到），另一方面则和郑清之一样，是想立开边之功，进一步提高自己的地位。既然"灭金"之功已经被京湖制司占了去，现在他们所能做的，当然只有进取中原了。

郑清之和二赵兄弟有着特殊的关系。郑清之早年曾受赵方赏识，为赵氏兄弟之师，后来联系密切。二赵主张声讨李全，史弥远是犹豫不决的，只是由于郑清之的"赞决"，才得以实现。在二赵成为边疆大帅而郑清之又掌握中枢大权之后，彼此关系更进了一层。他们都想通过立"边功"来巩固或提高自己的地位，因而内外互相呼应，"鸣剑抵掌，坐谈关河，鼻息所冲，上拂云汉"⑤。凡是反对用兵者都遭到他们的指斥，"至谓峨其冠者皆不足以商略疆事"⑥。"廷臣、边阃交进机会之说"⑦，本来就想完成祖先未竟之业的宋理宗，终于下定决心，不顾许多人反对，"违众而动"，出师中原了。

端平元年（1234）六月，南宋政府下令，以赵范、赵葵、全子才为统帅，率军"收复三京"（东京开封，西京洛阳，南京归德），并发布了"抚谕东京等处官吏遗黎"的檄文。前一次与蒙古合师围蔡的是京湖制置司所属

---

① 《宋史》卷四一四《郑清之传》。
② 《宋史》卷四〇七《杜范传》。
③ 刘克庄：《毅肃郑观文神道碑》，《后村先生大全集》卷一四七。魏了翁：《被召除礼部尚书内引奏事第四札》，《鹤山先生大全集》卷一九。
④ 《宋史全文》卷三二《理宗二》。
⑤ 刘克庄：《备对札子（其二）》，《后村先生大全集》卷五一。
⑥ 吴泳：《和战集议札子》，《鹤林集》卷二〇。
⑦ 《宋史》卷四三八《叶味道传》。

军队，这一次收复中原的则是淮西、淮东两制置司所属的军队。赵范"开阃于光、黄之间，"以张声势。全子才率领淮西军队万余人为先锋，六月上旬自合肥出发，一路"茂草长林，白骨相望"，不少县"皆残毁无居人"。宋军于六月下旬迫近开封，开封原由投降蒙古的崔立镇守，此时城内李伯渊等人得知宋军迫近，便起来杀死崔立，开门投降。① 当时城内"见兵六七百人，荆棘遗骸交午道路，止存民居千余家，故宫及相国寺、佛阁不动而已"②。

从出师到收复开封，没有发生过任何战斗，开封城中显然也没有驻屯蒙古军马。"驱数万之师，入无人之境，捷虽屡至，实未尝战也。"③ 紧接着，赵葵率淮东军五万，到开封与全子才军会合。④ 赵、全经过商议派遣前后两军西进，前军一万三千人，后军一万五千人。前军于七月二十一日出发，二十八日未经战斗进入洛阳，粮食已经不继。二十九日，后军到达洛阳东三十里，遭到事先埋伏的蒙古军袭击，几乎全军覆没。八月一日，蒙古军逼近洛阳城下，次日两军交锋，未分胜负。但宋军军食已尽，援救不来，无法坚持，只好向南突围。蒙古"纵兵尾击，死伤者十八九"⑤。其余将士"皆饥疲采野瓜柿梨枣代食"，始得生还。⑥ 后军失利的消息传到开封，"各拥数万兵"的赵葵、全子才根本没有"整队支援"，而是赶紧下令撤退，正是"一闻风声鹤唳，皆举头鼠窜矣"。而他们向南宋政府报告时，居然还大言不惭，"以折北不支为歼敌精锐，以狼狈反国为归护根本，以望风先溃为急于全师"⑦。南宋这次出征在两个月内便失败了。由于这次战争以宋军从洛阳败退告终，所以史称"端平入洛"之役。

关于"端平入洛"之役的经过，大体如上述。但是与此役有关的一些问

---

① 周密：《齐东野语》卷五《端平入洛》。刘一清：《钱塘遗事》卷二《三京之役》大体相同，但较略。
② 据《齐东野语》和《钱塘遗事》，全子才"以十二日离合肥，七月二日抵东京，距城二十里驻兵五日，整兵入城"。但据吴泳《四京守御策问》（《鹤林集》卷三三）云："乃六月丙子复宋城，丙申收汴都。"丙子是初九，丙申是二十九。则宋军应在上旬出师。宋城即归德。《金史》卷一一五《崔立传》称："三年六月甲午，传近境有宋军"，第三日（丙申）李伯渊杀崔立。所记时间与吴泳所说相符。周密自称"得之当时随军幕府日记"，刘一清所记应与之同源；吴泳则应据当时邸报，不知为何有此出入。
③ 《历代名臣奏议》卷九九《经国》，李鸣复奏疏。
④ 嘉熙四年（1240）曾对余玠进行嘉奖，"以玠昨帅舟师渡淮入河抵汴，所向有功，全师而还"。（《宋史》卷四二《理宗纪二》）则淮东之师是由水道前往的。
⑤ 《齐东野语》卷五《端平入洛》。
⑥ 陈栎：《通守陈公传》，《陈定宇先生文集》卷九。
⑦ 《历代名臣奏议》卷二四一《任将》，李鸣复奏疏。

题，很值得进行讨论。

（1）战争的起因。现在一般历史著作中，无例外地都说蒙古在约南宋出兵时，曾答应灭金后给予河南之地；金朝灭亡后蒙古背约，所以南宋要出兵争夺。这样，引起冲突的责任完全在蒙古方面。其实，这种流行的说法是很值得怀疑的，试想，河南大部土地都是蒙古军攻下的，南宋方面并没有派出一兵一卒，纵横天下不可一世的蒙古统治者会将自己的胜利果实拱手送给别人吗？蔡州内无粮草、外无救兵，陷落不过是迟早的问题。没有南宋，蒙古军照样会攻克蔡州，这是显而易见的。在这种情况下，蒙古统治者有可能为南宋出兵合攻而奉送河南之地吗？我们不妨以宋金联盟攻辽为例，当时宋朝提出要求灭辽后归还燕云十六州，金朝的回答是："所请之地，今当与宋夹攻，得者有之。"① 当时金朝势力尚小，僻处东北，对宋朝的实力还不甚了解，已经提出在"夹攻"时"得者有之"的原则。一百多年后，蒙古军的铁蹄已纵横东西，"灭国四十"，而且对南宋的实力已有所认识，反倒会做出比"得者有之"更大的让步，这实在难以令人置信。

在讨论和战时，南宋政府中有许多人发表了意见，如史嵩之、李宗勉、吴潜、吴泳、叶味道、杜杲、李鸣复、陈韡、赵汝谈、蒋重珍等，从《宋史》有关列传来看，没有一个人讲到过蒙古许诺河南地的问题。当然，《宋史》是元代修的，可能有意对这件事加以篡改。但是，现在保存下来的一些南宋文献，如吴泳、吴潜、李鸣复等人的有关奏议，也都没有涉及此事。他们的共同看法可以归纳为：中原本是"故土"，"恢复"是合理的，但条件是不具备的，因此决不能用兵。如果当时确有蒙古背信之事，他们不会不涉及的。又如，刘克庄的《后村先生大全集》中，收录了不少他为南宋军政大臣撰写的墓志铭、行状和神道碑，具有很高史料价值。其中如孟珙、杜杲、郑清之、郑性之等人，都曾参与南宋对蒙方针的讨论，刘克庄在叙述他们事迹时，也根本没有讲到蒙古背信之事——如果真有此事，试想刘克庄岂能放过，岂能不对蒙古大加鞭挞！

不仅上面列举的史籍和文献中没有记载，甚至在南宋政府的两份重要官方文件——檄文和罪己诏中也看不到任何迹象。南宋出师时发布的檄文中说：

---

① 《金史》卷二《太祖纪》。

洪惟本朝，肇造区夏，忠厚相传于家法，公恕素结于人心。蠢兹女真，紊我王略，遂至同文之俗，半为左衽之污。列圣中兴，惟兼爱乎南北；积年养晦，不轻用于干戈。因彼鹬蚌之相持，甚于豺狼之交噬；百姓至此极也，多方罔堪顾之。嗟彼故疆，皆吾赤子，痛念君师之责，实均父母之怀。乃敕元戎，往清余孽。①

从来出师檄文的主要内容，不外是列举对方的罪状，强调自己方面用兵的正义性。南宋的这篇檄文提出的用兵理由是两条：一是女真过去侵占了中原地区，"遂至同文之俗，半为左衽之污"；一是蒙金相争，百姓受苦，"因彼鹬蚌之相持，甚于豺狼之交噬"。如果蒙古确有背信之事，肯定是会提到，作为出兵理由的。然而这篇檄文中对此根本没有涉及。

端平之役失败后，蒙古连年进攻，南宋上下交怨，宋理宗不得不下罪己诏，以安定人心。诏书中说："朕猥以眇躬，获承丕绪，……属雠金之寖灭，而蒙古之与邻。不利西南，盖尝躏阶、成而扰兴、沔；其在辛卯，遽乃穿金、房以瞰襄、樊。逮合谋成破蔡之功，恐假道有及虞之势。心之忧矣，脐可噬乎！固将布失于国中，以志吾过；但使留屯于塞下，自守我疆。"②诏书列举了蒙古蹂躏南宋的罪状，但是在谈到出兵中原时，却只说害怕蒙古利用灭金的机会对自己有不利的举动。如果南宋确曾以蒙古背约为出师理由的话，诏书中为什么不提出来，减轻臣民对自己的不满情绪呢？

《宋史》卷四十五《理宗纪·赞》中说："蔡州之役，幸依大朝，以定夹攻之策。及函守绪遗骨，俘宰臣天纲，归献庙社，亦可以刷会稽之耻，复齐襄之仇矣。顾乃贪地弃盟，入洛之师事衅随起，兵连祸结，境土日蹙。"在卷四百七十四《贾似道传》中说："自端平初，孟珙帅师会大元兵共灭金，约以陈、蔡为界。师未还，而用赵范谋，发兵据淆函，绝河津，取中原地。大元兵击败之，范仅以数千人遁归。追兵至，问曰：'何为而败盟也'，遂纵攻淮、汉，自是兵端大启。"都是说南宋方面背信弃义。《宋史》不能完全为据。但是，由宋入元的遗老、著名思想家黄震有一段话，对我们了解

---

① 《宋史全文》卷三二《理宗二》。按，檄文仅见于此书。
② 《宋史全文》卷三二《理宗二》。按，在《鹤林集》卷一二也收有一篇《端平三年罪己诏》，内容与上引文不同，但也没有提到背约之类问题。据《宋史》卷四一六《王万传》："理宗下罪己诏，吴泳起草，又以咨万。万谓兵固失矣，言之甚恐亦不可。今边民生意如发，宜以振厉奋发兴感人心。"《鹤林集》所收应即吴泳起草的罪己诏初稿。

早期宋蒙关系和"端平入洛"之役   181

此事真相大有帮助。他在分析灭金后双方的情况后指出:"夫以我之积弱如此,鞑靼之方强如彼,我因人之力如此,鞑靼称功于我如彼,使善与交,尚虞后艰。清之反背约乘虚,欲袭取其无人之地,以夸恢复。遂至赵范、赵葵、全子才三帅凡三十万尽歼,江南百余年兵粮积聚,辇运之北尽空,京襄四川沿边百郡尽失。"① 他的看法,与《宋史》所述是一致的,在"端平入洛"一事上,背信弃义的不是蒙古,而是南宋。

那么,蒙古背盟之说由何而起呢?现在所知关于蒙古应许河南地的记载,最早见于《宋季三朝政要》,这是一部南宋遗老编撰的著作,杂抄各书而成。该书的"绍定五年"条下记:"鞑靼国遣使来议夹攻金人。史嵩之以邹伸之奉使草地,报聘北朝。伸之曰:'本朝与贵国素无仇隙,宁宗尝遣使臣苟梦玉通和。自后山东为李全所据,河南又被残金所隔。贵国今上顺天心,下顺人心,遣王宣抚来通好,所以伸之等前来。'北朝从之,仍许以河南归本国。"这条记载的来源不清楚,也许与邹伸之的《使北日录》有关。《使北日录》一书已佚,难以查考。但清代编纂《四库全书》时此书尚在,据《四库全书总目提要》引此书记载,邹伸之等是在绍定六年(1233)"六月偕王楫自襄阳启行,至明年甲午二月始见蒙古主于行帐;寻即遣回,以七月抵襄阳,计在途者十三月"。又据元人《湛渊静语》摘引《使燕日录》(即《使北日录》),邹伸之等"于次年(甲申)六月回抵汴",可以证明上述"七月抵襄阳"可信。② 按照《宋季三朝政要》的记载,"许以河南归本国"是邹伸之出使的结果,而南宋出兵则在邹伸之回到本国以前。那么,在南宋出兵以前并不存在蒙古答应归河南地而后来背约之事,这是很清楚的。

在南宋政府中商议和战时,有人主张:"且俟小使回,若可和姑与之和,然战守之具不可一日废。"③ "小使"指的就是邹伸之一行。南宋军队六月出师,七月初,"大理评事沈梦谦进对,……上曰:'小使邹伸之尚未回。'梦谦又奏:'自古兵交,使在其间,往返迟速所不必计。但不可轻遣泛使,示弱夷狄。'"④《宋史全文》中的这两条记载正好与上面关于邹伸之出使时间

---

① 黄震:《古今纪要逸编》。
② 据王鹗《汝南遗事》卷二:"(天兴二年八月),甲戌,青尖山招抚卢进奏:顷有敌骑百余,杂以宋人北行,护骑者谓北使王楫以奉使还,宋复遣人议和,辎重礼物甚多,以军防护故也。上闻之惧"。天兴二年即绍定六年,可与《使北日录》相印证。
③ 《宋史全文》卷三二《理宗二》。
④ 《宋史全文》卷三二《理宗二》。

的考订相印证。宋军失败后，李鸣复在上疏时也说过："北向之师，此不以邹伸之未回而止。"① 谈判的使节还未回，军队已经前进。"端平入洛"之举，实在不是蒙古背约，而是南宋方面不顾信义。南宋当权者这样做，完全置使节的安危于不顾，也是很可耻的。

《宋史》在绍定五年条下记王楫来议和与邹伸之答谢事，但没有提到归河南地。《宋季三朝政要》将邹伸之出使记于绍定五年（1232）条下，于是引起了后人的误会。《宋史纪事本末》卷九十一《会蒙古兵灭金》也在绍定五年条下记此事，但改为："蒙古遣王楫来京湖，议夹攻金。……嵩之乃遣邹伸之往报，蒙古许俟成功，以河南地来归。""蒙古许俟成功"既不见于《宋史》，也不见于《宋季三朝政要》，是《纪事本末》任意添加的。这样一来，就成为夹攻以前双方协议了。后来叙述此段历史者，大都以《宋史纪事本末》为据，未能深考，于是离事实愈来愈远。

还应该研究的是，《宋季三朝政要》所记邹伸之出使时蒙古主"许河南地"之说是否可信。入洛之役失败后，魏了翁上奏说："二三帅臣……或欲和戎以归境土，或欲兴师以撼关河。"② 前者指的是史嵩之，后者指的是二赵兄弟。邹伸之是史嵩之派遣的，看来史嵩之确曾给予他通过和好"以归境土"的使命。至于蒙古统治是否答应这一要求，史阙有间，不敢妄断。但应该指出的是，当时李鸣复向理宗上言，邹伸之不宜为使："陛下试观邹伸之等辈果能如富弼肯与虏争献纳二字乎？肯辞官不拜，谓虏或败盟死且有罪乎？一意诡随，百端捏合，是亦王伦耳！"③ 南宋初期，王伦秉承秦桧的意旨，往来于南北之间，促成和议，金朝把陕西、河南地"赐"给宋朝，宋则向金称臣，每年贡岁币。李鸣复将邹伸之与王伦相比，可见邹之北使，是有见不得人的使命的。在南宋方面答应某些屈辱条件的前提下，蒙古大汗是有可能"赐"给河南地的。④

（2）南宋为什么急于出兵？从端平元年（1234）攻克蔡州到六月出师中原，时间相距不到半年。南宋内部的情况，本来就如"久病羸怯之人，元

---

① 《历代名臣奏议》卷九九《经国》，李鸣复奏疏。
② 魏了翁：《被诏除礼部尚书内引奏事第四札》，《鹤山先生大全集》卷一八。
③ 《历代名臣奏议》卷三三八。
④ 前面已经说过，南宋的"和好"，蒙古认为是"投拜"。王楫就在中间挑骗。李鸣复说邹伸之"一意诡随，百端捏合"。

气已衰"①;"军国空虚,州县罄竭,……天下之势,譬如以漓胶腐纸,粘缀破坏之器,而置之几案,稍触之则应手堕地而碎耳"②。进入13世纪30年代以后,在几年之内,南宋已经经历了两次较大的战争。一次是绍定三年(1230)到四年(1231)的淮东之役,杀李全,夺淮安,"朝廷会诸道之兵至十二、三万人,东总至用米一百二十余万石"③;南宋政府财政困难,只好靠增发纸币来弥补。④一次是蔡州之役,"一与鞑通,公私大困。朝廷至捐平江百万仓之米,淮东、西、湖广三总所合得上供之米,溯流二、三千里而给之,京鄂之间米石为湖会六、七十券,百姓狼顾,枕藉道途"⑤。在南宋政府中集议和战时,有不少人都谈到了财政困难、百姓穷困、社会矛盾尖锐等情况,反对用兵。这是一个方面。另一方面,就军事而言,南宋军政腐败,军队战斗力薄弱,这是众所周知的事实。李鸣复曾将当时的军队情况与孝宗时作比较,他说:"兵不如昔之强,将不如昔之勇。"⑥金朝南迁后,军力衰敝不堪,一遇蒙古军,便望风败北,而与南宋交战,还能做到得失相当。这一简单比较,就可以看出宋军与蒙古军差距之大。就在被困蔡州时,金哀宗还说过,对于蒙古,"实难与敌。至于宋人,何足道哉!柔懦不武,若妇人然。使朕得甲士三千,可以纵横江淮间"。事实上,南宋方面对蒙古军一直心存畏惧,"曩岁鞑扰川、蜀,突过均、襄,犹虎兕出柙,吾未尝敢婴其前也;决战唐、邓,围困汴京,犹螳螂捕蝉,吾未尝敢袭其后也"⑦。那么,在财政困难、内部矛盾尖锐、军队战斗力又明显不如对方的情况下,南宋当权者为什么敢于做出"恢复"中原的决策,而且急急忙忙派出军队呢?这主要和他们对形势的估计和战略决策有关。

蒙古起于北方草原,不习惯炎热气候,一般都在秋凉时才开始用兵。蔡州攻陷后,气候已逐渐转暖,当时南宋方面已预料:"鞑性畏热,春夏之交,

---

① 吴泳:《论中原机会不可易言乞内修政事札子》,《鹤林集》卷一九。
② 吴潜:《奏论都城火灾乞修省以消灾异》,《许国公奏议》卷一。此疏上于绍定四年(1231)。
③ 吴潜:《应诏上封事条陈国家大体治道要务凡九事》。
④ 王迈曾说:"国贫楮多,弊始于兵。乾淳初行,楮币止千万,时南北方休息也。开禧兵兴,增至一亿四千万矣。绍定有山东(即指淮东之役),增至二亿九千万矣"。(《宋史》卷四二三《王迈传》)
⑤ 吴潜:《应诏上封事条陈国家大体治道要务凡九事》。"湖会"指湖北会子。
⑥ 吴泳:《论中原机会不可易言乞内修政事札子》,《鹤林集》卷一九。
⑦ 《历代名臣奏议》卷九九《经国》,李鸣复奏疏。

势当北去。"① 果然，在四月间，南宋方面得到情报："河南境内即无一人一骑"，"鞑人已归，中原空虚"②。南宋政府中的主战派认为可以"乘虚"而入，收复故地。但是，收复之后，又如何能抵挡蒙古的进攻呢？反对者提出"不忧出师之无功，而忧事力之不可继"，就是这个意思。③ 于是这些主战派又提出了一个战略目标，叫作"据关阻河为坚守计"④。这次出兵，不是想恢复北宋时的疆土，而是进取黄河以南之地，然后凭借黄河、潼关天险，与蒙古对峙。既然金朝能以关河为界，在相当长的时间内使蒙古不能南下，那么，现在也可以做到。⑤ 归纳起来，当时南宋主战派们整个战略设想便是："若乘鞑人之北归，因中原之思汉，用师数万，恢复河南，抚其人民，用其豪杰，上自潼关，下至清河，画河而守，此诚大有为之规模、不可失之机会也。"⑥ 南宋的军事行动正是根据这个战略设想行事的，在六、七月间"盛暑行师"，本来犯兵家之忌，但为了避免与蒙古军遭遇，便出此下策。而在占领开封之后，粮饷不继，仍要匆忙西进，目的也正是为了早日抢占潼关一线，确立"画河而守"的局面。⑦

然而，事实证明他们的战略设想是完全错误的。

（3）南宋军队失败的原因何在？蒙金三峰山之战后，蒙古军的主力在窝阔台汗和皇弟拖雷率领下，即已北还，指挥攻打开封的是大将速不台和塔察儿（倴盏），他们所统辖的主要是河北、山东一带汉族军阀，如张柔、史天泽等。攻打蔡州的主将是塔察儿。在攻陷蔡州后，塔察儿北还，"东自曹、濮，西抵秦、陇，分兵驻守"⑧。蒙古每遇重大征伐，常由大汗亲自统率军队，或选皇室成员主持。三峰山之役便是由窝阔台汗和拖雷分别率领两路军马约期合围而完成的。他们的北还，说明在蒙古统治者看来，金朝在军事上已被击溃，用不着多花气力，只需一般将领负责即可。当宋军北上时，蒙古方面并未出动主力，仍是由驻守黄河的塔察儿指挥作战。南宋方面出动的两

---

① 吴潜：《应诏上封事条陈国家大体治道要务凡九事》，《许国公奏议》卷一。
② 吴潜：《奏论今日进取有甚难者三事》，《许国公奏议》卷一。
③ 《宋史》卷四一七《乔行简传》。
④ 《宋史全文》卷三二《理宗二》，端平元年七月辛丑条，宋理宗语。
⑤ 吴潜在《奏论今日进取有甚难者三事》中说："自潼关至清河三千余里，须用十五万兵，又须百战坚忍如金人，乃可持久岁月。今南兵及忠义等人决不能守。"可见确有人以金守关河为例。
⑥ 吴潜：《应诏上封事条陈国家大体治道要务凡九事》，《许国公奏议》卷一。
⑦ 《齐东野语》卷五《端平入洛》。
⑧ 字术鲁翀：《忽神公神道碑》，《菊潭集》卷一。

淮军队,是南宋军队中的精锐;① 但是,"偏师相遇,小小交战,而我军不支矣。然其国酋将佐犹深居草地,未尝出也"②。

然而,对此次战役过程加以分析,可以看出,宋军的失败并不完全由于将士战斗力的薄弱,③ 而是因为整个战役指挥方面的冒险主义所导致的必然结果。冒险主义集中表现在两件事上。第一是粮饷运输问题。南宋政府中讨论和战时,已有人提出出师的粮饷存在困难。乔行简说:"中原蹂践之余,所在空旷,纵使东南有米可运,然道里辽远,宁免乏绝。由淮而进,纵有河渠可通,宁免盗贼邀取之患。由襄而进,必须负载,三十钟而致一石,亦恐未必能达。若顿师于千里之外,粮道不继,当此之时,孙、吴为谋主,韩、彭为兵帅,亦恐无以为策。他日粮运不继,进退不能,必劳圣虑。"④ 吴潜也说:"出师守城,必先有粮。陆运则人负七斗,岁百万石,当用几夫,又有沿途卫送之兵;水运则汴梁废已百年,沂流浅涩,又有沿岸抄袭之患。"⑤ 南宋政府决定出师之后,曾"诏令(史)嵩之筹画粮饷"。但是这个京湖制置使坚决抵制,他说:"荆襄连年水潦螟蝗之灾,饥馑流亡之患,极力振救,尚不聊生,征调既繁,夫岂堪命。其势必至于主户弃业以逃亡,役夫中道而窜逸。无归之民,聚而为盗,饥馑之卒,未战先溃。当此之际,正恐重贻宵旰之虑矣。"他甚以辞职来表示抗命的决心。⑥ 南宋政府对之无可奈何,于是只能由两淮方面调集粮饷转运。淮西方面"自合肥部舟至京口支装,涉湖而江,又溯湖而淮,北过徐泗,南过盱眙,历濠梁,抵寿春",兜了一个大圈子,仍在淮西境内。⑦ 由寿春入河南,大概以陆运为主。⑧ 淮东方面,因"河失故道,饷漕绝至河口,溯大小清河,略葛驿以达于京师"⑨。为了运输粮食,南宋政府在两淮征调了大批船只和民

---

① 吴泳:《江淮兵策问》,《鹤林集》卷三三。
② 《宋史》卷四一七《乔行简传》。
③ 南军队一部在洛阳曾"尽力鏖战,失亡颇多,盖有元(应为'骶',清修四库时改)兵追至虎牢关,尚能夺马取牌而死者"。但由于"主将耻败",他们的功绩也就被埋没了,见吴泳《论保淮事宜疏》,《鹤林集》卷一七。
④ 吴潜:《奏论今日进取有甚难者三事》,《许国公奏议》卷一。
⑤ 《宋史》卷四一七《乔行简传》。
⑥ 《宋史》卷四一四《史嵩之传》。
⑦ 陈栎:《通守陈公传》,《陈定宇先生文集》卷九。
⑧ 当时负责淮西粮饷的杜杲曾建议:"师遵陆而粮用舟,缓急必相差池,请以夫运。"得到赵范的同意。见刘克庄《后村先生大全集》卷一四一《杜尚书神道碑》。
⑨ 方岳:《淮东转运司干办公事吴公墓志铭》,《秋崖先生小稿》卷四五。

夫，仅桐城一县即达一万五千人。① 但是，当时南宋方面出动的军队至少有六、七万人，所需粮食为数极大。出师正是炎热的夏天，运输的效率必然受到影响。而河南境内"所过丘墟，寂无烟火，骨殖横道，蓬蒿蔽空"，为交通运输造成极大不便。② 金、蒙战争过程中黄河堤防遭到破坏，河水泛滥，更使交通运输感到困难。③ 因此，宋军到开封时，粮食已很紧张。在这种情况下，赵葵、全子才为了实现他们的战略设想，仍然派遣队伍西进，随身只带五天的粮食。西进的宋军九天后才占领洛阳，粮食已尽。这样一支疲惫饥饿的军队，怎么能与事先已有准备、以逸待劳的敌人交锋呢？粮食不继，就要军队行动，这十足是一种无把握的冒险举动。

第二，对敌情不够了解。"夫间谍不明，最兵家之深忌。"韩侂胄北伐，就吃了情况不明的亏，但是南宋并没有接受教训，金、蒙冲突，"盖非一日，战斗离合，不知其几，而吾边臣迄未有得其要领者"④。金朝灭亡后，中原形势如何，蒙古在军事上如何部署，南宋政府实际上是不很清楚的，而一些负有边防责任的统帅则按自己对和战的不同态度上报不同的情况，"襄帅之所主在和，既不以实告，而惟欲以和而策勋；淮帅所主在战，亦不以实告。而惟欲以战而奏绩。和战之议不同，其诳为之辞以幸朝廷之听从则一而已"⑤。敌情不明，就下决心出兵，这种做法是很轻率的。当两淮方面出师时，京湖制司已得到情报："虏中传南朝来争河南府，哨马已及孟津、陕府、潼关、河南皆增屯设伏。"⑥ 这一情报说明蒙古方面已做好迎战准备。但从宋军的行动来看，主帅和主力留在开封，只以一般将领率师西进，说明对蒙古方面的安排并不清楚。南宋西进的后军在行进过程中并没有做好战斗准备，显然以为不会遇到敌军，所以一遇埋伏，"仓卒无备"，立即全军覆没。而西进军一败，赵、全立即放弃开封撤退，也说明了事先完全没有估计到蒙古军会采取如此规模的行动。总之，粮饷不继，敌情不明，贸然用兵，焉有不败之理。

"端平入洛"之役的失败，还有许多其他因素，如，京湖制司方面根本不

---

① 吴泳：《论保淮事宜疏》，《鹤林集》卷一七。
② 《历代名臣奏议》卷九九《经国》，李鸣复奏疏。
③ 《齐东野语》卷五《端平入洛》。《宋史》卷四一七《赵葵传》。
④ 真德秀：《使还上殿札子》，《真文忠公集》卷三。
⑤ 《历代名臣奏议》卷九九《经国》，李鸣复奏疏。
⑥ 刘克庄：《孟少保神道碑》，《后村先生大全集》卷一四三。

予以支持，①即使在两淮地区也有不少官员采用消极抵制的办法，②统帅之间争权夺利钩心斗角③等。这些都反映了南宋政治的腐败。还有人在攻击史嵩之时提出，"自其漏我师期，于是乎有京洛之败"④。这个说法如是事实，则史嵩之是最大的罪人。但实际上此说不大合理。南宋方面从酝酿到正式出师，吵吵嚷嚷达三四个月之久。出师之后，行动迟缓，二十余天始到开封，近二个月才到洛阳，从来重视间谍活动的蒙古政权完全有可能得到情报，做好准备。"京洛之败"关键在于军事上的冒险主义，与"师期"泄漏是没有多大关系的。从现存资料来看，也没有发现其他足以证实这种说法的记载。

（4）"端平入洛"失败的后果。从财政上说，此次出师动员了大量人力物力。"自河洛之义旗一举，丁夫转运而淮之民人户版空。"⑤ 大量的物资、粮食运到河南。宋军一败，"兵民死者十数万，资粮器甲悉委于敌"⑥。于是给南宋财政上造成极大困难，不得不采取种种"权宜"之计："重以江淮失军弃粮之后，中外空虚，公私赤立，于是权宜一切之敛，如裁半减俸、科罨僧牒之类，虽有伤事体者，亦不暇顾恤矣。"这种做法必然大大加深南宋的社会矛盾。从军事上看，"淮西精甲数万，自去岁东附、龙门两败，所失盖万五千，而他州陷没者犹不计"⑦。不仅损失惨重，而且经此一役后，士气极为低落，"自汴京退走，而我师之雄胆已丧"⑧。自此以后，南宋军队再也不敢大规模主动出击，而是采取据守城池或其他据点的办法，听凭蒙古骑兵在四川盆地和长江中下游平原上驰骋了。

三

上面我们对初期宋蒙关系和端平入洛之役的情况做了简略的分析。最后

---

① "子才驻汴以俟粮，嵩之主和中沮之，不肯运粮，卒致误事"。（《钱塘遗事》卷二《三京之役》）郑清之亲自出面，要他"勿为异同"，亦无济于事。
② 当时知高邮军王霆反对出师，"诸军毕行惟高邮迟之"，便是一例，见《宋史》卷四八《王霆传》。
③ 吴泳：《缴全子才降一官录黄》，《鹤林集》卷二一。
④ 李昂英：《再论史丞相疏》，《文溪集》卷八。
⑤ 吴泳：《论保淮事宜疏》，《鹤林集》卷一七。
⑥ 《宋史》卷四〇七《杜范传》。
⑦ 魏了翁：《被诏除礼部尚书内引奏事第四札》，《鹤山先生大全集》卷一八。
⑧ 《历代名臣奏议》卷九九《经国》，李鸣复奏疏。

还想说明两点：

第一，从"端平入洛"之役而言，确是南宋方面发动，除了"恢复"云云，并没有其他理由。所谓蒙古许河南地而又背盟之说，是不可信的。"恢复"之说，并不足以证明南宋出兵的合理。试想，河南本为金朝所取，如要"恢复"，就应对金人用兵。然而河南被金朝统治时，南宋无力前去"恢复"；蒙古军打下河南，南宋认为有机可乘，便急忙出兵，这种做法，实在不太明智。当然，这并不是说蒙古进行的是正义战争。首先，蒙古初期对金战争，带有反压迫的性质；但是后来所进行的灭金战争，本身就是掠夺性的战争。而且，蒙古对南宋一贯采取边打边和的办法，一面谈判一面侵扰，从来没有什么信义可言，谈判"和好"的目的，也是要南宋"投拜"。所以，这次战争只能算是两个政权之间争夺权益的斗争，并不存在正义非正义的问题。

第二，"端平入洛"之役失败后，王埜上言："国家与大元（应为'鞑靼'，元修《宋史》时改）本无深仇，而兵连祸结，皆原于入洛之师，轻启兵端。"① 清代钱大昕说："而全子才、赵葵首创恢复三京之议，宰相郑清之力主其说，横挑强敌，两京卒不可复。而元兵分道来侵，蜀土失其大半，并襄阳亦弃之。宋之失计误国，未有如清之者也。"② 这种说法是不公允的。金朝灭亡后，蒙古必然侵宋，这是稍微有点头脑的人都看得清楚的。或是"投拜"，或是战争，没有第三条道路。没有"端平入洛"之役，宋蒙之间照样要发生战争。至于把罪过都归到郑清之头上，更是不公允的。决定战争的是宋理宗，种下祸根的是史弥远，指挥不当的是赵氏兄弟，郑清之当然也有责任，但不能都推到他的头上。南宋权臣的失计误国，前有秦桧，中有史弥远，最后有贾似道。和他们比起来，郑清之的罪过要少得多。钱大昕在考据上是个具有卓识的大家，但他发的议论往往令人难于同意，此即一例。

（原载《宋辽金史论丛》第 1 辑，中华书局 1985 年版）

---

① 《宋史》卷四四《理宗纪四》。
② 钱大昕：《宋季耻议和》，《十驾斋养新录》卷八。

元代前期和中期各族人民的反抗斗争

从元朝统一全国（1279）到最后灭亡，不过九十年左右。在这九十年间，各族人民的起义斗争，此伏彼起，前仆后继，无论就规模之大，或是次数之多来说，在我国封建社会的历史上都是罕见的。这一时期各族人民用革命的手段反抗黑暗的封建统治的光辉业绩，在我国历史上占有重要的地位。元朝统一以后的历史，大体可以分前、中、后三个阶段，而前、中期的阶级斗争形势，又可分为三个阶段：

（一）前期：忽必烈统治时期（1279—1294）。

（1）第一阶段：世祖至元十六年（1279）到至元十九年（1282）；

（2）第二阶段：世祖至元二十年（1283）到至元三十一年（1294）；

（二）中期：元成宗嗣位到元末农民战争爆发前（1295—1350）。

（1）第一阶段：成宗元贞元年到宁宗至顺三年（1295—1332）；

（2）第二阶段：元顺帝元统元年到至正十年（1333—1350）。

（三）后期：元末农民战争时期（1351—1368）。

本文准备就元代前期和中期各族人民的起义做简要的叙述，同时对各个阶段斗争的形势和特点进行分析。对于这一内容丰富的劳动人民反抗斗争历史来说，本文的叙述和分析只是初步的、不全面的，衷心希望得到指正。

一 前期的第一阶段（1279—1282）

元世祖忽必烈至元十一年（1274）开始，元朝大举向南宋进攻。至元十六年（1279），南宋灭亡，全国统一。元朝的统一，结束了历史上南北长期对峙的局面，规模空前，是有进步意义的。但是，这种统一是剥削阶级的代表人物用暴力手段实现的，在统一过程中，各族劳动人民蒙受了巨大的苦难。南下的元军"多杀戮"①，在许多地方大肆屠杀掳掠。"是时江南新附，诸将市功，且利俘获，往往滥及无辜，或强籍新民以为奴隶。"② 以致出现了"衣冠、妇女与牛羊俱北"的现象，劳动人民当然也在其中，③ 这种残暴的行为理所当然地激起了南方劳动人民的强烈反抗，于是，"盗贼所在蜂起"④，"大或数万，少或千数，在在为群"⑤。

福建地区在元军南下时抵抗得很厉害。元朝统一以后，各族人民的反抗斗争仍不断发生。这一阶段福建规模最大的起义是陈吊眼领导的。陈吊眼在南宋末年曾经率领畲兵配合宋军将领张世杰作战。⑥ 后来一度降元。⑦ 但实际上屯戍漳州山区，自成势力。至元十七年（1280）八月，他率领队伍攻入漳州城，"杀招讨傅全及其一家，官军死者十八九"⑧。队伍很快就发展到十万人。⑨ 福建各地群众纷纷起来响应，邵武有高日新起义，福州有林天成起义，南剑州有丘细春起义等。陈吊眼的队伍一度曾向汀州发展。⑩ 声势所及，"闽中骚动"⑪。元朝政府集中了四省军队，进行围攻。至元十九年（1282）陈吊眼中了元军的埋伏，被擒杀，起义失败。⑫

陈吊眼带领的队伍称为"畲兵"，他屯守的地方叫作"畲洞"。"畲兵"是由"畲民"组成的军队，"畲洞"就是畲民居住活动的地方。元代的地理书籍中记载说：

> （汀州路），山深林密，岩谷阻窈。四境椎埋顽狠之徒，党与相聚，声势相倚，负固保险，动以千百计，号为畲民。时或弄兵相挺而起，民被其害，官被其扰。盖皆江右广南游手失业之人逋逃于此，渐染成习。此数十年间，此风方炽，古岂有是哉！

---

① 程钜夫：《何文正公神道碑》，《雪楼集》卷八。
② 《元史》卷一七〇《雷膺传》。
③ 舒岳祥：《俘妇词》，《阆风集》卷三。
④ 《元史》卷一七一《吴澄传》。
⑤ 姚燧：《贾公神道碑》，《牧庵集》卷一九。
⑥ 《宋史》卷四五一《张世杰传》。
⑦ 王恽在《王公神道碑》（《秋涧文集》卷三五）中称陈吊眼为"降将"。
⑧ 揭傒斯：《双节庙碑》，《揭文安公集》卷一二。
⑨ 《元史》卷一六二《高兴传》。
⑩ 《元史》卷一三一《完者都传》。
⑪ 许有壬：《邓公神道碑》，《至正集》卷六一。
⑫ 《元史》卷一六二《高兴传》。

武平南抵循、梅，西连章贡。篁竹之乡，烟岚之地，往往为江广界上逋逃者之所据。或曰长甲，或曰某寨，或曰畲洞，少不如意，则弱肉强食，相挺而起。税之田产，为所占据而不输官。①

可以看出，畲民就是失去了土地逃亡到福建山区的游民无产者。他们居住的山区就称为畲洞。② 这些"游手失业之人"对封建统治阶级怀有很大的仇恨，勇敢善战。从南宋末开始，福建地区各族人民的起义斗争中，他们一直扮演着重要的角色。陈吊眼起义的主力是畲民，稍后黄华、钟明亮直至元朝末年李志甫起义，均由畲民充当主力。

江西地区在至元十七年（1280）春天爆发了杜万一起义。杜万一又名杜可用，江西都昌人。他以白莲会形式组织、发动群众，号称杜圣人。举事后，自称天王，设置官署，建号万乘元年，③"有众万数"④。但是，起义队伍还来不及向周围地区发展，就被元军化装成商人和农民乘船偷袭镇压下去了。这是我国历史上第一次由白莲会（教）组织发动的起义。元朝政府因此取缔了包括白莲会在内的"一切左道乱正之术"⑤。

至元十九年（1282），江东的芜湖、宣城、徽州等地都有起义发生，"皆僭号署官，掠郡县，烧府库，杀县长吏"，"应者日众"。起义队伍的活动一度到达浙江境内。"行省以重兵讨之，未克。"后来从集庆（南京）调来了精锐部队，把起义镇压下去。⑥

此外，至元十八年（1281）浙东处州有平八起义，"鸠众五千，掠遂昌"⑦。同年，徽州祁门有王万十、王信二起义，"啸聚二千余人"⑧。江西南

---

① 《大元一统志》（赵辑本）卷八。
② 明代《八闽通志》卷八《地理》云："百家畲洞：在县（漳平市）永福里，界龙岩、安溪、龙溪、南靖、漳平五县间。万山环抱，四面阻塞，洞口陡险，仅通人行。其中深邃宽广，可容百余家。畲田播种，足给衣食，四方亡命者多逋聚其间。"可知直到明代仍然如此。"畲田"系指刀耕火种而言。畲民可能即由此得名。
③ 《国朝文类》卷四一《经世大典序录·招捕》。
④ 姚燧：《贾公神道碑》，《牧庵集》卷一九。
⑤ 《通制条格》卷二八《杂令·禁书》。
⑥ 虞集：《蔡国张公墓志铭》，《道园学古录》卷一八。参见《元史》卷一七五《张珪传》。
⑦ 陆文圭：《吕侯墓志铭》，《墙东类稿》卷一二。
⑧ 汪克宽：《陈君墓碣铭》，《环谷集》卷八。

安有李梓发起义,① 广西有傜民暴动,② 等等,都有一定的影响。但总的来说,这一阶段的起义斗争除陈吊眼起义规模较大外,其他一般规模较小,力量较弱,在元朝军队镇压之下,很快都趋于失败。

在平定南宋过程中,为了适应军事行动的需要,元朝政府也加紧了对北方各族劳动人民的压迫和剥削,驱使他们承担沉重的劳役和缴纳种种苛捐杂税。因此,在南方人民开展斗争的同时,北方各族劳动人民也纷纷起来反抗,"河北、河东、山东盗贼充斥"③。河南"多强盗,往往群聚山林,劫杀行路,官军收捕失利"④。至元十九年(1282)三月,王著和高和尚等人聚众密谋,在大都城中杀死忽必烈的宠臣阿合马,也是各族人民对元朝统治不满的一种反映。⑤ 南、北劳动人民,共同遭受压迫和剥削,他们互相呼应,与封建王朝进行斗争。

二 前期的第二阶段(1283—1294)

第一阶段的一些规模不大的起义,很快被镇压下去了。元朝统治者忽必烈自以为统治已经巩固,便接连发动了对周围邻国的军事行动,数年之内,"连三大役,始得占城之师","再以日本之师","后以交趾之师",接连不断。与此同时,元朝统治集团内部矛盾日益尖锐,西北地区的察合台系和窝阔台系诸王发动叛乱,漠北和东北也不时有蒙古贵族起来闹事。元朝政府为了进行这样一系列军事行动,便在民间征调大批军队和民夫,强迫劳动人民提供巨额的粮食和各种物资,给各族劳动人民带来了极大的苦难。⑥ 有的地区,百姓"皆舍业而逃,十室空半"⑦;有的地区"民不聊生,自杀者相属"⑧。当时江南人民所受压迫最重。忽必烈策划的军事活动多数以江南为基地,主要从这一带榨取各种物资。而元朝政府派遣到江南的大小官员,"例

---

① 姚燧:《贾公神道碑》,《牧庵集》卷一九。
② 《元史》卷一〇《世祖纪七》。
③ 《元史》卷一九二《段直传》。
④ 《元史》卷一二五《忽辛传》。
⑤ 《元史》卷二〇五《阿合马传》。
⑥ 姚燧:《邸公神道碑》,《牧庵集》卷一七。
⑦ 姚燧:《王公神道碑》,《牧庵集》卷二一。
⑧ 《元史》卷一七二《赵孟頫传》。

以贿赂得官，屠沽驵侩，市井无赖群不逞之徒，十居七八"①。他们对江南人民肆意榨取，"侵渔掊克，惨于兵凶"②。"百计千方，务在得钱，民之冤抑，无所控告，司县州府，上下一律，哀声怨气，郁积而不能发"③。各族人民在元朝政府和各级官吏的重重压榨之下，走投无路，被迫起来造反，"民不堪命，往往起为盗贼"④。从至元二十年（1283）起，南方各族人民的反抗斗争，连绵不断，一浪高过一浪。据元朝官方统计，至元二十年江南"相挺而起"的起义，"凡二百余所"⑤。到了至元二十六年（1289），更激增为"四百余处"⑥，几乎遍及南方的每一个地区。

这一阶段发生了不少规模很大、影响很广的起义，其中有：

至元二十至二十一年（1283—1284）广东欧南喜、黎德起义。这次起义是由元朝政府对盐业生产和运销的严密控制引起的。盐是人民生活的必需品之一。元朝政府垄断了盐的生产，严密控制盐的销售，任意抬高盐价，增加国家的财政收入。广大劳动人民吃不起官府的贵盐，只好想方设法买走私的盐，因此私盐贩卖盛极一时。私盐贩被元朝政府视为眼中钉，用严刑苛法来对付他们。而私盐贩为了自身的生存，也常常以武力对抗。⑦ 至元二十年，盐贩陈良臣等"扇东莞、香山、惠州负贩之徒万人"，起来造反。但很快就被镇压下去，陈良臣被杀。没有多久，欧南喜把已经打散了的队伍重新团结起来，称王改元，设官分职，发展到十万人，一度进攻重要海港城市广州。⑧ 在广州新会一带，至元二十年初，有林桂方领导的起义，国号罗平，年号延康，但很快就失败了。⑨ 接着，在这一带又出现了由黎德领导的起义队伍，"船至七千艘，众号二十万"，声势浩大。没有多久，欧南喜的队伍与黎德所部合并在一起，使广东全境为之震动。⑩ 广东增城一带少数民族首领"蔡大老、钟大老、唐大老皆应之"⑪。他们的斗争一直继续到至元二十一年

---

① 胡祗遹：《民间疾苦状》，《紫山大全集》卷二三。
② 王恽：《上世祖皇帝论政事书》，《秋涧文集》卷三五。
③ 胡祗遹：《民间疾苦状》，《紫山大全集》卷二三。
④ 赵孟頫：《康里公神道碑》，《松雪斋文集》卷七。
⑤ 《元史》卷一七三《崔彧传》。
⑥ 《元史》卷一五《世祖纪一二》。
⑦ 参见拙作《元代盐政及其社会影响》，《历史论丛》1964年第1辑。
⑧ 欧阳玄：《高昌偰氏家传》，《圭斋文集》卷一一。
⑨ 《元史》卷一二《世祖纪九》。
⑩ 姚燧：《王公神道碑》，《牧庵集》卷二一。
⑪ 《国朝文类》卷四一《经世大典序录·招捕》。

(1284)下半年,在优势元军包围下,欧、黎等被俘牺牲。

至元二十年至二十一年(1283—1284)福建黄华起义。黄华是福建建宁政和县人,至元十五年(1278)曾"集盐夫,联络建宁、括苍(浙江南部)及畲民妇自称许夫人为乱"①。但不久即投降元朝,并曾参加对陈吊眼的镇压。② 此后,被元朝任命为建宁招讨使。福建地区的百姓,"困苦者多",元朝在这一地区的官吏"擅科横敛,无所不至",激起了当地人民的不断反抗。③ 至元二十年四月,黄华在福建各地人民反抗斗争的推动下,重新起兵反元,打出宋祥兴年号,行用两浙安抚司印。④ 他的队伍发展到十余万人,号称二十万,⑤ "剪发文身,号头陀军"⑥。起事后,分兵攻打崇安、浦城、瓯宁、松溪、古田等处,⑦ 浙东青田也有人起兵响应。⑧ 元朝政府当时正在扬州地区集中军队和装备,由名将刘国杰指挥,准备攻打日本。得到黄华起义的消息,忽必烈赶紧抽调这支精锐部队南下,与两浙、福建的驻军会合,向黄华的队伍大举进攻。⑨ 至元二十一年正月,起义队伍最后的根据地赤岩山被攻破,"黄华自杀,余众皆溃"⑩。黄华虽曾一度降元,但他起兵反元,与当时福建地区广大群众的要求是一致的,因而也是应该肯定的。黄华的队伍被称为"畲军"⑪。可知和陈吊眼一样,主要应由畲民组成。

这一阶段声势最大、影响最广的反抗斗争,是钟明亮领导的闽、赣、粤边境地区各族人民大起义,时间是至元二十四年至二十七年(1287—1290)。钟明亮,福建汀州(今长汀)人。地主文人骂他是"草间匹夫",可知应是

---

① 《元史》卷一〇《世祖纪七》。
② 《元史》卷一三一《完者都传》。
③ 王恽:《特选行省官事状》,《秋涧文集》卷九二。
④ 陆文圭:《吕侯墓志铭》,《墙东类稿》卷一二。
⑤ 《国朝文类》卷四一《经世大典序录·招捕》。苏天爵:《副万户赵公神道碑铭》,《滋溪文稿》卷一五。
⑥ 《经世大典序录·招捕》。按,至元十五年,浙东庆元的起义军也"号头陀军"。(陆文圭:《吕侯墓志铭》)与黄华所部同。或与宗教有关,待考。
⑦ 陆文圭:《吕侯墓志铭》,《墙东类稿》卷一二。
⑧ 陆文圭:《广东道宣慰使都元帅墓志铭》,《墙东类稿》卷一二。
⑨ 黄溍:《刘公神道碑》,《金华先生文集》卷二五。《元史》卷一六二《史弼传》、《高兴传》。
⑩ 《元史》卷一六二《刘国杰传》。按,赤岩山(砦、寨)一作赤崖砦,见许有壬《刘平章神道碑》,《至正集》卷四八。
⑪ 《元史》卷九八《兵志一》。

劳动人民。①至元二十四年冬天,钟明亮起来造反,②"拥众十万,声摇数郡,江、闽、广交病焉"③。起义军活跃于三省边境地区。福建,起义军在漳州、南剑、邵武等地战斗;江西,起义军活动于赣州、南安、建昌诸路;广东,循州(今龙川)、梅州(今梅县)等地都是起义军经常出没的地区。钟明亮领导的起义斗争对于江西、福建、广东等地的群众斗争起了有力的推动作用。至元二十五年(1288),广东有董贤举等,"皆称大老,聚众反"④。至元二十六年(1289),福建先后爆发了长泰"畲民丘大老"、漳州陈机察等起义,广东则有阎大僚、曾大僚、钟大僚、萧大僚等起义。大僚是山区少数民族首领的称呼,⑤在大僚之下"亦有部伍约束,伪署称号,有总管、总辖、提督、书司之类","人习战斗,又善设伏,冲突出没无时"。他们的活动还远及广西、湖南、江西等地,各支多者上万,少亦千数,对元朝在这些地区的统治形成了很大的威胁。⑥这一年江西广昌有邱元起事,"与明亮犄角",互相呼应。到至元二十七年(1290),江西各地群众起义斗争声势更盛,"四面蜂起,赣、吉有谢主簿、刘六十,乐安有卢大老,南丰有雷艾江之徒,乘时响应"⑦。福建也是"盗贼蜂起",五月,泉州南安陈七师起义,十二月,兴化、仙游朱三十五起义。⑧广东也有若干小规模的起义。但在这一年,钟明亮不幸病死,⑨起义群众失去了领袖,各支起义军之间又缺乏合作,元军乘机进攻,分别击破,三省边境地区的斗争才逐渐消沉了下去。

钟明亮是一个杰出的农民起义领袖。当时的地主文人对他切齿痛恨,但也不得不承认他"有威风,多智略,得操纵谲诈之术,似非田野农夫比"⑩。元朝的官僚也说:"今剧贼钟明亮,悍黠尤非(黄)华比,未可视为寻常草

---

① 刘壎:《汀寇钟明亮事略》,《水云村泯稿》卷一三。
② 钟明亮起义开始时间,各书记载不一。在《元史·世祖本纪》中,钟明亮一名始见于至元二十六年正月,但至元二十五年屡有广东、福建边境起义的消息,应即钟部。刘壎在《参政陇西公神道碑》(《水云村泯稿》卷二)中,说钟起于二十五年。但苏天爵《赵公神道碑》(《滋溪文稿》卷一五)则称:"(至元二十四年),是冬,钟明亮兵起。"本文采用后一种说法。
③ 刘壎:《参政陇西公平寇碑》,《水云村泯稿》卷二。
④ 《元史》卷一五《世祖纪一二》。
⑤ 大僚与大老似为一词异音。
⑥ 黄溍:《刘公神道碑》,《金华先生文集》卷二五。
⑦ 刘壎:《汀寇钟明亮事略》,《水云村泯稿》卷一三。
⑧ 《元史》卷一六《世祖纪一三》。
⑨ 钟明亮死在哪一年不见记载,但起义在至元二十七年起开始走向低潮,估计应以这一年可能性较大。
⑩ 刘壎:《汀寇钟明亮事略》,《水云村泯稿》卷一三。

窃，诚有当虑者。"他善于流动作战，活跃于三省边境山林中，"出没叵测，东击则西走，西击则东轶"，使元军疲于奔命。① 为了欺骗元朝政府，在军事上取得主动，他在至元二十六年五月和至元二十七年二月曾两次向元军假投降，但一当形势有利，立即重新举事。元朝官员在上书忽必烈时说道："况江岭阻隔，动辄数百里，贼去此盗彼，即欲加兵，则曰：'我已降于彼'。比缘知会，已杀掠而去，如向者钟贼是也。"② 当时地主文人谈及钟明亮假投降时也说："上烦庙堂应接，诸省奔赴，竭数载之力，仅得明亮至军前一面。而诈降无实，傲睨反复，气凌威铄，未尝获一交锋决胜。"可见，钟明亮的假投降，完全是一种斗争策略，而且取得了积极的效果。钟明亮死后，"众犹畏服，止奉一木主尔，藉其虚声余烈，尚能统御所部，不即降溃"。说明他在起义军中威信是很高的。③ 钟明亮领导的起义军被骂为"畲贼"④，他本人被称为"畲寇"⑤，可见，也是畲民。

与钟明亮领导的闽、粤、赣边境地区起义差不多同时爆发的，是浙东地区人民的反抗斗争。浙东地区在元军南下时抵抗得很猛烈，被元朝政府视为大患，"地极边恶，贼所巢穴"，因此驻有重兵，多方防范。⑥ 尽管如此，浙东人民并没有停止过对元朝暴虐统治的反抗。至元二十三年（1286），浙东永康陈巽四起义。⑦ 同年，婺州（今金华地区）有施再十起义。⑧ 至元二十四年（1287），婺州又有"山贼"柳分司起义，⑨ 队伍发展到七千人。⑩ 至元二十五年（1288），处州（今丽水地区）有柳世英起义。⑪ 到了至元二十六年（1289），浙东人民的起义斗争也走向高潮。这一年二月，台州宁海杨镇龙起义，建大兴国，号安定元年。起义队伍发展到十二万人，攻打东阳、永

---

① 王恽：《论草寇钟明亮事状》，《秋涧文集》卷九二。
② 王恽：《上世祖皇帝论政事书》，《秋涧文集》卷三五。
③ 刘壎：《汀寇钟明亮事略》，《水云村泯稿》卷一三。
④ 《元史》卷一六《世祖纪一三》。
⑤ 刘壎：《参政陇西公平寇碑》，《水云村泯稿》卷二。
⑥ 《元史》卷一六《世祖纪一三》。
⑦ 《元史》卷一四《世祖纪一一》。《通制条格》卷一九《捕亡》。按，《元史》卷一三四《昔班传附斡罗思密传》云："（至元）二十三年，授浙东宣慰使，浙东盗起，伪铸印玺，僭称天降大王，斡罗思密讨平之。"即或指陈巽四起义。
⑧ 《元史》卷一六二《高兴传》。
⑨ 柳贯：《元故大司农史义襄公墓志铭》，《柳待制文集》卷一〇。
⑩ 《元史》卷一六二《高兴传》。
⑪ 《元史》卷一五《世祖纪一二》。

康、义乌（以上属婺州路）、嵊县、新昌（以上属绍兴路）、天台（属台州路）等地，①"诸县响应"②，"浙东大震"③，元朝以宗王甕吉䚟率大军进攻，这支没有经过锻炼的起义队伍很快便溃散了，杨镇龙等领导人被杀。元朝政府对起义者及无辜群众加以血腥的镇压，"凡狱词所引，必尽杀乃止"④。许多"良民"被"俘掠"为奴，仅为元朝官方甄别释放的即有一千六百余人。但是起义群众并未被屠刀吓倒，直到第二年仍有杨镇龙的"余党"在继续活动。⑤ 除了杨镇龙起义之外，这一年还有婺州叶万五起义，"众万人"⑥。至元二十七年（1290），处州有詹老鹞（一作鸦）起义，温州有林雄起义，两支队伍联合起来，"势张甚"⑦，有"众数万"⑧。后来遭到元军偷袭，詹、林等被俘牺牲。⑨ 此外，婺州、处州一带还有吕重二、杨元六、刘甲乙、潘正等起义，很快也都被镇压了下去。⑩

上面简略地叙述了元代前期第二阶段各族人民反抗斗争的情况。这些斗争，集中发生在江淮以南，而北方则是比较沉寂的，这不仅由于元朝在北方的统治比较牢固，防卫更为严密，更重要的则是因为元朝政府对南方各族人民的剥削和压迫更加残酷。南北发展的不平衡，是这一阶段阶级斗争的特点之一。在这一阶段发生的许多大小起义中，还有一个很值得注意的现象，那便是除了个别（如黄华）起义之外，多数起义都不曾以宋朝为号召。可见，起义群众的斗争，为的是反抗元朝的暴虐统治，而不是为了复宋。不仅如此，起义者在反抗元朝统治的同时，还把矛头指向了地主阶级，"江南新附，群盗窃发，里中大家，多为所剽掠"⑪。事实上，参加起义的群众和领袖人物，主要正是"锄田夫"⑫，"佃民"⑬和畬民（即失去了土地的流民无产

---

① 《国朝文类》卷四一《经世大典序录·招捕》。
② 陆文圭：《吕侯墓志铭》，《墙东类稿》卷一二。
③ 《元史》卷一五《世祖纪一二》。
④ 宋濂：《朱环传》，《宋文宪公全集》卷四〇。
⑤ 《元史》卷一六《世祖纪一三》。
⑥ 《元史》卷一五《世祖纪一二》。
⑦ 苏伯衡：《韩君墓志铭》，《苏平仲文集》卷一三。
⑧ 柳贯：《元故大司农史义襄公墓志铭》，《柳待制文集》卷一〇。
⑨ 《元史》卷一六二《高兴传》，按，《（弘治）温州府志》卷一八《杂志》记"处州詹老鹞"活动，在至元二十五年与二十六年，疑有误。
⑩ 《元史》卷一六《世祖纪一三》；姚燧：《史公神道碑》，《牧庵集》卷一六。
⑪ 黄溍：《王君墓志铭》，《金华先生文集》卷三七。
⑫ 陆文圭：《吕侯墓志铭》，《墙东类稿》卷一二。
⑬ 姚燧：《邸公神道碑》，《牧庵集》卷一七。

者)。因此，可以断定，这一阶段各族人民的起义斗争，具有很鲜明的阶级斗争性质。这也就说明了，元代社会的主要矛盾是阶级矛盾。当时南方汉族地主阶级在各族人民起义斗争中的动向也可以用来证实上述论断。他们中的绝大多数，总是和元朝政府站在一起，把起义者看成死对头，千方百计加以剿捕。如江西金溪"大姓"邓氏，南宋初即组织地主武装，"因御寇补官，且俾世袭，自推一人，统领其众"。当改朝换代时，邓氏又"辑众护里闬，旁盗不敢窥，为官出力，掩捕黠寇"。元朝政府不仅授以官职，而且"留领乡社（地主武装）如初"①。又如，浙东婺州地主陈远大，"释儒服去从军，首建购捕之方，次陈绥靖之略，凶渠既得，余孽悉平"②。江西建昌地主郑翔，奉元朝官员之命，到起义军中去说降，"晓譬祸福"③。婺州东阳王安国，一贯为元朝卖命效力，"历陈绥抚之计"，曾"亲入贼窟，以计诱之，手缚渠魁以献"。杨镇龙起义后，他"率乡兵据要害拒之"，对起义军的活动造成不利的影响。④如此等等。元朝政府倚重汉族地主，汉族地主支持元朝统治，在反对各族人民起义斗争这个根本问题上，两者是完全一致的。

三 中期的第一阶段（1295—1332）

元世祖忽必烈死去，元成宗铁穆耳上台，元朝的历史进入了一个新的时期。

在忽必烈统治的末年，江南各地风起云涌的起义斗争逐渐消沉下去。从元成宗上台到元宁宗死去（1295—1332）近四十年时间内，总的来说，中原和江南地区各族人民的起义斗争处于低潮，而西南和华南一些少数民族聚居地区仍有规模较大、相当频繁的武装起义。

元成宗刚上台时，各地大规模的起义斗争基本上都已终止，但分散的小规模反抗斗争为数仍然不少，湖广地区"寇盗窃发"；东北辽阳行省"民饥，或起为盗贼"；"内地盗贼窃发者众"；江西也有一些暴动。⑤ 起义群众

---

① 吴澄：《邓君墓碣铭》，《吴文正公集》卷四〇。按，金谿邓氏在元末农民战争中仍是当地地主武装的头目。
② 柳贯：《陈君墓志铭》，《柳待制文集》卷一一。
③ 吴澄：《郑君朝举墓志铭》，《吴文正公集》卷四三。
④ 王祎：《王安国小传》，《王忠文公集》卷一七。
⑤ 参见《元史》卷一八《仁宗纪一》。

"杀死收捕军民官，烧劫站赤马匹铺陈，夺去县印，劫掠良民（地主）"。据元贞元年（1295）的一个统计，江南"十三处地面里草贼、洞蛮作耗，杀掳百姓，劫掠财物"①。这些只不过是前一阶段起义斗争的余波，逐渐就都消失了。

在元贞二年（1296）七月间，江西赣州爆发了刘六十（又作刘贵、刘季）领导的起义。刘六十自称刘王，"设朝殿，开行省，置丞相、左右丞、将军、军头等官"②，发展到万余人。③ 他提出了"止杀官中人"的战斗口号，把斗争矛头明确指向元朝的统治。④ 八月，起义军向吉州永丰进攻。元军"主将观望退缩，不肯战守"，起义军"势益盛"。后来，元朝政府派江西行省左丞董士选负责剿捕。董士选先拿出几个官吏当替罪羊，"察知激乱之人，悉置于法"，以此进行诱降。起义军中不少人果然上了当，放下了武器。董士选乘机进攻，刘六十被擒杀。刘六十起义前后约四个月，可以说是前一阶段南方人民大起义的尾声。自此以后，南方人民的武装斗争呈现相对的沉寂状态，北方中原地区亦是如此。

但是，这并不意味着斗争的终止。各族劳动人民转而采取其他各种斗争方式，如：

佃户抗租。榨取地租是地主对农民进行剥削的主要方式。元代地租率通常为五成，甚至更多，苛重的地租使得劳动人民不仅难以进行简单的再生产，连起码的生活也难以维持，他们被迫进行抗租斗争。"佃有奸顽每负租，欺凌佃主反相诬。"⑤ 地主阶级的污蔑正好反映出抗租斗争的激烈。

奴隶（驱口）的逃亡和暴动。蒙古灭金过程中，大批俘虏与平民被强抑为奴。直到平定南宋时，这种情况还是很严重的。驱口的社会地位最低，连生命安全都得不到保障，遭受的压迫最深，因而反抗事件层出不穷，这一阶段更加突出。大德十年（1306），一个从江南来到北方的和尚在驱口中间进行宣传鼓动，大批驱口在他影响下"白日里将他每媳妇孩儿每逃走"，"被他使长每（驱口所有主）跟赶上呵，迎敌著去了的也有"。他们有的隐匿在城、乡各地，"或于局、院佣工，或为客旅负贩"。当时黄河长江各渡口都有

---

① 《元典章》，卷四一《刑部三·谋叛》。
② 《国朝文类》卷四一《经世大典序录·招捕》。
③ 《元史》卷一五六《董文炳附董士选传》。
④ 《国朝文类》卷四一《经世大典序录·招捕》。
⑤ 郭郁：《昌江百咏诗》，见《运使复斋敏行录》。

专人把守，严密缉查，这些逃亡的驱口们就自行"用船筏偷渡过黄河、大江。""纵有败获，鼓众夺去"。这一场大规模的驱口逃亡事件，影响很广，使元朝政府大为震动。①

饥民聚众抢粮。在元朝政府和地主阶级残酷的剥削和压迫下，各族劳动人民生活十分穷困，一遇天灾，就难以在本土继续生活下去，只好流亡他乡，寻求生路。元代中期，天灾频繁，常常有成群结队的饥民，到处流动，他们为了自身的生存，有时被迫采用暴力，强行夺取地主囤积的粮食。大德二年（1298），江西有许多饥民，"强者率众开仓，或有百十成群，突入大家，升堂入厨，需求饭食"；有的还"不畏官法"，"不问物主，擅取仓禾"，以致地主们"不得安居"，"凛凛度日"②。又如，大德十一年（1307）"岁恶，人相食"。饥民"结为队伍"，"所在成群，动以数百计"。他们有的"乘间钞道，莫敢何问"。有的夜里敲开地主的门，"货钱羊牛听其所攘"。如果地主敢于反抗，"即见杀"，以致地主们"惴惴不自保"③。有的饥民群，已经拥有武器，如延祐四年（1317），长江中游的黄州，下游的高邮、真州（今江苏仪征），以及福建的建宁等处，"流民群聚，持兵抄掠"④。有的地方饥民队伍已经发展到千人以上，而且有了比较严密的组织，如"宣、歙（今安徽宣城、歙县）间，流民千余人，自署部属，横扰且不测"⑤。元朝政府在泰定二年（1325）九月专门下令"禁饥民结扁担社伤人，杖一百，著为令"⑥。说明组织起来的饥民已使元朝政府感到威胁。可以看出，饥民夺粮的斗争，是相当普遍的，影响是很大的。而这些斗争实际上正是武装暴动的先声。

秘密结社。这一阶段，一些秘密宗教结社积极活动起来。成宗元贞元年，峡州路远安县（今湖北省远安县）僧人袁普照自号无碍祖师，编造经典，"写着犯上的大言语有"⑦。此后不久，广西柳州高仙道以白莲会组织群

---

① 《元典章》卷三四《兵部一·军驱》。
② 刘壎：《呈州转申廉访分司救荒状》，《水云村泯稿》卷一四。按，原文作"大德十年丙申岁"，十年疑误，丙申系大德二年。
③ 宋濂：《先大父府君神道表》，《先府君蓉峰处士阡表》，均见《宋文宪公全集》卷五〇。又，《故姜府君墓碣铭》，同上书，卷一〇。
④ 《元史》卷二六《仁宗纪三》。
⑤ 吴师道：《送李庆昌宪副序》，《吴礼部文集》卷一四。
⑥ 《元史》卷二九《泰定帝纪一》。
⑦ 《元典章》卷五二《刑部一四·诈》。这个僧人以"普"字排行，可能与白莲教有关。

众起事，但很快就被官府发现镇压了下去。① 白莲会在杜万一起事后，一度被禁；由于一些上层僧侣与官府勾结，很快就得以重新公开活动。但是，这种组织形式仍被一些起义者用来作为组织群众宣传群众的工具，因此，元朝政府在武宗至大元年（1308）、英宗至治二年（1322）两次加以取缔。但实际上它在民间流传得更加广泛。元英宗时（1321—1323），"妖僧""妖术""妖言"不断发生，说明秘密宗教活动日益频繁。元朝政府对此很是恐慌，除了取缔白莲教之外，甚至对百姓"集众祈神"和"僧道度牒符箓"都加禁止。②

除了上述各种斗争方式之外，这一阶段的中期，在江西赣州地区爆发了一次规模较大的武装起义，一度打破了相对的沉寂状态。这次起义的领导人是蔡五九。这次起义完全是元朝政府的暴政引起的。延祐元年（1314），元朝政府决定"经理江浙、江西、河南田粮"，名义上是核实检括民间隐瞒的田亩，实际则是以此为名，增加税粮数目。各级官吏乘机舞弊，对人民群众多方敲诈勒索。如赣州路属下的信丰县，"撤民庐千九百区，夷墓扬骨，虚张顷亩"，逼死不少人命。③ "江西经理田粮，民不堪命，赣为甚，宁都又甚"，宁都百姓被逼得走投无路，便于延祐二年（1315）四月在蔡五九率领下起来造反。④ 蔡五九自称蔡王，⑤ 于七月间，包围了宁都城，杀死同知赵某。元军来援，起义军撤围设伏，元军追击，伏兵四起，元军"失利而溃"⑥。八月，起义军攻克福建汀州路宁化县，在福建引起很大震动，宁化附近的将乐县官吏逃散，成了空城。⑦ "汀、漳民叛"，泉州的群众也起来响应。⑧ 元朝政府动员了三省兵力，进行血腥的镇压，"斩获不可胜数，积尸盈

---

① 据程钜夫记：成宗时"柳州白莲道人谋畔，论死者二百。"（《监察御史萧则平墓志铭》，《雪楼集》卷一六。）又见《元史》卷一三七《察罕传》："广西妖贼高仙道以左道惑众，平民讹误者以数千计。"另据果满《庐山复教集》卷上言："广西之高仙道"，"妄称白莲道。"可知上述记载应即一事。这一事件的发现，对于研究白莲教的历史很有意义，一则可知当时这一组织已发展到广西，二则可知元代中期仍有人利用白莲教组织起义。《庐山复教集》承杨讷学者见示。
② 《元史》卷二八《英宗纪二》。
③ 《元史》卷二五《仁宗纪二》。
④ 刘岳申：《孙君墓志铭》，《申斋集》卷九。
⑤ 《国朝文类》卷四一《经世大典序录·招捕》。
⑥ 吴澄：《宁都州判官彭君从事平寇记》，《吴文正公集》卷一九。
⑦ 刘壎：《杏林公墓志铭》，《水云村泯稿》卷八。
⑧ 苏天爵：《黄公神道碑铭》，《滋溪文稿》卷一五。宋濂：《赵侯神道碑铭》，《宋文宪公全集》卷四二。

野，水为不流"。其中有起义军战士，但更多的是无辜群众。① 宁都一带的地主积极配合元军围剿，有的人甚至"以家僮民义先官军冲，冒万死"，同时还"悉其牛羊仓廪府库以备供亿"②。九月，起义失败，蔡五九牺牲。

在镇压起义过程中，为了欺骗群众，元朝政府"罢经理及冒括田租"，并把责任都推到具体负责的官员身上。③ 起义失败后，元朝政府立即反攻倒算，明知是"虚增粮数，流毒生民"，却仍然照额征收。统治集团这种无耻的行径激起了群众的极大愤怒，赣州雩都县又爆发了反征"括田新租"的刘景周起义。元朝政府急忙又下令"免征新租"④。但是，这依旧是一场骗局。刘景周起义失败后，江西虚增粮三万余石，仍"不得免"⑤。

和中原、东南武装斗争相对沉寂的情况相反，在元朝统治比较松弛的少数民族聚居地区，武装斗争风起云涌，接连不断。湖广猺民、海南"黎蛮"、云南白夷、播州（今贵州遵义地区）苗民、阶州（今甘肃武都）西番和八番（今贵州南部）"诸蛮"等，先后都曾举行起义，给予元朝政府以沉重打击。其中影响较广、规模较大的，要数元成宗大德五年至大德七年（1301—1303）的八番各族人民大起义和泰定帝统治时期（1324—1328）的湖广、云南猺民大起义。

大德五年，元朝政府发五省军二万，出征西南八百媳妇地区。为了转运军队粮饷，差派了湖广地区大量劳动人民，"五溪运粮数万家，哭声震动湖南北"⑥；"驱民转粟饷军，谿谷之间，不容舟车，必负担以达。一夫致粟八斗，率数人佐之，凡数十日乃至，由是民死者亦数十万，中外骚然"⑦。元军路经八番，八番是彝、苗、仫佬等族的聚居区，元军统帅"恃其威力，虐害居民"，勒索黄金三千两、马三千匹。当地少数民族首领折节（女，一作蛇节）、宋隆济"因民不堪"，举兵造反。元军统帅"弃众奔逃，仅以身免，丧兵十八九"⑧。"乌撒、乌蒙、东川、芒部（均在今云南境内，当时均为彝

---

① 《元史》卷一八八《王英传》。
② 刘岳申：《孙君墓志铭》，《申斋集》卷九。
③ 《元史》卷二五《仁宗纪二》。
④ 《元史》卷二六《仁宗纪三》。
⑤ 虞集：《吴公行状》，《道园学古录》卷四四。
⑥ 揭傒斯：《寄题张齐公庙》，《揭文安集》卷三。
⑦ 《元史》卷一五六《董文炳附董士选传》。
⑧ 《元史》卷一三六《哈剌哈孙传》。

族等少数民族聚居地区）望风皆叛，逾年兵连不解"①。元朝政府派遣专门镇压农民起义的刽子手刘国杰统兵前往镇压，会合云南、湖广、四川三省军队，并联合忠于元朝的少数民族头领的武装，共约四万人，一起进剿，同时还派人进行招抚，分化瓦解。起义者利用有利的山区地形，坚持战斗，取得不少胜利。大德七年初，形势恶化，折节动摇，投降后被杀，宋隆济为他的侄子所擒而献元军，也被处死。这场斗争是元朝政府残暴统治激成的，虽然是少数民族上层首领鼓动发起，实际上反映了人民群众（不仅少数民族群众，也包括汉族劳动人民在内）的反压迫的要求，因而是值得肯定的。上层人物的动摇和叛卖，加速了这场斗争的失败。

进入14世纪以后，湖广地区和云南地区的猺族和其他少数民族，不断发生暴动。到泰定帝即位（1323）后，湖广行省所属八番、顺元、静江和云南行省所属大理、威楚等地的猺族同时举事。不久，广西横州（今横县）、广东循州（今龙川）也接连发生猺民起义。泰定二年（1325），猺民起义达到高潮，见于记载的即达十余次之多，其中大部发生于广西地区。潘宝是其中比较著名的一个猺民起义领袖。元朝政府一度把"防猺寇"列为"急务"，专门选派亲王出征。②元军纪律极坏，任意屠杀平民，劫掠财物，当时的诗人写道："宁逢猺贼过，莫逢官军来，……官军掠我妻与子。"③ 这就更加激起了当地猺、汉各族劳动人民的反抗。在起义地区，汉族人民"多与猺通"，共同战斗。④ 引起猺族人民武装斗争主要是因为"苦县官虐"⑤，连元朝政府也不得不承认，"南海之民不幸遇贪饕吏，有毒于瘴疠者"⑥。同时也由于"岭海之间岁荐饥"，猺族人民难以生活下去。⑦ 他们的斗争多数是以本族的上层人物为首进行的，而这些上层人物由于本身的利益往往是动摇不定的。元朝政府一面派重兵围剿，另一方面派"良吏"去劝诱欺骗，互相配合，特别是后一手对于那些上层人物能发生很大作用。如周自强，"泰定间，广西洞猺反，自强往见猺酋，说以祸福，中其害，猺酋立为罢兵"⑧。聂以

---

① 黄溍：《刘公神道碑》，《金华先生文集》卷二五。
② 《元史》卷三〇《泰定帝纪二》。
③ 傅若金：《广西谣》，《傅与砺文集》卷三。
④ 揭傒斯：《甘公士廉墓志铭》，《揭文安集》卷一三。
⑤ 宋濂：《刘君墓志铭》，《宋文宪公全集》卷四九。
⑥ 刘岳申：《送张宪使赴礼部序》，《申斋集》卷一。
⑦ 揭傒斯：《甘公士廉墓志铭》，《揭文安集》卷一三。
⑧ 《元史》卷一九二《周自强传》。

道,"会傜、僚为变,有旨直抵贼巢。君单骑深入,宣明天子威命",把这两次事件平定了下来。① 元朝政府交叉使用围剿与诱降策略,终于使傜族人民的起义斗争逐渐消沉下去。

这一阶段,蒙古族劳动人民也不断暴动,反对元朝的统治。元朝统治者将全国人民按民族、地域分成四等,蒙古最上,其次为色目、汉人、南人。但实质上,蒙古族劳动人民和汉族以及其他各族劳动人民一样,备受元朝政府和地主阶级的压迫和剥削。许多蒙古族平民破产流亡,甚至卖妻鬻子。有的还被当作奴隶贩卖到海外。元代中期,由北方流亡到中原的蒙古平民竟达数十万之多,成为一个严重的社会问题。元朝政府对流亡的"亚当吉"(穷人)采取了强制押送回本部的办法,甚至规定对私自离开本部者处以死刑。② 尽管控制十分严密,这些受剥削压迫的蒙古族劳动人民仍然不断举行反抗斗争。延祐六年(1319),晋王也孙帖木儿所部民"经剽掠灾伤,为盗者众"③。天历二年(1329),居住在岚、管、临三州(均属山西冀宁路,在山西北部)的诸王八剌、马忽都、火者等部曲,"乘乱为寇"④。甚至蒙古士兵也曾起来闹事,"岭北戍士多贫者,岁凶相挺为变"⑤。蒙古族劳动人民起来斗争是这一阶段的一个特点,说明元代社会矛盾正在进一步深刻化。

四　中期的第二阶段(1333—1350)

从元顺帝妥欢帖睦尔上台(1333),到元末全国农民战争爆发(1351),不到二十年。这一阶段,阶级斗争的形势发生了明显的变化。

在元朝黑暗统治下,"贫者愈贫,富者愈富",剥削阶级过着花天酒地、荒淫无耻的生活,而各族劳动人民则"糠秕不充口,裘褐不掩胫"⑥,终年挣扎在饥饿线上。特别是进入14世纪30年代以后,水、旱灾荒连年不断。农村人口大量流亡,全国很多地方都出现了"田亩荒芜,蒿莱遍野"的悲惨景象。⑦ 社会生产遭到严重的破坏,不少地方几乎连简单的再生产都无法进

---

① 刘岳申:《广东道宣慰副使聂以道墓志铭》,《申斋集》卷八。
② 《元史》卷二九《泰定帝纪一》。
③ 《元史》卷二六《仁宗纪三》。
④ 《元史》卷三三《文宗纪二》。
⑤ 《元史》卷一七七《张思明传》。
⑥ 吴莱:《韩蒙传》,《渊颖集》卷九。
⑦ 余阙:《书合鲁易之作〈颍川老翁歌〉后》,《青阳集》卷八。

行下去了。与此同时，元朝统治集团日益腐化，内部争权夺利的斗争不时发生，政局动荡不安，贪污成风，贿赂公行，"所属始参曰拜见钱，无事白要曰撒花钱，逢节曰追节钱，生辰曰生日钱，管事而索曰常例钱，送迎曰人情钱，勾追曰赍发钱，论诉曰公事钱。觅得钱多曰得手，除得州美曰好地分，补得职近曰好窠窟，漫不知忠君爱民之为何事也"①。当时民间传唱歌谣道："贼做官，官做贼"，"官法滥，刑法重，黎民怨"②。在这样的政治、经济状况下，阶级矛盾日益尖锐化，各族劳动人民的反抗斗争再次蓬勃开展起来。

在这十余年时间内，规模较大的起义斗争，就不下三十次。

少数民族的反抗斗争，比起前一阶段来，更加频繁。湖南、广西等地的瑶、壮、苗等族人民的武装斗争，接连不断。湖南道州（今道县）瑶族蒋丙，自称顺天王，接连攻破江华、连州（广西连州市）、桂州（广西桂林）。他的活动持续了好几年，元朝军队出动三省军队围剿。湖南靖州（今靖县）瑶族吴天保领导的起义，③声势更大，曾攻克沅州（今藏江）、辰州（今沅陵）、武冈、宝庆（今邵阳）等，队伍发展到六万人以上。元军连年讨伐，曾以两个亲王督师，都未能取胜。吴天保领导的起义从至正六年（1346）一直继续到元末农民战争爆发前夕，元朝政府进行招抚，吴天保投降，起义才告失败。④ 西北的"西番盗起凡二百余所"。在北方草原，至正七年（1347）蒙古八邻部民起事，"断岭北驿道"。在东北地区，吾者野人和水达达"为捕海东青（一种专供统治者打猎用的鹰）烦扰"，也起来反抗。辽东还发生数起女真族起义，"诈称大金子孙"⑤。

江南人民的起义斗争，再一次开展起来，使前一阶段相对沉寂的局面大为改观。后至元三年（1337）正月，广州增城县朱光卿起义，国号大金，改元赤符。不久，惠州归善县戴甲、聂秀卿等起来响应，"与朱光卿相结为乱"。戴甲称"定光佛"，这是因为民间传说若要太平，需得定光佛出世，

---

① 叶子奇：《草木子》卷四下《杂俎篇》。
② 陶宗仪：《辍耕录》卷二三《醉太平小令》。
③ 《元史》卷四一《顺帝纪四》多次称吴天保为"靖州瑶贼"。但权衡《庚申外史》卷上记吴天保投降后，被调至汴梁，其军队称为"湖广苗军"。则吴天保所部应由瑶、苗各族联合组成。
④ 元朝招抚广西、湖南瑶族起义队伍情况见《元史》卷一四〇《达识帖睦迩传》。达识帖睦迩在至正九年（1349）任湖广行省平章政事，负责"招谕"事宜，元末农民战争爆发前已调离。吴天保之降应在此期间。
⑤ 《元史》卷四一《顺帝纪四》。

所以起义领袖以此自命。① 这一年海南岛上的万安军有吴汝期起义，"聚众三千人"②。同年四月，四川合州大足县韩法师起事，称南朝赵王。过了一年，即后至元四年（1338）六月，江西袁州（今宜春）周子旺起义。周子旺是南方白莲教首领彭莹玉的徒弟，彭莹玉以白莲教形式在群众中进行组织宣传，并给人治病，"袁民翕然事之如神"。起义发动后，"从者五千余人"，周子旺自称周王，改年号，但很快就被镇压下去。周子旺被杀，彭莹玉"败逃淮西"，群众"争庇之。卒不为有司所捕获"③。后来，在元末全国农民战争中，彭莹玉组织领导了天完红巾军的斗争。就在周子旺起义的同时，福建漳州南胜县爆发了李志甫（一作李胜）起义。李志甫被称为"畲寇"，可见和黄华、钟明亮等一样，也是失去了土地的畲民。④ 他率领起义军包围了漳州城，声震一时。元朝出动大军，"江浙万户集者九人"⑤。但起义军用计袭官军，使元军不断失利。⑥ 当地的地主纷纷组织武装，配合元军，参与对农民起义的镇压。⑦ 后至元六年（1340），地主武装头目陈君用偷袭杀害了李志甫，起义才告失败。与李志甫同时，潮州有刘虎仔起义，但也失败了。过了不久，至正六年（1346），邻近漳州的汀州连城县有罗天麟起义，攻克长汀县，"势张甚"⑧。后罗天麟被内奸杀害，起义失败。至正八年（1348），浙东台州又有方国珍起义，屡次挫败元军，后来为元朝招安。

江淮以北广大地区，武装斗争接连不断，虽则规模一般不大，但次数极频繁，完全改变了长期以来比较消沉的状态。后至元三年（1337）河南爆发的棒胡起义可以说是这一阶段北方武装斗争的先声。棒胡原名胡闰儿，河南陈州人，"好使棒，棒长六七尺，进退技击如神"，远近闻名，称为棒胡。⑨ 他"以烧香惑众，妄造妖言作乱"，队伍中有人持弥勒佛小旗，可知是以白

---

① 《元史》卷三九《顺帝纪二》。
② 《元史》卷一八八《王英传》。
③ 《元史》卷三九《顺帝纪二》。《庚申外史》卷上。
④ 《八闽通志》卷一《地理》。
⑤ 郑玉：《珊竹公遗爱碑铭》，《师山文集》卷六。
⑥ 陶安：《万万户军功记》，《陶学士文集》卷一七。
⑦ 如长泰许存表："倾赀募兵，击贼亡算"。（危素：《送许巡检序》，《危太朴文集》卷一〇。）将吴文让，"漳寇李志甫侵境，邑人吴文让募义兵捕之"。（《万历将乐县志》卷二《建置志》。）
⑧ 陶安：《万万户军功记》，《陶学士文集》卷一七。
⑨ 《庚申外史》卷上。

莲会为组织形式发动起来的。① 起义后，"建年号"，"发布宣敕"，可见已建立政权。② 最初在信阳州（今河南信阳）起事，遂即向北发展，破鹿邑，焚陈州（今河南淮阳），造成了相当大的影响。但在元朝优势兵力镇压下，这次起义不到一个月就在鹿邑附近失败了。这是在江淮以北发生的有明确记载、规模较大的白莲教起义，表明白莲教在河南地区已有相当的影响。后来全国农民战争爆发，刘福通起兵淮西，随即向河南挺进，以河南为主要活动场所，与白莲教在当地的影响是有一定关系的。

棒胡起义失败后，北方很多地方相继有小规模的武装暴动发生。元朝的制度，全国分建十个行省，而首都大都附近的河北、山西、山东等地，则称为"腹里"，直属中央。元朝政府在这些地方布有重兵，特别是大都周围京畿之地，驻有元朝军队的主力——侍卫亲军。由于元朝政府控制严密，在此以前，"腹里"很少有起义发生，有的刚一起来就被扑灭。到了这一阶段，就大不一样了。至正元年（1341），山东、燕南"强盗纵横至二百余处"。至正二年（1342），"京城强贼四起"。至正三年（1343），"山东有贼焚掠兖州"。至正四年（1344），河南"大饥，盗贼群起，抄掠州县"，有的地方官无力抵挡，只好哀求起义者不要入境。③ 这一年山东益都盐贩郭火你赤起义，队伍不到三百人，"拥旗鼓，入城邑，掠人民，纂囚徒，共益其党。火庐舍，劫府库，争取其财。横行曹、濮、滑、浚、相、卫诸郡，西抵太行，由磁、洛而归"。这支队伍纵横山东、河南、山西、河北等地，"若蹈无人之境"，"河、淮左右，舟车几不能往来"，使得"庙堂"也以"为忧"④。至正六年（1346），"京畿盗起"，"山东盗起"。至正七年（1347），"河南、山东盗蔓延济宁、滕、邳、徐州等处"。山东的临清、河北的广平等地都有"盗起"。连"密迩京城"的通州，也是"盗贼蜂起"。至正九年（1349），山东冀宁（今太原）、平原等地又有曹七七起义。⑤

元末杨维桢曾经对当时这些"盗"的行动做过如下的记录：

---

① 元末起义的白莲教徒，也都以烧香聚众，奉弥勒。虽然有关记载没有说明棒胡的教派，但根据这两个特征就可以断定为白莲教无疑。
② 《元史》卷一八二《许有壬传》。
③ 《元史》卷一九二《许义夫传》。
④ 苏天爵：《新升徐州路记》，《滋溪文稿》卷三。危素：《书张承基传后》，《危太朴文续集》卷九。
⑤ 本段引文未证明出处者均见《元史》卷四〇《顺帝纪三》，卷四一《顺帝纪四》。

客有言：中山某氏者，聚亡命为盗，往来江、淮间，未尝掠农舍鸡犬、贾舶、子女。必廉某州某郡吏之贪而狠戾者，中夜至其家，擒其主，反接于柱。盗坐堂上，令持刀者刲其脂肉反啖其口，问之曰："痛楚乎？"主哀吼曰："痛楚，痛楚。"盗曰："汝割剥民膏，痛亦尔。"贷其妻子使野处，悉取其财置诸通衢，使民争取之讫。杀其主，焚其室。①

从这一富于戏剧性的故事可以看出，元末许许多多规模不大的"盗贼"，实际上都是把矛头针对官府和地主的。当时的诗歌曾记述"大盗"攻入颖州，"城中豪家尽剽掠"②。他们痛恨"割剥民膏"的统治阶级，进行打富济贫式的活动。他们的斗争还不能叫作农民起义，但对于动员更多的群众参加到武装反抗的行列中来，无疑是起了积极作用的。

这一阶段，和频繁发生的各族人民武装起义相配合，许多反映广大群众政治要求的革命歌谣在民间广泛传唱，其中有些流传至今。如：

天雨线，民起怨，中原地，事必变。
塔儿黑，北人作主南作客；塔儿红，朱衣人作主人公。③

天高皇帝远，民少相公多，一日三遍打，不反待如何！④

这些歌谣的广泛流传，实际上正是阶级斗争日益趋向高潮的标志。

在这种情势下，元朝统治集团有不少人已经意识到统治的不稳，他们为了扭转这种局面，采取了种种对策。这些对策有：在各军事要地增设行枢密院、分元帅府等机构，加强控制。实施种种严刑苛法，除禁止私藏武器之外，又禁用"弹弓、弩箭、袖箭"，规定"强盗皆死"，等等。提高捕盗赏格，原来获五"盗"予一官，此时改为"获三人者与一官"。挑动民族矛盾，不许汉人、南人骑马，不许他们学习蒙古语、畏兀儿语，严禁他们学练武艺。有的蒙古贵族甚至提出要尽杀张、王、刘、李、赵五姓汉人。

但是，所有这些措施，都不过是封建统治者在行将没落时的疯狂挣扎，

---

① 杨维桢：《中山盗录》，《铁崖文集》卷二。
② 迺贤：《颖州老翁歌》，《金台集》卷一。
③ 《元史》卷五一《五行志二》。
④ 黄溥：《闲中今古录》。

没有也不可能吓倒对元朝政府和地主阶级充满仇恨的各族劳动人民。压迫愈深，反抗愈强，武装斗争冲破封建统治者的重重禁网更加蓬勃地开展起来了。经过多次反复的较量，各族劳动人民从失败和挫折中受到了教育，他们的斗争艺术不断提高，规模和声势越来越大，"长戈耀白日，健马突封豕，岂惟横山泽，已敢剽城市"①。"鸣鼓树旗，不畏官捕，郡县闻风而避，弓兵望影而逃！"②

山雨欲来风满楼。所有这一切表明，统治阶级已不能照旧统治下去，各族劳动人民迫切要求变革，全国性的政治危机已经成熟。一场全国规模的荡涤旧世界的阶级斗争暴风雨，就要来到了。

五　结　语

有元一代，各族人民进行了许多次前仆后继的英勇斗争。他们的革命行动，既反映了元朝政府和地主阶级剥削、压迫的残酷，同时更充分说明我国各族人民"是不能忍受黑暗势力统治的"。

由于力量对比的悬殊，也因为起义者本身的弱点，这些斗争几乎都失败了。但是，"群众进行的殊死斗争甚至是为了一件没有胜利希望的事业，但对于进一步教育这些群众，对于训练这些群众去作下一次斗争却是必需的"。斗争、失败、再斗争，分散的起义斗争逐渐汇集成巨大的革命洪流。正是在各族人民群众几十年艰苦斗争的基础之上，在元顺帝至正十一年（1351）五月爆发的新的起义，才能迅速发展成全国规模的农民战争。

这就是元代前期和中期各族人民起义斗争的伟大意义。

（原载《中国农民战争史论丛》第2辑，河南人民出版社1980年版）

---

① 刘基：《北上感怀》，《诚意伯文集》卷一三。
② 苏天爵：《山东建言三事》，《滋溪文稿》卷二六。

元末起义农民的口号

元末农民战争最初是由起义领袖们通过秘密宗教进行动员和组织的。他们在群众中宣传"弥勒佛下生""明王出世",当时河南、江淮一带群众"翕然信之"[①]。这种宗教性神秘预言,对于发动群众起来斗争,起了积极的作用。

无论是"弥勒佛下生",或是"明王出世",都是由来已久的宗教观念,就其本来含义而言,并不具有革命的性质。但是当社会矛盾尖锐化时,一经起义的组织者加以利用,赋予这些隐晦的宗教观念以现实的意义,把"弥勒佛下生""明王出世"与"天下大乱"联系起来,这样,它们便具有了反抗现存统治的斗争内容。现实的统治造成了"天下大乱"的局面,现在"弥勒佛""明王"(起义领袖们以此自命)出世了,"当为世主",也就是要取代现存统治,结束"大乱"的局面,带来一个新世界——一个据说人人可以得到幸福的新世界。对于处于残酷的封建剥削和压迫之下的劳动人民来说,这种宗教观念在"和平"时期不过是诱人的芳香,苦难的安慰,和其他宗教观念没有什么差别。但当社会动荡不安,风暴即将来临时,经过起义领袖们加以利用、改造,它们便成了受难者的希望所在,鼓舞他们去进行拼死的斗争。亲身经历元末农民战争的朱元璋曾在一篇讨伐张士诚的檄文中写道:"近睹有元之末,主居深宫,臣操威福,官以贿求,罪以情免。……役数十万民,湮塞黄河,死者枕藉于道,哀苦声闻于天。不幸小民,误中妖术,不解其言之妄诞,酷信弥勒之真有,冀其治世,以苏困苦。聚为烧香之党,根蟠汝、颍,蔓延河、洛。妖言既行,凶谋遂逞,焚荡城郭,杀戮士夫,荼毒

[①] 《元史》卷四二《顺帝纪》。

生灵，千端万状。"① 撇开那些污蔑性的言辞不谈，朱元璋这段话相当真实地勾画出了"弥勒佛下生""明王出世"之类宗教语言与农民战争的关系。正是在"死者枕藉于道，哀苦声闻于天"的岁月里，这种所谓"妖言""妖术"得到了广泛的传播。那些"酷信弥勒之真有"的"愚民"，"冀其治世"，是为了"以苏困苦"。而这种"妖言既行"，其结果是"焚荡城郭，杀戮士夫"，矛头直接指向封建统治和地主阶级。恩格斯说："在宗教狂热的背后，每次都隐藏有实实在在的现世利益。"② 在元末流行这些宗教语言背后，我们完全可以觉察到农民反抗封建统治、变革现实的强烈要求。

但是，宗教毕竟是迷信的消极的意识形态，当斗争大规模展开以后，"弥勒佛下生""明王出世"之类语言便逐渐丧失了对群众的吸引力。起义农民必须用更有现实意义和具有明确内容的纲领口号，来补充和取代这些宗教性的口号。他们提出的一个是"复宋"，一个是"摧富益贫"。

元末"河南诸处群盗，辄引亡宋故号以为口实"。起义领袖韩山童声称自己"实宋徽宗七世孙，当为中国主"③。后来韩林儿、刘福通更把他们建立的政权定名为"宋"，在旗帜上大书："重开大宋之天。"④ 隶属于宋政权的朱元璋部，也在旗帜上写着："山河奄有中华地，日月重开大宋天"；"九天日月开黄道，宋国江山复宝图"⑤。

"复宋"的口号，有着复杂的含义。一方面，这个口号具有反抗民族压迫的意思。元朝是以蒙古贵族为主的联合各族地主组成的政权，统治者竭力挑动民族纠纷，制造民族隔阂，把全国居民分为蒙古、色目、汉人、南人四等。元代残酷的阶级压迫和剥削，往往披上一层民族压迫的外衣。在这样的情况下，劳动人民把自己的悲惨遭遇归咎于民族压迫，把反对民族压迫作为斗争的主要任务，是很自然的。宋政权领导的起义军在檄文中说："慨念生民，久陷于胡，倡义举兵，恢复中原。"⑥ 又说："贫极江南，富称塞北"⑦，都是针对民族压迫而发的。"复宋"口号的积极意义，就是要反抗民族压迫，要推翻制造民族压迫的元朝政府。在当时具体历史条件下，它对于号召群众

---

① 祝允明：《野记》。
② 恩格斯：《论早期基督教的历史》，《马克思恩格斯全集》第22卷，第526页。
③ 《元史》卷四二《顺帝纪五》。
④ 陶宗仪：《辍耕录》卷二七《旗联》。
⑤ 俞本：《纪事录》，见钱谦益撰《国初群雄事略》卷一。
⑥ 郑麟趾：《高丽史》卷三九《恭愍王世家三》。
⑦ 叶子奇：《草木子》卷三上《克谨篇》。

起来斗争，无疑是起过一定积极作用的。

考察一下元末汉族地主的思想动向，就会对此有更清楚的认识。入元以后，无论南北的汉族地主的大部分，都拥戴元朝的统治，承认元为封建正统，尽管也有不满和牢骚。元末农民战争爆发以后，这些不满和牢骚都被搁置起来，他们纷纷表决心，见行动，"誓竭忠以报国家"①。强调要"忠君"②，"忠君""报国"在当时的具体含义，便是维护元朝统治，镇压农民起义。"复宋"和"忠君""报国"，在元末农民战争初期这个特定历史时期中，是两个截然对立的反映不同阶级立场的口号。

但是，这个口号还有另一方面的含义。从字面上理解，"复宋"就是恢复已经灭亡了的赵宋王朝。这个口号并没有真正反映起义农民反抗阶级压迫的强烈要求，而是封建正统观念和狭隘民族观念在起义农民思想中的表现。它容易混淆广大群众的视线，模糊对斗争性质的认识，因此也就容易为地主阶级所利用。事实就是这样。在农民战争初期，汉族地主高叫"忠君""报国"，镇压农民起义；而当农民战争继续发展、阶级力量的对比发生明显的变化后，汉族地主中有不少人便开始转变立场，不再支持元朝，改而参加农民起义队伍。他们用自己的思想来影响起义领袖，利用农民起义来重建封建统治。"复宋"口号的性质，便发生了明显的变化，成了重建封建统治的口号。至正十九年（1359）浙东儒生叶子奇向朱元璋上书，就是一个很好的例子。书中说：③

> 洪惟圣宋之重兴，实由天厌于元德，命兹宅中于华夏，宜当修德以应天。窃惟复圣宋之治，其纲条之大者有八：正彝伦以清化原，简英贤以熙庶绩，隆廉耻以革贪风，纪孝行以敦礼本，汰冗官以一其权，正刑赏以齐其柄，通钱币以权轻重，验产力以均赋役。凡此八者，当革戎夷之弊风，一复我家之旧制，则统不期正而自正，治不期兴而自兴。太祖、太宗礼乐刑政之纲，华夏文明之教，将复见于今日矣。

既要"复宋"，就应该恢复"旧制"，亦即传统的封建政治、经济体制。

---

① 宋濂：《金溪县尉陈府君墓铭》，《宋文宪公全集》卷二〇。
② 刘基：《王原章诗集序》，《诚意伯文集》卷六。
③ 叶子奇是笔记《草木子》的作者。此文原见于其文集《静斋集》，原书已佚。但此文部分在钱谦益的《国初群雄事略》卷一中保存了下来。

从叶子奇的上书可以充分说明，一旦阶级斗争形势发生变化之后，"复宋"口号很快便被地主阶级接了过去，作为重建封建统治的理论根据。后来，朱元璋出于自身利益的考虑，提出"驱逐鞑虏，恢复中华，立纲陈纪，救济斯民"。在反对民族压迫的幌子下，明确提出要恢复封建的纲纪，这是"复宋"口号进一步引申的必然结果。总之，"复宋"口号在农民战争初期对于鼓动群众起来斗争有一定的积极作用，但是，随着斗争的进一步深入，这个口号很快便被地主阶级接了过去，成为他们篡夺农民起义果实、重建地主阶级统治的工具。

起义农民的另一个口号是"摧富益贫"。

元顺帝至正十一年（1351）八月，徐寿辉、邹普胜等于蕲州（今湖北蕲春）、黄州（今湖北黄陂）起义，建国号"天完"，"天完"就是压倒"大元"之意。① 天完政权建立后，迅速向四周发展，其主力沿大江东下，攻取了淮西和江东、西大部分地区。至正十二年（1352），天完红巾军一部由江西向福建挺进，四月间攻克邵武。在此过程中，起义者提出了"摧富益贫"的口号：②

> 至正十有二年，春二月，淮、汝叛，犯湖省，连陷江西诸郡，图龙兴，进陷建昌，所至蜂起应之。贼势张甚，闽中大震。夏四月，邵武独守杉关，而建宁县首祸应必达与其党以私憾诱致江西首贼宜黄塗乙、塗佑、新城童远袭据建宁县治，遂陷泰宁。癸亥，遣贼扬旗执伪榜至邵武界，募旁民三百余人，持白梃大噪入城。先是城中官民久不知兵，闻贼将至，皆骇惧，挈孥远遁，贼遂乘虚窃据郡治。明日，诸贼帅先入（？）继至，扬言"摧富益贫"，以诱村氓从逆。凡窭者之欲财，贱者之欲位，与凡子弟之素无赖者，皆群起趋之，旬日间聚至数万。大掠富民家，散入山谷搜劫，无获免者。

这件资料说明了如下几个问题：（1）"摧富益贫"的口号是天完红巾军提出的。起义军提出这个口号"以诱村氓从逆"，实即发动群众，参加起义

---

① 杨讷：《释"天完"》，《历史研究》1978年第1期。
② 《（嘉靖）邵武府志》卷二，黄镇成所撰碑文。黄镇成，元末福建邵武人，传世有《秋声集》，均为诗歌。

斗争。（2）起义军所到之处，广大群众"蜂起应之"。特别是提出"摧富益贫"口号之后，得到广大劳苦群众即所谓"窭者""贱者""无赖"的热烈响应。他们迅速投奔到起义造反的大旗下，"旬日间，聚至数万"。应该注意的是，邵武是偏僻的山区，在当地"数万"是很大的数字。（3）在"摧富益贫"口号鼓舞下，起来造反的群众把斗争矛头对准地主阶级，"大掠富民家"，也就是用暴力剥夺地主的财产。这个革命行动进行得坚决而且彻底，富人"无获免者"。

由于元军和地主武装的反扑，邵武在七月间陷落了，起义军的多数将领如童远、应必达等人先后牺牲。但是，受"摧富益贫"口号鼓舞的起义群众，并未因暂时的挫折就消沉下去。他们"潜回村落"，集结力量，继续坚持斗争。这一年的秋、冬两季，起义群众"常数万众，合十余道以攻城"，给予元朝统治以打击。①

元末农民战争中起义者提出"摧富益贫"的口号，绝不是偶然的。它是元代社会矛盾的产物。元代社会的主要矛盾是"贫""富"的矛盾，其实质是农民和地主两大对立阶级的矛盾。元朝政权是蒙、汉等族地主阶级的联合专政的国家机器。蒙、汉各族地主占有大部分土地和其他生产资料，对各族劳动人民进行残酷的剥削和压迫，这就是元代基本的阶级关系。由于元朝政府和各族地主阶级的剥削和压迫，有元一代"贫者愈贫，富者愈富"②，形成了尖锐的对立。一面是拥有"鸦飞不过的田宅"，"私田跨县邑、赀无算"的豪富。"豪右兼并之家连阡互陌，所收动计万石。"③ 有的甚至"收谷岁至数百万斛"④。有官职的地主为所欲为，没有官职的地主"无爵邑而有封君之贵，无印节而有官府之权"，在地方上横行霸道，欺压小民。⑤ 另一面则是"忍饥忍寒蹲破庐""麦饭稀稀野菜羹"的贫苦农民和其他劳动人民。一般自耕农辛勤劳动一年，在缴纳各项赋税之后，"不能供半岁之口体"，"欲无冻馁，得乎"⑥？至于租种地主土地的佃农，生活就更加悲惨了。特别是水旱灾荒发生，劳动人民的生活更加困苦，饥寒交迫，地主则乘机兼并土地，

---

① 《（嘉靖）邵武府志》卷二，黄镇成所撰碑文。黄镇成，元末福建邵武人，传世有《秋声集》，均为诗歌。
② 危素：《书张承基传后》，《危太朴文续集》卷九。
③ 《至顺镇江志》卷二《地理·乡都》。
④ 余阙：《宪使董公均役记》，《青阳集》卷九。
⑤ 赵天麟：《太平金镜策》，见《历代名臣奏议》卷一一二《田赋》。
⑥ 胡祗遹：《匹夫岁费》，《紫山大全集》卷二三。

"有钱的贩米谷置田庄添生放，无钱的少过活分骨肉无承望。有钱的纳宠妾买人口偏兴旺，无钱的受饥馁填沟壑遭灾障"①。

社会存在决定社会意识。广大劳动人民被剥削受压迫的社会地位，贫富的尖锐对立，必然在"被剥削者本身和个别'知识分子'代表中间产生一些与这一制度相反的理想"。当时的广大劳动人民尽管由于生产地位的限制，还不可能对阶级和阶级斗争有合乎科学的认识；但是，切身的遭遇必然使他们懂得，世界上有"贫""富"的区别，只有用暴力改变这种区别，才有自己的活路。他们积下了无数仇恨和拼命战斗的决心，痛恨地主，痛恨地主阶级的国家政权。有元一代，各族劳动人民采取多种多样的形式，向地主阶级和元朝统治进行斗争。农民的抗租、抢粮，驱口（奴隶）的逃亡、暴动，手工业者的怠工等等，此起彼伏，始终没有停息过。反抗斗争的进一步发展，便采取了武装斗争的形式。元代各族人民武装起义次数之多，范围之广，规模之大，在我国历史上都是罕见的。在忽必烈统治时期，即13世纪下半期，江南各地的武装斗争曾得到蓬勃的发展，最多时达四百余处。② 到了14世纪上半期，中原和江南的武装斗争比较沉寂，但一些民间秘密结社积极活动，集结力量。这一时期在边疆各民族聚居地区，起义斗争仍不断发生。进入14世纪中叶，随着各族劳动人民生活的进一步恶化，武装暴动在全国范围内到处发生。斗争、失败、再斗争，分散的武装起义逐渐汇合成巨大的洪流，到至正十一年（1351），终于爆发了全国性的农民战争。如果说，当时地主阶级中的一些比较有见识的人物都已觉察到了社会矛盾的尖锐，把"贫富不均"作为引起全国农民战争的原因的话，③ 那么，亲身遭受剥削和压迫之苦的各族劳动人民，针对这种"贫富不均"的情况，总结自己斗争的实践，提出"摧富益贫"的口号，不是很自然的吗！

"摧富益贫"的口号，又是前代农民起义所提出的平均主义和平等思想的纲领口号的进一步发展。平均财富的思想和平等的要求，是农民对极端的社会不平等，对贫富之间、地主和农民之间的对立的自发反应，也是农民革命本能的简单的表现。唐、宋时期的农民起义中，已经不止一次地提出了"平均"和"等贵贱、均贫富"的口号。前代起义者的革命思想为后代准备

---

① 刘致：《正宫端正好（上高监司）》，《阳春白雪》后集卷二。
② 《元史》卷一五《世祖纪十二》。
③ 叶子奇：《草木子》卷三上《克谨篇》。

了宝贵的思想材料。元代起义农民正是在自己切身遭遇和斗争实践基础之上，对前代留下来的思想材料进行加工，才有可能提出更为鲜明的"摧富益贫"口号。

"摧富益贫"口号的意义，不仅在于它要求平均财富，而且在于它明确强调要通过"摧"即暴力的手段，达到平均财富的目的；而财富的平均，实际上便意味着社会地位的平等。"摧富"就是用暴力剥夺富人即剥削者的财产，"益贫"便是将所夺得的财产在穷苦的劳动人民中间进行分配。后来，在明、清两代的农民起义中，相继提出了"割富济贫""杀富济贫"等口号，与"摧富益黄"口号有着明显的联系。平均财富的思想像一条红线，贯穿于我国封建社会的农民战争中间。宋代起义农民提出"均贫富"，比起前代农民起义来，在思想上是一次巨大的飞跃。而元代的"摧富益贫"，比起"均贫富"来，含义更加明确，立场更加鲜明，它只会是受压迫者的反抗呼声，不可能有任何误解。

"摧富益贫"口号所表现的起义农民要求平均财富和地位平等的思想，是与当时占统治地位的儒家思想截然对立的。元代，统治者尊奉程朱理学，将其奉为神圣不可侵犯的教条。程朱理学维护封建剥削制度和等级制度，鼓吹"天分即天理"，断言维护封建伦理关系的三纲五常就是天理的体现。在元末农民战争中，有的汉族官僚就宣扬"人生有贫有富，自是分定"，告诫劳动人民安于受剥削压迫的境遇，不要起来造反。[①] 敢于造反的起义者，就被咒骂为"不安命分"的"小人"[②]。"摧富益贫"与"贫富分定"，是两种完全相反的思想，前者是对后者的大胆的否定，勇猛的冲击。起义者在用武器对封建制度进行打击的同时，也进行了对封建思想的坚决批判。这种反封建的思想的光辉，是永远不会磨灭的。

在元末农民战争中，起义农民为实践"摧富益贫"这一平均主义的理想进行了英勇顽强的斗争。福建邵武地区是这样，天完红巾军其他队伍所到之处也是这样，其他起义军中的大多数也是这样。

元末农民战争爆发后，"贫者从乱如归"[③]。成千上万"短衣草履"的劳动者，"齿木为耙，削竹为枪"，起来造反。[④] 凡是农民战争烈火所及之处，

---

① 卢琦：《谕寇文》，《圭峰文集》卷下。
② 唐桂芳：《吕氏嘉贞传》，《唐氏三先生集》卷二〇。
③ 叶子奇：《草木子》卷三上《克谨篇》。
④ 《元史》卷一九五《魏中立传》。

"民皆相为变,杀掠巨室"①。"故家大族,残灭以尽"②,"无问强宗巨室,悉受屠戮杀掠之祸"③。起义军"见富人如仇,必欲焚其屋而杀其人"④。他们对"富人""强宗""大族""巨室"的坚决镇压,从政治上把地主的威风打了下去。不仅如此,许多地主害怕被清算,纷纷离开家乡,逃亡外地:"豪右之家颇以赀雄乡里者,辄弃走,涂塞耳目,夷灭踪迹。稍或相遇,非惟渔猎之,又菹醢之。万一不死者,幸也。"⑤地主的被迫逃亡,其"结果等于被驱逐",这也是农民从政治上打击地主的方法之一。总之,在农民起义冲击之下,大江南北,"豪势之家,焚荡播迁,靡所底止"⑥。阶级关系发生了很大的变化。

起义军和响应起义的群众,到处清算和没收地主的财产。徽州的群众组织起来造"以赀盖乡里"的财主的反,他们义正词严地宣告,"金珠我有也,牛羊我有也,谷粟我有也"。地主吓得尽弃财产逃跑。⑦天完红巾军一部攻下常州,没收了地主王佛子的全部财产,并将没收的粮食分给当地的群众。⑧从这两个例子不难想见,其他许多地区的地主财产一定也在没收之列。特别值得注意的是,在某些地区,起义群众已明确提出土地问题,例如江西建昌"大村里黎坊有名黎一者,元末聚众无赖劫掠。本里有潘诚夫,家富于财。黎一劫其财,又拘诚夫及其孙景至其家,曰:'田地尽与我则生'。潘惧,如其言。"⑨

经过农民战争风暴的扫荡,封建的财产所有制遭到沉重打击,元代土地高度集中的现象发生了显著的变化。"田庐朝已业而暮他姓者",成了很普遍的事。⑩许多农民夺得了地主的财产与土地,而相当多的地主则没落了,他们中有的人"家业荡然,遗田数亩而已"⑪;有的"资产荡然,窜身江

---

① 宋濂:《庐陵张府君墓碣铭》,《宋文宪公全集》卷一五。
② 《(万历)南昌府志》卷二四《纪事》。
③ 金幼孜:《书顾氏三节妇传后》,《金文靖公文集》卷二。
④ 卢琦:《谕寇文》,《圭峰文集》卷下。
⑤ 唐桂芳:《吕氏嘉贞传》,《唐氏三先生集》卷二〇。
⑥ 朱善:《元吴鲁公墓志铭》,《朱一斋集》卷八。
⑦ 唐桂芳:《吕氏嘉贞传》,《唐氏三先生集》卷二〇。
⑧ 谢应芳:《王佛子行状》,《龟巢稿》卷一九。
⑨ 《(正德)建昌府志》卷一九《杂志》。
⑩ 刘三吾:《员外郎许公克谦墓志铭》,《坦斋先生文集》。
⑪ 苏伯衡:《竹坡处士俞元瑞墓志铭》,《苏平仲文集》卷一二。

南，……馁死途路间"①。封建生产关系的这些变化，为社会生产力的发展创造了有利的条件。

在农民战争中，起义者常常"把斗争内容简明地以政治标语的形式写在旗帜上"②。在元末农民战争中，起义者在自己的旗帜上写下了"复宋"和"摧富益贫"两个口号。这两个口号的含义及其影响后果是很不一样的。反映了农民起义队伍内部思想的复杂性。从当时的影响来说，"复宋"口号无疑更大一些。但"摧富益贫"口号在历史上具有极其重要的意义，对后代也有明显的影响，则是"复宋"口号不能比拟的。元末农民战争虽然失败了，但是"摧富益贫，所表现出来的反封建思想的光辉，是永远彪炳于史册的。

(原载《光明日报》1965年12月1日《史学》，
题《元末起义农民的思想武器》，收入本集时作了修改)

---

① 郑真：《记所见》，《荥阳外史集》，卷三五。
② 恩格斯：《德国农民战争》，《马克思恩格斯全集》第7卷，第399页。

元末农民起义中南方汉族
地主的政治动向

——兼谈元末的阶级矛盾和民族矛盾

爆发于14世纪下半期的元末农民战争，是当时社会矛盾猛烈激化的结果。这一时期的中国社会，交织着多种矛盾，有阶级矛盾，也有民族矛盾，情况复杂。找出这一时期决定和影响其他矛盾的存在和发展的主要矛盾，阐明各种矛盾的相互关系，是元末农民战争史研究中具有重要意义的工作。

由于特定的历史条件，这个时期的各种社会矛盾在南方地区（原南宋统治地区）得到了集中的表现。这个地区汉族地主阶级的动向，较典型地反映了错综复杂的各种社会关系。为此，本文以南方汉族地主阶级在元末农民战争中的政治动向，作为研究的课题。

一

在叙述南方汉族地主在元末农民战争中的政治动向以前，有必要对该阶层在有元一代的政治态度进行简单的说明。

13世纪30年代开始的宋、元战争，延续了四十余年之久。1274年，元军大举南下。1276年，南宋首都临安请降。1279年，广东崖山一役，最终结束了赵宋王朝近三百年的历史。

元军南下，引起了南方地主阶级的分化。大部分地主阶级分子选择了屈服投降的道路。当元军逼近临安时，"满朝朱紫尽降臣"[①]。虽然也有部分官吏，或则攒守孤城，至死不屈，或则起兵"勤王"，百折不回，但在整个南

[①] 汪元量：《醉歌》，《水云集》。

宋官僚地主集团中，他们只占极少数。无怪在坚守常州的陈炤死难之后，他的友人慨叹道："宋之亡，守藩方擐甲胄而死国难者，百不一二。……若炤者，不亦悲夫！"① 至于一般民间的地主，当元军压境，"诣军门"迎降者，更比比皆是。②

上述现象绝不是偶然的。地主阶级的政治态度取决于他们的阶级利益。在民族斗争中，面对着强大的外来军事压力，地主阶级为了保全本身的利益，往往不惜采取屈辱的立场，这在历史上是屡见不鲜的。偏安江左的南宋王朝在其存续的一个半世纪内，一直受到来自北方的威胁。在对待这一威胁的态度上，南方地主分成了求和与抵抗两派。在多数场合和大部分岁月中，求和派占上风。当元朝施加强大压力时，求和派就成了投降派。同时，元政府一面施加军事压力，一面又积极展开政治诱降，广事招徕。忽必烈在给湖北降臣高达的信中说："昔我国家出征，所获城邑，即委而去之，未尝置兵戍守，以此连年征伐不息。夫争国家者，取其土地人民而已；虽得其地而无民，其谁与居！今欲保南宋新附城壁，使百姓安业力农，蒙古人未之知也。尔熟知其事，宜加勉旃。湖南州郡，皆汝旧部曲。未归附者何以招怀，生民何以安业，听汝为之！"③ 在这里忽必烈明显地表示，承认南方地主官僚的地位，并愿与他们共同进行统治。这种态度，对于促使南方地主争相"归顺"，也起了很大作用。

全国统一之后，元朝政府承认并保护南方原有的封建土地占有关系。许多南方汉族地主在南宋时已"家足恒产"，改朝换代之后，"相继充拓，浸浸与拟封君者齐"④。南方汉族地主的基本阶级利益得到保证，这便决定了他们对元朝政府采取支持的态度。世祖时，南方汉族地主中的代表人物，如赵孟頫、叶李等，相继应召北上任职。就是一般民间地主，也不甘心"以布衣老"，纷纷谋求出仕。⑤ 南方地主对新朝爵禄趋之若鹜的情形，曾使时人有"江南何限无骨人"⑥ 之叹。但是就连发出这样感慨的赵文，也"不能深自

---

① 虞集：《陈炤小传》，《道园学古录》卷四四。
② 陆文圭：《陆庄简公家传》，《墙东类稿》卷一四。黄溍：《溧阳孔君墓志铭》，《金华先生文集》卷三九。
③ 《元史》卷五《世组纪五》。
④ 吴澄：《故居士康君祥可墓志铭》，《吴文正公集》卷四一。
⑤ 陈谟：《刘深林先生墓志铭》，《海桑集》卷八。
⑥ 赵文：《相扑儿》，《青山集》卷七。

晦匿"，终于"以迟暮余年重餐元禄"①，充当了一名儒学教授。世祖以后，随着元朝统治的进一步巩固，南方汉族地主与蒙古、色目贵族官僚之间相互依存的关系也加深了。那些"豪富兼并之家"与元朝派往南方任职的蒙古、色目"省官"，互相勾结，"把持官府，欺压良民，以私害公"②。"元"为中原封建正统之说在江南士大夫中间得到广泛传播和讨论，③更表明他们已深深地把自己的命运与这个王朝联结在一起。

但他们与蒙古、色目贵族官僚封建主之间也存在着矛盾。元朝统治者为了确保自己的统治，有意地制造民族歧视。全国人按民族、地域分成四等，"南人"最下。南方汉族地主在政治生活的各方面都受到歧视和排挤。世祖时中外官员中"南士"已极"寥寥"④；世祖以后，"中州之士（指北方汉族地主）见用者寖寡"，南方之士"其见用尤寡也"⑤。其他在担任职务、法律待遇等方面，也有很大差异。南方汉族地主自然不会满意于这样的情况，他们通过政治代言人公开向元朝君主提出分与更多政治权益的要求。⑥同时不断在诗文言论中吐露出他们的不满情绪。⑦这种矛盾明显地具有民族矛盾的色彩，但其实质则是统治阶级内部争权夺利的矛盾。

在南宋王朝统治下的南方地区，阶级矛盾十分尖锐，不时有农民及其他下层劳动人民起义。由于元政府承认和保护南方地区的封建剥削关系，南方阶级矛盾非但没有松弛，反而在日益深化；再加上元政府的苛征暴敛，南方的劳动人民被迫不断起来反抗。起义的群众既反对元政府，又反对直接压迫和剥削他们的地主阶级。⑧元朝政府顾此失彼，疲于奔命，于是便"委重有谋有力之家"，进行"剿捕"⑨。南方汉族地主也积极而且主动地协助元军，

---

① 《四库全书总目提要》卷一六六，《别集类一九》。

② 《通制条格》卷二《户令》。

③ 如杨维桢《正统辨》，《辍耕录》卷三；王祎《正统论》，《王忠文公集》卷一。解缙：《元乡贡进士周君传》，《解学士全集》卷八。

④ 程钜夫：《好人》，《雪楼集》卷一〇。

⑤ 余阙：《杨君显民诗集序》，《青阳集》卷四。

⑥ 见《雪楼集》卷一〇《吏治五事》《好人》《公选》《江南课程宜从蠲减》诸篇。

⑦ 例如："豫章揭翰林曼硕（即揭傒斯）题雁图云：'寒向江南暖，饥向江南饱，物物是江南，不道江南好。'盖讥色目、北人来江南者，贫可富，无可有，而犹毁辱骂南方不绝，自以为右族身贵，视南方如奴隶。然南人亦视北人加轻一等，所以往往有此消。"见孔行素《曼硕题雁》，《至正直记》卷三。

⑧ "江南新附，群盗窃发，里中大家，多为剽掠"。见黄溍《文昌县尹王君墓志铭》，《金华先生文集》卷三七。

⑨ 吴澄：《故曾明翁墓志铭》，《吴文正公集》卷三九。

或"建购捕之方","陈绥靖之略"①，或为元军向导，或组织武装配合元军作战。在维护本阶级的统治上，南方汉族地主和蒙古、色目贵族官僚的立场是完全一致的。

总之，可以从两种不同矛盾的关系，去考察全国农民起义以前南方汉族地主的政治态度。一种是他们与蒙古、色目贵族官僚之间的矛盾，一种是他们与农民之间的矛盾。前者是带有民族矛盾色彩的统治阶级内部矛盾，后者是阶级矛盾。前一种矛盾有时也会发展到相当激烈的地步，但是，只要阶级矛盾尖锐化，统治阶级内部矛盾便暂时地趋向缓和，南方汉族地主和蒙古、色目贵族官僚便会暂时地联合起来反对起义的农民。可以明显地看到，阶级矛盾对统治阶级内部矛盾起了制约和影响的作用。元末农民战争中南方汉族地主的政治动向，正是他们在有元一代政治态度的继续和发展。

无可否认，元代南方汉族士大夫中间，有一些人对元朝统治始终抱着敌视的态度。其代表人物有谢翱、谢枋得、郑所南、刘沂孙等。他们或者抗拒新朝征聘，坚决不为元用；或者遁迹山林，窜伏草莽，立意不作新朝顺民。他们的风节受到了后人的景仰。但需要指出的是：第一，这批士大夫为数很少，影响不大；第二，他们的反抗只限于个人的呼号，并没有诉诸武力；南方地区人民时起时伏的反元起义，从不见有他们参与；第三，他们抗元的目的不过是希望腐朽透顶的赵宋王朝复辟，这不能不在很大程度上削弱了这种反抗的意义。还需要指出的是，这批反元士大夫主要存在于元初；中期以后，在新的一代南方地主士大夫中间，已经看不到有什么反元派存在了。因此，他们的动向不足以代表南方汉族地主的基本政治态度。那种认为元代汉族士大夫中"最活跃的是反元派"的说法，是不符合事实的。

二

波澜壮阔的长达十八年之久的元末农民战争，以其斗争形势的高低起伏和阶级、集团力量的对比变化而清晰地显示出阶段性。从起义爆发到至正十四年（1354）的高邮会战止，是这次伟大的农民战争的第一阶段。

至正十一年（1351）五月，刘福通在淮西最先起义。紧接着，彭莹玉、徐寿辉起兵蕲黄，芝麻李举事徐州，布王三、孟海马崛起湘汉。不久，郭子

---

① 柳贯：《故平阳州判官陈君墓志铭》，《柳待制文集》卷一一。

兴、张士诚相继起事于两淮，浙东的方国珍也重新开始了反元活动。江淮以南到处燃起了起义斗争的烈火。

参加起义的基本群众是"短衣草屦"[①]"弃农业、执刃器"[②] 的贫苦农民，也包括一部分穷困的手工业者、小商贩、下层僧侣以及奴仆。[③] 起义的群众把斗争矛头指向元政府，他们所到之处，"杀守令，据城邑"[④]。予元政府以沉重的打击。由于元政府是由蒙古、色目贵族官僚占特殊地位的政府，它所施行的民族歧视政策，使南方劳动人民受害最深，因而农民起义军在反抗这个政府时，便提出了"恢复赵宋"这一具有鲜明民族斗争色彩的口号。起义农民以重建赵宋政权为号召，是为了更好地进行反对元王朝的阶级斗争。当然，这个口号本身，也反映出起义农民的思想局限性。

这次农民战争从一开始就不仅限于"反对王朝和官府"。封建地主阶级的残酷剥削所造成的极端"贫富不均"是导致农民起义的根本原因。起义的农民在反对元政府的同时，也狠狠地打击了地主阶级。江西各地，"民皆相挺为变，杀掠巨室"[⑤]；福建起义军"见富人如仇，必欲焚其屋而杀其人"[⑥]；徽州地区，"群小鸱张，狼噬巨室"[⑦]。

为了对付南方地区如火如荼的农民起义，元朝政府一方面从北方集结兵力南下；同时从各个方面调整与南方汉族地主阶级之间的关系，诸如中书省、御史台复用南人，行纳粟补官之令、授予南方地主武装（即所谓"义兵"）首领以一定官爵等等，企图以此缓和统治阶级内部的矛盾，一致对付农民起义。

在这样形势之下，南方汉族地主的动向是怎样的呢？

许多记载说明，在这场规模空前的阶级斗争风暴面前，南方地主中有不少人由于害怕农民军和当地人民的清算，便举家甚至举族出走，亡命他乡。

[①] 《元史》卷一九六《魏中立传》。
[②] 朱元璋：《纪梦》，《高皇帝御制文集》卷一四。
[③] 元末江西、江东等地，都有类似明末奴变的现象发生。如徽州，"当兵戈扰攘之际，里中犷狠纠叛者蜂起。苍头弑主，恶少杀人，掠财富，毁室庐，斁纲纪，恬不为怪。"见舒頔《蔓菁楼记》，《贞素斋集》卷一。
[④] 余阙：《大节堂记》，《青阳集》卷三。
[⑤] 宋濂：《庐陵张府君墓碣铭》，《宋文宪公全集》卷一五。
[⑥] 卢琦：《谕寇文》，《圭峰集》卷下。
[⑦] 唐文风：《故处士吴公伯冈行状》，《唐氏三先生集·梧冈文稿》卷二八。

徽州地区"豪右之家颇以赀雄乡里者，辄弃走，涂塞耳目，夷灭踪迹"①；号称"近世大江以南，衣冠文物之盛，无踰贡氏矣"的宣城贡氏，"及兵起，举族奔浙西"②。浙东地主苏伯衡曾十分感慨地说："予观寇发难时，所在巨族怖死，不暇橐重宝，妻子扶携，东西走以脱一旦之命，而不顾宗祧、弃骨肉者，皆是也！"③

封建地主阶级的政治经济特权是和他们的土地所有权紧密联系的。迫使他们不得不抛弃视为命根的土地而逃亡，这是农民起义斗争巨大威力的表现。正如毛泽东同志在《湖南农民运动考察报告》中所指出那样，地主阶级的逃亡其"结果等于被驱逐"，而驱逐地主正是农民"从政治上打击地主"的方法之一。

但是，南方各地的多数地主，并不甘心他们的特权地位就此丧失。他们群起组织反动武装，一方面与有组织的农民军对抗，一方面镇压当地自发的小股起义。与农民战争的蓬勃开展相应，南方地主武装的声势也嚣张一时。江西地区，"故家悉为义旅"④，其中较著名的有袁州彭继凯、吉安罗明远、建昌戴良、金谿邓思诚、安仁张琢等。他们聚众少者千数，多者上万，不仅结寨自保，而且不时主动出击。江东地区的地主武装以徽州为最盛。徽州的地主武装主要可分两个系统。婺源、休宁二县为一系统，以汪同为首，⑤ 其他较著名的头目有叶宗茂、俞茂、程国胜等。这一系统的地主武装以其凶悍顽固而闻名于大江之南。另一系统是歙县的地主武装，"邑中兵燹，自黄巢、方腊而后，红巾其最炽也。然乡兵、义勇亦莫甚于此时，罗宣明、郑璉、江宏宗其最著者"⑥。两浙地区以浙东为盛，浙东尤以婺州永康、处州青田、龙泉为最。永康的吕文燧、胡嘉祐，龙泉的胡深、章溢等，都是以举办地主武装、镇压农民起义而"声闻东南"的人物。⑦ 当至正十二年（1352）南系红巾军进攻浙西时，当地也有不少地主组织武装与之对垒，如江阴许晋、长兴

---

① 唐桂芳：《吕氏嘉贞传》，《唐氏三先生集·白云稿》卷二〇。
② 徐一夔：《送贡友达序》，《始丰稿》卷二。
③ 苏伯衡：《郭府君墓志铭》，《苏平仲文集》卷一四。
④ 解缙：《万安赖氏源流记》，《解学士全集》卷七。
⑤ 汪同的活动，见赵汸《左丞汪同传》，《东山存稿》卷七。
⑥ 《歙县志》卷二〇《拾遗》。
⑦ 关于浙东地主武装，笔者在《元末浙东地主与朱元璋》一文中已有所说明。见《新建设》1963年5月号。

陈仲贞等。广东于"盗贼蜂起"之时,"富民各专武断,聚兵自卫"①。此外,湖广、两淮、福建等地均有许多地主寨堡武装组织,茶陵刘耕孙、安陆刘则礼、庐州朱亮祖、泗州单安仁等,就是其中较有名的头目。②

在这一阶段,地主武装在镇压南方农民起义过程中起了重要的作用。元朝驻屯在南方的正规军,早已腐朽不堪。"世袭官军,善战者少",这是色目官员也无法讳言的事实。③ 当至正十二、三年间,即南方农民起义斗争的第一个高潮时期,无论是江西、江东,或是湖广、两浙,农民军所到之处,元军无不披靡,敢于对抗的实际上大都是各地的地主武装。它们一般均以家族为核心组成,④ 有宗法、乡里关系可资号召,极为顽固、凶悍。江西地主武装在至正十二年(1352)内曾先后攻陷已为红巾军占领的袁州、吉安、建昌等路。⑤ 同年,章溢等纠集地主武装,击败了进入浙东处州地区的南系红巾军。⑥ 到了至正十三年,元军逐渐集结力量,展开反攻。南方各地的地主武装更积极配合。其中以汪同为首的徽州地主武装最为突出,钱谦益对此有概括的叙述:"蕲、黄之贼,既陷江州,旋略南康、鄱阳,即由婺源犯休宁,一夕而陷徽州。由是而陷昱岭关,破杭州,蔓延吴兴、延陵,江南之涂炭自此始。当时克复徽、杭,杀妖彭、项奴儿诸贼魁,遏楚贼方张之势,虽董抟霄、三旦八辈督师剿御,而汪同、程国胜、俞茂结集民兵,誓死血战,恢复城栅,其功尚多。"⑦ 这些地主武装的战斗力往往在元军之上,例如安仁地主张琢率领反动武装配合元军进攻,"丞相(元江西行省丞相亦怜真班)兵欲退,琢部骑卒执麾前驱",竟击败了起义军。⑧

还有一批地主士大夫,其声望、资财不足以号召一方,于是便奔走于元军将领麾下,出谋划策。张宪"尝以布衣上书辨(平)章三旦(八)公;

---

① 王叔英:《凌府君行录》,《静学集》卷二。
② 本段所述各地地主武装活动情况,分见《元史》及有关文集、方志、笔记,不一一注明。
③ 余阙:《再上贺丞相书》,《青阳集》卷五。
④ 此类事例甚多,如:金谿邓思诚,"率宗人复义社"(危素:《邓汝贞墓志铭》,《危太朴文续集》卷六)。徽州凤亭汪氏,"聚族而谋,伍其子弟虻隶,栅隘自保"(赵汸:《处士汪君墓志铭》,《东山存稿》卷七)。
⑤ 见《元史》卷四二《顺帝纪五》;周霆震:《宜春将军取印歌》,《石初集》卷二。
⑥ 宋濂:《御史中丞章公神道碑铭》,《宋文宪公全集》卷四。
⑦ 《回金正希馆丈书》,《牧斋初学集》卷八〇。按,项奴儿即南系红巾军重要将领项普略,至正十二年底为徽州地主武装所俘,壮烈牺牲,见《克复休宁县碑》,《东山存稿》卷五;及《嘉靖徽州府志》卷一八,《材勇·金符申》条。妖彭系地主阶级对红巾军领袖彭莹玉的污蔑称呼。
⑧ 宋濂:《故漳浦县知县张府君新墓碣铭》,《宋文宪公全集》卷一〇。

公奇之，列置三军之上"①。而杭州李介石，也在"风尘㶁东南，衣冠就衰陨"之际，"以书见省臣"，得到器重，"征兵复三州，疾如破山雷"②。其他如王祎之流，亦无不如此。

南方一些地主还积极向元朝政府提供经济支持。元政府在浙西募民"入粟拜爵"，以解决军粮问题；当地地主富户踊跃应募，仅长兴陈仲贞便"输粟二千斛"③。江西有些地主"倾赀以助军储"④。如安仁地主张理（上述张琢之兄）当元军"乏食"之时，便"率县大姓输粮一万二千斛散之"⑤。

至正十三、四年间，元军在南方逐步反攻，而农民起义军则被迫节节退却，南系红巾军甚至连首事之地蕲（州）、黄（州）也为元军攻陷，以致不得不转入山区活动。整个南方斗争形势由高潮转入低潮的变化，是与南方汉族地主的反动政治态度分不开的。

在这一阶段中，当农民起义斗争趋于高潮时，地主阶级中也有少数人加入了起义军的队伍。淮西濠州起义军首领郭子兴出身豪富；⑥ 江西李明道，"家富于赀，乘乱起兵，附徐寿辉"⑦；至正十二年（1352）红巾军攻入杭州时，有"富民施洪者，阴为向导"⑧；钱塘县尹范静善"从逆，劫府库"⑨；常州"儒流吴寅夫、赵君谟等"也曾参加起义军。⑩ 此外还有一些例子。但必须指出的是：第一，这批人为数极少；第二，除了郭子兴外，一般在起义军中并不起多大作用；第三，关于他们参与起义军的动机、经过，大都无从查考。因之，这一小部分地主阶级分子的行为，并不影响我们对南方汉族地主基本政治态度的估计。

据上所述，这一阶段南方汉族地主绝大多数都对农民起义十分仇视，而对元政府则采取积极支持的态度。阶级矛盾的急剧尖锐化，引起了武装斗争的爆发，这就使得整个统治阶级的利益受到了威胁。在这种情况下，统治阶

---

① 杨维桢：《送张宪之汴梁序》，《东维子文集》卷三。
② 王逢：《寄李守道》，《梧溪集》卷三。
③ 宋濂：《元湖州路德清县尹陈府君墓铭》，《宋文宪公全集》卷二五。
④ 王礼：《旷作梅行状》，《麟原前集》卷三。
⑤ 宋濂：《故漳浦县知县张府君新墓碣铭》，《宋文宪公全集》卷一〇。
⑥ 《洪武实录》卷二。按，郭子兴虽然出身富户，但他是以白莲会首的身份参加起义的，与一般地主又有所不同。
⑦ 《洪武实录》卷一四。
⑧ 谢肃：《故县尹李公墓志铭》，《密庵文稿》壬卷。
⑨ 孔行素：《宋末叛臣》，《至正直记》卷二。
⑩ 陶宗仪：《辍耕录》卷七《忠倡》。

级内部矛盾便暂时缓和，各族统治阶级分子联合起来，对农民起义进行镇压。这种情况，表明阶级矛盾对统治阶级内部矛盾起着制约和影响的作用。

有些元末农民战争史的研究者，津津乐道于当时汉族地主的民族思想、民族情绪，做了过高的估计。然而，在这一阶段的下列事实却不容忽视：

第一，上面列举的大量事实，说明当时南方汉族地主极端仇视农民起义，坚决支持元朝政府。而元朝政府作为由蒙古、色目贵族官僚为主体建立的政权，正应是民族斗争矛头必然指向的对象。

第二，这一阶段南方地主的许多诗文言论，其中充斥着"忠君报国"的情绪，并不存在什么"民族意识"。当时较著名的儒生士大夫，如浙西的杨维桢、王逢、顾瑛、谢应芳、张宪，浙东的刘基、宋濂、陈基、戴良、王冕、王毅、陈高、王祎，江东的郑玉、赵汸、舒頔、汪克宽、朱升，江西的王礼、李祁、周霆震等等，无不如此。他们声声痛斥的是农民起义军的"罪恶"，念念不忘的是元朝君主的恩德，时时追悼的是敢于顽抗而遭起义军镇压的反动官员。可以用刘基对王冕诗歌的评语来概括当时一般南方地主士大夫的思想面貌，那便是："有忠君爱民之情，去恶拔邪之志。"① 所谓"恶"和"邪"，当然指的是农民起义。

民族感情并不是什么抽象的离开阶级而存在的事物。附于阶级之上的、非常实际的利益是这种感情的主要基础，把民族感当作独立因素来谈就只是抹杀问题的实质。在元末农民战争的这一阶段，起义农民的斗争直接威胁汉族地主阶级的利益，而民族斗争正是起义农民用以号召群众的旗帜。南方汉族地主不但未曾打起"民族斗争"旗帜，而且十分厌恶它。他们用"忠君爱国"的旗号来和起义农民相对抗。他们身上并不存在什么"民族感情"或"民族意识"。

三

从至正十四年（1354）底发生的高邮会战起，到至正二十四年（1364）初朱元璋称王灭"汉"止，是元末农民战争的第二阶段。在这一阶段，农民斗争的高潮再次掀起，起义力量由劣势转向优势，而反动力量则由优势转向劣势，与此同时，各支起义军首领向地主阶级转化的趋势也明显地呈现

---

① 刘基：《王原章诗集序》，《诚意伯文集》卷五。

出来。

至正十四年（1354）底元军与淮东张士诚部的高邮会战，是在全国起义斗争的低潮时发生的。元军方面集中了"号称百万"的军队，不少南方地主率领他们的武装参加这次"围剿"①。张士诚的部队面对强敌，坚决抗击，使元军顿兵于高邮孤城之下达一月之久，始终未能得手。张士诚部队的坚决斗争促使已经很尖锐的元朝最高统治集团的内部矛盾表面化。元军统帅脱脱以"老师糜饷"的罪名被黜免，军心涣散，张士诚部乘机出击，"百万"元军一时溃败。

高邮之战后，"元兵不复振矣"②。在北方，刘福通拥韩林儿为帝，分兵三路，直逼大都。在江、淮以南，南系红巾军徐寿辉部重整旗鼓，接连攻取湖广、江西大部地区。朱元璋、张士诚相继由淮西、东渡江南下，分别攻取江东、浙西等地。一场声势更加浩大的斗争风暴席卷了南方大部分地区。

起义农民继续高举民族斗争的旗帜。韩林儿建国号为"宋"，陈友谅自称汉王，在取代徐寿辉后，又改国号为"大汉"，都反映出农民军的鲜明的民族意识。"贫极江南，富称塞北"这一口号，③更表明他们始终把反民族压迫和反阶级压迫的任务紧密联系在一起。

这一阶段，随着起义斗争的胜利进展，各支起义军都相对稳定地控制着一定的地区，并建立起比较系统的政权机构。这些政权沉重地打击了封建地主阶级。但是由于农民武装在当时的历史条件下存在着一些无法克服的弱点，它们不可能彻底改变封建的生产关系，不得不允许封建剥削关系继续存在。与此同时，它们也就不能不让具有封建统治经验的地主士大夫加入进来。在元末农民战争的第一阶段，农民起义军对于各地地主阶级的政策是以打击和镇压为主，间亦罗致有声望的士大夫，但不降即杀，毫不留情。到第二阶段，情况逐渐有所改变，改以招纳、信任为主；而当某些地主士大夫坚决抗拒时，也不再坚决镇压，而是羁縻笼络了。

高邮之战是阶级力量对比发生重大变化的标志，这种变化影响到社会关

---

① 如浙东地主戴国彬："先太师丞相（指脱脱）下高邮时，国彬君尝沥肝胆，率子弟，携义旅，不惮海运，从事金革。舳舻之供，鞭橐之需，皆所自给。"（李士瞻：《赠戴氏序》，《经济文集》卷五）浙西一带，"近报大军屯六合，义兵日日点行频"（顾瑛：《十一月二十七日雾中作》，《玉山璞稿·至正甲午》）。

② 俞本：《纪事录》。引自《国初群雄事略》卷七《周张士诚》。

③ 叶子奇：《草木子》卷三上，《克谨篇》。此语"见于伪诏之所云也"，故必在韩林儿称帝后。

系的各个方面。统治阶级内部的分崩离析，特别是南方汉族地主和蒙古、色目贵族官僚之间矛盾的表面化，便是这种变化所影响的直接后果。

在元末农民战争的第一阶段，为了维护共同的阶级利益，蒙古、色目贵族官僚与南方汉族地主之间虽然暂时联合起来，但是他们之间争权夺利的矛盾并未得到真正的解决。蒙古、色目贵族官僚被迫向汉族特别是南方地主让出一部分权益，但是他们并不甘心，总是千方百计地企图夺回这些权益。他们自身在军事上的失败和无能，以及南方汉族地主军事、政治实力的不断增长，只是更加助长了他们对后者的猜忌和防范的心理。同时，对于南方汉族地主来说，他们不能满足于蒙古、色目贵族官僚所做的微小让步，而是要求给予他们以更大的与其政治、军事实力的增长相适应的权益和地位。蒙古、色目贵族官僚的腐败与无能更助长了他们这种欲望。因此，在暂时联合的背后，仍然存在着深刻的矛盾。这种矛盾到了高邮会战以后，便十分明显地暴露出来了。

矛盾表现之一是，蒙古、色目贵族官僚对入仕的"南人"官僚的排挤和歧视。尽管有容许南人入省、台之令，但实际上前后不过贡师泰、周伯琦等数人而已；而且周、贡很快就被遣外任。[①] 在重大的军事、政治问题的决策上，汉人、南人依旧没有发言权。[②] 吴当与黄昭一起"招捕江西诸郡"，立"功"颇多，但参知政事朵罗"以为南人不宜总兵，则构为飞语，谓当与黄昭皆与寇通。有旨解二人兵柄"，其部属还遭到杀害。[③] 刘基在镇压浙东农民起义过程中立下了很大"功劳"，其结果是"朝廷置公军功不录"[④]。这种情况，不能不引起他们很大的不满。

矛盾表现之二是，蒙古、色目贵族官僚对南方地主武装首领的压抑、猜忌和打击。尽管元朝政府曾迭下授予地主武装头目以官爵之令，但他们中大多数并未因此得到封赏。如浙东起兵与方国珍对抗的几家豪强地主，"至兄弟子侄皆歼于盗手，卒不沾一命之及"[⑤]。不仅如此，元朝派驻南方各地的蒙古、色目官僚、将领，还对当地的地主武装头目，多方防范。江西地主武装

---

① 《元史》卷一八七《贡师泰传》《周伯琦传》。
② "忆昨佐南省，四境正骚屑；朝廷忌汉人，军事莫敢说"。（王逢：《过杨员外别业》，《梧溪集》卷二）。
③ 《元史》卷一八七《吴当传》。
④ 黄伯生：《诚意伯刘公行状》，《诚意伯文集》卷首。
⑤ 叶子奇：《草木子》卷三上，《克谨篇》。

头目萧晋、萧履兄弟，一贯对元朝忠心耿耿，"诸有警，第承州命，朝至夕行，军赏饷需并出己"；然而就连这样也逃脱不了色目官员的猜忌，江浙行省参政全普庵撒里"次泰和，用怨家言，将夺晋产而杀之。晋先几遁去。逮捕履及晋二子，杀而有其财，卖其孥"①。"倾家事守御，反以结嫌猜"②，这两句诗，写尽了这些地主武装头领的悲哀。

矛盾表现之三是，元朝政府为了军事支出而不断增加对南方地区的搜刮；南方劳动人民在这种压榨下受难最深，汉族地主的经济利益也受到了一定的损害。诸如徽州地区，"大府日夜催军需，和籴草料无时无；富家卖田为供给，贫者缚窘充寨夫"③。在浙西地区，元政府不时以官籴、纳粟补官等名义，强迫地主交出更多的地租收入："补官使者招入粟，一纸白麻三万斛，频年官籴廪为空，数月举家朝食粥。"④ 松江在推行入粟补官时，因为"无有愿之者"，致用"拘集属县巨室，……辄施拷掠，抑使承伏"的办法。⑤南方汉族地主对元政府，本来是给予经济支持的，但这种过度损害经济利益的做法，却激起了他们的极大反感。

南方地主的不满和反感，在赵汸（徽州著名的儒生，曾积极协助汪同组织地主武装）的文章中得到了充分的流露。至正十五年（1355），他公开指责元朝"不求智勇之士真可任将兵者"，"郡县之间繁征横敛"，"赏罚不明"。可以看出，这些指责正好反映了上述矛盾的几个方面。同时，赵汸还指出，元朝政府这样做的结果必将是使"天下之士不复以功名自期"，也就是说不再支持这个政权。⑥ 他的话表明，南方汉族地主和蒙古、色目贵族、官僚之间的矛盾已经十分尖锐了。

正是在这种情况下，南方地主中间出现了分化。

一部分地主阶级分子继续为元朝效忠。前面曾提到的汪同便是一个很典型的例子。他一度降于朱元璋，但不久即逃走，投奔元朝；最后因企图勾结元军颠覆张士诚而为后者所杀。⑦ 又如徽州儒生郑玉，当朱元璋部"罗致

---

① 陈谟：《萧晋兄弟哀辞》，《海桑集》卷八。
② 刘基：《感时述事十首》，《诚意伯文集》卷一三。
③ 舒頔：《感时歌》，《贞素斋家藏集》卷三。
④ 顾瑛：《长歌寄孟天暐都事》，《玉山璞稿·至正乙未》。
⑤ 陶宗仪：《鹭爵》，《辍耕录》卷七。
⑥ 赵汸：《送郑征君应诏入翰林诗序》，《东山存稿》卷二。
⑦ 赵汸：《左丞汪公传》，《东山存稿》卷七。

之"时，他自杀"以全节义"①。

但是，绝大多数南方汉族地主则逐渐放弃了对元朝政府的支持，另找出路。他们一反过去对农民起义坚决敌视的态度，纷纷投入起义军。以陈友谅部论，"伪陈之在九江，趋者日众"②；江西著名地主士大夫如解观、詹鼎、黄昭等均投入其幕府。张士诚在渡江以后，招徕大批地主士大夫，其中具有代表性的人物有饶介、周伯琦、苏昌龄、陈基、张经等。朱元璋在江东、集庆等地收罗了陶安、秦从龙、朱升、范常等，地主武装头目程国胜、朱亮祖等也投入其麾下。后来他又招纳了以刘基为首的浙东地主士大夫。

在这一阶段南方汉族地主纷纷投入起义军，是否意味着他们放弃原有阶级立场，或是受"民族思想"支配而与起义农民联盟呢？回答是否定的。

这些地主阶级分子在起义军中的活动，主要可以归结为如下几个方面：

（1）积极推动起义军领袖去建立新的封建王朝。在这方面，朱元璋集团是最有代表性的。陶安"以帝王事功期于始见之际"③，以后加入的地主士大夫也无不以"立帝王之业"为言。浙东地主的加入，对于朱元璋的转化更起了有力的推动作用。

（2）鼓吹起义军同元朝妥协。江西地主解开曾劝"说陈友谅归正，不失为江都王"，但未成功。④ 张士诚降元的原因之一，也是地主阶级分子的包围影响。⑤ 朱元璋与元朝一度来往颇密，与那批原来仕元的地主士大夫的加入大有关系。⑥

（3）在起义军中制造纠纷和不和。朱元璋与刘福通、韩林儿之间关系的恶化，刘基负有很大责任，这是众所周知的事实。陈友谅之杀徐寿辉，地主阶级分子的从中挑唆，不无影响。⑦

除此之外，地主阶级分子还参与各支起义军的军事行动，为起义军的政治、经济建置出过主意。他们在这些方面的行为，都是从属于上述三个中心

---

① 汪克宽：《师山先生行状》，《师山先生文集·济美录》。
② 王礼：《教授夏道存行状》，《麟原文集》卷三。
③ 朱元璋洪武元年诏旨，见《陶学士文集》卷首。
④ 解缙：《赠参政筠涧公传赞》，《解学士全集》卷八。
⑤ 见王逢《宋制置彭大雅玛瑙酒碗歌，周伯温太参征赋序》，《梧溪集》卷五；吴风《流寓·饶介》，《续吴先贤赞》卷一五。
⑥ 据刘辰记载，元使来时，朱元璋曾招刘基、宋濂参加谋议（刘辰：《国初事迹》，《借月山房汇钞》本），可见他们是参与这一密谋的。
⑦ 解缙：《鉴湖阡》，《解学士全集》卷八。

意图的。因此，地主阶级分子的加入起义军，其结果不外是通过各种方式推动起义军领袖向封建政权转化。

农民起义军所建立的政权本身具有的严重的弱点，再加上地主阶级分子的强烈影响，因而，在这一阶段，起义军的政权先后都向封建政权转化。各支起义军所处的具体环境不同，地主阶级的影响程度也不同，因此转化的具体途径、时间也有差异。方国珍、张士诚先后向元朝投降，从而完全蜕化变质，成了割据一方的封建势力；朱元璋、陈友谅、明玉珍则在打击旧封建王朝和扩大自己势力过程中逐步向封建政权转化。

由此可见，南方汉族地主始终坚持其地主阶级反动立场。只是由于阶级斗争形势的变化，阶级力量对比的变化，才使他们在两个阶段采取了两种不同的方式。在第一阶段，企图用武力镇压的办法达到消弭起义、维护阶级统治的目的；而在第二阶段，则用加入起义军内部，推动起义军政权转化的办法来达到自己的目的。有的学者费力地要从刘基等人身上去寻找农民革命意识对他们的影响，有的学者把地主阶级分子加入起义军内部的手段说成是"民族意识"支配下的行动，这都是无法令人同意的。

四

元末农民战争的第三阶段，从至正二十四年（1364）初朱元璋称王灭"汉"开始，到至正二十八年元朝灭亡为止。农民战争向封建统一战争的转化，是这一阶段的基本特征。

至正二十四年，朱元璋自称吴王，系统地按照封建礼法的原则——他称之为"国之纪纲"[①]——建立起完整的封建统治机构，颁布了一系列维护封建秩序的政策法令，从而宣告了他的转化的最后完成。

也就在这一年，朱元璋彻底消灭了南系红巾军陈友谅部所建立的"大汉"政权。在此前一年，北系红巾军已在元军和张士诚的先后攻击下陷于覆灭。南、北两系红巾军是元末农民起义的主力。它们的灭亡，标志着作为农民反抗地主阶级斗争的元末农民战争，实际上已告终结。

南、北两系红巾军虽然都失败了，但是在遭受它们沉重打击之后，元朝统治已经名存实亡。北方陷于军阀混战局面，孛罗帖木儿、察罕帖木儿、李

---

① 《洪武实录》卷一四。

思齐、张思道等各据一方，彼此经常火并。元朝中央政府非但无力号令他们，而且往往为他们挟制操纵。在南方，绝大部分地区早已处于割据状态。因此，在这一阶段，形成了群雄逐鹿中原的形势。

统一全国的任务终于落到了在南方势力日益壮大的朱元璋身上。朱元璋统一全国的基本方针是：先平南方，后取北方。争取南方地主团结在他的旗帜下，是统一全国的关键。为此，在平定南方各割据势力过程中，朱元璋明白地宣告保护地主阶级的封建土地所有制："凡尔百姓，果能安业不动，即我良民。旧有田产房舍，仍前为主。依额纳粮，以供军储，余无科取。使汝等永保乡里，以全室家，此兴师之故也。"与此同时，他坚决打击那些支持其他割据势力、从事反抗的地主分子，"敢于千百相聚、旅拒王师者，即当移兵剿灭，迁徙宗族于五溪、两广，永离乡土，以御边戎"①！强大的军事压力，加上威胁利诱双管齐下的办法，朱元璋使南方汉族地主中的大多数拥集在他的周围，打败和消灭了一个个敌手。

随着统一事业的顺利进展，朱元璋的政治口号也就提得越来越明确了。在前一阶段，由于名义上接受了韩林儿的领导，朱元璋在某些场合下也鼓吹过含有民族斗争意义的口号，②但在他的实际军事、政治活动中，这种口号并未起什么作用，他与元朝之间便不时有所往来。在消灭陈"汉"、自称吴王前后，他开始较多地谈论"夷狄""中华"之别，要"讨夷狄""安中华"。然而，他在讨伐张士诚和方国珍时所发布的檄文中，口口声声斥责的仍是方、张对元朝不忠，以此为罪状。但在平定了南方各割据势力、进行北伐时，一个完整的强调民族矛盾和民族斗争的纲领，便由他提出来了。这个纲领，集中表现在至正二十七年（1367）十月发布的北伐檄文中。③

这篇檄文的基本出发点是"内中国""外夷狄"的理论："自古帝王临御天下，中国居内以制夷狄，夷狄居外以奉中国，未闻以夷狄居中国治天下者也。"这是中国封建社会长期相传的儒家政治理论，代表了汉族地主阶级对民族关系的看法，即强调种族、文化的差异，与起义农民完全不同。如前所述，他们尽管是不自觉地，但已经朦胧地意识到民族压迫中的阶级压迫实质，从而在自己的斗争中把反对民族压迫和反对阶级压迫的任务密切地结合

---

① 讨张士诚檄，见祝允明：《野记》。
② 俞本《记事录》记"（朱军）克婺州，设浙东行省于金华府，上于省门建立二大黄旗，……旗上书云：山河奋有中华地，日月重开大宋天。"见《国初群雄事略》卷一。
③ 《洪武实录》卷二一。

了起来。

然而，朱元璋的檄文尽管强调"夷""夏"之别，却又承认元朝统治的合理性："自宋祚倾移，元以北狄入主中国，四海内外罔不臣服。此岂人力，实乃天授。"在此以前，朱元璋在致元顺帝书中也说："天弃金、宋，历数在殿下祖宗。"① 这种看法反映了南方汉族地主的精神状态。他们中绝大多数在元代已完全屈从这个政权的统治，并承认它是中原封建正统的继续，已见前述。在这一点上，他们与起义农民也有根本差别。后者提出要"重开大宋之天"，固然反映了其本身思想的局限性，但也正是意味着从根本上否定了元朝统治的合理性。

这篇檄文指责蒙古统治者"于父子、君臣、夫妇、长幼之伦，渎乱甚矣！夫人君者，斯民之宗主；朝廷者，天下之根本；礼义者，御世之大防。其所为如彼，岂可为训于天下后世哉"！因之，朱元璋要出来"驱逐胡虏，恢复中华，立纲陈纪，救济斯民"。可见他从事"民族斗争"的目的，即在于重整封建纲纪，维护汉族原有的封建统治秩序。在这个问题上，他与起义农民更是截然相反。后者虽然不曾明确地描绘过他们企图在推翻元朝后建立的新世界的图景，但从"明王出世""弥勒佛降生"等口号中，透过神秘的外衣，已经隐约地可以看到他们对没有剥削、没有压迫的世界的向往了。

可以看出，这篇檄文反映了汉族地主特别是南方汉族地主的精神状态和政治要求。事实上它也正是出于浙东著名儒生宋濂的手笔。② 这篇檄文由朱元璋以自己的名义发布，说明了他是南方地主阶级的领袖。

民族斗争的旗帜，在元末农民战争过程中，先后代表不同阶级的利益。在第一、二阶段，民族斗争是起义农民用以号召群众的旗帜，它是和他们反阶级压迫的要求紧密联系着的；在第三阶段，民族斗争是南方汉族地主用以号召群众的旗帜，是和他们重建本阶级的统治的要求相联系着的。"民族问题"在各个不同时期服务于各种不同的利益，并具有各种不同的色彩，这要看它是由哪一个阶级提出和在什么时候提出而定。

由南方汉族地主提出的民族斗争纲领，其实质反映了地主阶级利益，因而对于吸引北方汉族地主投奔到朱元璋旗帜下来，起了很大作用。同时，"驱逐胡虏，恢复中华"的口号，对于饱受民族压迫之苦的劳动人民来说，

---

① 《洪武实录》卷二〇。
② 《宋文宪公全集》及《宋学士文集》均未收此文。《皇明文衡》卷一收此文，署名宋濂。

也有很大的号召力。朱元璋在"民族斗争"的旗帜下对北方军阀和元朝进行讨伐,政治上首先占了绝对优势。统一北方的迅速完成,是与这个纲领的提出分不开的。

就是在这元朝统治行将彻底崩溃的时候,仍然有少数南方汉族地主,死心塌地为元朝效忠。如浙东陈高,在朱元璋攻取两浙后,"浮海过山东,谒河南王、太傅、中书左丞相(指扩廓帖木儿)于怀庆,论江南之虚实,陈天下之安危,当何以弭已至之祸,何以消未来之忧"。不久即病死。①

五

元末农民战争是一场伟大的阶级斗争。这一时期,以农民为主体的广大劳动人民与地主阶级之间的矛盾是社会的主要矛盾。它的存在、发展和变化规定和影响着其他各种矛盾的存在和发展,因而也就规定和影响着南方汉族地主的政治动向。

地主阶级,就其本质而言,总是敌视和反对农民起义的。元末汉族地主并不例外。由于阶级斗争形势的发展变化,南方汉族地主在政治上的具体表现形式在不同阶段有所不同,然而其维护本阶级统治、敌视农民起义的本质并不因此有所改变。

元末社会存在民族矛盾。民族问题实质上是阶级问题,对于民族矛盾必须结合具体阶级进行分析。蒙古、色目贵族官僚封建主与汉族劳动人民之间的矛盾是民族矛盾,但其实质是阶级矛盾;汉族地主与蒙古、色目贵族官僚封建主之间的矛盾是民族矛盾,但其实质是统治阶级内部矛盾。因此,决不存在抽象的民族斗争的纲领,它总是和一定的阶级的要求联系着的。在元末农民战争过程中,"民族斗争"纲领原来反映的是起义农民的愿望;但后来却是地主阶级要求的反映。这一变化正是阶级斗争形势发展变化的反映。

(原载《新建设》1964 年第 11—12 期)

---

① 揭汯:《陈子上先生墓志铭》,《不系舟渔集》附录。

元末浙东地主与朱元璋

元末浙东地主在农民战争过程中的政治动向，一直是这个时期历史的研究者所重视的问题。在有关的论著中，存在着这样一种意见：以刘基为代表的浙东地主具有"民族思想"或"民族情绪"，因此他们同情而且参加了农民起义，并在其中发挥了积极的作用。浙东地主和朱元璋的结合，便是这些学者用以做出上述论断的主要论据。

这种意见是不能令人同意的。以刘基为首的浙东地主非但没有同情或参加农民起义，正好相反，他们普遍狂热地从事镇压农民起义的活动。和朱元璋结合，并在农民起义军的血泊中建立起一个新的封建王朝，正是他们这种反动政治态度的必然表现。

本文拟就浙东地主阶级分子在元末农民战争中的表现，特别是他们和朱元璋结合的过程，做一个初步的分析。[①]

一

在至正十一年（1351）全国规模的农民战争爆发以前，元政权已处于风雨飘摇之中。统治机构腐化不堪，社会经济衰落凋敝，人民所受的压迫愈来愈重，规模大小不等的起义事件接连发生。

浙东地区从元初起便是反元斗争最激烈的地区之一。元末，当地人民因为不堪忍受封建统治者的压榨，纷纷起事。温、台、处一带流传的歌谣："天高皇帝远，民少相公多；一日三遍打，不反待如何！"充分地显示了人民群众对统治者的仇恨以及他们的反抗决心。至正八年（1348），台州黄岩盐

---

① 本文在述及朱元璋时，只就他和浙东地主的关系进行必要的论证，并不对他做全面的评价。

贩方国珍起事于海上，一时从之者达数千人。① 至正十年（1350），温州"寇盗窃发，犯州郡"；次年，又有"山獠"起事。②

全国农民战争爆发后，浙东农民起义也有很大的发展。至正十二年（1352）南系红巾军徐寿辉部由江西入福建转而挺进浙东，更把这个地区的反元斗争推向新的阶段。③"处州之民相梃为盗"④，温州平阳一带"四境之内胥而为盗者十六七"⑤。温州驻防的元军在农民起义影响下一度发生兵变。⑥方国珍的势力也有进一步的发展。其他还有不少小规模的起义。

元朝统治者曾经用武力进行镇压，但是并没有收到效果。元朝的正规军，早已丧失了战斗力。"自平南宋以后，太平日久，民不知兵。将家之子，累世承袭，骄奢淫佚，自奉而已。至于武事，略不之讲。但以飞觞为飞炮，酒令为军令，肉阵为军阵，讴歌为凯歌，兵政于是不修也久矣。及乎天下之变，孰能为国爪牙哉！"⑦刘基也曾对元军作过如下的描写："将官用世袭，生长值时雍；岂惟昧韬略，且不习击刺。""玉帐饫酒肉，士卒食菜荁；未战已离心，望风遂崩摧。""见'贼'不须多，奔溃土瓦倾；旌旗委曲野，鸟雀噪空营。"⑧这些官军在起义的农民军面前是望风披靡，对于一般平民则十分凶残，"破廪取菽粟，夷垣劫牛羊；朝出系空橐，暮归荷丰囊。……稍或违所求，便以贼见戕"。广大人民"负屈无处诉"，于是纷纷"斩木为戈矛，染红作巾裳；鸣锣撼岩谷，聚众守村乡。官司大惊怕，弃鼓撇旗枪"⑨。官逼民反，更加壮大了农民军的声势。

与各地农民起义风起云涌的同时，浙东汉族地主也积极行动起来。他们实际上成了镇压农民起义的主要力量。

在方国珍起事后，浙东沿海州郡就有不少豪族地主组织武装，协助元

---

① "民亡命公（国珍）所者，旬月得数千"（宋濂：《左丞方公神道碑铭》，《宋文宪公全集》卷一九，清嘉庆严氏刻本）。

② 陈高：《郑处抑先生行状》，《不系舟渔集》卷一三，《敬乡楼丛书》本。

③ 这一支红巾军的进军路线见：《元史》卷四二《顺帝纪》至正十二年四月条；《元史》卷一九五《陈君用传》；《宋文宪公全集》卷四《王府参军胡公神道碑》等记载。

④ 宋濂：《王府参军胡公神道碑》，《宋文宪公全集》卷四。

⑤ 苏伯衡：《参知政事周公墓志铭》，《苏平仲文集》卷一二，《四部丛刊》本。

⑥ "温州戍卒韩虎、陈安国杀主帅据城叛"。宋濂：《王府参军胡公神道碑》，《宋文宪公全集》卷四。

⑦ 叶子奇：《草木子》卷三上《克谨篇》。

⑧ 刘基：《感时述事十首》，《诚意伯文集》卷一三，《四部丛刊》本。

⑨ 刘基：《赠周宗道六十四韵》，《诚意伯文集》卷一三。

军，与之对抗。① 全国农民战争爆发后，浙东各地地主更是群起组织武装。由于他们长期以来一直是这些地区的实际统治者，是封建制度下政权和族权力量的体现者，同时也拥有较雄厚的财力，因而他们便有可能倚靠权势和声望，并利用宗族组织，在短时期内建立起数百人以至数千人的武装。他们"不费官一粟，……合乡兵而赡之"②；"助官殄寇"，在镇压浙东农民起义过程中起了远较元军为大的作用。他们中间较著名的如婺州永康胡嘉祐，"散家财，募武健之士，得千余人而什伍之，大竖其旗为义兵，寇至辄迎击"③。永康吕文燧，"散家资数千万，与从弟文烨合谋，募里壮强子弟得三千人。将之与贼屡战，盗败走，复其邑，斩获甚众。吕氏之声闻东南"④。浦江蒋镛，"与乡人保聚嵩山境内，……游卒抄虏，相戒引去不敢犯"⑤。处州农民起义声势在浙东为最盛，地主武装势力也特别强大，其中最著名的领袖人物有章溢、胡深、季汶等。宋濂曾说："元季之乱，江南诸郡多陷于盗，独处州以士大夫倡义兵坚守而完。及今上（指朱元璋）渡江，始降其城邑，故处称善郡。"⑥ 这段话，概括地说明了处州地主武装实力之强及其在当时一般地主分子心目中所占的重要地位。

应该指出，浙东地主武装一般都采取结寨自保的形式。但是这并不像某些学者断言那样，是"采取消极的态度"，或是"并不愿意积极地帮助元朝来镇压农民起义"。因为，事实证明，他们结寨的目的就是为了"防寇"，为了"寇至则出死力以抗之也"⑦。只要时机适当，他们马上便会与元军共同行动，一起镇压起义军。如上述胡元祚，起初"立保伍之法"，结寨自保，抗拒农民军；"会官军至，元祚率众助讨之"，最后终于在镇压起义军的战斗中毙命。⑧ 胡深最初"集乡兵结寨于湖山"，但很快便率部投入元军，成为元政府镇压浙东农民起义的主要策划者之一。⑨

---

① "及方寇起，濒海豪杰如蒲圻赵家、戴纲司家、陈子游等，倾家募士，为官收捕"（叶子奇：《草木子》卷三上《克谨篇》）。

② 胡翰：《胡义士墓表》，《胡仲子集》卷九，《金华丛书》本。

③ 苏伯衡：《胡嘉祐传》，《苏平仲文集》卷三。按，此篇传主胡嘉祐与《胡义士墓表》所记之胡元祚系一人。

④ 宋濂：《故嘉庆知府吕府君墓碑》，《宋文宪公集》卷三〇。

⑤ 宋濂：《浦江翼右副元帅蒋公墓铭》，《宋文宪公全集》卷四九。

⑥ 宋濂：《处州同知季君墓铭》，《宋文宪公全集》卷三四。

⑦ 苏伯衡：《郭府君墓志铭》，《苏平仲文集》卷一四。

⑧ 胡翰：《胡义士墓表》，《胡仲子集》卷九，《金华丛书》本。

⑨ 宋濂：《王府参军胡公神道碑》，《宋文宪公全集》卷四。

在这里有必要着重分析一下刘基对农民起义的态度。因为当时浙东"士大夫皆仰基名若景星庆云"①，他的态度最具有代表性。同时，正是刘基，在某些学者看来却是"对农民起义抱有深厚的同情"的人物，是"具有一定民族气节的封建士大夫中的开明士绅。由于他对于元顺帝黑暗腐朽的统治不满，而走上了反抗民族压迫的道路，由于他看到民族斗争要依靠农民，而投身到农民起义的革命队伍"。刘基是这样的人物吗？历史事实证明，这种说法是没有根据的。

当方国珍起事时，刘基任元帅府都事，建议"筑庆元诸城以逼贼"，坚决主张对方国珍严厉镇压，认为"方氏首乱，罪不可赦"②。为此，他受到一部分接受了方氏贿赂的高级官员的排挤和打击，一度被"羁管于绍兴"，极不得意。但他对农民起义的敌视态度并未因此有丝毫改变。至正十六年（1356），刘基被遣往他的家乡处州一带，与石抹宜孙共同策划镇压农民起义事宜。他上任后，立即发布《谕瓯（温州）、括（处州）父老文》，文中竭力宣扬"帝德宽大"，强调"咎在有司，非主上意也"；与此同时，对起义群众则大加污蔑。"今父老子弟，不察其故，怼暑嗟寒，徒怨于天，乘间造衅，窃弄兵兵，……甚亡谓也。"最后他进行劝诱："怨可释不可结，乱可已不可长，冥行弗返，厥途乃穷。"③ 在进行思想上的瓦解的同时，他与石抹宜孙一起对一些坚决反抗的农民军进行残酷的镇压。由于刘基交叉使用欺骗和屠杀两种手段的结果，浙东农民起义受到很大的挫折："（石抹）宜孙用基等谋，或持以兵，或诱以计，未几，皆歼殄无遗类。"④ 从刘基这一系列行为看来，他没有任何民族思想，也不对农民起义抱有丝毫同情。

清初怀有强烈民族情绪的思想家吕留良曾对刘基以及当时一般文人表示了强烈的不满。他说："刘基从龙亦不恶，幸脱旃裘近簪珥。胡为'犁眉''覆瓿'诗，亡国之痛不绝齿？此曹岂云不读书，直是未明大义耳！"⑤ 吕留良的指责是很有道理的。刘基在他的实际政治活动中是竭诚为元朝效忠，仇视农民起义；反映在他的诗篇中不能不是同一基调。一方面，"世皇一宇宙，

---

① 《国初礼贤录》，《纪录汇编》本。
② 张时彻：《诚意伯刘公神道碑铭》，《诚意伯文集》卷首。
③ 刘基：《谕瓯括父老文》，《诚意伯文集》卷四。
④ 《元史》卷一八八《石抹宜孙传》。
⑤ 吕留良：《题如此江山图》，《东庄吟稿·帐中集》。《犁眉》《覆瓿》是刘基的两个诗集的名字，后均收入《诚意伯文集》。

四海均惠慈"①，用这类谄媚的句子竭力歌颂元朝君主的功德；另一方面，"人言从军恶，我言从军好，用兵非圣意，伐罪乃天讨。……牧羊必除狼，种谷当去草；凯歌奏大廷，天子长寿考"②。为了元朝君主的千秋万岁，他竟要把起义的农民像莠草一样除掉。这是一副多么凶狠的反动面目，说他"未明大义"是一点也不冤枉的。要把这样一个人物说成是怀有"民族气节"甚至是同情并投身到农民起义队伍中的开明士绅，恐怕就是刘基自己也梦想不到罢！

在论述元末农民战争的一些文章中，我们还看到了这样一种对农民军的指责："没有在政治上充分争取一切可以争取的反抗力量，分化敌人，加强自己。"因为，在这些学者看来，当时"除了部分死心塌地投靠元朝的汉奸地主和官僚而外，还有许多反元和骑墙的地主代表人物可以争取过来，使之加入起义军队伍，进一步壮大起义军的力量"。这种责难是缺乏根据的。固然，在元代社会中，汉族地主士大夫特别是江南地主，在政治上一直受到蒙古贵族的排挤和歧视。例如刘基在江西做官时便遭到"倚蒙古根脚"的人的陷害；与宋濂齐名的金华人王祎，"平生抱区区，期结明主眷"，但因"天关九重深，先容孰吾援！"于是只好"低徊出都门"了。"艺成无所售，抚卷空太息"③，确实是当时一般汉族士大夫普遍不满的呼声。但是，这只是统治阶级内部为了争夺权利的矛盾。以蒙古贵族为首的元政权在政治上排挤、歧视汉族地主特别是江南地主的同时，对于他们剥削、压迫农民的权利却是加以承认和保护的，元代江南土地占有关系基本上是南宋的延续，便是明证。同时通过时废时兴的科举制度及其他一些方式，也使得一小部分汉族地主能够在统治机构中占有一席地位。既然这个政权能够保护地主阶级的基本经济利益，而且还多少有分享统治权的希望，汉族地主尽管对它有所不满，但是决不会轻易放弃与它的合作。王祎在"低徊出都门"时，还是"顾阙情恋恋"，便是最典型的表现。特别是当农民起义爆发，直接危害到整个地主阶级的利益，而元政权又采取了一些拉拢汉族地主特别是江南地主的措施（如行纳粟补官之令，中书省、枢密院、御史台复用南人等）时，他们的阶级本能很自然地把他们自己的希望、自己的命运与这个政权联结在一起，积

---

① 刘基：《感时述事十首》，《诚意伯文集》卷一三，《四部丛刊》本。
② 刘基：《从军诗送高则诚南征》，《诚意伯文集》卷一三。
③ 王祎：《至正庚寅二月十六日》《感兴四首》，《王忠文公集》卷一，《金华丛书》本。

极地支持这个政权。他们这样做的目的，一方面是为了保护本阶级的利益，另一方面也希望乘此机会在元政权中占有更多更高的地位。刘基就这样说过："大丈夫生长草茅，当平世不务进，及遇变故，则挺身以为国寄一方赤子命，不亦伟哉！"① 曾遭元朝高级官僚白眼的王祎，也赶紧向江浙行省丞相上书，出谋划策，以博青睐。② 在这种情况下，处于敌对阶级地位的农民起义军要争取他们的合作，事实上是不可能的。

有两个例子最具体地说明了这种情况。至正十三年（1353）温州戍卒起事，准备争取平阳郑昂合作。"先生臆其酋尝知我，必浼己，遂逃之山中。既而求者果至，已失先生矣。居久之，回城。酋款门求见，先生卒辞。"③ 至正十二年（1352）年底南系红巾军进入浙东时，听到了章溢的声名，"出重购以求"。得到章溢后，"大喜。贼帅欲问计，公（章溢）正色拒之曰：若等皆有父母妻子，顾能为此灭族事耶！……然吾终不为不义屈"④。这两个人的顽固说明了地主阶级对待农民起义是何等的仇视，他们的态度也正是浙东地主乃至一般汉族地主对待农民军争取他们的态度。

恩格斯指出，"统治阶级是没有想到与农民订立联盟的，这是他们必须从被压迫的农民身上获取收入的情形所不许可的"⑤。元末汉族地主和起义农民之间的关系也正是如此。因此，责备元末农民军不积极争取与地主阶级分子合作，是没有理由的。

二

至正十八年（1358）朱元璋进军浙东。12月，取婺州；次年，下处州。在朱元璋进军过程中，除了石抹宜孙所部曾略事抵抗外，大部分州县都是"闻风来归"⑥，不少地主武装还主动地参加了他的队伍。⑦

为什么浙东地主武装对待打着红旗、号称红军的朱元璋集团会采取与对

---

① 刘基：《送章三益之龙泉序》，《诚意伯文集》卷五。
② 王祎：《上丞相康思公书》，《王忠文公集》卷一六。
③ 陈基：《郑处抑先生行状》，《不系舟渔集》卷一三。
④ 宋濂：《御史中丞章公神道碑》，《宋文宪公全集》卷四。
⑤ 恩格斯：《给拉萨尔的信——论革命的悲剧》，《马克思恩格斯论艺术》第1册，人民文学出版社1960年版，第40页。
⑥ 《洪武实录》卷六，"己亥三月甲午"条。
⑦ 见《洪武实录》卷六，"戊戌十二月己亥"条，卷七，"己亥六月"条。

待其他农民军截然不同的态度呢？这是一个值得深入讨论的问题。① 我们有必要首先简略说明一下浙东地主与元政权之间关系的变化，同时还必须对朱元璋集团的性质予以分析。

浙东汉族地主武装与农民军对抗，主要是为了维护他们的剥削阶级特权，保全自己的身家财产，同时也企图乘机调整汉族地主与元政权之间的关系，在统治机构中取得一定的地位。因此，他们曾抱着很大的热情积极地为元政权效忠。但是，不久之后，他们便完全失望了。元朝政权不但已经腐朽到了无力维护地主阶级利益的地步，而且，在表面上实行了某些拉拢汉族地主的措施之后，实际上仍然继续执行着排挤和歧视汉人的政策。最初起兵与方国珍对抗的几家豪族地主，"至兄弟子姪皆殀于盗手，卒不沾一命之及"②。胡深"治兵殆十年，勤劳亦至矣，而朝廷无一命之赐"③。刘基是镇压农民军最出力的人物，元政权却"置公军功不录"④。不仅如此，更有一些地主，倾家起兵，与农民军坚决为敌，他们非但得不到赏识，反而受到陷害和杀戮。如前引永康大族吕文燧，"用事者听谗杀其弟，卒不敢怒"⑤。胡深与章溢的老师、浙东名儒王毅，当青田农民军攻占龙泉时，与其弟子"首举义兵，……云合响应，殆至万人。数日之间，杀退贼众，克复县治"⑥。后来却因为当地官吏猜忌，终于被杀。"倾家事守御，反以结嫌猜"⑦，这不能不使浙东地主感到无法再与这个政权继续合作了。"臣不敢负国，今无所宣

---

① 王崇武先生说，朱元璋攻下南京后，"已改用黄旗做标识，而不再用农民军的红旗"（《论元末农民起义的发展蜕变及其在历史上所起的进步作用》，《历史研究》1954年第4期）。这是不正确的。尽管朱元璋集团的性质早已发生变化，但他一直沿用红旗为标识。宋濂记朱军攻浙东时，"已而游兵四出，赤帜遍山泽"（宋濂：《谢烈妇传》，《宋文宪公全集》卷四〇），可以为证。正如他后来采用了明教的"明"而用儒家学说来篡改了它本来的意义一样，朱元璋对于红色标志也用传统的五行之说加以附会歪曲，用以改变它在当时人民群众心目中的象征起义斗争的意义："太祖以火德王，色尚赤，将士战袄、战裙、壮帽、旗帜皆为赤色。"（刘辰：《国初事迹》，《借月山房汇钞》本）又，朱元璋集团长期被当时人们称为"红军"或"香军"。如权衡记至正十五年（1355）朱军南下事说，"香军遂乘胜渡江，破太平、建康、宁国，遂据江东"（《庚申外史》卷下，《宝颜堂秘笈》本及《豫章丛书》本有此条，《学津讨原》本无），又如陈高记朱军克处州事时说："红巾攻破处州城，多少男儿入房营！"（《贞妇词四首》，《不系舟渔集》卷九。）
② 叶子奇：《草木子》卷三上《克谨篇》，中华书局1959年版。
③ 宋濂：《王府参军胡公神道碑》，《宋文宪公全集》卷四。
④ 黄伯生：《诚意伯刘公行状》，《诚意伯文集》卷首。
⑤ 宋濂：《故嘉庆知府吕府君墓碑》，《宋文宪公全集》卷三〇。
⑥ 王毅：《上黑元帅书》，《木讷斋文集》卷三，乾隆苏氏刊本。
⑦ 刘基：《感时述事十首》，《诚意伯文集》卷一三，《四部丛刊》本。

力矣"①，刘基因为自己镇压农民起义的"功勋"得不到赏识而准备退隐时说的这句话，集中地反映了他们这群人的失望和不满的心情。于是他们纷纷"冥迹山林"。刘基"弃官归田里"，章溢"结庐匡山上"，宋濂也慨叹"世不我知"，于是"入龙门山著书"了。②

但是，这并不意味着他们真正忘情外面的世界。正好相反，他们的"退隐"是一种姿态，是在"待王者之兴"。宋濂就明白地说过："予岂小丈夫乎？长往山林而不返乎？未有用我者尔！"他说明自己的态度是："不轻于自进，必待上之人致敬而后翩然以起。"③ 这也就是说，他们所期待的是一个有政治野心、既有实力又能重视他们的武装集团领袖。当时浙东濒海一带为方国珍所占据，浙西则是张士诚控制的地区。方氏、张氏名义上归顺元朝，实际上则保持着独立。他们都竭力拉拢浙东西的地主士大夫，宋濂等人便曾成为张士诚罗致的对象。④ 但是在刘基等看来，张、方等只能割据自守，没有宏大的远图，"徒狗鼠耳"⑤！他们是不屑与之合作的。

就在这样情势下，朱元璋开始进军浙东。

朱元璋最初投入郭子兴部下。郭子兴是红军的一支，但和其他各支红巾军都没有紧密的联系。郭子兴死后，朱元璋代领其军，并接受了北系红巾军领袖小明王韩林儿所授官爵，用龙凤年号。但他是在很勉强的情形下接受小明王领导的，其目的只是为了"假滦城之虚名，嘘崖山之余烬，用以部署东南"⑥。在逐步发展过程中，朱元璋不断搜罗各地的地主阶级代表人物入自己的幕府，为自己出谋划策；同时还招徕了许多股地主武装。⑦ 因此，在进军浙东前后，这个集团的性质已有很大变化。朱元璋的各种行动愈来愈和地主阶级合拍。时时挂在他口头的话是："为民诛乱"，"行仁义"，要求百姓"各安职业"，号召"贤人君子有能相从立功业者，吾礼用之"⑧。这些话的实际含义是向地主阶级表明，他愿意同他们合作，重新建立一个巩固的符合

---

① 张时彻：《诚意伯刘公神道碑铭》，《诚意伯文集》卷首。
② 宋濂：《龙门子凝道记·题辞》，《宋文宪公全集》卷五一。
③ 宋濂：《龙门子凝道记·终胥符第三》，《宋文宪公全集》卷五一。
④ 宋濂：《故浙江行省左右司都事苏公墓志铭》，《宋文宪公全集》卷二七。
⑤ 张时彻：《诚意伯刘公神道碑铭》，《诚意伯文集》卷首。
⑥ 钱谦益：《国初群雄事略》序，《适园丛书》本。滦城指韩林儿，崖山指南宋。当时韩林儿自称赵宋后裔，以宋为国号，所以钱谦益这样说。
⑦ 高岱：《延揽群英》，《鸿猷录》卷二《纪录汇编》本。并参看《明史》有关诸列传。
⑧ 《洪武实录》卷六，"戊戌十二月丙戌"条。

他们利益的封建秩序。而且在他的军队所到之处，也确实执行了保护地主阶级利益的政策，如保护江南封建势力的象征——"浙东第一义门"浦江郑氏不受侵犯，招募富民子弟充当宿卫，① 镇压小股农民起义军等。② 这些言论和行动自然为地主阶级所欢迎。一个拥有相当武力、具有政治野心而又愿意与地主士大夫合作的武装集团领袖，这是浙东地主所期待的，朱元璋正好具备了这些条件。

还应该注意的是，朱元璋幕府中搜罗的地主士大夫的共同政治见解不外是："不嗜杀人，薄敛任贤，复先王礼乐"③；"神武不杀，人心悦服，应天顺人，以行吊伐，天下不足平也"④。朱元璋也深受这些思想的影响。浙东地主的政治见解和朱元璋的幕僚们的见解大致相同，如章溢后来见朱元璋时说："天道无常，惟德是辅，惟不嗜杀人者能一之耳！"⑤ 宋濂回答朱元璋问"取天下大计"时，"以不杀对。……每询以治道，公未尝不以仁义言"⑥。这种思想上的契合更使他们有可能接近。陶安、朱升等竭力向朱元璋推荐刘基、宋濂等人，⑦ 实际上反映了他们在思想见解上的一致。

共同的阶级利益，共同的政治思想使得浙东地主与朱元璋集团很快就趋于合作了。朱军到达浙东时，有的地主武装立即加入，如浦江蒋镛，"天子躬擐甲胄亲征，直抵于兰谿，即以檄召君。及诣辕门，天子劳问洽至。……为浦江翼右副元帅"⑧。如吕文燧，"及今上皇帝既克婺，君族人籍兵甲以君名诣辕门降。上大喜，特立永康翼，以君为左副元帅，兼知县事"⑨。胡深也"叛（石抹）宜孙间道来降"⑩。有些地主还主动为朱军提供军饷和代为安民，如兰溪吴季可，"既而越国（朱元璋部将胡大海）下兰溪，游兵四出，

---

① 《洪武实录》卷六，"戊戌六月及十二月"条。
② "梁万户，于潜人。元末率众拘乱，乌合至数千人，皆以红巾缠头，号红头巾。自杭至徽，转掠淳安、建德地方。……未几，少保常遇春自新城来，李同签（即朱元璋外甥李文忠）自严州下，会师大战，尽剿红巾之众"（《万历严州府志》卷一八《寇盗》）。
③ 《元史》卷一三五《陈遇传》。
④ 《明史》卷一三六《陶安传》。
⑤ 《明史》卷一二八《章溢传》。
⑥ 方孝孺：《宋学士续文粹序》，《逊志斋集》卷一二，《四部丛刊》本。
⑦ 陶安曾力劝刘基等出山辅佐朱元璋，见《寄刘伯温宋景濂二公》诗（《陶学士文集》，卷五，明弘治刻本）；朱升的推荐见《枫林集》卷九《翼运绩略》（明万历刻本）。
⑧ 宋濂：《浦江翼右副元帅蒋公墓铭》，《宋文宪公全集》卷四九。
⑨ 宋濂：《故嘉庆知府吕府君墓碑》，《宋文宪公全集》卷三〇。
⑩ 《洪武实录》卷七，"己亥十月"条。

居民窜匿。公自山趋而下，见旗者曰：愿见总兵，安业以给军饷。……越国一见，壮其言，进而抚之"①。此外如刘基、章溢、叶琛等，起初为了抬高自己身份，还做出一副元朝的忠臣孝子的姿态，迟迟不出。但当他们完全认清朱元璋集团的性质而朱元璋又一再礼聘，使他们的身价大为提高之后，也就都"幡然而起"了。②

三

朱元璋对浙东地主十分重视。当"浙东四先生"（刘基、宋濂、章溢、叶琛）被聘至南京时，"上喜甚，赐坐，从容问劳曰：我为天下屈四先生耳！"③ 朱元璋没有看错。在他从事统一事业的进程中，浙东地主确实起了很大作用。

朱元璋进取浙东是当时形势所造成的。他在1355年渡江，1356年攻取集庆（南京）。这时长江中上游及江西一带是南系红巾军徐寿辉部的活动范围。长江中游主要据点安庆仍为元将余阙所据守，南系红巾军因之无法顺流而下。淮东是张士诚崛起之地，与朱元璋进军江东同时，张也率部挺进江南，占有浙西大部。这样，朱元璋在东、西、北三面都有劲敌，无法发展，因之只好向东南方面即浙东地区进发，用以取得与群雄逐鹿中原的物质基础。

在攻下浙东处、婺等地后，张士诚、方国珍、陈友定等都不时发兵来扰，地方上又经常有小规模起义事件发生。朱元璋依靠浙东地主的支持，每次都很快就安定了下来。他是很明白刘基等人对于保证浙东处、婺地区牢固地掌握在自己手中的作用的，后来他封刘基官爵时说过："且括苍（处州）为卿乡里，地壤幽遐，山溪深僻。承平之世，民犹据险；方当兵起，乘时纷纭。原其投戈向化，帖然宁谧，使朕无南顾之忧者，乃卿之嘉谟也。"④ 正因

---

① 胡翰：《吴季可墓志铭》，《胡仲子集》卷九。
② "而刘君基、章君溢、叶君琛尤为处士所推，刘君最有名，亦豪侠负气，与君（孙炎）类。自以仕元，耻为他人用。使者再往返，不起。……（君）为书数千言，开陈天命，以谕刘君。刘君无以答，逡巡就见"（宋濂：《故江南等处行省都事孙君墓志铭》，《宋文宪公全集》卷三四）。
③ 《国初礼贤录》，《纪录汇编》本。
④ 刘基：《御史中丞诰》，《诚意伯文集》卷一。

为如此，朱元璋才有可能向浙东人民征发加倍甚至更多的粮税，用作军饷；①同时还从这里征调大量丁壮补充他的军队。②

当刘基等被聘至南京时，陈友谅已攻下安庆，略定江西大部，声势大振，准备顺流东下，进取南京。面对着这样严重的形势，朱元璋集团内部意见纷纭，人心惶惶。这时刘基建议"倾府库，用至诚，以固士心。且天道后举者胜，宜伏兵伺隙击之。取威制敌，以成王业，在此时也"③。朱元璋听从了他的策划，果然取得胜利。自此，刘基便深为朱元璋信任。以后在与陈友谅交战直到最后灭汉和削平各地割据势力的过程中，刘基都起了决策者的作用。章溢、叶琛和胡深等人在统一战争中也都扮演了重要角色，叶琛和胡深先后战死。宋濂、王袆等则在设计新的封建王朝的典章制度以及对敌宣传方面做了不少工作。浙东地主"或以功业定乱，或以文章赞化，卒能合四海于分裂之余，不越十年，遂致平治"④。因而，在明初开国功臣中，浙东地主占有很大比重，用明代史学家王世贞的话来说："可谓盛而奇矣！"⑤

浙东地主的加入，也促使朱元璋集团更快地与农民起义彻底决裂。

前已述及，朱元璋集团的性质早已发生变化，但在形式上它在很长一段时间内仍与北系红巾军保持着联系。这种联系，随着朱元璋势力的扩大特别是浙东地主的加入而日益减弱。从至正二十一年（1361）起，元军察罕帖木儿、扩廓帖木儿父子相继大举向北系红巾军进攻，河南、山东等地大部陷于元军之手，刘福通被迫奉小明王退守安丰。而正在此时，朱元璋与察罕帖木儿、扩廓帖木儿之间往来礼聘，信使不绝。⑥察罕帖木儿在山东被田丰等刺死，朱元璋深表痛惜。元朝并曾一度派遣使节授朱元璋以官爵，后因形势变化，朱未加接受。由这些事实可以看出，朱元璋对于进行反元斗争是何等的

---

① "太祖克婺州，宣谕百姓曰：'我兵足而食不足，欲加倍借粮。候克浙江，乃依旧科征'"（刘辰：《国初事迹》）。"处州之粮，其旧额一万三千石有奇。后以军兴，加征至十倍"（宋濂：《御史中丞章公神道碑》，《宋文宪公全集》卷四）。

② 如："（太祖）遂诏公（胡深）还处州，招集旧部将校士卒以征西。"（宋濂：《王府参军胡公神道碑》，《宋文宪公全集》卷四）"太祖谓章溢曰：尔在处州石抹参政处参议军事，闻知部属甚多。授尔浙江按察佥事，往处州收集赴京，助我调用。溢集到原部下二万名，令男章允载管领，赴京听调。太祖大喜。"（刘辰：《国初事迹》）

③ 《国初礼贤录》，《纪录汇编》本。

④ 方孝孺：《华川王先生画像序赞》，《逊志斋文集》卷一九。

⑤ 王世贞：《金处二郡文武之盛》，《弇山堂别集》卷三，明万历刻本。

⑥ 朱元璋与元来往，《洪武实录》中有所记载，但多有讳饰。《国初事迹》记载较详。钱谦益于《国初群雄事略》卷一《宋小明王》中有考证，可以参看。

不坚定，而他与北系红巾军之间的貌合神离，又达到了何等程度。

1363年，张士诚命大将吕珍攻安丰，刘福通向朱元璋求援。朱元璋亲自往援。"初发时，太使（史）刘基谏曰：不宜轻出。假使救出来，当发付何处？太祖不听。"① 朱元璋出兵救援是另有企图的，② 但刘基的用心更为恶毒。在当时小明王、刘福通被围于安丰，内无粮草，外无救援的情况下，他建议按兵不动，实际上是企图借刀杀人。有的学者以"救安丰一事，只是召来了陈友谅的乘虚进攻"为理由，来为刘基这一行为辩解。我认为是不能令人信服的。刘基反对出兵的用意是怕救出之后，不好"发付"，而不是出于军事上的考虑。在这件事上他明显地表示了敌视农民军的态度，这是无可置疑的。朱元璋后来为救援安丰一事感到后悔，这说明刘基对他的影响又进了一步。③

朱元璋出兵安丰，救出小明王和刘福通，将他们安置于滁州。"中书省设御座，将奉小明王以正月朔旦行庆贺礼。刘基大怒，骂曰：彼牧竖尔，奉之何为？遂不拜。适上召基，基遂陈天命所在，上大感悟。"④ 所谓"陈天命所在"，就是劝说朱元璋乘红巾军衰微之机最后摆脱形式上对小明王的隶属关系，开创一个新的封建王朝；而"上大感悟"也正说明了朱元璋采纳了他的建议，决心与农民起义最后决裂了。"御座不拜，遂辍龙凤之号"⑤，王世贞这句话很好地道破了刘基在促使朱元璋与红巾军彻底决裂中的作用。

1366年，朱元璋命廖永忠迎韩林儿、刘福通到南京，在瓜州渡江。廖永忠在江心把船凿沉，刘、韩均被淹死。⑥ 刘基是否参与策划此事已无史料可证，但它事实上正是刘基以前所进行的一系列活动的必然结果。所以明代诗人王绂写道："永忠肇此图，伯温炳几先，谓彼牧竖子，宝历当圣传。大事

---

① 刘辰：《国初事迹》。
② 朱元璋出兵主要是听从了朱升的劝告。考虑到"倘敌侥幸，杀获福通据城，犹虎添翼，悔无及矣"（《翼运绩略》，《枫林集》卷九）。
③ 陈、朱鄱阳湖大战后，朱元璋曾对刘基说："我不当安丰之行"，见刘辰《国初事迹》。
④ 《国初礼贤录》，《纪录汇编》本。
⑤ 王世贞：《浙三大功臣赞》，《弇州史料前集》卷二八，明万历刻本。
⑥ 权衡说韩林儿、刘福通渡江时所乘船为风浪所没（《庚申外史》卷下）。钱谦益在《太祖实录辨证》卷三（《初学集》卷一〇三）"洪武八年三月德庆侯廖永忠卒"条下，引宁王朱权《通鉴博论》为据，指出韩林儿等之死是廖永忠所为。但钱谦益在文中极力为朱元璋开脱，认为是廖永忠自作主张，并非朱元璋主谋。事实上如果没有朱元璋暗中指使，廖永忠是绝不敢这样做的。后来朱杀廖永忠，正是为了嫁罪于人。

从此定，皇心良皦然。"① 作为元末农民起义象征的小明王和刘太保之死，为朱元璋建立新的王朝减少了障碍，"大事从此定"了。在这一年发布的讨伐张士诚的檄文中，朱元璋便公开辱骂白莲教为"妖术""妖言"，污蔑元末农民起义是"妖言既行，凶谋遂逞，焚荡城郭，杀戮士夫，荼毒生灵，千端万状"。同时他明白宣告保护地主阶级利益："凡尔百姓，果能安业不动，即我良民。旧有田产房屋，依前为主，依额纳粮，余无科取。使汝等永保乡里，以全室家。"② 通过这篇檄文，朱元璋表明了自己对农民起义的彻底背叛。

从上述事实可以看出，在朱元璋集团建立新封建王朝及其和农民起义的决裂过程中，以刘基为首的浙东地主集团扮演着何等重要的角色！

四

从上面简略的分析，我们可以得出如下的初步看法：

（1）浙东地主阶级分子自始至终对农民起义十分仇视，而对元王朝则十分忠诚。只是在元王朝已经腐朽到了不能再与之合作以维护地主阶级利益时，他们才被迫另找出路。在他们身上，我们看不到多少"民族思想"和"同情农民军"的痕迹。

（2）浙东地主之所以能与朱元璋结合，一方面是因为他们要另找出路，另一方面，也是更重要的一方面，则是因为朱元璋集团本身已经逐渐向地主阶级转化。这样，二者便有可能在共同利益基础上结合起来。所以，刘基等浙东地主之加入朱元璋集团，绝不是什么"同情农民起义"的表现。

（3）浙东地主的加入，对朱元璋的统一事业起了很大的作用，与此同时，他们也促使朱元璋集团与农民起义彻底决裂，更快地完成向地主阶级的转化。

（原载《新建设》1963 年第 5 期）

---

① 王绂：《感古诗》，转引自《国榷》卷二，"至正二十六年"条下。
② 陆深：《续停骖录摘钞》，《纪录汇编》本。

元末农民战争中奴隶暴动的珍贵史料

——《刘纶刘琚传》介绍

一

波澜壮阔的元末农民战争,绵延达十八年之久,起义烽火遍及全国,在我国历史上写下了光辉的篇章。关于这次农民战争,还有许多问题需要进一步研究,奴隶暴动便是其中之一。这里,我们就元末奴隶暴动的问题,提供一份很有意义的资料——《刘纶刘琚传》,并对其社会背景及有关史实进行说明,供学者们参考。

《刘纶刘琚传》的主要内容如下:

> 刘纶,字子纶;[①] 琚,字子琚。同父母昆弟也。世为永新人。……
> 至正壬辰,兵祸起淮甸,蔓延江西,山薮狂悖之氓率相诱胁为群盗。纶、琚合志协力,出赀粟,募勇敢,喻以逆顺,且悉驱其家苍头与相杂伍。给衣食,备器械,分屯要害,以状白府。府檄纶同知本州事,屯大沙;琚以庐陵尹屯西江。时承平既久,民不识兵革。安成寇数千猝至州城,城中守备军弱。纶闻之,亟领精锐五百驰赴州。寇时已突入城西门,望见纶旗帜、兵仗精彩耀目,即自骇乱。城中兵遂竞起,杀寇逐北,积尸如山,众志乃定。城由是得全。大沙当永新通衢,一弗靖即上下阻绝。乡民周继者首为乱,纶擒杀之。屡杀获以遏奸暴,卒使水陆疏

[①] 按,明初,乌斯道作《刘君子纶墓志铭》(《春草斋文集》卷一〇)称:"君讳经,字子纶",与此传有出入。疑《墓志铭》传刻有误。

达无壅。

西江据安成、庐陵之会，尤虑奔突。小乌坑温同一党九人，谋其主汤德新产业，尽室杀之，唯余孙一人曰恭者被创而逃。诉于州，州虞有变，不为理。恭乃泣走诣琚。琚拔刀斫案，大言："明事会方来（？），而奴杀其主，此逆贼也，其可纵乎！"即捕获，桔其渠以献于府，枭诸市，戮其八人者裂而磔诸境上。是时恶党之群聚者方视此为伸缩，且将相顾而起，及闻九人者戮死，遂惕息不敢动，里中帖然。

明年，峒寇破永新城，恶党复乘势骚动。小乌坑萧祖一作乱首，杀伤左茂一，劫其财。琚复捕戮，揭其尸以徇。境内复宁。

岁甲午，……既而江西失守，诸郡县次第陷没。度势不可为，乃悉散其众，令人自为谋。纶徙居庐陵，琚归上麓山中，督耕织以供衣食，绝口不预言时事。而时事日益非。恶党益盘结生计，谋尽铲其主家以自便。又纶、琚领事时，疾恶已甚，大者诛杀，少者责怒榜捶，群不逞之徒蓄愆惴惴而不得肆，日夜思泄其愤。

乙巳春，有李罕者屠其主龙廷吾家，远近相扇竞起。家仆萧兴纠集群党，克以正月七日黎明围上麓。未合，琚闻后岭警钟声，觉有异，即揽衣提所佩刀潜出。纶时与俱在上麓，遂得相继遁去，既涉江，欲奔州城。有舣舟于岸者，不知何许人，一见即载之而上。萧兴等五十人追至江，江水浅及膝。萧等褰衣而前，将及舟，水忽涌起，没胸，沟欸几仆，遂颠顿而返。及岸，跪致辞，举手谢而去舟，遂上万泉滩。寇复以两舟来追，遇小舟自上流而下，语之曰："彼登岸去矣，尔复何追！"乃相视错愕解散。

纶、琚至州城，琚语纶曰："吾兄弟得幸免，吾妻子必不免矣。"未几，而二子来，止称纶一子、一弟妇被害，余皆得脱水小沙。初，群寇谋围上麓，约山上举红旗为号。旗三飐地，则毕力合围。至期，天忽大雾昏塞，咫尺不可辨，由是举室皆得脱免。……

纶、琚既得免，日夜切齿，以复雠为事。乃诉于当时之据有权位者，歼尹姓十二人。复诉于征讨之帅，歼萧姓二十五人。又诉于守御之帅，歼刘姓六人。又诉于州之牧，歼李罕与其党八人。皆渠恶也。犹遗造谋呼杀肆毒之尤酷者曰刘驰，行逃匿他境，凡一年，捕不获。纶、琚方痛恨，一旦，忽自诣按察分司，诬纶、琚收受银货等物。分司官下其事于州，辨于庭。驰词屈，竟坐以杀人罪，下狱死。于是向之恶党尽矣。①……

　　丧乱十五、六年之间，冠屦颠倒，以小人而害君子，以奴隶而害主翁者，滔滔皆是。

该资料见于《云阳集》卷八。《云阳集》作者李祁，江西茶陵人。元顺帝元统元年（1333）中进士，历任应奉翰林文字、婺源州同知、江浙儒学副提举等职。元末农民战争爆发后，他逃窜潜伏江西永新山中，与元朝政府及当地地主武装头目保持密切联系，时刻幻想重建元朝地主阶级的反动统治。元灭，他以遗老自居，不愿出仕明朝。他的许多作品，都反映了这种顽固的地主阶级反动立场。《刘纶刘琚传》便是最有代表性的一篇。但是，这篇反动作品，却保存了有关元末奴隶暴动的珍贵史实。

《云阳集》有十卷本，有四卷本。十卷本系明弘治年间李祁五世孙李东阳刊行。此刻本现知仅见于故宫《天禄琳琅现存书目》，一函六册。北京图书馆藏有抄本。《刘纶刘琚传》见于十卷本之卷八。四卷本系清康熙时"广州释大汕，复以意删削而成"②。传世有清嘉庆十九年刘氏校刊本，无《刘纶刘琚传》。

二

奴隶制残余的长期存在，是我国封建社会的特点之一。元代，这种情况尤为突出。

这一时期，我国社会的主要矛盾仍是地主和农民两大对抗阶级的矛盾，封建租佃关系是占主导地位的剥削关系。但是，由于进入中原之初，蒙古族尚处于奴隶制发展阶段，因此在灭金统一北方过程中，掠民为奴的现象很普遍。据有的记载说，"时诸王大臣及诸将校所得驱口，往往寄留诸郡，几居天下之半"③。"驱口"一名，始见于金代，元代继续沿用，原意系指"被俘

---

① 《刘君子纶墓志铭》只言其"度事势有不可强为者，于是散兵士，谢事归田里"，未及奴仆暴动之事。
② 《四库全书总目提要》卷三二，《集部·别集类廿一》。
③ 宋子贞：《中书令耶律公神道碑》，《国朝文类》卷五七。

获驱使之人"①，即战争中的俘虏。用元代官方文书中的话来说，就是所谓"出征时马后捎将来底人口"②。后来，"男曰奴，女曰婢，总曰驱口"，成了奴隶的通称。③

蒙古贵族在统治中原广大地区之后，为了适应当地原有的经济情况，很快便和汉族封建地主阶级相结合，逐步学会了封建的统治方式。当时习惯把蒙古贵族的这种变化，称"行汉法"。但是。元代蒙古贵族"行汉法"是很不彻底的，很多"漠北旧俗"仍然不同程度地保存了下来。驱口的大量使用，便是其表现之一。

元代驱口的数量相当惊人。宫廷和官府都占有大量奴隶，有"不阑奚""怯怜口""官监户"等名目，在官手工业中使用尤为普遍。④ 一般贵族、官僚也都占有成批奴隶，动辄数十百人。如果仅有"家僮数口"，就与"寒士无异"⑤。上层官僚、贵族拥有的奴隶数目更多，例如忽必烈的宠臣色目人阿合马，就有奴隶七千。⑥ 另一个高级军官家有"奴婢三千人"⑦。总的来说，驱口在北方所占比重较大，但是南方地主、官僚占有驱口的情况，也相当普遍，例如，浙江的"义门"郑氏，就有"僮手指千"⑧。

驱口用于家内服役，但有不少也用于生产。女奴纺绩织纴，男驱耕稼畜牧，在元代是常见的现象。不少地主"生产家事，悉任奴隶"，自己完全过着悠悠自在的寄生生活。⑨ 元代名画家、官僚高克恭，以生活清苦闻名，但他在房山有地二顷，就是靠奴隶为他耕作的。⑩

元朝法律规定，驱口"与钱、物同"，是主人财产的一部分。当时习惯把驱口的占有者称为使长。使长对驱口有完全的人身占有权利，可以任意转

---

① 徐元瑞：《习吏幼学指南》。
② 《通制条格》卷二《户令》。
③ 陶宗仪：《奴婢》，《辍耕录》卷一七。
④ "不阑奚"是蒙语，原意为无主之物。"不阑奚人口"即指由官府收留的无主奴隶。"怯怜口""谓自家人也"，指皇室或贵族私有之奴仆。官监户"谓前代以来配隶相生，或今朝配役隶属诸司州县无贯者，即今之断按（打奚）主户是也。其断没者，良人曰监户，奴婢曰官户"（《习吏幼学指南》）。元朝统治者可以官监户任意赐人，见《元史》卷一五七《刘秉忠传》。
⑤ 许有壬：《畅公神道碑》，《圭塘小稿》卷九。
⑥ 郑思肖：《心史》卷下。
⑦ 姚燧：《李公神道碑》，《牧庵集》卷一九。
⑧ 柳贯：《郑氏旌表义门记》，《柳待制文集》卷一五。
⑨ 黄溍：《屏山处士王君墓志铭》，《金华先生文集》卷三七。
⑩ 邓文原：《刑部尚书高公行状》，《巴西文集》。

卖，或用作陪嫁。驱口的女儿不得自行婚配，必须由使长做主。"良""贱"之间严禁通婚，但"诸主奸奴妻者不坐"。驱口告发使长者处死刑。使长杀了人，就叫驱口去偿命。与奴隶社会中的奴隶略有区别的是，在奴隶社会，奴隶主可以任意杀死奴隶；在元代，使长杀死无罪驱奴要受到一定的法律制裁（杖八十七）。如果驱奴有"罪"（任何反抗行动都会被认为有"罪"），使长加以杀害仍可免予处分。① 这种区别反映出封建生产关系的影响和支配作用。

只有通过赎身，驱口才能获得"良人"身份。但赎身的费用通常需要相当或大于该驱口终身劳动所创造的价值，对于绝大多数驱口来说，实际上是根本不可能的。就是侥幸得以赎身的驱口，脱离奴籍以后，一般仍需与使主保持一定的依附关系。而使主也总是千方百计设法将他们重新抑逼为奴。②

和当时社会中占主导地位的封建关系相比较，奴隶占有关系是更为野蛮、落后的，它理所当然地激起了驱口们的强烈反抗。前面提到灭金后驱口"几居天下之半"，但很快就"逃去者十八九"。逃亡是驱口最常见的反抗形式；驱口逃亡和杀死使主的事件层出不穷。规模最大的一次驱口反抗斗争发生于14世纪初叶元成宗时。在一个下层僧侣鼓动下，许多从南方被掳到北方的驱口，带着自己的妻子儿女，纷纷逃走。"被他使长每根（跟）赶上啊，迎敌著去了的也有。"逃亡的驱口有的在各处隐藏，有的"用船筏偷渡过黄河、大江"，"纵有败获，鼓众夺去"。这次声势浩大的驱口暴动，使元朝政府惊慌失措，大为震动。③

在波澜壮阔的元末农民战争中，"贫者""贱者"纷纷起来造反。驱口处于社会的最底层，受压迫和剥削最深，这种地位决定了他们必然积极参加起义斗争。

三

长期以来，在元末农民战争史的研究中，大家都意识到"驱口"在斗争

---

① 元初，"奴有'罪'者，主得专杀。"（《元史》卷一二五《布鲁海牙传》）在蒙古贵族逐步接受封建的统治方式、"行汉法"之后，这种使主可以任意杀害奴隶的情况才受到一些限制。但以各种借口杀害驱口的现象仍屡见不鲜。

② 以上两段叙述，主要根据《元史·刑法志》《元典章》及陶宗仪《辍耕录》卷一七《奴婢》条。

③ 《元典章》卷三四《兵部一·军驱》。

中的作用是个值得重视的问题，但是由于资料欠缺，对此只能做出一些想当然的推断，无法加以具体说明。《刘纶刘琚传》的发现，在很大程度上弥补了这个缺陷。

江西在元末农民战争中是农民起义军与元朝激烈争夺的地区之一。南方天完红巾军起自湖北蕲、黄一带，他们的主要战略目标是夺取长江下游广大地区，为此目的必须先取得江西。而对于元朝政府来说，掌握江西，既可确保财赋的主要来源——长江下游地区，又可进而围剿天完红巾军的根据地。因此，在这一地区曾经发生过多次激烈的拉锯战。当地的地主纷纷组织反动武装，支持元朝政府；反之，农民和其他劳动人民，则纷纷投入起义军，或自行组织起来，向地主阶级展开坚决的斗争。杀地主、夺土地、分财产的暴力行动，几乎遍及江西的每一个角落。《刘纶刘琚传》从一个侧面反映了当时江西激烈的阶级搏斗的情景。

至正十一年（1351）五月间，元末农民战争爆发，徐寿辉、彭莹玉等起义于蕲、黄。起义队伍开始时在蕲水县（湖北浠水）北的天台山上建立黄连寨根据地。九月初，在蕲水正式建立政权，国号天完，徐寿辉称帝，建元治平。天完政权分兵二路，一路上略武昌、江陵等地；另一路由彭莹玉、项普略（项奴儿）等率领，顺大江东下。东下的起义军首先攻取江西、江东之地。然后挺进浙西、福建。巨大的起义声势，在江南广大地区引起了强烈的反响。

永新地处江西西部，比较偏僻，但很快也受到农民起义浪潮的冲击。以刘纶、刘琚兄弟为代表的地主阶级，自己"出赀粟，募勇敢"，建立地主武装，支持元朝政府。他们还强行把自家占有的奴隶（苍头）编入地主武装，迫使他们为反动统治阶级卖命。另一方面，广大的劳动人民即所谓"山薮狂悖之氓"，则纷纷组织起来，"率相诱胁为'群盗'"。当时永新一带奴隶们也积极行动起来，起义群众的首领叫周安①。小乌坑温同一等杀死使主，就是奴隶们要求解放和配合起义斗争的一次实际行动。其他奴隶也将"相顾而起"，奴隶暴动的高潮即将出现。但是，富有反革命斗争经验的地主武装头目刘纶、刘琚等先发制人，残酷地镇压了温同一等人的造反事件，把正在酝酿之中的奴隶暴动打了下去。

当永新地区起义农民与地主武装正在苦斗时，元军利用天完起义军兵力

---

① 《洪武实录》卷一五。

过于分散的弱点，集中兵力，与各地地主武装相互配合，展开反攻。至正十三、四年（1353—1354）间，天完起义军被迫退出了两浙和江东、江西等地。永新的起义群众也在周安领导下，暂时撤到袁州（江西宜春）一带，与另一支起义军会合，积聚力量，等待时机。到了至正十五、六年（1355—1356）以后，情况发生了急剧的变化，北方的宋政权领导下的农民军和南方天完政权领导下的红巾军，都转入了大规模的反攻，打得元军节节败退。天完红巾军很快就夺回了江西大部地区，周安也率领起义群众，在天完政权的旗帜下，杀回永新，建立了农民政权。"势不可为"，刘纶、刘琚这两个横行霸道的地主武装头子，也被迫遣散了地主武装，潜伏下来，等待时机。

在此后相当长的一段时间内，江西成为各种政治势力争夺的目标，战争不断。而这一地区奴隶解放斗争也一直在继续着。经过长期的酝酿，奴隶们决意团结起来，要"尽铲主家以自便"，即杀尽使主争取自身的解放。至正二十五年（乙巳，1365）春，奴隶李罕首先起来杀掉了使主龙廷吾一家。接着"远近相扇竞起"，迅速形成高潮。刘纶、刘琚家的奴隶们以萧兴为首，约定日期，计划"毕力合围"，完全消灭这家反动顽固的使主。但是，这两个奴隶主老奸巨猾，一发现形势不对，立即溜走。尽管如此，他们狼狈窜逃的情景，说明已经威风扫地，等于被驱逐。至于当地其他占有奴隶的使主，所受的打击，肯定也是沉重的。起来斗争的奴隶，以"红旗为号"，红旗是元末农民起义军的旗帜，说明他们自觉地把自己的斗争和整个农民起义联系起来。

《刘纶刘琚传》讲的是江西永新地区的情况，而元末奴隶暴动，决不止于永新。正如《刘纶刘琚传》所说："以奴隶而害主翁者，滔滔皆是。"例如，当时江东徽州的一个地主文人就很感慨地说过："当兵戈扰攘之际，里中犷狠纠叛者蜂起，苍头弑主，恶少杀人，掠财富，毁室庐，斁纲纪，恬不足怪。"[①]

在至正二十五年（1365）奴隶暴动前后，朱元璋的势力已逐渐控制了江西各地。在其势力不断发展过程中，朱元璋政权的性质也日益变化。不久，正式建立了大明王朝。明朝是地主阶级的政权。在新王朝的纵容与支持下，地主阶级疯狂地进行反攻倒算。刘纶、刘琚向奴隶们进行阶级报复，便是通过朱明王朝的"征讨之帅""守御之帅""州之牧""按察分司"实现的。起

---

① 舒頔：《蔓菁楼记》，《贞素斋集》卷一。

来造反的奴隶领袖大都遭了毒手。奴隶占有关系，尽管遭到沉重的打击，有很大的削弱，但在新王朝的扶植下，又逐渐恢复了起来。新的斗争也随之形成。几个世纪以后，当明末农民战争爆发后，江南许多地区又发生了"奴变"。

（原载《南开大学学报》1978年第3期）

论朱元璋与元朝的关系

朱元璋在元末农民战争中是个很活跃的人物，又是明朝的开国皇帝，在历史上占有重要地位。关于朱元璋的评价问题，一直是史学界热烈讨论的一个题目。

朱元璋一生的经历很复杂，他的活动是多方面的，要对这样一个历史人物做出比较恰当的评价，必须全面占有资料，进行细致的考察和分析。以元末农民战争中的朱元璋的评价而言，我们应该就他与元朝、地主阶级、其他各支起义军、各地封建割据势力等各方面的关系，按时间的先后和地区的不同分别进行考察，才能做出比较符合实际的有说服力的结论。然而，迄今为止，这样的专题研究并不多见。

本文准备讨论朱元璋与元朝之间的关系。一个最简单的基本事实是，元末农民战争是以推翻元朝反动统治为目的的全国各族人民大起义。对待元朝的态度，对于各支起义军及其领袖来说，都是一个根本的政治态度问题。朱元璋对元朝抱什么态度？在元末农民战争的整个过程中他的态度又有哪些变化？这便是我们想要加以考察的问题。

一

波澜壮阔的元末农民战争，是在元顺帝至正十一年（1351）五月爆发的。江、淮两岸，成千上万"短衣草屦"的穷苦大众，"齿木为杷，削竹为枪"，向着地主阶级和元朝政府发动了猛烈的进攻。① 在"民人尽乱，巾衣

---

① 《元史》卷一九四《魏中立传》。

皆绛，赤帜蔽野"①的革命形势下，朱元璋在至正十二年（1352）初由一个游食四方的僧侣变成了一名起义军战士。

地主阶级和封建国家的残酷剥削和压迫，是爆发元末农民战争的根本原因。"一日三遍打，不反待如何！"②广大劳动人民从亲身经历中体会到，只有造反，才有活路；只有造反，才能"以苏困苦"。因此，起义领袖登高一呼，成千上万的群众立即齐声响应。用当时地主文人的话来说，就是"人物贫富不均，多乐从乱"；"贫者从乱如归"③。以朱元璋的家乡濠州为例，"弃农业，执刃器"起来造反的群众，在很短的时间内，就达数万人。当起义军攻下州城后，周围农村的农民情绪高昂，"呼亲唤旧，相继入城"，踊跃参加起义队伍。④但是，在这样热烈的革命形势面前，朱元璋却表现得非常动摇、犹豫。据他自己说："予当是时，尚潜草野，托身缁流。两畏而难前：欲出为元，虑系绛以废生（害怕元军把自己当作起义军硬扎上红巾送去请功）；不出，亦虑红军入乡以伤命"。想来想去，就是没有想到投奔起义军。在求神问卜，"卜逃卜守皆不吉，将就凶（投奔起义军）而不妨"之后，仍然拿不定主意。只是在"为讹言所逼（传闻元军要抓他），惧祸将及"的情况下，他才决定参加起义军。⑤后来，他回忆这段经过时说："至正十二年，天下大乱，诸兄皆亡。淮兵大起，掠入行伍。"⑥说是被"掠"参加，揆之当时事实，未免有些夸大。但是，一个"掠"字恰好说明，他对农民起义的厌恶心理，他投奔起义军是很被动消极的。

从至正十二年闰三月参加起义军，到至正十五年（1355）六月渡江止，朱元璋一直在淮西地区（今安徽北部）活动。最初他在郭子兴部下当兵，很快就被提拔成为郭的亲信，而且逐步形成了自己的势力。至正十五年三月，郭子兴病故，他就成了郭部的实际领导者。

郭子兴对朱元璋有很大影响。"有明基业，实肇于滁阳一旅。"⑦所以，在建国称帝后，还念念不忘为之建庙立碑，岁时奉祀。郭子兴是濠州定远县

---

① 朱元璋：《纪梦》，《高皇帝御制文集》卷一四。
② 黄溥：《闲中今古录》。
③ 叶子奇：《草木子》卷三上《克谨篇》。
④ 朱元璋：《纪梦》，《高皇帝御制文集》卷一四。
⑤ 朱元璋：《皇陵碑》、《纪梦》，均载《高皇帝御制文集》卷一四。张来仪：《滁阳王庙碑》，《张来仪集》补遗。
⑥ 朱元璋：《世德碑》，转录自《翦胜野闻》，此碑文作于朱元璋称帝前。
⑦ 《明史》卷一二二《韩林儿传·赞》。

的富户,"兄弟皆善殖产"。他信奉白莲教,"聚众烧香"。至正十二年,郭子兴"召所结宾客子弟"起兵,联合当地其他起义军,攻拔濠州,自称元帅。和当时其他起义军比较,郭部有两点显著的差别:(1)元末农民战争初起时,各支起义军的领导人凡出身可考的,几乎都是劳动人民,而郭子兴却是个在地方上有一定势力的富户。(2)各支起义军的基本群众,都是贫苦农民和其他劳动人民,而郭子兴队伍的基本骨干却是他的"宾客子弟"。正因为这样,郭子兴与濠州其他起义队伍之间就存在着很大的矛盾。其他四个元帅都是"出于农,其性粗直,谋智和同"。"子兴易视之,每议事,独与四人异";"意愈不协,互相猜防"①。朱元璋则是郭子兴对付其他几个元帅的得力助手。

濠州起义军的声势并不大。在相当一段时间内,元朝政府忙于对付刘福通、徐寿辉、张士诚、方国珍等部起义军,并没有注意濠州起义军的活动。至正十四年十月,元朝政府派丞相脱脱率大军四十万,围攻高邮张士诚部,同时分兵围六合。六合的起义军向郭子兴求救,郭子兴命朱元璋赴援,救出六合起义军,退到滁州(今安徽滁县)。元军追击,朱元璋设伏大败元军。可是,朱元璋却采取了这样奇特的行动:

> 具牛酒,敛所获马,遣父老送还,令告其帅曰:"城主老病,不任行,谨遣犒军。城中皆良民,所以结聚,备他盗耳。将军以兵欲弥戮之,民固畏死,非得已也。将军幸抚存之,惟军需是供。今高邮巨寇未灭,非并力不可,奈何舍寇分兵攻良民乎?"其帅信之,谓其众曰:"非良民岂肯还马!"即日解去。由是滁城得完。②

这次事件历来未被研究者所重视,实际上,它很好地说明这一时期朱元璋与元朝的关系。面对元军的镇压,朱元璋不是坚决抵抗,而是摇尾乞怜。他居然否认自己是起义的反元队伍,而以"结聚"的"良民"即地主武装自居,不仅归还缴获的战利品,而且送上"牛酒"赔礼道歉。这种做法和当时绝大多数与元军浴血奋战的起义军对比,相去何止十万八千里!更可恶的是,他竟然为元军出谋划策,怂恿他们"并力"攻打"高邮巨寇"。当时数

---

① 《洪武实录》卷一。
② 《洪武实录》卷一。

十万元军围困高邮，张士诚部仅数千人据守孤城，外无援兵，处境十分危急。这种情况朱元璋很清楚，可他还想出上述的主意，真是对友邻起义军落井下石。朱元璋的这番表演，是不能用"策略"之类加以开脱的。它说明了朱元璋对元朝的态度至少是很暧昧的，他反抗元朝的统治至少是不热心的。从朱元璋的队伍和地主武装之间的区别不大①来看，从上述的朱元璋参加起义以前的犹豫观望，以及郭子兴队伍不同于其他农民起义军的特点来看，我们是可以找到朱元璋对元朝采取上述态度的原因所在的。

二

至正十五年（1355）六月，朱元璋率部渡江南下。自此而后，在十年左右的时间内，他削平了陈友谅，对张士诚展开强大的攻势，为统一全国打下了牢固的基础。

渡江以前，朱元璋部归附韩林儿、刘福通为首的宋政权。渡江以后，他一直打着宋政权的旗号，行用龙凤年号，"用以部署东南"②。宋政权领导的起义军提出复宋的口号，非常明显，就是要推翻元朝的统治。朱元璋也接过了这个口号。他攻下婺州（今浙江金华）之后，树立两面黄旗，上面就写着："山河奄有中华地，日月重开大宋天。"③

但是，朱元璋渡江作战的目的，主要不是为了开展反元斗争，而是为了取得一定的地盘，等待时机。用他自己的话来说，便是："秣马厉兵，以观时变。"④ 当朱元璋渡江时，天完红巾军徐寿辉、陈友谅部正在上游湖广、中游江西等地展开攻势。张士诚部也在下游淮东、浙西地区频繁活动。元朝政府在南方的兵力大部分用来对付这二支起义军。朱元璋充分利用了这个形势，在元朝力量比较薄弱的地区扩展势力。根据一些儒生的建议，他先取集庆（今江苏南京）作为根基，然后向外发展，陆续攻取了浙西、东的部分地

---

① 至正十三年（1353），朱元璋"还故里收元卒七百"。这是他的第一批队伍。次年夏，朱元璋说降"义兵（地主武装）三千"，接着又"破元将老张营，得精兵二万"（见《皇明本纪》及朱元璋：《阅江楼记》，《高皇帝御制文集》卷一四）。老张的队伍主要也由"义兵"组成，其头目缪大亨亦降，成为朱元璋的亲信将领之一（《洪武实录》卷一三缪大亨传）。自此，朱元璋的部属已超过郭子兴原有的兵力。可以看出，朱元璋军队的基本力量是由收编地主武装而成的。

② 钱谦益：《国初群雄事略》序。

③ 俞本：《纪事录》，转引自《国初群雄事略》卷一。

④ 朱元璋：《阅江楼记》。

区和江东大部。这些地区的元朝驻军,大都是地方武装,战斗力不强。他们既和人民群众处于完全对立的地位,又得不到有力的救援,因此,朱军所到之处,势如破竹。但是,朱元璋对于安庆城则取另一种态度。安庆地处长江北岸,形势险要,元朝守将余阙以凶悍顽固闻名。他曾夸口说:"连日江南郡县皆破,此邦独完。"① 实际上成为南方反动势力的象征。从当时整个斗争形势来看,拔掉安庆这个据点,将会大大推动南方的反元斗争。然而,朱元璋"与之接壤",却"未尝加以一镞"。其用意不外有二:一则他知道攻打安庆必会发生激烈的战斗,损害自己的实力;再则藉安庆作屏障阻挡天完红巾军东下,有利自己的发展。② 不仅如此,他还为余阙提供方便,表示支持。当时盐场都在沿海一带,为张士诚、方国珍所控制。余阙曾派莫伦赤到沿海一带买盐供军用,"莫伦赤市盐还龙湾(南京附近),本朝遣兵邀之。莫伦赤自称使者,今上(朱元璋)闻之曰:'余公元朝名臣,使当道皆若此人,天下岂有乱哉!'命诸军毋得侵掠,以礼宴莫而遣之,曰:'还告余公,善自为守。'且曰:'老赵在池州,素无仁心,恐汝去不能免也。吾以书与汝,至则字其左右。'莫伦赤至池州,果为所扼。以书示之,赵省书曰:'但免汝一死耳。盐货不可得也。'悉为所掠。"③ 老赵即天完红巾军的重要将领赵普胜。在处理余阙的军需物资的做法上,朱元璋与赵普胜是截然不同的。这也充分说明了朱元璋所热衷的是自身利益,并不想积极去摧毁元朝的反动势力。正因为如此,渡江后不久,他就把主要力量用于与张士诚、陈友谅争夺地盘上面。

对于那些顽抗到底的元朝将领和官僚,朱元璋总是赞赏备至,誉之为"忠臣""义士"。他的军队渡江破太平(今安徽当涂),总管靳义赴水死,"上闻之曰:义士也,具棺敛葬之"④。继破集庆,"御史大夫福寿死之,太祖命于城中立祠,每岁祀之"⑤。至正二十年(1360)克处州,元守将石抹宜孙死,"上嘉其尽忠死事,遣使祭之,复处州民所立生祠"⑥。对于那些被俘而不愿投降的元朝官员,朱元璋认为:"为人臣者,各为其主",或则礼遣

---

① 余阙:《再上贺丞相书》,《青阳集》卷五。
② 姚福:《青溪暇笔摘钞》。
③ 朱善:《余廷心后传》,《朱一斋先生文集》卷六。
④ 《洪武实录》卷三。
⑤ 刘辰:《国初事迹》。
⑥ 《洪武实录》卷八。

出境，或则纵走不追。① 这与其他农民起义军通常所采取的不降即杀的方针，正好形成鲜明的对比。

宋政权在北方的斗争，使元军"不能以匹马只轮临江左"，对朱元璋的发展起了有力的"捍蔽"作用。但是，朱元璋这个宋小明王的臣属却从来没有主动配合过宋政权的作战。至正十九年（1359），元军利用宋政权主力北伐兵力分散的机会，疯狂反扑，攻陷其都城汴梁（开封），宋政权受到很大挫折。朱元璋不但不派军队支援，反而私下派人去元军统帅察罕帖木儿处"通好"。不久，元军接着向山东进攻，嚣张一时，影响所及，"江南震动"。各处封建割据势力以及农民起义的叛徒，纷纷派遣代表前往察罕帖木儿处，"道军旅之情，请期约之会，以遂夹辅之谋"②。南北反动势力互相勾结，妄图重建元朝在江南的反动统治。值得注意的是，朱元璋赶紧也参加了他们的行列，派遣使者前往"结援"，实际上是向元朝表示愿意投降。③ 元朝政府就派遣使节"赍袭衣、御酒、八宝顶帽、荣禄大夫江西等处行中书省平章政事宣命诏书"前来招安。只是由于察罕帖木儿在山东遇刺，其养子扩廓帖木儿继为统帅，军心动乱，无暇南顾。朱元璋权衡利弊，才没有接受招安。但他对元朝的暧昧态度，动摇观望的投机心理，却暴露无遗了。

尽管朱元璋称帝后，对自己在农民战争期间的一些丑行多方讳饰，将许多有关的文献资料进行了删削和篡改，但是，还有不少痕迹可寻。明朝末年，钱谦益在《国初群雄事略》一书中，④ 钩稽史料，对朱元璋与元朝勾结一事作了很好的考证，可以说是定论。这件事既不能用"策略"来辩解，更不能在评价朱元璋时略去不提。可能有些学者对此事的可靠性持怀疑态度。为此，我们再以一条元朝方面的记载来印证。这便是清朝末年在浙江临海出土的《方国璋神道碑铭》。此碑从未为研究者注意过，现将有关部分引录于下：

> 朱□璋侵衢、婺，公（方国璋）计可使招徕之，二年始得其情。于是朝廷遣尚书张昶等来与公会议，至台，将由婺以趋集庆。时苗军据婺

---

① 《洪武实录》卷三。
② 刘仁本：《送河南省员外郎梁子晋使还序》，《送中书兵部员外郎富察君使还序》，均见《羽庭集》卷一。刘仁本是方国珍部属。
③ 刘辰：《国初事迹》。《明史》卷一三五《叶兑传》。
④ 钱在《太祖实录辨证二》（《牧斋初学集》卷一二〇）中亦曾论及。

州，其将王保等杀渠帅出奔，过仙居，所□纵剽。昶急与公谋。公曰："今招安之事垂成而苗军忽变，必入吾境，则吾民必见害。而彼闻之，将疑我怀去就。我请往谕保等，庶乱可弭。"乃引百余骑至仙居，遣属僚馈保等酒牢金币。保阳诺，请约束其军，□纵剽自如。公重遣人往戒之。是夜……遂遇害。①

方国璋是方国珍的长兄，在方氏集团中地位仅次于国珍。方国珍当时一面接受元朝的官爵，另一面又表面上归顺朱元璋，实则和朱元璋一样，割据一方，以观时变。朱元璋和元朝勾搭，主要是通过方氏进行的。"公计可使招徕之，二年始得其情"之"情"，就是朱元璋表示愿意降元，方氏集团向元朝政府转达这番意思后，"朝廷遣尚书张昶等来""招安"。苗军是一支以湖广一带少数民族为主组成的反动武装。元末活动于江浙一带，其首领杨完者为张士诚所杀，余部大部投降了朱元璋，驻屯在婺州一带。此时杀朱军将领叛变。方国璋担心朱元璋会因此事发生怀疑，影响招安的实现，所以亲自出马解决，没有料到因此送命——苗军怀恨方国珍兄弟拒绝接受其投奔，所以才会杀掉方国璋。正因为方国璋是替元朝政府"招安"朱元璋而死的，所以，"事闻"之后，元朝"赠谥褒崇，优于常典"（见碑文）。而朱元璋也专门派人前来祭奠。

这篇碑文作于至正二十四年（1364），作者张翥是元朝的翰林学士承旨，书写者是元朝的中书参知政事危素，碑文中所述事实当是元朝官方认可的。我们从碑文中可以清楚看到，元朝政府确实对朱元璋进行过"招安"，而"招安"又是朱元璋主动要求的。因此，明朝建立后，这块记有朱元璋准备接受"招安"情节的石碑也就倒了霉，被人们深埋土里，过了五百年才得以重见天日。

对于察罕帖木儿之死，朱元璋十分痛惜，叹道："天下无人矣！"② 在他看来，只有这样顽固透顶的反动派，血腥镇压农民起义的刽子手，才是英雄豪杰。在察罕帖木儿死后，他又与继任元军统帅的扩廓帖木儿保持联系，不时有使节往来。他甚至表示，愿意帮助扩廓帖木儿去攻打北方另一个军阀孛

---

① 《台州金石录》卷一三。此碑于同治甲戌年（1874）出土。
② 佚名：《天潢玉牒》。后来，当北伐时，朱元璋还专门派人去祭祀他，并亲自为之撰写祭文。

罗帖木儿，理由是："乱臣贼子人得而讨之，又何彼此之分哉！"① 不正好表明朱元璋始终以元朝的臣民自居吗！

从以上所述的朱元璋的一些表现，可以看到，这一时期朱元璋对元朝的态度是很暧昧的，对反元斗争是消极的。他最关心的，是发展自己的实力，为此可以不择手段，包括与元朝勾搭在内。

三

至正二十六年（1366）五月间，朱元璋发布了讨伐张士诚的檄文。这是一份具有重要意义的文件，表明朱元璋公开与农民起义决裂，正式成为地主阶级的政治代表。

在讨伐张士诚的檄文中，朱元璋污蔑起义群众是"误中妖术"的"愚民"，攻击农民起义"荼毒生灵，千端万状"。其语言之恶毒，和元朝统治者毫无二致。其中列举张士诚八大罪状，前七条都是指责张士诚对元朝不忠。正如吴晗所说："不看头尾，使人容易误会成是元朝政府的讨伐令。"② 在檄文中，朱元璋回顾了自己的活动，他说："予本濠梁之民，初列行伍，渐至提兵。灼见妖言不能成事，又度胡运难以立功，遂引兵渡江。"③ 这段话表明，早在渡江以前，朱元璋对农民起义就抱怀疑态度，认为它"不能成事"。对元朝则是一种恨铁不成钢的感情，只是因为它"难与立功"，所以才另求发展。要不是看到元朝统治必然崩溃之势，他还想为之"立功"呢！在这里，朱元璋确实道出了他的真实思想。

消灭张士诚后，朱元璋很快就着手组织北伐，正式建立大明王朝。在北伐檄文和其他许多文告、谈话中，朱元璋反复谈到了他对元朝的一些看法，其中有两条，特别值得注意：

一条，元朝的统治是合理的。北伐檄文中说："自宋祚倾移，元以北狄入主中国，四海内外，罔不臣服。此岂人力，实乃天授。"④ 换言之，元朝的统治是奉天承运，天老爷安排的。不仅如此，他还为元朝统治大唱赞歌，说元朝"与民为主，传及百年。……强不凌弱，众不暴寡，在民则父父子子夫

---

① 《洪武实录》卷一五。
② 吴晗：《朱元璋传》，生活·读书·新知三联书店1956年版，第114页。
③ 《伐张士诚谕士民榜》，《吴都文粹续集》卷四六。
④ 《洪武实录》卷二六。

夫妇妇，各安其生，惠莫大焉"①。他甚至以自己为例说出"朕本农家，乐生于有元之世"的话来。②青少年时代遭受的残酷剥削和压迫，已经被这位登上皇帝宝座的新统治者完全丢诸脑后了。农民起义军提出复宋，就是否认元朝统治的合理性，朱元璋强调元朝统治的合理性，也就是否定了农民起义。

另一条，他的起兵是为形势所逼，不是为了反抗元朝统治；他不是从元朝而是从群雄手中夺得天下的。朱元璋说："朕本淮右布衣，暴兵忽至，误入其中。"③ 又说："予本庶民，因乱起兵，保障乡里。官军隔绝，遂为众所推。"④"朕当是时，年二十有四，扰攘之秋，盘桓避乱，终不宁居，遂乃托身行伍。""朕本元民，天下之乱，实非朕始。"⑤ 他一再申明自己"取天下于群雄，不在元氏之手"。所以，明朝建国后不久编辑的《元史》秉承朱元璋的这一意旨，在叙述他的军事活动时特别写道："自红巾妖寇倡乱之后，南北郡县多陷没，故大明从而取之。"⑥

元朝政府最后是被朱元璋的军队所消灭的。当然，这并不是农民战争的胜利，而是大明王朝开国皇帝朱元璋的胜利，亦即封建统一战争的胜利。朱元璋的上述言论不过是他对元朝统治的暧昧态度在踌躇满志之余的真实流露。当然还加上开创一个新的封建王朝的政治需要：他要把自己与农民起义区别开来，在一切方面与农民起义划清界限。

四

有一种相当流行的说法：元末农民战争推翻了元朝的统治。这样的表述，我们以为至少是不确切的。毫无疑问，元末农民战争沉重打击了元朝政府，使它的统治难以维持下去；但是，真正结束元朝统治的，是朱元璋领导的封建统一战争。显然不可以把封建统一战争和农民战争混为一谈。

在元末农民战争的过程中，朱元璋对于反元斗争可以说是一贯消极的，

---

① 《洪武实录》卷二五。
② 《洪武实录》卷五三。参见《高丽史》卷四二《恭愍王世家五》。
③ 《洪武实录》卷三七。
④ 《洪武实录》卷二五。
⑤ 《洪武实录》卷五三。参见《高丽史》卷四二《恭愍王世家五》。
⑥ 《元史》卷四四《顺帝纪七》。

对元朝的态度也是很暧昧的。元末农民起义军（特别是韩林儿、刘福通领导的宋政权和彭莹玉、徐寿辉领导的天完政权）对于动摇元朝的统治做出了巨大的贡献。朱元璋实际上充当了农民战争的"遗嘱执行人"的角色，为了自身的和地主阶级的利益，利用农民起义的成果，进而取元朝而代之。元朝的推翻，明朝的继起，是地主阶级的胜利，不是农民的胜利。

有不少论著把朱元璋说成是元末农民战争的杰出领导者，而把他的转化归之于不可避免的阶级的和时代的局限性。其实，从朱元璋在反元斗争中的表现来看，他对农民的起义斗争并没有做出什么贡献，至于他对地主阶级的态度，大体上也和对元朝的态度差不多。他之所以成为新的封建王朝的开国皇帝，是有其自身的深刻的历史根源和思想根源的。离开个人的具体状况来谈论什么阶级的或时代的局限性，难免要成为一句空话。

（原载《学术月刊》1980 年第 5 期）

金元二代衍圣公

自汉朝起，历代封建王朝都尊崇儒家。儒家创始人孔子被冠以种种头衔，他的嫡系子孙也得到优遇，享有特权。唐玄宗时，封孔子三十五代孙为文宣公。北宋至和二年（1055），有人指出"文宣"是孔子的谥号，不宜作为后裔的封号，于是改封衍圣公。① 自此以后，历代相沿未改，一直行用了八百多年。

近年来，曲阜孔府（衍圣公府）的研究引起了人们的重视。但是，现有的研究成果主要限于明清两代，对于以前的历史，则可以说还没有作过认真的考察，这不能不说是一个缺陷。本文试就分散的文献资料加以钩稽，对金元二代衍圣公的状况作简略的说明，希望有助于人们对孔府历史的了解。另一方面，本文提供的一些情况，对于认识金、元二代的政治和思想文化，也许不无益处。

一

12世纪初，金朝兴起于东北，先灭辽朝，后灭北宋。江淮以北，连年战火不息，造成了很大的破坏，曲阜的孔庙和孔氏陵墓，也不例外。据南宋儒生记载，"曲阜先圣旧宅，……至金寇遂为烟尘"，金兵在放火以前还指着孔子的像骂了一顿。② 但是，破坏孔庙和陵墓的是金朝的士兵，还有归附金朝的汉人军队，至于女真上层贵族，他们在进入中原以后很快便认识到儒家思

---

① 《孔氏祖庭广记》卷一《世次》。
② 庄绰：《鸡肋编》卷下。据记载，金兵骂孔子是因为他说过："夷狄之有君不如诸夏之无也。"

想的用处，曲阜孔庙的灰烬尚未冷却，金军统帅宗辅（后改名宗尧，金朝皇族）便赶来祭奠，并将正在发掘陵墓的士兵处死。[①] 这样，曲阜孔庙和陵墓总算部分保存了下来。

北宋灭亡，高宗赵构在江南立国，是为南宋。北宋时受封的四十八代衍圣公孔端友在建炎四年（1130）南渡，寓居衢州（今浙江建德）。他的地位得到了南宋政府的承认，继续保持衍圣公的爵位。孔端友的兄弟端操则留在曲阜。当时金朝立刘豫为大齐皇帝，治理江淮以北地区。刘齐政权为了替自己涂脂抹粉，便于阜昌二年（1131）以孔端操为权袭封衍圣公。[②] 所谓"权"是临时代理的意思。次年，以端操之子孔璠袭封。[③] 金熙宗即位之后，废齐国，原受刘齐册封的衍圣公，自然也就失去了政治地位。

但是，衍圣公的地位很快便得到金朝的承认。金熙宗完颜亶尊孔崇儒，认为孔子"其道可尊"，"万世高仰"，在都城上京（今黑龙江阿城）建立孔庙，亲自祭奠，北面再拜。[④] 天眷三年（1140）"诏求孔子后"，于是孔璠受封为承奉郎，袭封衍圣公。[⑤] 这样，南宋和金，各有衍圣公，历史上习惯称之为"圣人之后"的南宗和北宗。

金熙宗皇统二年（1142），孔璠死，子孔拯袭封，时年七岁。[⑥] 正是从这一年起，熙宗下令修复孔庙及有关建筑，并免除孔子后裔的赋役。金朝官员在执行免除赋役诏令时特别指出："孔子之后，举天下止有一家，他人难以攀附。"[⑦] 可以说，在熙宗统治时期，衍圣公的地位有了明显的变化。

金世宗天定元年（1181），孔拯死，无子。三年，世宗以其弟孔聪袭爵。大定二十年（1180），又以孔聪兼曲阜令。[⑧] 这是金代衍圣公兼曲阜令的开始，意味着衍圣公地位的进一步提高。到了金章宗统治时期（1189—1207），衍圣公受到更大的优遇。章宗重视儒学，尊崇孔子，积极推行"汉法"。他

---

① 《孔氏祖庭广记》卷二《历代崇奉》。按，南宋洪皓在《松漠纪闻》续集中对此已有记载，但他说金军统帅是粘罕，而发掘宣圣陵的是"汉儿"。
② 《孔氏祖庭广记》卷一《世次》。
③ 《金史》卷一〇五《孔璠传》。
④ 《金史》卷四《熙宗纪》。
⑤ 《金史》卷一〇五《孔璠传》。
⑥ 《金史》卷四《熙宗纪》。参见党怀英《孔公墓表》（载《孔氏祖庭广记》卷一二《族孙碑铭》）。《金史》卷一〇五《孔拯传》记璠死于皇统三年，疑误。中华书局标点本已指出。
⑦ 《孔氏祖庭广记》卷二《历代崇奉》；卷四《泽及子孙》。
⑧ 《金史》卷一〇五《孔璠传附孔总传》。

认为"（孔子）遗祠久不加葺，且其隘陋不足以称圣师之居"，于是下令大规模增修曲阜孔庙，"其役因旧以完葺者才居其一，而增创者倍之"①。曲阜孔庙之外，章宗还下令修复各郡县的文宣王庙，无者增修；制定京师宣圣庙的春秋释奠仪式；还专门规定"进士名有犯孔氏讳者避之"②。后代"避圣讳"之制，就是由此开端的。③ 所以当时有人说："汉魏以来，虽奉祠有封，洒扫有户，给赐有田，礼则修矣，未有如今日之备也。"④

对于孔子如此尊奉，很自然也要给予"圣人之后"以特殊待遇。明昌元年（1190），孔摁死，子孔元措嗣。次年，章宗"诏袭封衍圣公孔元措视四品秩"⑤。三年，又下诏："衍圣公视四品，阶止八品，不称。可超迁中议大夫，永著为令。"⑥ 原来衍圣公袭封时授文林郎，阶正八品上，孔拯曾升为承直郎，亦止阶正七品上。爵高阶低，是很不相称的。海陵王天德二年（1150），"定袭封衍圣公俸格，有加于常品"⑦。也就是说，衍圣公的俸禄比同一品阶的其他官员要高一些。章宗以衍圣公"视四品秩"，就是明确规定俸禄与四品同。中议大夫阶正五品上，比起原来的正八品上超迁了六阶。当然，在超迁以后，衍圣公的品阶与实际待遇仍是不一致的。这种不一致正是衍圣公身份特殊的表现。承安二年（1197），章宗又以孔元措年及十七，已届成年，特命他"世袭兼曲阜令"⑧。在此以前，衍圣公兼曲阜令要经过政府的任命，至此，曲阜令成了衍圣公世代相袭的兼职。这样一来，实际上等于承认曲阜是孔子后裔的世袭领地。

这一时期还对孔庙的土地进行清查。孔庙原有历代赐予的土地二百多顷，金初兵火中失去近四分之一。金朝政府便于附近地区拨地补足。明昌五年（1199），还以修葺宣圣庙剩下的钱购置土地六十六顷，房屋四百余间，"悉蠲税力，所收入县仓库，衍圣公与县次官同掌出纳"⑨。

章宗死，卫绍王永济嗣位。此时北方蒙古兴起。大安三年（1211），蒙

---

① 党怀英：《重修至圣文宣王碑》，载《孔氏祖庭广记》卷一一《庙中古碑》。
② 《金史》卷九、一〇、一二《章宗纪》有关各条。
③ 赵翼：《避孔圣讳》，《廿二史札记》卷二八。
④ 党怀英：《重修至圣文宣王碑》，载《孔氏祖庭广记》卷一一《庙中古碑》。
⑤ 《金史》卷九《章宗纪一》。
⑥ 《金史》卷一〇五《孔璠附孔元措传》。
⑦ 《金史》卷一〇五《孔璠附孔拯传》。
⑧ 《金史》卷一〇《章宗纪二》。
⑨ 《孔氏祖庭广记》卷三《崇奉杂事》。

古大举攻金,金军屡败,中都(今北京)被围。至宁元年(1213),卫绍王在兵变中被杀,宣宗完颜珣即位。这时蒙古军分兵三道,攻略河北、山西、山东各地。宣宗贞祐二年(1214)正月,蒙古军来到曲阜,放火焚烧孔子庙,"殿堂廊庑,灭烬什伍"。金朝求和,蒙古军退回草原。为了逃避蒙古军的直接威胁,宣宗便迁都汴京(今河南开封)。贞祐三年,宣宗"召中奉大夫、袭封衍圣公孔元措为太常博士",在汴京任职。当时有人建议:"宣圣坟庙在曲阜,宜遣之奉祀。"宣宗"念元措圣人之后,山东寇盗纵横,恐罹其害,是使之奉祀而反绝之也,故有是命"①。所谓"寇盗"系指当时正在山东蓬勃发展的红袄军起义。可见,金朝统治者对衍圣公的安全是十分关心的。前面说过,章宗时升孔元措阶中议大夫(正五品上),此时阶中奉大夫(从三品下),可见在此期间孔元措又得到升迁。太常博士是太常寺的属官,掌检讨典礼,阶正七品。孔元措以中奉大夫出任太常博士,从品阶上说是不相称的。这正表明宣宗对他的特殊待遇。孔元措在汴京任职近二十年,不断升迁,到金朝灭亡前夕,升至太常卿,这是太常寺的长官,阶从三品。

从上面的简单叙述可以看出,有金一代衍圣公的地位是不断上升的。金朝统治者对衍圣公的待遇,超过了前代,也超过了当时对峙的南宋。这说明他们充分意识到了儒学对于巩固统治的作用。

金哀宗天兴元年(1232)正月,蒙古军包围汴京,金朝处于风雨飘摇之中。当时契丹人耶律楚材已成为蒙古窝阔台汗的亲信,他原是金朝的官员,精通儒学,很了解衍圣公在儒生中的号召作用,便"奏准皇帝圣旨"②,在这一年三月派遣使者到汴京"谕降"时,指名索要孔元措等二十七家。③ 而处于围城之中的著名诗人、学者元好问向耶律楚材上书,推荐一批有声望的中原儒生,请求予以保护,免受伤害。书中说:"衣冠、礼乐、纪纲、文章,尽在于是,将不能少助阁下萧、曹、丙、魏、房、杜、姚、宋之业乎!"④ 金朝灭亡已成定局,蒙古行将统治中原"汉地",元好问这封信实际上是代表中原地主士大夫向蒙古政权表示愿意合作的态度。在他开列的名单中,孔元措赫然居于首位。

孔元措出城后,蒙古政权要他回曲阜"奉祀",并于第二年(1233)六

---

① 《金史》卷一四《宣宗纪上》。
② 《孔氏祖庭广记》书后孔元措附记。
③ 《金史》卷一七《哀宗纪上》。
④ 《癸巳岁寄中书耶律公书》,《遗山文集》卷三九。

月以他"袭封衍圣公"①。此时金朝尚未灭亡，而"圣者之后"已经接受了新朝的封号。朝代变了，衍圣公的地位并没有受到影响。

二

当孔元措在汴京任职时，其堂弟孔元用在曲阜摄祀事。这时山东成为金、宋、蒙古三个方面力量角逐之地。山东红袄军首领李全等一度归附南宋，曲阜也成为南宋政权管辖的地区。宋宁宗嘉定十七年（1224），南宋皇帝"诏补先圣裔孔元用为通直郎"②。显然，南宋政权想争取"圣裔"北宗为己用，以资号召。但是，情况很快便发生变化，蒙古军进占山东，孔元用立即"率孔族暨庶姓以降"。蒙古大帅"承制封拜衍圣公、世袭曲阜县令，给降衍圣公印"③。孔元用对蒙古政权感激涕零，追随蒙古军出征，后来死在战场上。④

孔元用死后，其子孔之全权袭封衍圣公、曲阜令。孔元措自汴京来归，便和之全发生了矛盾。后来蔡文渊追记此事云：⑤

> （孔元用）一子，即之全，字工叔。金亡，前袭封公元措来归，同谒武惠严侯。公因让曰："以贤以长，责在吾叔。"元措乃许曰："子父子保全林庙，当世其邑。"武惠允之。仍居邑宰二十余年。

"武惠严侯"即山东军阀严实，他原是金朝的官吏，一度归宋，后投降蒙古，为东平路行军万户。曲阜所属的兖州，就归他管辖。⑥当时蒙古在"汉地"的统治，实际上是通过许多大小不等的地方军阀进行的。这些军阀在政治上依附于蒙古政权，定期缴纳贡赋，战争时出军，但在自己管辖的范围内有很大的权力，生杀予夺，一出于己。衍圣公和曲阜令的职位，照理应由中央政府任命。但在当时政治形势下，严实就可以裁决。应该指出的是，

---

① 《元史》卷二《太宗纪》。
② 《宋史》卷四〇《宁宗纪八》。
③ 《阙里广志》卷二《宗子》。
④ 蔡文渊：《孔公神道碑记》，《阙里广志》卷一五。
⑤ 蔡文渊：《孔公神道碑记》，《阙里广志》卷一五。
⑥ 《元史》卷一四八《严实传》。

蔡文渊的叙述显然是经过粉饰的，与事实有很大出入。试想，孔元措奉蒙古大汗之命回乡"奉祀"，名正言顺，孔之全如果真正谦让的话，本来是用不着严实出面解决的。两人同去谒见严实，正好说明双方相持不下，必须由当政者仲裁。真实的情况应是：孔元用、之全父子在当地经营多年，并曾受蒙古大帅封爵，势力已成；离乡已久的孔元措虽有大汗圣旨，仍不足以使孔之全屈服，于是只能由严实来处理。元措袭衍圣公爵，之全世袭县令，改变了金代由衍圣公世袭县令之制。这显然是双方互作让步，暂时妥协，但从此埋下了不和的种子。

蒙古灭金以后，于1235年对原金统治地区的户口进行调查登记，确定各类人户负担的赋役。这次户口调查史称"乙未籍户"，是由成吉思汗的义弟胡都虎（失吉忽都忽）负责的。由于朝中有耶律楚材做主，地方上有严实庇护，衍圣公府和孔庙的特权在这次籍户中得到了蒙古政权的承认。具体来说，有如下几项：（1）"宣圣子孙"十五家，加上颜回（孔子弟子）子孙八家，孟轲（孔子再传弟子）子孙二家，林庙户（洒扫户）一百家，共一百二十五家，可以免当任何赋役，"不属州县所管"。这一百二十五户中，孔、颜、孟的后裔免当赋役，是一种特权，而林庙户免当国家的赋役则是因为他们要为孔庙服役，两者性质是不同的。（2）历代拨赐给孔庙的地土六百顷，"免赋役，供给祭祀"。（3）诸路征收的历日银，一半用来修宣圣庙。益都、东平两路的历日银则"尽数分付袭封孔元措，修完曲阜本庙"。蒙古政权每年颁行历本，按本征收一定的代价，称为历日银。这项规定使衍圣公每年有一笔固定的收入，供修理林庙之用，这是以前没有的。上述规定完全肯定了孔氏子孙的特权，孔元措因此深受鼓舞，认为"儒教由此复兴"了。①

当时归附于蒙古政权的北方汉人诸侯，都要定期到漠北汗庭觐见，以表忠诚。蒙古窝阔台汗十年（1238），孔元措也到漠北朝觐，很可能他是跟随东平严实前去的。在朝见时，他建议："今礼乐散失，燕京、南京等处，亡金太常故臣及礼册、乐器多存者，乞降旨收录。"窝阔台汗接受了这一建议，下令将"亡金知礼乐旧人"并其家属，都徙往东平，由孔元措负责，本路税课所给其食。曲阜宣圣庙成了乐工们练习的场所。后来元朝的宫廷乐队，就是以这批"东平乐工"为基础发展起来的。孔元措这一建议，与他在金朝长期任职太常有关。这一建议的实行，使得宫廷音乐在动乱之中不致完全散

---

① 《孔氏祖庭广记》卷五《历代崇重》。

失，孔元措这一举动对于文化遗产的保存是有贡献的。①

孔元措在蒙古政权和地方军阀庇护下，任衍圣公十余年，在蒙哥汗元年（1251）因病去世。他无子嗣，便以侄孙孔浈承袭。孔浈系庶出，其生母曾被嫡母赶出，配与驱口（奴隶）李姓为妻。孔浈一度随母姓李，"名在驱口籍"，后来才回到孔家。他袭爵后，"喜较猎，日事鹰犬，不修祖祀"。于是孔之全及其子孔治就纠集部分族人"以不事儒雅攻之"，同时还指斥他"非孔氏子"②。这场纠纷愈闹愈大，引起"家族哄议，词讼无休"③。本来，孔氏子孙及曲阜孔庙有关事宜，均归东平军阀严氏处理。这次纠纷，却一直闹到以皇弟身份管理"漠南汉地军国庶事"的藩王忽必烈面前。据元代史学家苏天爵说：

  奉常既老，有冒孔氏以承其祀者。族人讼之有司，诬被刑苦。乃复诉之于朝，始正其事。④

"奉常"即孔元措。⑤ 所谓"冒孔氏以承其祀者"即指孔浈。"讼之有司"应是孔之全等向东平严实告状，严偏袒孔浈。故"复诉之于朝"，也就是向忽必烈申诉。"始正其事"，就是夺去孔浈的爵位。

孔浈夺爵的具体时间不详。蒙哥汗二年（壬子，1252）春，杨奂"谒阙里"，先后出面接待的有"摄祀事孔梡器之"，"族长德刚"，还有"功叔（即孔之全）遣其子治同诸官佐具酒馔"招待。可见当时孔浈已被夺爵，或至少已处于受审查的地位。⑥ 他承袭爵位的时间是很短的。也就在这一年，东平军阀严忠济（严实之子）曾"权授（孔之全）衍圣公，降到印信，兼曲阜令"⑦。但这一决定似乎并未为蒙古政权所承认。忽必烈在处理孔家官司时说："第往力学，俟有成德达才，我则官之。"⑧ 这番话的实际含义是不准

---

① 《元史》卷六八《礼乐志二》。
② 《阙里文献考》卷八《世系》。
③ 《任氏辨正孔浈表》，载《阙里广志》卷一五。
④ 《书黄提学赠孔世川序》，《滋溪文稿》卷二九。
⑤ 秦置奉常为九卿之一，掌宗庙礼仪。汉改太常。孔元措在金末曾为太常卿，故以此称之。
⑥ 杨奂：《东游记》，《还山遗稿》卷上。《阙里广志》卷二《世家志》说孔浈"八年坐罪夺爵"似可疑。
⑦ 《阙里广志》卷二《世家志》。
⑧ 姚燧：《姚文献公神道碑》，《牧庵集》卷一五。

备马上选派他人承袭爵位，同时也说明在忽必烈眼中孔之全、孔治父子并非"成德达才"。据忽必烈的幕僚姚枢说，当时曲阜"先圣大贤之后，诗书不通，义理不究，与凡庶等"①。这里面当然也包括孔之全、孔治在内。他的看法实际上也反映了忽必烈的态度。因此，孔之全未能袭爵，只好仍然充当曲阜令，孔治则是令下面的管民长官。到忽必烈即位的中统元年（1260），孔治由管民长官迁曲阜令，这大概是父死子继的结果。至元五至七年间（1268—1270），监察御史王恽上《立袭封衍圣公事状》，其中说："自元措之后，嗣袭遂阙，岁时主祀，止令曲阜令治承权祀事，甚非大宗主祭之义。"他建议早日确定衍圣公人选。② 这一建议并未为元朝政府采纳。至元十三年（1276），忽必烈仍"以孔子五十三世孙曲阜县尹孔治兼权主祀事"③，还是不许他承袭爵位。

元朝统一全国后，曾派人"搜贤江南"。在被罗致的"贤才"中有南宗衍圣公孔洙。④ 严格来说，孔洙才是孔子的嫡系子孙。按照封建宗法制度，只有他当衍圣公最合适。所以，在孔洙奉命"入觐"时，元朝政府中有人提议"俾仍嗣袭"。但是，南宗依附于南宋，北宗早就归附蒙古，两者相比，南宗在政治上明显处于劣势。况且，南宗脱离曲阜到江南定居已久，如要袭爵，必须回曲阜奉祀，事实上有很多困难。因此，孔洙审时度势，"力辞。乃以为国子祭酒，提举浙东学校"⑤。衍圣公爵位依旧空缺。这种情况一直持续到忽必烈统治的结束（1299），仍未解决。

衍圣公在元代前期长期无人承袭，这是很值得注意的事。我们不妨另举一例作比较。江西龙虎山张天师，是道教正一派的领袖，也是世代相传，受到历代统治者的尊崇。忽必烈平江南后，立即召见三十六代天师张宗演，封为真人，授二品银印，主领江南道教。以后又多次召见。至元二十九年（1292）张宗演病死，忽必烈立即以其子张与棣袭领江南道教。曲阜衍圣公府与龙虎山张天师府是中国封建社会中延续时间最长的两家封建门第，王朝不断变迁，两家的特权地位却从未受到影响。在大部分时间里，衍圣公孔府的声势超过了天师张府。但在元代，特别是忽必烈统治时期，张府声势显

---

① 姚燧：《姚文献公神道碑》，《牧庵集》卷一五。
② 王恽：《立袭封衍圣公事状》，《秋涧文集》卷八五。
③ 《元史》卷九《世祖纪六》。
④ 危素：《程公神道碑铭》，《危太朴文续集》卷二。
⑤ 《元史》卷一二《世祖纪九》。黄溍：《孔君墓志铭》，《金华先生文集》卷三四。

赫，孔府则黯然无光，形成鲜明的对比。当时佛、道二教的其他宗派的领袖人物，也都受到元朝政府的种种优遇，每当一位领袖人物死去，其继任人（或由死者生前指定，或由该教派上层人物推举）总是很快便会得到朝廷的承认，享有正式的头衔，没有出现长期空缺的现象。用王恽的话来说，忽必烈对"三教九流，莫不尊奉"。唯有作为儒家象征的衍圣公，却成了例外。

衍圣公爵位长期无人承袭并非孤立的现象。曲阜孔家在忽必烈统治时期总的来说是遭到冷落的。在即位以后，忽必烈从未召见过北宗的任何一位"圣裔"，忽必烈的宠臣阿合马还以"孔夫子的子孙多有，只教他每自看着"为理由，将前代赐予孔府的一百户洒扫户都拨做军、站、民户，应当国家的赋税差役。① 当时有人感慨地说："林庙户百家，岁赋钞不过六百贯，仅比一六品官终年俸耳。圣朝疆宇万里，财赋岁亿万计，岂爱一六品官俸，不以待孔子哉！且于府库所益无多，其损国体甚大。"② 这番牢骚引起了不少人的共鸣，但并没有使事情发生任何变化。"可怜杏老空坛上，惟有寒鸦噪夕阳"③。孔府和孔庙是一片萧瑟景象。

忽必烈对"圣人后裔"采取这种态度，原因何在呢？元代胡祗遹在《赠孔子五十四世孙曲阜令》一诗中写道："汉唐传至今，崇敬到极至。袭封衍圣公，宾礼贵无二。百家林庙户，洒扫几千祀。譬彼江与河，万古流不废。不意便斩绝，茅茨暗阶陛。兹事世共知，庙算非失计。人苟不自侮，云谁敢相戏。嗣圣既无人，勿怨虚其位。敢告曲阜令，圣学当自致。皇皇建极功，安忍轻暴弃。国家崇圣心，日夜求英裔。"④ 他认为衍圣公爵位的空缺主要是孔氏族人"自侮"亦即争爵夺位的结果，并非统治者的失计。在另一首诗中他写道："衍圣人绝袭，梦寐当忧惊。百余香火户，近亦隶编氓。此诚奸吏计，奚伤日月明。"⑤ 将香火户（洒扫户）改隶地方官府，虽是阿合马的建议，却是得到忽必烈同意的，胡祗遹强调这是"奸吏"的计谋，与皇帝无关。其实，忽必烈对孔府的态度是一贯的。他采用"汉法"，推行改革，实现了全国的统一，加强了中央集权，这是众所周知的。但是，忽必烈真正

---

① 《通制条格》卷五《学令》。
② 《元史》卷一六〇《王磐传》。
③ 汪元量：《孔子旧宅》，《湖山类稿》卷三。
④ 胡祗遹：《紫山大全集》卷三。按，"五十四世"疑应是五十三世曲阜令即孔治。《紫山大全集》卷一一有《孔正己诗礼堂记》，孔正己即孔治。
⑤ 胡祗遹：《赠孔子五十七代孙曲阜令》，《紫山大全集》卷三。"五十七代"疑有误。

赏识并加重用的汉族士大夫，主要是刘秉忠、王文统一类"尚霸术，要近利"的人物。① 对于只知讲道德性命、圣贤之道的儒生，他虽然也加以收留，给予一定荣誉，但一般都安插在闲散的位置上，并不重视。在他统治期间，不少人提议行科举，他始终置之不理，这和对儒生的轻视态度是分不开的。讲求圣贤之道的儒生得不到重视，作为"圣人后裔"、儒教象征的衍圣公，自然也就要遭到冷落了。当然，"圣裔"们内部为了争夺爵位争吵不休，把家丑公开化，给忽必烈留下了很坏的印象，也是一个重要的原因。有些研究作品往往把少数民族统治者采用"汉法"与重用儒生、尊奉孔孟之道完全等同起来，其实是有区别的。

三

1294年，忽必烈死，其孙铁穆耳嗣位，是为元成宗。他在某些方面采取了不同于忽必烈的政策，其中之一便是尊孔。在即位之初，他就"诏中外崇奉孔子"②。诏书中说："孔子之道，垂宪万世，有国家者，所当尊奉。"③ 大德十一年（1307），铁穆耳死，武宗海山继位。他在尊孔方面更为积极，加封孔子为"大成至圣文宣王"。这个头衔以后一直沿用，用鲁迅的话来说，这真是一个"阔得可怕的头衔"④。为什么要加上"大成"二字呢？原来，"世尝知尊孔子矣，而皆未至也"；"大成之号，其所以致褒称之隆，蔑以尚矣"⑤。也就是说，加号"大成"，是为了表示元朝皇帝尊孔最为虔诚，超过以往任何一个朝代。在加封的诏书中还说："盖闻先孔子而圣者非孔子无以明，后孔子而圣者非孔子无以法。所谓祖述尧舜，宪章文武，仪范百王，师表万世者也。""父子之亲，君臣之义，永维圣道之尊。天地之大，日月之明，奚罄名言之妙。"诏书最后说："尚资神化，祚我皇元。"⑥ 尊孔的目的，说到底，就是为了巩固元朝的统治。这一点从上述诏书中看得最清楚不过了。至大二年（1309），元武宗又下令在全国学校将加号诏旨立碑，用丞相

---

① 《元史》卷一四〇《达识帖睦迩传》。王文统在理学家看来是"学术不正"的人物，而刘秉忠"但能成事业，不解制纲常"。（王冕：《庆寿寺》，《竹斋诗集》卷三。）
② 《元史》卷一八《成宗纪一》。
③ 阎复：《曲阜孔子庙碑》，《国朝文类》卷一九。
④ 鲁迅：《在现代中国的孔夫子》，载《且介亭杂文二集》。
⑤ 《元加封孔子号诏碑》陈泌跋，见《两浙金石志》卷一四。
⑥ 阎复：《加封孔子制》，《国朝文类》卷四一。

三宝奴的话来说："交立碑石呵，今后学本事的人，肯用心也者。"① 后来的元朝皇帝，还对孔子的父母、妻子以及弟子等，加赠种种称号。

既要尊孔，就要修葺曲阜的孔庙。毁于金朝末年兵火的阙里祠宇，东平军阀严氏父子曾作过一些修理，但变化不大。② 窝阔台汗答应拨赐历日银供修理林庙之用，实际上只是一句空话，并未兑现。③ 蒙古乃马真后摄政三年（甲辰，1244），魏璠"恭谒林庙"，发现"经乱已久，庙貌未复。追想盛明，不胜慨叹"④。到世祖至元四年（1267），曾下诏"修曲阜宣圣庙"⑤。这次修建由孔治主其事，规模有限，只是将"奎文（阁名）、杏坛、斋厅、黉舍，即其旧而新之，礼殿则未遑也"。当元成宗尊孔的诏书下达后，济宁路达鲁花赤按檀不华闻风而动，集资修庙。自大德二年（1298）起，到五年（1301）止，"殿蠹重檐，亢以层基，缭以修廊。大成有门，七十二贤有庑，泗、沂二公有位。黼座既迁，更塑郓国像于后寝。缔构坚贞，规模庄丽。大小以楹计者百二十有六"。"千禩祖庭，顿还旧观"⑥。到元顺帝元统二年（1334），又一次大规模修葺，工程共进行了二年多时间，"门垣缭庑，重门层观，丹碧黝垩，制侔王居"⑦。元朝政府还赐给田地作为庙产，恢复孔庙的洒扫户。大德五年孔庙大殿落成后，元成宗"赐田五千亩，以供粢盛；复户二十八，以应洒扫"⑧。顺帝元统元年（1333），又将没收罪人的"田八顷八十九亩，屋二十有七间，家奴若干人"，赐给曲阜孔庙。"没入产俾孔氏袭封世业之。其家奴婢俾籍于有司，居所没入居，田所没入田，世服役孔氏为洒扫户而输其租。"⑨

既然尊孔，孔子的后裔当然要优待。元成宗下诏尊奉孔子的次年，即元贞元年（1295），召孔治入朝，命他袭封衍圣公，阶中议大夫（正四品）。

---

① 见《加封孔子制诏碑》，《江苏通志稿·金石门》卷一九。
② 杨奂：《郓国夫人殿记》，《还山遗稿》卷上。
③ 王恽：《用历日银修祖庭孔庙事状》，《秋涧文集》卷八五。
④ 毕沅、阮元：《重修文宣王碑》碑阴题词，《山左金石志》卷二〇。
⑤ 《元史》卷四《世祖纪一》。
⑥ 阎复：《加封孔子制》，《国朝文类》卷四一。
⑦ 欧阳玄：《敕赐曲阜宣圣庙碑》，《圭斋文集》卷九。
⑧ 阎复：《加封孔子制》，《国朝文类》卷四一。
⑨ 欧阳玄：《敕赐曲阜孔庙田宅之记》，《金石萃编未刊稿》卷中。按，据苏天爵记："江西金宪任忙古带以贪墨败，田庐奴仆在东阿者当没入官，公（马祖常）请以田庐供曲阜林庙祭享，奴仆充洒扫户，从之。"（《魏郡马文贞公墓志铭》，《滋溪文稿》卷九。）

"孔子世爵，弗传者久，至是乃复。"① 由孔元措死（1251）算起，到孔治袭爵止，衍圣公爵位空缺了四十余年。孔治袭爵后，"独领虚名未沾实禄"，到大德四年（1300），翰林学士阎复上书请求"照依随朝正四品例，每月帮支俸钞，俾之有爵有禄，以奉祭祀"②。从此开始，衍圣公才有了正式的俸禄，"月俸百千"（两定，每定五十两）。元仁宗延祐二年（1315）后，衍圣公月俸增至五百贯（五百千，即十定）。泰定三年（1326），山东廉访副使王鹏南上言："袭爵上公，而阶止四品，于格弗称，且失尊崇意。"于是在泰定四年升衍圣公阶嘉议大夫（正三品）。③ 到元顺帝至正六年（1346），又高升了一步，"制授中奉大夫"（从二品），衍圣公印章也由铜制改为银制了。④ 品阶一迁再迁，表明元朝政府对衍圣公愈来愈重视。

衍圣公之外，孔子的其他子孙也得到优遇。曲阜县尹一职仍在孔子族人中选充，但不再由衍圣公兼任，"世封其大宗为衍圣公以奉祀事，世任其小宗为曲阜尹，以治其地"⑤。元朝政府还从孔子后裔中选择学校教官，"凡孔氏后，得从其族长推举，移衍圣公府，送所隶类选注学校官，出身视庶族优一等"⑥。有的"蠢然无学，既充路教；甫历初阶，即升八品"⑦。

据元成宗元贞二年（1296）统计，曲阜孔子后代（即所谓"阙里正支"）共十二户，⑧ 比起六十年前即"乙未籍户"时减少了三户。户数虽然不多，但矛盾冲突如故。孔治袭爵，其子孔思诚为曲阜县尹。孔治卒年不详，他死后本应由孔思诚承袭。但思诚"罢封"，衍圣公又一次空缺。经过族人商议，推举在外地充当儒学教谕的孔思晦袭封。"状上政府，事未决。"后来元仁宗亲自过问，才确定了下来。⑨ 孔思晦正式袭封是在仁宗延祐三年（1316）。⑩ 据有的记载说，当时的礼部尚书元明善为了"正孔氏宗法，以五

---

① 阎复：《加封孔子制》，《国朝文类》卷四一。
② 《请增袭封品秩奏状》，见《阙里广志》卷一五。按，大德五年赐田复户。也是阎复请求的结果，见《元史》卷一六〇《阎复传》。阎复是东平军阀严实选拔的儒生，先在严氏幕府中任职，后到元朝中央政府为官。他可能很早便与孔治有交往。成宗时对衍圣公的种种优遇，他是出了力的。
③ 《元史》卷三〇《泰定帝纪二》；卷一八〇《孔思晦传》。
④ 宋濂：《元故国子祭酒孔公神道碑》，《宋文宪公全集》卷三一。
⑤ 周伯琦：《释奠宣圣庙记》，《阙里广志》卷一五。
⑥ 徐一夔：《孔君墓志铭》，《始丰稿》卷一三。
⑦ 郑介夫奏，见《历代名臣奏议》卷六七《治道》。
⑧ 宋濂：《孔氏谱系后题》，《宋文宪公全集》卷四五。
⑨ 《元史》卷一八〇《孔思晦传》。
⑩ 毕沅、阮元：《孔思晦袭封衍圣公碑》，《山左金石志》卷二三。

十四世孙思晦袭封衍圣公，事上，制可之"①。孔思晦是在"正宗法"的名义下被选中的，那么，这就意味着孔思诚是因不合"宗法"的原则而"罢封"的。元仁宗查阅孔氏谱牒后说"以嫡应袭封者，思晦也，复奚疑"。也正是"正宗法"之意。② 而否定孔思诚的承袭权，实际上也就是否定了孔治袭位的合法性。因此，孔思晦的袭封，应视作孔治一系的失败。

孔思晦承袭后，修葺孔庙，追复三氏（孔、孟、颜）学田，设立尼山书院，颇有作为。文宗至顺二、三年间（1331—1332），在济宁路（曲阜归济宁路管辖）总管徐某的唆使下，"曲阜孔氏家长孔元祚揖撼袭封衍圣公微过，上诸礼部"。这次告状显然是想把孔思晦赶下台。礼部尚书宋本对此加以痛斥："衍圣公国家所重，圣祖子孙，纵有过差，亦当百世蒙宥。"③ 由于宋本的态度鲜明，这次对孔思晦的攻击被制止了。但是，事情并未终结。顺帝元统元年（1333），孔思晦死，应由其子孔克坚承袭，"复有谬欲夺袭封者"，于是又开始了争吵。后至元三年（1337），苏天爵为礼部侍郎，"具事始末白于朝堂，丞相以闻，制可其请"。孔克坚才得以承袭。④ 正式任命的时间是后至元六年（1340），距孔思晦之死已有七年之久。

孔克坚袭爵十余年，元朝政府征选他为同知太常礼仪院事（正三品）以其子孔希学袭爵，这是至正十五年（1355）的事。不久，孔克坚辞归。当时元末农民战争已经爆发。至正十六年（1356），农民起义军毛贵部进军山东，孔克坚父子"誓不污于贼"，全家北逃。元朝政府以克坚为翰林直学士，希学为秘书卿。毛贵取山东后，挺进河北。直逼元朝首都大都（今北京）。元朝政府中人心惶惶，有人主张北逃，有人建议迁都关中。孔克坚坚决反对，主张："天子当社稷宗庙俱为存亡，焉可弃而他之！今勤王之兵颇众，与之决战，盗可平也。"后来毛贵部果然在兵力优势的元军阻击下失利，退回山东。孔克坚在元朝政府中历迁陕西行台侍御史、国子祭酒等职。在元军复占山东之后，他于至正二十二年（1362）回到曲阜，不再出仕。⑤

至正二十七年（1367），朱元璋统一南方，遣军北伐。明军很快便攻取

---

① 马祖常：《翰林学士元公神道碑》，《国朝文类》卷六七。
② 《元史》卷一八〇《孔思晦传》。
③ 宋褧：《宋公行状》，《燕石集》卷一五。
④ 苏天爵：《书黄提学赠孔世川序》，《滋溪文稿》卷二九。
⑤ 宋濂：《国子祭酒孔公神道碑》，《宋文宪公全集》卷三一。宋讷：《袭封衍圣公碑》，《西隐文集》卷七。

了山东。十二月，孔克坚派遣孔希学"率曲阜县尹孔希章、邹县主簿孟思谅等，迎见（明军将领张）兴祖于军门"①。自己却称疾不出，意存观望。明军将孔希学送到南京，朱元璋亲自接见，慰劳有加，同时对孔克坚称病不来表示不满，专门派人"以敕往谕之曰：朕闻尔祖孔子垂教于世，扶植纲常，子孙非常人等也。……（朕）虽起自布衣，实承古先帝王之统。……天命所在，人孰违之。闻尔抱风疾，果然否，若无疾而称疾则不可。谕至思之"②。朱元璋一面表示对孔子的尊敬，对圣裔的优待；另一方面表示自己是正统所在，警告孔克坚必须端正态度。果然，敕书一到，孔克坚立即就入朝了。朱元璋马上召见，对他说："你祖宗留下三纲五常，垂宪万世的好法度。你家里不读书，是不守你祖宗的法度，如何中？""于我朝代里，你家再出一个好人呵！"并封孔希学为衍圣公，阶为二品。赐予孔克坚房屋、马匹，但不任职，用朱元璋的话来说："以其先圣之后，特优礼之，故养之以禄而不任之事也。"③ 朝代又一次变化，衍圣外的地位却更加显赫了。

四

上面简略叙述了金、元二代衍圣公的历史，从中可以看出：

第一，历史上封建王朝不断兴废变化，一般封建门第总是随着王朝的兴废变化而起落不定，但曲阜衍圣公的地位却始终是稳定的。宋金之际，金元之际，江淮以北广大地区兵祸连年，遭到极大破坏，百姓死亡枕藉，流离失所。但这两次巨大的社会动荡都没有给曲阜孔氏带来多少影响。每当改朝换代之际，衍圣公都会成为各方罗致的对象；而历代衍圣公总是能顺应朝代的变化，保全自己的特殊地位。

第二，金元二代，衍圣公的政治地位有很大的提高。金初承宋制，衍圣公阶八品，而到元末，已升至二品。由此可见，由少数民族统治者建立的金元二朝，在尊孔崇儒方面，超过了前代。但应指出的是，金元二代衍圣公地位的变化，都是在中期以后发生的。女真、蒙古统治者最初均以弓马之厉得天下，虽然受一些汉人谋士的影响，也采取一些尊孔崇儒的措施，以资号

---

① 《明太祖实录》卷二八上。
② 《明太祖实录》卷五三。
③ 《明太祖实录》卷五三。

召,但实际上是不甚重视的。只有经过一段相当长时间的实践以后,他们才真正认识到尊孔崇儒对于巩固封建统治的作用,从而大力加强这方面的工作。

第三,有元一代,曲阜孔子后裔围绕着衍圣公的爵位,曾经发生多次矛盾冲突,以致出现数十年爵位空缺无人承袭的情况。在争权夺利方面,"圣裔"与其他封建家族并无区别。

(原载《文史》第27辑,中国文史出版社1986年版)

元代陆学

陆学指的是南宋哲学家陆九渊创立的一个理学派别，又称心学。在南宋中期，陆学和由朱熹创立的朱学，是在思想界风靡一时的两大流派，发生过很大的影响。进入南宋后期，陆学逐渐衰落。到了元代，更加消沉。在明代，经过王阳明的提倡，才重新兴盛起来。在一般思想史著作中，对于元代陆学，往往略而不提。其实，陆学在元代若断若续，在思想界仍然有一定的影响。本文就陆学在元代的情况略作介绍。

一

朱熹和陆九渊是南宋中期思想界两个最活跃和最有影响的人物。他们都是唯心主义者，但两人的思想体系和方法论都有区别。他们聚徒讲学，互相诘难，"角立杰出，号太宗师者也"①。"一时学士大夫雷动云从，如在洙泗，天下并称之曰：朱陆。"② 朱学和陆学，在当时都是显学。陆、朱相继去世以后，二家的徒子徒孙"门外户别，伐异党同，末流乃至交排互诋，哗竞如仇敌"③。

到了南宋后期，二家的地位便发生了明显的变化："晦庵（朱熹）殁，其徒大盛，其学大明，士大夫皆宗其说。……而象山之学反郁而不彰。"④ 当

---

① 刘壎：《朱陆合辙序》，《水云村稿》卷五。
② 刘壎：《朱陆》，《隐居通议》卷一。
③ 刘壎：《朱陆合辙序》。据元代袁桷说，二家矛盾尖锐化主要是朱熹语录刊行以后的事："当宝庆、绍定间，黄公榦在，朱子门人不敢以先人所传为别录。黄既死，夸多务广，有语录焉。望尘承风，相与刻梓，而二家矛盾大行于南北矣。"（《龚氏〈四书朱陆会同〉序》，《清容居士集》卷二一）朱熹语录中有不少批评陆学的话，这样便加剧了彼此的矛盾。
④ 刘壎：《朱陆》，《隐居通议》卷一。

时四明（今浙江宁波）风气的变化是最足以说明问题的。原来，"陆氏之学传为慈湖杨简氏、絜斋袁燮氏，皆四明人，故四明学者祖陆氏而宗杨、袁，朱氏之学弗道也"①。"言陆氏之学者，以慈溪杨文定公、鄞袁正献父子为巨擘。士生其乡，知有陆氏而已。"② 有人甚至说："朱文公之学行于天下，而不行于四明；陆象山之学行于四明，而不行于天下。"③ 可见，四明是陆学影响最大的一个地区，而朱学原来在这里是没有什么基础的。但到南宋末年，黄震、史蒙卿、王应麟等相继而出，鼓吹朱学，"而后朱氏之学始行于四明言"④。王应麟是宋、元之际的著名学者，他的前代崇信陆学，到了他自己却"倡学者以考亭朱氏之说，一时从之而变"⑤。王氏家族的变化，正好反映了四明地区学风的变化。黄震在当时也有很高的声望，对于朱学在四明的传播起了重要的作用："宋季朱子理学既行于天下，而明士犹守杨文元、沈正献二公之说。及文浩先生慈溪黄公稽经考史，一折衷于朱子，著书满家，于是士方翕然向风，尽变其所学。"⑥ 朱学逐渐在这一地区占有优势，陆学也就逐渐衰落了。

为什么在南宋后期会发生这样的变化？宋、元之际有人曾找出如下的一些原因："顾其学不如朱学之盛行者，盖先生（陆九渊）不寿，文公则高年。先生简易不著书，文公则多述作。先生门人不大显，朱门则多达官，羽翼其教，是以若不逮。"⑦ 年龄的长短，著作的多少（陆氏也有作品传世，并非"不著书"），当然也有一定的影响，但决不能成为两者盛衰的主要原因。至于门人显达与否，也非确论。朱氏门人中固有权贵，陆学信徒中亦不乏达官贵人，如杨简、袁燮均是。南宋时即有人说过："浙间年来象山之学甚旺，由其门人有杨、袁贵显，据要津唱之。"⑧ 可见这也是不能成为理由的。其实，朱学之所以兴盛，陆学之所以衰微，关键在于宋朝统治者的态度。宋宁宗时，统治集团内部矛盾，立伪学逆党籍，这就是著名的"庆元党

---

① 王袆：《送乐仲本序》，《王忠文公集》卷三。
② 黄溍：《送慈溪沈教谕诗序》，《金华先生文集》卷一七。
③ 方回：《送家自昭晋孙自庵慈湖山长序》，《桐江续集》卷三一。
④ 王袆：《送乐仲本序》，《王忠文公集》卷六。
⑤ 贝琼：《王公墓志铭》，《清江集》卷三〇。
⑥ 谢肃：《黄菊东先生墓志铭》，《密庵文稿》壬卷。按，黄震的著作有《黄氏日钞》。
⑦ 刘壎：《象山语类题辞》，《水云村稿》卷七。
⑧ 《宋元学案》卷七四《慈湖学案》。

禁"，朱熹首当其冲，朱学因此受到很大打击。① 但是没有多久，理宗（1225—1264年在位）上台，崇尚朱学，自称"恨不与之同时"。朱熹被追赠为太师，封国公，并和周敦颐、程颢、程颐、张载一起，从祀孔子。朱熹的著作，由官府刊印发行。特别重要的是，儒生进身的门阶科举考试，也以朱熹注疏儒家经典为准。"今天子尤重文公之学，及考亭之门者多致身廊庙，诵考亭之言者，亦接武旟厦。"② "片言只字，苟合时好，则可以掇科取士。"③ 文风因此为之一变。生活在宋末元初的戴表元（1244—1312）说，当他"儿童时"，"朱氏书犹未盛行浙中"，"及甲辰、乙巳间（理宗淳祐四年、五年，即1244、1245年），有用其说取甲科者，四方翕然争售朱学，而吾乡以远僻，方获尽见徽文公所著书"④。既然朱学是猎取功名的阶梯，儒生们自然群起而趋之，不为统治者重视的陆学就被冷落在一边了。

到了元代，朱学更加兴旺发达。兴起于漠北草原的蒙古贵族，原不知理学为何物。13世纪30年代，蒙古军在灭金后南下攻宋，在汉水流域俘虏了一批儒生带回河北，其中赵复、窦默、砚坚等数人，都是朱学的门徒。他们在北方讲授朱学，从者日多。元世祖忽必烈为了巩固其统治，积极采用"汉法"，宣扬"三纲五常"的程朱理学，这些人很快便得到忽必烈的重视，理学家窦默、许衡、姚枢等人也相继得到重用。根据许衡等人的建议，元朝政府建立国学，以朱熹的著作为基本教材，培训贵族官僚子弟。特别是到了元代中期，元朝恢复科举考试，具体办法是以朱熹的《贡举私议》为本，考试内容以朱注"四书""五经"为主。这些措施执行的结果是："海内之士，非程、朱之书不读。"⑤ "朱氏之学，盛行于今，上自国学，下至乡校、家塾。师之所教，弟子之所学，莫非朱子之书。其讲说精矣，诵读勤矣。要其归第假为希世宠荣之资。"⑥ 元代中叶，以理学名家十人"从祀"孔子，其中北宋六人（周敦颐、程颢、程颐、张载、邵雍、司马光），南宋三人（朱熹、张栻、吕祖谦），元一人（许衡），唯独没有陆九渊。元朝统治者对这

---

① 陆学的代表人物杨简、袁燮等也列名"伪学"，此外还有不属于朱、陆两派的叶适、陈傅良等人，见《庆元党禁》。但总的来说，朱学所受打击最大。
② 刘克庄：《方景楷墓志铭》，《后村大全集》卷一五八。
③ 刘壎：《朱陆》，《隐居通议》卷一。
④ 戴元表：《于景龙注朱氏小学书序》，《剡源文集》卷七，他说的时间不大准确，但意思是很清楚的。
⑤ 欧阳玄：《许文正公神道碑》，《圭斋文集》卷九。
⑥ 王毅：《送陈复斋道士归金华序》，《木讷斋文集》卷一。

两个理学派别的好恶在这件事上表现得十分明显。① 就这样，朱学成了元朝统治者钦定的官方哲学，陆学则较诸南宋后期更形衰落。"自近年科举行，朱学盛矣，而陆学殆绝。"②"是以今之知学之士知文公者甚众，而知公（陆九渊）者甚鲜。"朱熹的牌位进了宣圣庙，而陆九渊的祠堂变得残破不堪，几乎无人过问了。③

在唯心主义阵营内部，各种派系之间的矛盾斗争也是很激烈的。占据统治地位的朱学，对陆学大肆攻击，"不百余年，异党之说兴，深文巧辟，而为陆学者不胜其谤，屹然墨守，是犹以丸泥而障流，杯水以止燎，何益也"④。但尽管如此，陆学的"流风遗俗"，在元代"尚有承传"。有一些人仍然公开声明自己是陆学的信奉者，"守其言而弗变"⑤。还有一些人，对于朱学和陆学采取调和折中的态度，实际上也就肯定了陆学的地位。

二

元代陆学的代表人物，有刘壎、陈苑、赵偕等人。

刘壎（1250—1319），江西南丰人，由宋入元。他的著作有《隐居通议》《水云村稿》等。

刘壎是宋、元之际江西地区颇有名气的一个儒生，"才力雄放，尤长于四六"⑥。在哲学思想上，他"尊陆九渊为正传，而援引朱子以合之"⑦。他对陆九渊十分崇敬，"夫象峰中天，百世稽首"，"诚一世之天才也"⑧。在刘壎所处的时代，朱学大盛，陆学受排挤，但他却声明："当是时虽好尚一致，而英伟魁特之士未尝不私相语曰：'时好虽若此，要之陆学终非朱所及也。'"⑨刘壎自己当然就在他所说的"英伟魁特之士"行列之内的。他认为，"陆氏之学，将大明于世"，而那些攻击诽谤者不过是"蚍蜉撼树，井

---

① 《元史》卷七六《祭祀志五·宣圣》。
② 吴莱：《石塘先生胡氏文抄后序》，《渊颖集》卷一一。
③ 程钜夫：《青田书院记》，《雪楼集》卷一二。
④ 袁桷：《龚氏〈四书朱陆会同〉序》，《清容居士集》卷二一。
⑤ 危素：《上饶祝先生行录》，《危太朴文续集》卷七。
⑥ 《四库全书总目提要》卷一六六《集部·水云村稿》。
⑦ 《四库全书总目提要》卷一二二《子郎·隐居通议》。
⑧ 刘壎：《陆文安公祠堂记》，《水云村稿》卷三。
⑨ 《隐居通议》卷一《朱陆》。

蛙观天者尔"①。

刘壎在自己的著作中，搜集了朱熹有关陆学的一些言论，来说明朱熹"于象山殊加敬"，并由此痛斥那些攻击陆学的人是"狂生"，"大可鄙"②。同时，他也反复申述朱、陆二者的歧异所在。他说："朱氏之学则主于下学上达，必由洒扫应对，而驯至于精义入神，以为如登山然，由山麓而后能造绝顶也。故晦庵多著书以开悟学者。然象山每不然之，议其为支离，其鹅湖之诗曰：'易简功夫终久大，支离事业竟浮沉。'又曰：'六经注我者也。'陆氏之学则主于见性明心，不涉笺注训诂，而直超于高明正大。然晦庵每不然之，以为江西之学近于禅。"③"朱、陆之学，本领实同，门户小异。故陆学主于超卓，直指本心，而晦翁以近禅为疑。朱学主于著书，由下学以造上达，而象山翁又以支离少之。"刘壎的意思显然是说，朱、陆两家从根本来说是相同的，彼此的区别主要是在认识论上。一个主张循序渐进，学而后知；一个主张见性明心，豁然开朗。对于朱熹认为陆学"近禅"的批评，刘壎说："大概性命之学，不能不与禅相近"，朱学鼓吹的"格物致知"之说，"即释氏名相之说"；朱学"求放心"之说，"亦释氏之说"。因此，"恐不可专指陆学为禅也"④。他并不否认陆学"近禅"，但认为朱熹的指摘不大公平，因为朱学本身也与禅宗理论有密切的渊源关系。应该说，刘壎这番话是有道理的，实际上陆九渊过去也就曾以此和朱熹辩论。⑤ 对于朱熹"多著书"的做法，刘壎也不以为然，他说："（朱熹）至晚年则亦悔注释，有诗曰：'书册蘸头无了日，不如抛却去寻春'。其意可见矣。"相反，他很赞赏陆九渊的治学方法："然陆氏不喜著书，惟从原头理会，尝曰：六经注我者也。故罕有传世，而道不显。顾有识者，则服其高明。"⑥

陆九渊主张存心、养心、发明本心，其实说的都是一个意思。要存心、

---

① 刘壎：《〈象山语类〉题辞》，《水云村稿》卷七。
② 《隐居通议》卷一《朱陆》。明代王守仁编《朱子晚年定论》（见《王文成公全书》卷二）和刘壎的做法差不多。
③ 《隐居通议》卷一《朱陆》。
④ 《隐居通议》卷二《朱陆》。
⑤ 朱熹生前直指陆九渊为禅，而陆九渊也反唇相讥，挖苦朱熹"所谓太极真体不传之秘，无物之前，阴阳之外，不属有无，不落方体，迥出常情，超出方外等语，莫是曾学禅宗，所得如此！"（陆九渊：《与朱元晦》，《象山先生全集》卷二。）
⑥ 《隐居通议》卷一《朱陆》。

养心、发明本心，必须去欲，"欲去，则心自存矣"①。去欲则依靠人们的直觉。刘壎对此再三致意。他说："儒者职分不在于作文，而在于讲学。讲学不在于章句，而在于穷理。穷理不在于外求，而在于存心。"② 怎样才能存心亦即发明本心呢？关键在于"悟"，亦即直觉。后人论述刘壎的学说时指出："其论理学，以悟为宗。"③ 溯其渊源，实来自陆九渊。④ 刘壎解释"悟"道："世之未悟者，正如身坐窗内，为纸所隔，故不睹窗外之境。及其点破一窍，眼力穿逗，便见得窗外山川之高远，风月之清明，天地之广大，人物之杂错，万象横陈，举无遁形。所争惟一膜之隔，是之谓悟。"他承认，"惟禅学以悟为则"，道家的理论中也有不少"皆悟之义"，而"儒家之学，亦有近之者。"儒家（理学）与道、释两家都是唯心主义世界观，从根本上来说是相通的。刘壎显然已经觉察了这一点。有趣的是，尽管刘壎反复讲"悟"，还记录了不少"悟入"的例子，但他自己却始终没有达到过这种境界。"然前辈又有谓人患不入悟境耳，果能妙悟，则一理彻万理融，所谓等级固在其间，盖一通而万毕也。此论未知当否？"⑤ 既然自己不曾亲身体会，于是只好抱着存疑的态度。这个陆学的信徒在思想上显然已陷入矛盾的境地。

陈苑（1256—1330），字立大，江西上饶人。他是元代影响较大的一个陆学家。陈苑的生平，见于其门人李存的记述：

> 甚哉，学之不明也。宋淳熙间，陆文安公出，大发古圣贤之旨，时承流继觉甚盛。而近世溺于训诂词章科目杂艺尤甚，无肯道其学者。上饶陈先生幼业儒，不随世碌碌，尝遇异人授金丹术，弗之信。既得陆氏书读之，喜曰："此岂不足以致吾知耶，又岂不足以力吾之行耶，而他求也！"于是尽求其书及其门人如杨敬仲、傅子渊、袁广微、钱子是、陈仲和、周可象所著《易》《书》《诗》《春秋》《礼》《孝经》《论语》等书，益喜，益知，益行。或病其遗世所尚，先生曰："理则然尔。"甚者讥非之，毁短之，朋排之，又甚者求欲危中之，先生曰："苑不悔。"

---

① 陆九渊：《养心莫善于寡欲》，《象山先生全集》卷三二。
② 刘壎：《儒者职分》，《隐居通议》卷一。
③ 《四库全书总目提要》卷一二二《子部·隐居通议》。
④ "陆文安公之学自中庸尊德性而入，故其用工不以循序为阶梯，而以悟入为究竟。"（《九灵山房集》卷二二）
⑤ 刘壎：《论悟》，《隐居通议》卷一。

从之游者往往有省，由是人始知陆氏学。至顺庚午十有二月既望，以疾卒，年七十有五。①

陈苑的一生，"饥寒穷困"，不求闻达，在很长一段时间内，"隐居里中。而人莫之知也"②。但他"浮沉里巷之间，而毅然以倡明古道为己任。患难困苦终其身，而拳拳于学术异同之辨。无十金之产、一命之贵，而有忧天下后世之心"③。不顾周围的压力，坚持自己的信念。他授徒讲学，门生颇众。由于他的努力，元代中期，陆学在江西地区一度出现了振兴的现象。

陈苑没有什么著作传世。据他的门人说，陈苑的学说"大抵谓圣贤之业，之见于言语文字者，无非明夫人心，而学焉者亦必于此乎究"④。可见他所倡导的，正是"陆氏本心之学"。他的一个学生在谈自己的学习体会时说："吾心之灵，本无限碍，本无翳滓，本无拘系，本无浪流。其有不然者，已私赋之也，非天之所予者。"⑤ 只要去掉私欲，就能发明本心。因此，陈苑的学生们"惟日孜孜究明本心"⑥。陈苑的一个弟子还曾说过："万物皆我，我即万物。"⑦ 发明本心之后，就可以认识一切客观事物，所以，万物皆备于我，我与万物一体。既然关键在于究明本心，因而著作、言语也是多余的，陈苑教训学生说："无多言，心虚而口实耳。"⑧

陈苑门下的弟子，比较著名的有李存、祝蕃、吴谦、舒衍，称为江东四先生。李存有文集传世，"论学以省察本心为主"⑨。祝蕃在当时声望最高，"一时登（陈）先生之门者，皆推先焉"⑩。他"从（陈）先生学，励精勇锐，一徇世习，以守师说"⑪。"陈先生居室堕圮，先生鬻田为之更作，经费

---

① 李存：《上饶陈先生墓志铭》，《俟庵集》卷二四。按，《宋元学案》卷九三《静明宝峰学案》中的陈苑传略，就是根据这篇《墓志铭》删节而成的。《俟庵集》无刻本，笔者所用的是北京图书馆所藏鲍埼亭钞本。
② 危素：《上饶祝先生行录》，《危太朴文续集》卷七。
③ 李存：《上饶陈先生墓志铭》，《俟庵集》卷二四。
④ 李存：《别汪子盎序》，《俟庵集》卷一六。
⑤ 李存：《上陈先生书》，《俟庵集》卷二八。
⑥ 危素：《李先生墓志铭》，《俟庵集》卷首。
⑦ 李存：《曾子犟行状》，《俟庵集》卷二三。
⑧ 危素：《李先生墓志铭》，《俟庵集》卷首。
⑨ 《四库全书总目提要》卷一六七《集部·俟庵集》。
⑩ 李存：《祝蕃远墓志铭》，《俟庵集》卷二五。
⑪ 郑元祐：《遂昌山樵杂录》。

供给,终陈先生无废礼。流俗之人笑讥毁誉无所不至,终不为动。凡若此,以其有得陆氏之传也。"① 他曾出仕,受到权贵打击,郁郁不得志而死,没有留下什么著作。元末著名文学家危素是他的弟子。吴、舒两人没有什么影响。

赵偕,字子永,浙东慈溪人(？—1364),人称宝峰先生。他与友人"读杨文元公(杨简)有觉","获览圣书,忽睹自己光明正大,自知其非。故始信洙泗素王之大道,天独阐于慈湖(杨简号慈湖先生)";从此便成了陆学的忠实信徒,"以为三代之政可行,百家之言可一,挺然而立,毅然而行。时人争笑窃议,且詈且排,先生不惑纷呶,自守不渝"②。后来从学者渐多,在庆元(即宋代的四明)一带产生了一定的影响。他的作品有《赵宝峰先生文集》,只有抄本传世。③

陆九渊否认客观世界的存在,鼓吹:"宇宙便是吾心,吾心即是宇宙。"杨简发挥了这个主观唯心主义的命题,说道:"其心通者,洞见天地人物尽在我性量之中;而天地人物之变化,皆吾性之变化。"④ 以继承杨简衣钵自命的赵偕,在这个哲学根本命题上是亦步亦趋的,他说:"心无死生"⑤,"万物有存亡,道心无生死"⑥。心即道,道或心是超越万物之外永恒存在无死无生的本体,当然也就是万物的根源。"天地万物有无一体,风云雨露,无非我也。"⑦ 心是宇宙的本体,在心之外,不存在任何事物,任何事物都不过只是心的变化或表现,只有心才是唯一真实的东西。下面一段问答把赵偕的这一思想表达得更为清楚:

> 他日,二先生过处士(周坚,字砥道),见榴花瓶中。相山(王约,与赵偕同事慈湖之学)问处士曰:"花与枝叶红绿间出,果孰为之?"处士曰:"吾所为也。"宝峰曰:"孔言庶是无教也,砥道领其教矣。"至暮,童子秉烛。宝峰曰:"此烛之明,烛欤,火欤!"答曰:

---

① 危素:《上饶祝先生行录》,《危太朴文续集》卷七。
② 《赵宝峰先生文集》卷首《序》及《祭文》。
③ 据中国科学院图书馆收藏的清嘉庆潍高氏钞本。
④ 《周易解序》,《慈湖先生遗书》卷一。
⑤ 《题修永斋》,《赵宝峰先生文集》卷二。
⑥ 《赵宝峰先生文集》卷首,祭文:"心无死生,此先生平日之言。"
⑦ 乌斯道:《先兄春风先生行状》,《春草斋文集》卷一〇。

"非烛非火，此榴花之变化也。"①

榴花是吾心所为，"烛之明"是"榴花之变化"，也就是吾心所为。他通过这个具体的例子，来表明心与万物一体的道理。

陆九渊主张通过内省的方法来发明本心，为此他提倡闭目静坐，"学者能常闭目亦佳"，据他说经常"安坐瞑目"，就能使"此心""澄莹中立"②。静坐成了陆学门徒的一种风尚，所以有人曾批评他们"大抵全用禅宗意旨，使人终日默坐，以求本心，更不读书穷理"③。赵偕也大力提倡静坐内省："若恐迷复，则于夙兴入夜之时，宜静坐以凝神。""凡除应用之事外，必入斋庄之所静坐。"④ 据说静坐内省可以达到一种神秘的境界：

> 处士（周坚）闻日用平常即道之诲，意殊喜。作而问曰："见道之功安作？"宝峰曰："其反观乎！昔杨夫子犹反观入道，某亦尝事此，良验，子其试哉！"是夕，归而默坐反视，意志俱泯，忽见天地万物有无一体，不知我之为我，惟见光明满室而已。诘旦，白二先生（赵偕、王约），先生笑而颔之。宝峰曰："此知及之也，正孔子曰，明目而视之，不可得而见也；倾耳而听之，不可得而闻也。又曰无声之乐日闻四方者是也。"处士又问曰："光明满室者何？"宝峰曰："是心之光，古人所谓虚室生光，吉祥止止者是也。"⑤

前面已说过，道即心，所谓"见道"，也就是养心、发明本心："见道之功"就是发明本心的方法与途径。可以看出，赵偕是把"反观"即静坐内省作为发明本心的途径的。据赵偕及其弟子体验，通过"反观"可以达到"天地万物有无一体，不知我之为我"的境界，这样一来，"宇宙便是吾心，吾心即是宇宙"的命题，便得到证明了。应该说，在宣扬主观唯心的直觉方面，赵偕比起刘壎和陈苑来，要突出得多。刘壎始终不敢说自己到达"悟"的境界，赵偕不但自己"事此良验"，而且经他指点，门生弟子也能轻而易

---

① 乌斯道：《周端斋墓志铭》，《春草斋文集》卷一〇。
② 陆九渊：《语录》，《象山先生全集》卷三五。
③ 《宋元学案》卷七七《槐堂诸儒学案》。
④ 《为伯奇学清虚而书》，《赵宝峰先生文集》卷二。
⑤ 乌斯道：《周端斋墓志铭》，《春草斋文集》卷一〇。

举地实现。后人批评他"近于禅",确实是很有道理的,① 如果说理学本身与禅宗有许多相通之处的话,那么,理学中的陆学与禅宗关系更密,而赵偕又是陆学中比较突出的一个。

四明曾是陆学的中心,从南宋末到元代中期,朱学占有上风,陆学中断了近百年。赵偕传播陆学,使中断的传统得以复兴。他的门人乌斯道、桂彦良等,在元、明之际文坛上占有一定的地位,通过他们的宣扬,赵偕的观点得到人们一定程度的重视,但其影响局限于浙东地区。

上面所说的三个陆学代表人物,除了刘壎因为生活时代较早,曾经直接受到陆九渊的门人弟子的影响之外,陈苑和赵偕都是从陆学一些代表人物的著作中得到启发而产生信仰的。也就是说,原来曾是陆学中心的江西、四明等地,陆学的传授在相当一段时间内已经中断了,不像朱学那样,代有传人,有很清楚的师承渊源关系。这种情况,正是陆学衰微的表现。但是,在浙江淳安,却有陆学一支,自宋入元,百余年间,世代相传,没有中断过:"淳安自融堂钱氏从慈湖杨氏游,……故淳安之士皆明陆氏之学。"② 融堂钱氏即钱时,他是杨简的学生。"严陵(淳安)自融堂讲学后,弟子极盛"。入元以后,"则夏自然为大师"。夏自然即夏希贤(字自然),钱时弟子。后来又有吴暾、洪震老、鲁渊、洪赜等。但淳安陆学僻处一隅,在理论上没有什么建树,影响是很小的。③

三

南宋后期,朱、陆二家互相攻击,有如水火。但已有人企图从中调和,"谓二家宗旨券契阖合,流俗自相矛盾"④。到了元代,持这种态度的更不乏其人,最著名的有吴澄、郑玉等。

吴澄(1299—1333),江西临川人。他是元代学问最渊博的一个理学家,在元代思想界有很高的地位,"皇元受命,天降真传,北有许衡,南有吴

---

① 全祖望语,见《宋元学案》卷九三《静明宝峰学案》。
② 郑玉:《洪本一先生墓志铭》,《师山文集》卷七。按,《师山文集》常见有《乾坤正气集》本,不全。笔者所用的是明刻递修本。
③ 《宋元学案》卷七四《慈湖学案》。
④ 刘壎:《来陆合辙序》,《水云村稿》卷五。

澄"①。许、吴齐名，被认为是元代两位理学大师，实际上许衡学问浅薄，不能和吴澄相比。吴澄是饶鲁的再传弟子，而饶鲁则是朱熹门人黄榦的学生，从传授来说，他是朱学的正统；事实上，他也的确"以绍朱子之统"自任。但他和朱学的一般信徒不一样，对于陆学不是加以排斥而是采取肯定的态度。他说："先生（指陆九渊）之道如青天白日，先生之语如震雷惊霆，虽百数十年之后有如亲见亲闻也。"② 可见倾倒的程度。他还为陆九渊及陆门弟子傅梦泉的语录作序，对"陆先生之学"大加赞扬。③ 他甚至把陆九渊与朱熹、二程相提并论，说道："论之平而当足以定千载是非之真者，其唯二程、朱、陆四子之言乎！"④ 吴澄一度任教当时的最高学府国子监，在监中"尝为学者言：朱子道问学工夫多，陆子静却以尊德性为主。问学不本于德性，则其弊偏于言语训释之末，果如陆子静所言矣。今学者当以尊德性为本，庶几得之"。元代的国子监创办自许衡，"继之者多其门人"，一直是朱学的天下。吴澄居然敢在国子监中提倡以陆学来补朱学的不足，立刻招致非议，"议者遂以先生为陆学，非许氏尊信朱子之义"。吴澄遭到攻击，不安其位，只好自动告退。⑤ 众所周知，"尊德性"和"道问学"，是朱、陆二人在认识论方面的主要分歧，吴澄则企图将二者调和起来。吴澄的友人刘岳申曾说过："先生出乎二氏之后，约其同而归于一，所谓尊德性而道问学者，盖兼之矣。"⑥ 这种态度在一些朱学的忠实信徒看来，便是对陆学的一种偏袒。

明代王守仁重振陆学，为了扬陆抑朱，他摘取朱熹一些肯定陆学的言论，编成《朱氏晚年定论》一篇，用以论证朱氏"晚岁固已大悟旧说之非"。在此篇终了，专门"取草庐（吴澄号）一说附于后"，以印证其说。王守仁主张："道问学即所以尊德性也。"⑦ 从这些地方都可以看出吴澄对王守仁有一定的影响。

郑玉（1298—1357），徽州歙县人，离朱熹的家乡较近。徽州在元代是南方理学的一个中心。郑玉是元代后期徽州地区最有声望的理学家之一。他

---

① 揭傒斯：《吴公神道碑》，《吴文正公集》卷首。
② 吴澄：《〈庄子正义〉序》，《吴文正公集》卷一〇。
③ 吴澄：《〈象山先生语录〉序》，《吴文正公集》卷一〇；《〈金谿傅先生语录〉序》，《吴文正公集》卷一一。
④ 吴澄：《〈临川王文公集〉序》，《吴文正公集》卷一二。
⑤ 虞集：《吴公行状》，《道园学古录》卷四四。
⑥ 刘岳申：《送吴草庐赴国子监丞序》，《申斋集》卷一。
⑦ 王守仁：《语录》，《王文成公全书》卷三。

年青时因父亲在淳安做官，因此"得游淳安诸先生间，吴暾先生则所师也，洪震老先生、夏溥先生则所事而资之也，洪赜先生则所友也"①。郑玉的这些师友都是陆学的信徒，因而他的思想受到陆学的影响。后来"侍亲归新安（徽州），益读朱子之书，求朱子之道"，成了朱学的忠实信徒，认为朱熹"号集大成，功与孔孟同矣"。但他对陆学仍采取尊重的态度，反对两家互相攻击：

> 又近时学者，未知本领所在，先立异同，学朱子则肆毁象山，党陆氏则非议朱子。此等皆是学术风俗之坏，殊非好气象也。某尝谓陆子静高明不及明道（程颢），缜密不及晦庵（朱熹），然其简易光明之说，亦未始为无见之言也。……是学者自当学朱子之学，然亦不必谤象山也。②

他还就朱、陆两家的共同点和优缺点发表了如下的意见：

> 方二先生相望而起也，以倡明道学为己任。陆氏之称朱氏曰江东之学，朱氏之称陆氏曰江西之学。两家学者各尊所闻，各行所知，今二百余年卒未能有同之者。以予观之，陆子之质高明，故好简易，朱子之质笃实，故好邃密，各因其质之所近为学，故所入之途有不同尔。及其至也，三纲五常仁义道德岂有不同者哉！况同是尧、舜，同非桀、纣，同尊周、孔，同排释、老，同以天理为公，同以人欲为私，大本达道，无有不同者乎。……陆氏之学，其流弊也如释氏之谈空说妙，至于卤莽灭裂，而不能尽夫致知之功。朱氏之学其流弊也，如俗儒之寻行数墨，至于颓惰委靡而无以收其力行之效。然岂二先生立言垂教之罪哉，盖后之学者之流弊云尔。③

郑玉指出陆、朱两家都是旨在维护三纲五常，都主张存天理灭人欲，从根本上说是没有什么区别的。两家学说各有长处，各有流弊，不应采取"不

---

① 郑玉：《洪本一先生墓志铭》，《师山文集》卷七。
② 郑玉：《与汪真卿书》，《师山文集遗文》卷三。
③ 郑玉：《送葛子熙之武昌学录序》，《师山文集》卷三。

求其所同，惟求其所以异"的办法。换句话说，他是主张在二家之间求同存异的。郑玉的调和态度在这里表现得是很明显的。因此，清代学者全祖望说："继草庐而和会朱陆之学者，郑师山（郑玉号师山先生）也。"他认为，二人的倾向有所区别，吴澄多右陆，"而师山则右朱"。也就是说，郑玉学说中朱学的成分更多一些。①

除了吴澄、郑玉之外，虞集、赵汸等人也都在一定程度上对朱、陆二家采取调和折中的态度。虞集是元代中期最享盛名的文学家，他说："陆先生之兴，与子朱子相望于一时，盖天运也。其于圣人之道，互有发明。"赵汸是元末徽州重要理学家之一，他"生朱子之乡，而又有得于陆子之学"，他认为朱、陆之间有许多相同之处，"使其合并于暮岁，则其微言精义，必有契焉，而子静既往矣"②。吴澄、郑玉、虞集、赵汸等人在元代思想文化界有很高的地位，他们的态度说明了，陆学在元代的影响还是相当大的。

元代，朱学占有统治地位，陆学衰微，但仍有一定影响。公开声言信奉陆学者固然为数不多，但还有不少人对朱、陆两家抱调和折中的态度。值得注意的是，总的来说，元代朱学并没有出现学术上有较高成就的人物，大都只是对程、朱之说亦步亦趋、鹦鹉学舌而已；陆学也是一样；而一些真正有成就的思想文化界代表人物则往往对朱学和陆学两者采取兼容并蓄的态度。因此，我们可以说，在有元一代思想领域中，真正比较值得注意的不是朱学，也不是陆学，而是朱、陆混合的潮流。

（原载《中国哲学》第 9 辑，生活·读书·新知三联书店 1983 年版）

---

① 《宋元学案》卷九四《师山学案》。
② 赵汸：《对问江右六君子策》，《东山存稿》卷二。按，此文后面附有虞集语。

元代佛教与元代社会

在我国漫长的封建社会中，流行过多种宗教，其中佛教影响最大，许多封建统治者都利用它作为使下层阶级就范的一种手段。

元朝对佛教特别尊崇，佛教在元代社会生活的各个方面，都有很大影响。本文将讨论元代佛教与这一时期政治、经济之间的关系，① 希望有助于揭示封建社会佛教的本质，并借以增进对元代社会面貌的了解。不妥之处，请学者们指正。

一

13世纪初期，蒙古族崛起于我国北方草原。当时，它刚跨入阶级社会的门槛。在宗教信仰方面，主要保存了原始的信奉万物有灵的萨满教，但是也有少数部落因受邻近的畏兀儿人影响，开始信奉景教。

蒙古族首领成吉思汗及其后裔，连年发动战争，统治了极其广大的地区。分别受封并管辖一定领地的蒙古贵族们，逐渐适应了各自所在地区的经济状况，并与当地原有的剥削阶级相结合，在不同程度上采取了这些地区原有的剥削方式。与之相适应，他们还扶植各种宗教团体，用以巩固自己的统治。② 在蒙古大汗的宫廷里，既有萨满教的神巫，也有佛教、伊斯兰教和基督教的僧侣。这种对各种宗教兼容并包的政策，是适应对各种宗教信仰的广大居民进行统治的需要。

魏、晋以来，佛教在中原和江南地区，势力日盛。唐代以降，佛教分为

---

① 关于元代佛教与思想文化之间的关系，本文暂不涉及，以后有机会另行探讨。
② 《马可波罗行记》，冯承钧译本，第一卷，《鞑靼人之神道》。

禅、教二大流派。禅指禅宗，教指禅宗以外的其他宗派，主要有天台宗、华严（贤首）宗、慈恩（法相）宗、律（南山）宗、密宗等。①佛教是从印度传入的，印度佛教宗派林立，各有经典传入中国，也就产生了许多宗派。禅宗则是完全中国化了的一个佛教宗派，标榜自己是佛祖于教外别传，不立文字，以心传心，和其他宗派以一定经典为据有所不同。这样便形成了禅、教之分，互争雄长。②禅宗内部也有不少派系，一般分为五支，即临济、曹洞、沩仰、云门、法眼。金朝统治地区，盛行禅宗中的临济宗和曹洞宗。金朝末年，曹洞宗的万松，出入宫廷，受统治者尊奉，声势显赫一时。在南宋统治地区，禅宗也占有明显的优势。"宋南渡之初，东南禅门之盛，冠绝于一时。"其中势力最大的，也要数临济宗。③

1211年，成吉思汗开始发动对金朝的战争。进入中原以后，他开始接触佛教，临济宗僧侣海云和他的师父中观大概是最早和蒙古上层发生关系的僧人。成吉思汗不仅善于弯弓射雕，而且富有政治经验，他立即意识到佛教是可以利用的工具，专门颁布命令，称中观和海云为大、小长老，"好与衣粮养活着，教做头儿；多收拾那般人，在意告天。不拣阿谁休欺负，交达里罕（蒙语自由自在之意）行者"④。成吉思汗之后的蒙古诸汗，都对佛教大加尊崇："太祖则明诏首班，弘护兹道。太宗则试经、造寺、雕补藏经。谷与（即贵由，元定宗）则令僧扈从，恒诵佛经。蒙哥皇帝则供僧书经，高营宝塔"⑤。忽必烈建立元朝后，"大弘密乘，尊隆三宝"⑥。此后的元朝诸帝，更是一个比一个狂热："累朝皇帝，先受佛戒九次，方正大宝。"⑦许多佛寺都

---

① 陈元靓：《事林广记》续集，卷三《禅教类》。
② 也有作为禅、律、教三派的，还是因为律宗主要讲究戒律，和教内其他各宗又有所不同。元代袁桷说："今之言佛教有三：禅以喻空，教以显实，律则摄其威仪，禁妄绝非。"（《兴福头陀院碑》，《清容居士集》卷二五）与之相应，"有禅僧，有讲僧。故其寺亦三，曰禅寺，曰律寺，曰教寺。"（方回：《建德府兜率寺兴复记》，《桐江续集》卷三六）但律寺当时已趋衰微："若三宗鼎列，而律最微者，在僧为难能故也。"（刘仁本：《定海县真修寺迹记》，《羽庭集》卷三。）
③ 王祎：《木岩禅师语录序》，《王忠文公集》卷六。
④ 念常：《佛祖历代通载》卷二一。按，据王万庆《海云大禅师碑》（拓本）记载，这件诏书是成吉思汗西征时在薛米思干（撒马尔罕）颁发的。
⑤ 祥迈：《至元辨伪录》卷四。"试经"指考试僧人。"雕补藏经"指雕补弘法藏。金燕京有弘法寺，"收贮经板"（《元一统志》卷一《古迹》）。战火中有损失，窝阔台汗时曾加雕补："弘法寺藏经有板，经乱之后，师亦被命校勘，补其阙遗。"（危素：《隆安选公传戒碑》，《危太朴文续集》卷三）
⑥ 《佛祖历代通载》卷二二。
⑦ 陶宗仪：《受佛戒》，《辍耕录》卷二。

得到皇帝的诏书,"作大护持"①。不少上层僧侣享有各种封号、官爵。以统治者做佛事而言,至元三十年(1293)共一百〇二次,到大德七年(1303)就达五百余次。"一事所需,金银钞币,不可数计,岁用钞数千万锭。"② 以建寺而言,元朝每个皇帝即位后,都要营建新寺:"世祖建大宣文弘教寺,赐永业,当时已号虚费。而成宗复构天寿永宁寺,较之世祖,用增倍半。若武宗之崇恩福元,仁宗之承华普庆,租榷所入,益又甚焉。英宗凿山开寺,损兵折农,而卒无益。"③ 建寺、做佛事和对寺院、僧侣的赏赐,成了元朝财政的一项巨额开支,当时有的官员估计:"国家经费,三分为率,僧居二焉。"④ 不仅如此,僧、尼还享有免税免役的特权,尽管元朝政府中有些人为了整个统治集团的利益,不止一次地提出并实施了对僧、尼以及其他一些人户征税派役的办法,但是每次都没有维持很久就遭到另一些人反对而取消了。⑤ 无怪当时有人说:"盖佛之说行乎中国,而尊崇护卫,莫盛于本朝。"⑥

佛教在元代的势力,还可以从它和其他宗教的关系看出来。金、元之际,北方全真道盛极一时。全真道的首领邱处机曾应成吉思汗之召,远赴中亚觐见,备受恩宠。全真道的道宇院舍也都得到护持诏书。成吉思汗重视全真道,下面的贵族官僚当然也就大加尊奉。⑦ 佛、道两家都以蒙古统治者和贵族官僚作后台,献媚争宠,互相排挤倾轧,甚至抢占对方的庙宇财产,聚众斗殴。由于双方斗争日益激烈,蒙古统治者亲自出面处理。宪宗五年(1255),蒙哥汗亲自召集佛、道两派代表人物,在漠北和林举行第一次辩论。六年,在和林举行第二次辩论,道教领袖"怯不敢去",未能进行。七年(1257),蒙哥委托忽必烈在开平召开第三次辩论会,到会有僧三百余人,道二百余人,还有儒生二百余人。这两次辩论都以道教失败告终,参加第二

---

① 黄溍:《南天竺崇恩演福寺记》,《金华先生文集》卷一二。按元代持有此类诏书的寺院甚多,参见蔡美彪编《元代白话碑集录》。
② 《元史》卷一七五《张珪传》。
③ 《元史》卷三〇《泰定帝纪二》。
④ 张养浩:《时政书》,《归田类稿》卷二。
⑤ 关于赋税,后来规定的原则是,"亡宋时分有来的常住田地并薛禅皇帝(忽必烈)与来的田地内休纳税粮者,收附江南以后诸人布施来的、置买来的、典来的田地有呵,依在先体例里纳税粮者"。(《通制条格》卷二九《僧道·词讼》)关于僧尼承当杂泛差役的问题,元代大部分时间是明文规定可以免除的,曾有几次要求他们一体充役,但为时都很短,而且上述两类可以免除赋税的田土同样是可以 免役的(元代一般按土地分摊杂泛差役)。
⑥ 危素:《扬州正胜寺记》,《危太朴文集》卷五。
⑦ 李志常:《长春真人西游记》。

次辩论的十七名道士还被勒令削发为僧,许多道观也变成了佛寺,不少道教经典被烧毁。此后僧、道斗争仍在继续,"争夺观院"之事不断发生。至元十七年(1280)忽必烈将一些道士判刑。第二年又下令烧毁除《道德经》之外的全部道教经典。① 由于南、北道教领袖的活动以及一些蒙古贵族的斡旋,忽必烈虽然很快就停止对道教的打击,但佛教优势的确立,则是不可改变的事实。"维道家方士之流,假祷祠之说,乘时以起,曾不及其(佛教)什一焉。"② 至于也里可温(基督教)、答失蛮(伊斯兰教)等,势力更在道教之下,"随朝庆贺班次,和尚、先生祝赞之后,方至也里可温人等"③。在元朝中央政府内,掌管佛教的宣政院秩从一品,掌管道教的集贤院秩从二品,管理也里可温的崇福司也是秩从二品。这些机构品秩的差别,反映出各种宗教在政治生活中地位的高低。有元一代,在宫廷和大都城中,各种宗教寺院林立,活动频繁,仪式多样,有"十字寺神""国俗"祀奉的萨满神,也有来自"龙虎山"的"道家",还有"出浴升高呼阿弥"的答失蛮,但是最有影响的还是崇拜"麻纥剌"神的喇嘛僧和其他佛教宗派的僧侣。④

元朝统治者崇尚佛教,固然由于他们是唯心主义者,需要从宗教寻求寄托和力量;更重要的是因为他们意识到佛教对人民的麻醉、欺骗作用,是控制人民群众思想的有力的精神工具。元代有人说得好:"世祖皇帝以神武统一区宇,治功底定,期与休息,因民俗向善求福,咸归佛氏",所以大力尊奉佛教。⑤ "崇尚其教而敬礼之,日盛月益,大抵为社稷生灵计也。"⑥

元朝统治者对佛教内部各派系,和对待各种宗教一样,也有厚薄之分,而且前后有所变化。

13世纪上半期,蒙古统治者最重视拉拢禅宗的代表人物。禅宗中的临济宗十六世祖海云,少年时代已崭露头角,蒙古军南下后,他"历事太祖、太宗、宪宗、世祖,为天下禅门之首",成吉思汗曾亲颁诏令予以护持(见前),窝阔台汗"特遣使臣阿先脱兀怜赐以'称心自在行'之诏"。贵由汗

---

① 《至元辨伪录》卷三;《通制条格》卷一九《僧道·寺观僧道数目》。
② 《元史》卷二〇二《释道传》。
③ 《元典章》卷三三《礼部六·也里可温教》。
④ 张昱:《辇下曲》,《张光弼诗集》卷三。
⑤ 程端礼:《元兴天僖慈恩教寺记》,《畏斋集》卷五。
⑥ 《国朝文类》卷四一《经世大典序录·礼典·释》。

"颁诏命师统僧,赐白金万两"①。蒙哥汗又命他"掌释教事"②。忽必烈的太子出生后,由海云"摩顶训之名"③。

除了海云之外,原在金朝得到恩宠的曹洞宗僧侣万松,也与蒙古贵族和汉族军阀有着密切的关系。万松的弟子福裕曾受贵由汗之命,居漠北和林兴国寺;宪宗蒙哥汗时,又被召至"北庭行在"。忽必烈即位后,"命总教门事"。福裕出任嵩山少林寺住持,"万松、海云实为之主"④。另一个曾"为万松侍者"的至温,当忽必烈为藩王时,已被召见,"留王庭多有赞益";"宪宗命海云主释教,诏天下作佛戒会,师持旨宣布中外而辅成之"。后来,他受命总关西等地僧尼之事。⑤

总之,13世纪上半期,在蒙古政权统治下的北方,禅宗中的临济宗和曹洞宗势力最盛,海云和万松地位最高。禅宗在当时政治生活中的影响,还通过耶律楚材和刘秉忠两个人表现出来。耶律楚材是万松的嗣法弟子,为成吉思汗、窝阔台汗所信任,是蒙古统治者采用"汉法"的一个重要赞助者。他与万松一直保持着密切的联系,自称"以儒治国,以佛治心","治天下之道为治心之所兼耳"⑥。刘秉忠为海云的再传弟子,原来是个默默无闻的青年僧侣,经海云推荐入忽必烈幕府,"参帷幄之密谋,定社稷之大计",成为最亲信的谋士之一。后来他奉命还俗,官至太保、参领中书省事。⑦ 元前期这两个重要政治家的经历,从一个方面说明了禅宗与蒙古政权之间的密切关系。

这些禅宗的上层僧侣,对于巩固蒙古政权在中原的统治起了很大的作用。首先,他们宣传安分守己,顺从忍耐,劝说广大劳动人民把希望寄托在天国的恩赐上,从而消弭他们的斗争意志。其次,禅宗的上层僧侣本身就是地主阶级的一部分,和世俗地主的代表人物有密切联系,他们能起牵线搭桥的作用,促使蒙古贵族与中原汉族地主相互合作,共同统治。例如,海云曾

---

① 《佛祖历代通载》卷二一,王万庆:《海云大禅师碑》(拓本)。
② 《元史》卷三《宪宗纪》。
③ 程钜夫:《海云简和尚塔牌》,《雪楼集》卷六。海云死后,其骨塔在燕京大庆寿寺。忽必烈建大都,南城墙本应经过骨塔所在之地。忽必烈特意下令:"迁三十步许环之。"以致本是直线的城墙出现了一段弧形。
④ 程钜夫:《嵩山少林寺裕和尚碑》,《雪楼集》卷八。
⑤ 虞集:《佛国普安大禅师塔铭》,《道园学古录》卷四八。
⑥ 耶律楚材:《寄万松老人书》,《湛然居士文集》卷一三。
⑦ 王构:《刘文贞公神道碑铭》,见《佛祖历代通载》卷二一。

建议蒙古贵族尊崇儒学，他说，"孔孟之道，万世帝王法程，宜加表树，以兴学校"。儒生获免差赋，他是出了力的。尊儒重道，实际上就是蒙古贵族与中原汉族地主联合的一个标志。至于海云等推荐刘秉忠等有代表性的地主士大夫进入蒙古政权，更是直接推动两者结合。第三，禅宗上层僧侣一贯参与政治活动，能为蒙古统治者出谋划策。窝阔台汗时调查汉地户籍，"有司欲印识人臂"，因为在还处于奴隶社会阶段的蒙古贵族看来，人民群众和牲畜并没有什么区别，都可以打上烙印。海云深知这样做会引起各族人民的激烈反抗，就建议："人非马也，既皆归服国朝，天下之大，四海之广，纵复逃散，亦何所归，岂可同畜兽而印识哉！"蒙古贵族听从他的劝告，停止了印臂之法。① 最有意思的是海云和忽必烈的谈话："殿下亲为皇弟，重任藩寄，宜稽古审得失，举贤错枉，以尊主庇民为务。佛法之要，孰大于此！国家先务节用爱民，锄奸立善，以保天命。"② "世法即是佛法"，倍奉佛法与采用封建统治方式，原来是一回事。

到了13世纪中叶，禅宗的地位开始下降。

13世纪40年代，吐蕃地区归附蒙古政权。藏传佛教僧侣在这个过程中起了很重要的作用。藏传佛教也是佛教的一个派别，它是佛教密宗传入吐蕃地区以后和当地的苯教混合而成的。藏传佛教内部也有不少宗派。1246年，藏传佛教萨迦派首领萨班到甘肃西凉，与蒙古宗王阔端（窝阔台之子，镇守河西）见面。在萨班号召下，吐蕃地区的僧俗首领都表示服从蒙古政权。1252年，忽必烈奉宪宗蒙哥之命征云南大理，道经吐蕃地区，萨班之侄八思巴应召入见，"日见亲礼"。忽必烈即帝位后，"尊为国师，授以玉印，任中原法主，统天下教门"③。此后，萨迦派历代领袖均被尊为国师或帝师，许多藏传佛教上层人物相继被封官拜爵，"百年之间，朝廷所以敬礼而尊信之者，无所不用其至"④。忽必烈及其以后的历代皇帝，对藏传佛教特别尊奉，原因之一是它的理论和仪式，与蒙古族原来信奉的萨满教有许多共同之处，但更重要的则是因为吐蕃地区的藏传佛教势力很大，元朝统治者想要"因其俗而

---

① 《佛祖历代通载》卷二一。
② 程钜夫：《海云简和尚塔碑》，《雪楼集》卷六。海云死后，其骨塔在燕京大庆寿寺。忽必烈建大都，南城墙本应经过骨塔所在之地。忽必烈特意下令："迁三十步许环之。"以致本是直线的城墙出现了一段弧形。
③ 《佛祖历代通载》卷二一。
④ 《元史》卷二〇二《释道传》。

柔其人"，便利用它来有效地实现对这个地区的统治。忽必烈时开始设置的宣政院，"掌释教僧徒及吐蕃之境而隶治之"①。将佛教事务和吐蕃地区的管理合于一个机构，看起来未免有些不伦不类，实际上正好反映了元朝统治者的上述思想。藏传佛教势力日盛，禅宗就黯然失色了。

不仅如此，忽必烈在一度推崇禅宗之后，很快就转而采取"崇教抑禅"的态度。②统一全国以后，他以江南"教不流通"为理由，从北方选派了禅宗以外各教派僧侣三十人，来到江南开讲，设立"御讲三十六所"③。有的禅宗寺院因此被易为教寺。④ 至元二十五年（1288），忽必烈还召集江南禅、教的代表人物，到大都"问法"。这次集会的主要目的，是笼络江南佛教的上层人物，使为新朝效忠，同时也为了压制禅宗的势力。在这次集会上，禅、教的代表人物进行了辩论。结果是忽必烈决定"升教居禅之右"，使禅宗受到很大的挫折。⑤ 自此以后，天台等宗的势力明显上升，如浙江天台国清寺，原是天台宗发源地，后被"易教为禅"，此时为天台宗夺回。⑥有些禅宗僧侣改投其他教派，"从教入禅今古有，从禅入教古今无"，这种情况的出现，说明了禅、教之间势力的消长。⑦ 但是忽必烈对待禅宗的态度比起对待道教来要缓和得多，用意不过是稍加压抑缩小其影响而已，并非要加以打击或取缔。所以，在此之后，禅宗仍是一个有着相当势力的佛教宗派，当然不像以前那样显赫了。

元朝的政权是蒙、汉以及其他各族地主阶级联合进行统治的国家机器。各族地主在对劳动人民进行统治这个根本问题上是完全一致的，但是他们内部为了争权夺利也存在这样那样的矛盾。忽必烈是个精明能干的统治者，他惯于利用各种政治力量之间的矛盾，加强自己的统治。他抬高藏传佛教，除了前面所说的原因之外，显然还为了压低汉族地区原有佛教各宗派的地位。崇教抑禅，目的也是使这些在汉族地区流行的佛教宗派势力不致过大，更便

---

① 《元史》卷八七《百官志三》。
② 姚燧：《董公神道碑》，《国朝文类》卷六一。据这篇碑文中说，至迟在至元八年（1271），已经"崇教抑禅"。
③ 《佛祖历代通载》卷二二。《（至正）金陵新志》卷一一《祠祀志》。
④ 危素：《天宁寺碑记》，《危太朴文续集》卷一。
⑤ 刘仁本：《送大卦玨上人序》，《羽庭集》卷二。按：《佛祖历代通载》是禅宗僧侣编撰的，对此次辩论记载不实。
⑥ 黄溍：《上天竺湛堂法师塔铭》，《金华先生文集》卷四一。
⑦ 《大明高僧传》卷二《本无传》。

于驾驭使用。应该说，对待佛教各宗派的态度的前后变化，主要取决于元朝统治者的政治需要。

二

元代，僧、尼在国家户籍上专列一类，称为释户或僧、尼户。

出家为僧的办法在元代有过多次变化。在取代金朝统治了中原地区以后，蒙古政权在清查的基础上，于丁酉年（1237）下令："汰三教，僧、道试经通者给牒受戒，许居寺观。"① 还规定"识字者可为僧，不识字者悉令还俗"。后来因海云等上层僧侣反对，"虽考试亦无退落事"②。己酉年（1249），又规定，五十以上，任便修行；五十以下，都要"依例试经受戒，许为僧"③。忽必烈即位后，进一步规定，三年一次"于各路置院考试僧人"④。实际上，"考试"云云，不过徒具形式而已。

南宋灭亡、全国统一以后，考试的办法实际上已经停止，南方原来在南宋统治下"输钱县官，始给度牒"的办法也陷于停顿，而是普遍实行由"本寺住持、耆老人等保明申院（宣政院），以凭给据披剃"的办法。⑤ 这就为上层僧侣开了方便之门。他们利用出家可以免除差役作号召，广事招徕，自行剃度，借以取利。如白云宗⑥沈明仁就"擅度僧四千八百余人，获钞四万余锭"⑦。出家为僧"影蔽门户，苟避差役"者日益增多，为封建国家承担封建义务者日益减少，针对这种情况，元朝政府又规定"丁力数多，差役不阙，及有昆仲侍养父母者"，经勘当是实，方许剃度。⑧ 为了增加国家财政收入，元政府还在元统二年（1334）重新采用前代入钱买牒的办法，"入钱五十贯，给度牒，方听出家"⑨。五十贯即钞一锭，当时约可买米一、二石。

---

① 宋子贞：《中书令耶律公神道碑》，《国朝文类》卷五七。
② 李俊民：《重修悟真观记》，《庄靖集》卷八。
③ 《通制条格》卷二九《僧道·商税地税》。
④ 《通制条格》卷二九《僧道·选试僧人》。
⑤ 《元典章》卷三三《礼部六·释教》。
⑥ 白云宗是佛教净土宗的一个团体。出现于南宋时，净土宗的特点是教义简单，僧俗兼收，因此在民间流传很广。元代属于净土的团体还有白莲会等。禅、教各宗对净土宗的一些团体加以嫉视，斥为异端。其实它们同样是受元朝政府保护的，并不具有反封建的性质。
⑦ 《元史》卷二六《仁宗纪三》。
⑧ 《通制条格》卷二九《僧道·给据簪剃》。
⑨ 《元史》卷三六《顺帝纪一》。

比起宋代来，这个价钱应该说是不高的。但没有多久，元末农民战争就爆发了。因此，元朝出卖度牒的时间是很短的。

据至元二十八年（1291）统计，全国寺宇共四万二千三百余所，僧、尼共二十一万余人。① 随着佛教势力的日益昌盛，寺宇不断增加，"髡首从游"者日益增多，以浙西的松江为例，元末当地"招提兰若附郭者至二十余区，作始于数十年者实居其半"②。有人做过这样的估计："天下塔庙，一郡动千百区，其徒率占民籍十三。"③ 这一说法不免有些夸大，但佛寺之盛由此可见。一个大寺院，僧徒动辄数百甚至上千人。

为了管理僧侣和佛教事务，元朝政府设置了专门的管理机构，建立了严密的教阶制度。在中央，设置了宣政院（原名总制院）"掌释教僧徒及吐蕃之境而隶治之"，院使则"僧俗兼用"④。至元十七年（1280），又成立了都功德使司，专门管理醮祠佛事。宣政院品秩从一品，仅次于中书省（最高行政机构），与枢密院（最高军事机构）、御史台（最高监察机构）地位一样。都功德使司品秩虽为从二品，但常由丞相兼领，地位也很重要。在中央同时设立两个品秩很高的佛教事务管理机构，这在中国封建社会的历史上是仅见的，充分说明了佛教在有元一代的特殊地位。在地方上，设有行宣政院及总统所、总摄所、僧录司、僧正司、都纲司等机构，分别管理一定地区的佛教事宜。这些机构统称为僧司衙门。行宣政院仅杭州一处，院使一般由江浙行省丞相（行省的最高行政长官）兼任，其所辖范围也就限于江浙行省的佛教事务。这是因为江浙一带佛教势力最盛，所以需要专门设置宣政院的派出机构来进行管理，其他行省并未设置行宣政院。行省以下各级僧司衙门的长官一般都由上层僧侣充任，称为僧官。各级僧司衙门在僧官之下都设有书吏、贴书、祗候、曳剌等吏役，僧官"视事如监司守令，马前后呵殿有驺从，案牍有胥吏，笞挞有卒徒"，和一般政权机构没有什么区别。⑤ 行宣政院一度取消，不久复置。其他僧司衙门在元代中期以后也被撤销了，管理僧、尼的权力委付给"各寺院里住持的

---

① 《元史》卷一六《世祖纪一三》。
② 邵亨贞：《本一善应院记》，《野处集》卷一。
③ 吴师道：《异端说》，《吴礼部集》卷一〇。
④ 《元史》卷八七《百官志三》。
⑤ 方回：《建德府南山旃檀林记》，《桐江续集》卷三六。

和尚头目"①。

　　高级僧侣中有不少人和元朝政府中的官僚一样，得到太尉、司空、司徒等荣誉头衔，和大中大夫（从三品）、荣禄大夫（从一品）等资品。如华严宗惠印，特赐荣禄大夫、司徒；白云宗沈明仁，封荣禄大夫、司空；禅宗临济宗北溪特授荣禄大夫、大司空、领临济宗事；律宗法闻，授开府仪同三司、大司徒，银章一品。喇嘛教僧侣受封者为数更多，领袖人物享有帝师、国师的称号，"其弟子之号司空、司徒、国公佩金玉印章者，前后相望"②。所以当时有人说：佛教"莫盛于今日"；"昔者其徒属于有司，而未尝自为官府，别为异教，而未尝加以名位"；"金紫银青、开府之号，间见前代，特记其异，未有设大臣拟政府，在外者与州县并也"③。

　　各级僧官名义上都要选择"有德业者充任"，实际上多有"不公不法勾当"，茹荤饮酒，玩弄妇女，收受贿赂，无所不为。④ 元朝政府曾多次下令罢免"僧官有妻者"，可见这种现象是很普遍的。元朝政府之所以在后来裁撤各级僧司衙门，就是因为"僧官每教和尚每生受"⑤。忽必烈的亲信、江淮释教总统杨琏真加，胡作非为，仅据官方记载，即有人命四条，赃款十余万锭，霸占土田二万余亩，私庇平民为佃户达二万三千户，其他不计其数。⑥ 为了搜刮财物，他还公然发掘了南宋历代皇帝的陵墓。白云宗沈明仁权势极大，地方官府都仰他鼻息，他要置仇人于死地，官吏立即为之罗织罪名，并且说："此沈公意，孰敢拒也！"⑦ 浙江永嘉僧录、江心寺住持祖杰，仗势迫奸依附于寺院的民家妇女，后因被害者企图逃脱他的控制，便令手下党徒将其全家七口残酷杀死，此事在当时曾轰动一时。⑧ 僧司衙门是封建国家机器的一个组成部分，僧官们就是披着袈裟的封建贵族官僚，在剥削和压迫人民方面，比起世俗的贵族官僚来，绝没有一丝一毫的逊色。连元朝皇帝尊奉的

---

① 《元典章》卷三三《礼部六·释教》。
② 《元史》卷二〇二《释道传》。
③ 吴师道：《异端说》，《吴礼部集》卷一〇。
④ 《通制条格》卷二九《僧道·词讼》。
⑤ 《元典章》卷三三《礼部六·释教》。
⑥ 《元史》卷一七《世祖纪一四》。
⑦ 黄溍：《青阳县尹徐君墓志铭》，《金华先生文集》卷三四。
⑧ 刘壎：《义犬传》，《水云村稿》卷四。周密：《祖杰》，《癸辛杂识》别集上。赵孟頫：《捏古伯》，《松雪斋文集》卷三。

国师胆八也不得不承认："好和尚那里肯做僧官！"①

在各级僧司衙门下面，是大、小寺院。

每个寺院的首脑称为住持。较大的寺院在住持之下有东、西两序（班）职事僧，即西序头首（首座、书记、知藏、知客、知浴、知殿、侍者）和东序知事（都监事、维那、副寺、典座、直岁）。两序下面又杂务人员，包括寮元、净头、化主、园主、磨主、水头、炭头、庄主等。② 凡是在寺院中担任过各种职务的僧侣，统称"勤旧"。"寺之勤旧所以股肱住持，毗赞法社，错综庶务，酬酢事物。"③ 他们是寺院僧侣中的上层人物，属于地主阶级。

寺院住持按规定应由寺院的上层僧侣集会，"大众公同推举"，条件是"德劭年高，行止廉洁，堪服众望者，又当合诸山（指众寺院）舆论"。推选定当以后，众人列名佥状，保申有司，经过批准，方能担任。④ 通常先在本寺内挑选，"本寺里无呵，别个寺里好学识的讲主、长老内众僧美爱的委付者"⑤。一些大寺院的住持，往往由皇帝亲自指定。实际上，所谓"德劭年高，行止廉洁"云云，除了"年高"之外，其余都是骗人的鬼话。"罢了的僧官，更有罪过的、有媳妇孩儿的和尚"，只要向宣政院和各级僧司衙门送上贿赂，都可以当上住持。为了争夺住持的职位，每每"词讼不绝"⑥。真是："贵鬻豪夺，视若奇货。"⑦ 这些理应看破红尘的出家人，在争权夺利方面，和世俗的地主并无区别。元代有人说："所谓住山者，古人或坚不肯出，或勉强应世，如甚不得已者。今则攘臂争席者相望矣。"⑧ 其实古人何尝不是如此，不过元代这种现象特别突出罢了。

住持如此，下面的职事僧也是一样。总之，这些寺院中的上层人物，"丰车肥马，要结权势，昵声色，殖货产，大者可以埒封君"⑨。元代官方文

---

① 《通制条格》卷二九《僧道·词讼》。
② 《百丈清规》卷四。按：此书原系唐代洪州百丈山禅僧怀海所编，综述寺院制度、戒律。元代经僧人德辉、大䜣等重新修订，由政府颁布，"为丛林法"，亦即佛教寺院的法规。
③ 如芝：《嘉兴路资圣禅寺长生修造局记》，《两浙金石志》卷一五。
④ 《百丈清规》卷三。
⑤ 《通制条格》卷二九《僧道·词讼》。
⑥ 《元典章》卷三三《礼部六·释教》。
⑦ 《百丈清规》卷三。
⑧ 虞集：《送吉上人序》《道园学古录》卷四五。
⑨ 危素：《赵步院记》，《危太朴文集》卷二。

书中也说他们"将常住（寺院财产）金、谷，掩为己有"，自行起盖私宅，开张解库（当库），"饮酒茹荤，蓄养妻妾，与俗无异"①。除了削发和穿着袈裟之外，寺院地主与世俗地主之间并没有什么差别。元人朱德润有一首题为《外宅妇》的诗，就是写僧人"十年积蓄多财资，寺傍买地作外宅"，僧人的妻子则"金珠翠玉堆满头，又有肥膻充口腹"②。当然，这样的僧人必然是住持或职事僧人。

寺院中的大多数是普通僧人。他们往往出身于穷苦的劳动人民家庭，残酷的阶级剥削和压迫逼得他们无路可走，只好遁入空门。朱元璋就是很好的例子。但是，在寺院中等待他们的同样是压迫和剥削，不过形式有所不同罢了。各种清规戒律如果说对于上层僧侣是毫无作用的话，那么，普通的下层僧侣却是必须条条照办、不得违反的。实际上，清规戒律不过是上层僧侣控制下层僧侣的工具。元朝政府明令规定，除了奸盗诈伪、致伤人命等罪行由地方官审问外，"和尚每其间不拣甚么相告的勾当有呵，各寺院里住持的和尚头目结绝了者"③。也就是说，寺院住持对和尚们（主要是下层普通僧侣）是有一定的司法审判权的。僧人犯有"过失"，轻则罚钱、罚香、罚油，重则"集众捶挞"，甚至烧毁衣钵道具，"遣逐偏门而出"④。

寺院中还有不少仆役，名目繁多，有火工、道人、轿夫、老郎等。大寺院里，"诸方勤旧动至百数，仆役倍之"⑤。他们和下层僧侣一起，构成了寺院中的被统治阶级。除了为上层僧侣服役外，他们也从事生产劳动。

佛教寺院不过是世俗社会的缩影。层叠的僧司衙门直至寺院中的等级制度，是一种"按封建的方式"建立起来的教阶制。它和世俗社会的等级制一样，都是封建政治制度的组成部分。寺院中上层僧侣与下层僧侣、仆役之间的关系，是统治与被统治的关系。这种关系，也正是封建社会地主与农民两大阶级对立关系在寺院中的反映。

还应该提及的是，在上层僧侣中，也有个别以苦行著称。元代在这方面最出名的是高峰妙和中峰本师徒。高峰妙曾于浙江天目山顶作死关，"阅十

---

① 《元典章》卷三三《礼部六·释教》。
② 朱德润：《外宅妇》，《存复斋文集》卷一〇。
③ 《元典章》卷三三《礼部六·释教》。
④ 《百丈清规》卷二。
⑤ 《百丈清规》卷四。

七暑寒不跬步出外"。中峰"给待死关","昼服力役，夜事禅定，十年胁肤不沾席"。这一对师徒在元代后期名重一时，"从之者如云"。苦行是宗教狂热的一种表现，也是爬到上层僧侣行列的一条特殊的途径。由于这一类僧侣比那些花天酒地的和尚有更大的欺骗性，他们也就往往得到封建统治集团的特别重视，"身栖谷岩，名闻庙朝"。元仁宗曾专门"遣使入山"向中峰本"致礼"，"诸达官尤加敬爱"，在其死后，元顺帝还追赠以普应国师称号。①但是，正像元朝政府中的"清官""良吏"屈指可数一样，尽管统治者大力提倡，僧司衙门和寺院的上层僧侣中，到处充塞着拥赀巨万、胡作非为的酒肉和尚，而谨守戒律的苦行僧却像白乌鸦一样少见。

三

元代寺院通过种种巧取豪夺，占有了大量财产（主要是土地）和劳动力。在元代整个地主经济中占有重要地位。

封建国家的赏赐是寺院财产的一个重要来源。元朝每个新上台的皇帝都要创建寺院，赐给这些寺院以大量土地、劳动力和其他各种财产。对于原有的寺院，他们也不时加以赏赐。忽必烈时，建大圣寿万安寺，"赐京畿良田亩万五千，耕夫指千，牛百，什器备"②。元仁宗爱育黎拔力八达于至大四年（1311）"赐大普庆寺金千两，银五千两，钞万锭，西锦、彩缎、纱罗、布帛万端，田八万亩，邸舍四百间"③。过了不久，延祐四年（1317），这座普庆寺又得到益都田百七十顷。同年，上都开平的开元寺得到江浙田二百顷，华严寺得到百顷。④对僧寺的最大一次赐田是在文宗图帖睦尔至顺元年（1330），"括益都、般阳、宁海闲田十六万二千九十顷赐大承天护圣寺为永业"。这个寺院还得到籍没罪人的田土四百顷。⑤ 以上仅是几个比较突出的例子。《元史》诸本纪中有关寺院赐田的总数，在二十万顷以上。其实这些记录仍很不完备。

---

① 关于这对师徒的活动，见赵孟頫：《天目山大觉正等禅寺记》，《松雪斋文集·外集》；虞集：《智觉禅师塔铭》，《道园学古录》卷四八；郑元祐：《元普应国师道行碑》，《侨吴集》卷一一。
② 程钜夫：《凉国敏慧公神道碑》，《雪楼集》卷七。
③ 《元史》卷二四《仁宗纪一》。
④ 《元史》卷二五《仁宗纪二》。
⑤ 《元史》卷三四《文宗纪三》。这座大承天护圣寺坐落在大都西郊玉泉山脚下，是元代最宏丽的佛教建筑之一。

私家捐献是寺院财产的另一个重要来源。不少地主分子希望死后能进天堂继续享福，便捐赠部分剥削收入，来购买进入天国的门票。例如，至元二十八年（1291），两浙运使、大地主瞿霆发（家有田二千七百顷，并佃官田共及万顷，为浙西著名大地主）为上述的高峰妙在天目山建大觉正等寺，"乃割巨庄，先后凡二百顷有奇，及买山田若干"①。至大四年（1311），海道漕运万户杨梓一次施舍浙江杭州崇宁禅寺庄屋一区，田六千亩，每年可收租四千石。② 还有一些地主为了逃避封建国家的赋役，便把"合纳钱粮的田土根底""寺院里布施与了"，自己甘心在寺院势力的庇护下充当二地主。③

　　用各种方式巧取豪夺，是寺院财产的第三个来源。前面提到的杨琏真加就是一个例子。又如，白云宗总摄沈明仁，强夺民田达二万顷之多。从元朝政府的两条法令的变化，可以看出寺院兼并土地现象之激烈。一条是关于寺院田土免税的规定。元初，寺院田土一律免税。后因寺院兼并田土现象日益严重，政府不得不加限制，除宋代旧有常住田土并统治者所赐外，新增田土一律纳税。这不利于寺院扩充财产，因此遭到上层僧侣的反对，几经反复。元朝统治者终因害怕国家财政收入减少，不仅屡次重申，而且还进一步颁布了"民间田宅，僧、道不得为邻"的规定。原来，按元朝的法律，民间出卖田宅，首先要问亲族及四邻；"不得为邻"，就是不许强买田宅。到了元朝末年，又颁布了新的更为明确的禁令："禁僧、道买民田，违者坐罪，没其直。"④ 另一条是元朝政府为了扶植佛教寺院，曾颁布过寺院常住田土不许民争的法令。在颁布后，寺院利用这条法令，"将百姓每田地是常住么道，昏赖的有"。这种现象极为严重，以致元朝政府不得不加以修改："不教争呵，不中"；"似这般相争的，教廉访司官归断者"⑤！

　　通过上述三种方式，寺院占有的土地，"大者田至万亿，少者犹数百千"。此外还有许多邸舍、铺席（商店）、浴室、药局、园林、碾磨、坑冶、解典库等。以大都的大护国仁王寺为例，它在大都附近占有水地二万八千余

---

① 赵孟頫：《天目山大觉正等禅寺记》，《松雪斋文集·外集》。
② 胡长孺：《崇宁万寿禅寺杨氏施田记》，《珊瑚木难》卷四。
③ 《元典章》卷二四《户部十·僧道税》。
④ 欧阳玄：《分宜县学复田记》，《圭斋文集》卷六；《元史》卷三〇《泰定帝纪二》。
⑤ 《元典章》卷一九《户部五·民田》。

顷，陆地三万四千余顷，山林、河泊、湖渡、陂塘、柴苇、鱼、竹等场二十九，玉石、银、铁、铜、盐、硝碱、白土、煤炭等坑冶十五，栗万九千余株，酒馆一。在河间、襄阳、江淮各处还有水地一万三千余顷，陆地二万九千余顷，酒馆百四十所，湖泊、津渡六十一处，税务、闸坝各一。① 又如，镇江一路共六十一万余口，田地山荡共三万六千余顷，平均每人土地六亩左右；而僧、尼共二千四百人，占有土地却达一千二百余顷，平均每人为五十亩左右。② 从以上一个寺院和一个地区的数字，可以看出寺院的财产是十分惊人的。

值得提出的是，当时所谓的大德高僧，往往就是增殖财产的能手。谁能为寺院争得土地赀产越多，谁在丛林中就越有地位，各地寺院都会抢着请他去当住持。前面提到的至温，他之所以出名，就在于"锐意卫教，凡僧之田庐见侵于豪富入他教者，皆力归之。驰驱四出，周于所履，必获其志乃已"③。禅宗僧侣法照，住持林州玉泉禅院时，"百废俱举，增置田土二十余顷。庄园、耕具并皆周备。"不久，转到新城云居寺，又"置地三顷有余"。因为法照能"富赡常住"，所以当时有名的嵩山少林寺"不远千里"请他去当住持。元代后期最有名的禅宗僧侣、被封为"释教宗主兼领五山寺"的大䜣，就以善于殖产著名。杭州凤凰山"大报国寺以灾毁"，他主持后，"栋宇一新，而规制有加于旧，土田为豪民所据者，悉取而归之"。杭州中天竺寺"亦以灾毁"，他去后，"不一年，尽复其旧"。所以，元文宗在为新建的大龙翔集庆寺"妙柬名德，俾之开山"时，立即挑中了他④。

寺院的土地经营方式主要采取租佃制。

由元朝统治者兴建的寺院，如大护国仁主寺、大圣寿万安寺等，都在政府中设有专门机构进行管理。大护国仁王寺设有会福总管府（院），下辖仁王营缮司、襄阳营田提举司、江淮等处营田提举司、大都等路民佃提领所、会福财用所等。除营缮司管修建、财用所管粮草诸物外，其他几个提举司、提领所都经营土地，由百姓租佃，征收地租。大圣寿万安寺则设寿福总管府

---

① 程钜夫：《大护国仁王寺恒产之碑》，《雪楼集》卷九。
② 《至顺镇江志》卷三《户口》，卷五《田土》。
③ 虞集：《佛国普安大弹师塔铭》，《道园学古录》卷四八。
④ 黄溍：《龙翔集庆寺笑隐禅师塔铭》，《金华先生文集》卷四二。

（院），下面也分设若干机构。①

这些大寺院凭借政治上的特权，残酷地剥削劳动人民。寿福院的田地遍布浙西数郡。"比岁浙西被水，有司按实当检放"。无论官、民田的租税都已"罢征"，"而院犹责偿未已"，可见其凶狠到了何等程度！②

一般寺院的田地都分设田庄进行管理。杭州的宝林华严教寺，"隶于本郡及庆元、嘉兴诸庄者总为田五千余亩"③。集庆的报宁禅寺，"其在句容、乌江二县者为庄五"，此外太平青山庄还有田千亩。④ 辽阳义县的大奉国寺，"寺之美庄在郭西、在水北、在山阳者所据不一，会计总得良田数百顷"⑤。在寺院职事僧中，专门设有庄主，任务是"视田界至，修理庄舍，提督农务，抚安庄佃"。土地出租给佃户后，"提督则有甲干，收租之时自有监收僧行"。甲干就是监视佃户劳动的狗腿子。庄主和监收僧可以直接向佃户敲诈勒索，中饱舞弊，因此被视为寺院中的肥缺，成为上层僧侣争夺的目标。"为住持私任匪人者有之，因利曲徇者有之，为勤旧执事人连年占充者有之，托势投充者有之，树党分充者有之。角力争充者有之。"在披着袈裟的地主中间，同样充满了狗咬狗的矛盾。

寺院佃户的数量是很大的。江南寺院佃户总数达五十万户有余。⑥ 大护国仁王寺所辖承担赋役的人户一万七千九百余户，其中大部分当然是佃户。仅此二例，可见其余。

除了出租土地之外，寺院还普遍经营商业和高利贷。

较大的寺院都附带开张铺席（商店），经营浴室、塌房（囤积货物的地方）、碾磨、药局等。⑦ 在贵由汗、蒙哥汗统治时期，僧人经商不纳商税。忽必烈中统五年（即至元元年，1264）起，规定僧人做买卖者出纳商税。但是，那些"做大买卖的"和尚们"却不纳税"，而且还都"执把着圣旨"做护身符。因为这种情况影响政府的赋税收入，元朝政府屡申禁令。这些禁令实际上仍是一纸空文。僧人们享有政治特权，"将着大钱本，开张店铺做买

---

① 《元史》卷八七《百官志三》。
② 柳贯：《刘彦明墓志铭》，《柳待制文集》卷一一。
③ 黄溍：《宝林华严教寺记》，《金华先生文集》卷一二。
④ 黄溍：《半山报宁寺记》，《金华先生文集》卷一三。
⑤ 杜克中：《义县大奉国寺庄田记》，《满洲金石志稿》第一册。
⑥ 《通制条格》卷三《户令》。
⑦ 程钜夫：《大护国仁王寺恒产之碑》，《雪楼集》卷九。

卖",不仅自己照旧不纳税,还"夹带着别个做买卖的人"①。寺院僧侣还经营海外贸易,想方设法逃避抽分。

放高利贷也是寺院重要的收入之一。大的寺院往往由统治者赐予本钱,发放营利。如元仁宗曾赐大乾元寺钞万锭,"俾营子钱,供缮修之费"②。许多中、小寺院,也都经营高利贷,收取利息。"依时生息,岁无丰凶,必本息顿偿,毋缩展转。"③这是寺院控制、剥削劳动人民的又一项手段。

寺院中的上层僧侣,就是披着袈裟的地主,又是吮吸劳动人民血汗的商人和高利贷者。由于它们得到封建国家的庇护,政治上有很大的势力;再加上披着宗教的外衣,有很大的欺骗作用;因此,其剥削和掠夺的残酷程度,往往超过了世俗地主。他们与劳动人民之间,形成了鲜明的对比和尖锐的对立。请看元代一位诗人的描述:

> 缥缈浮图宫,俨若王者居;
> 列徒三二千,僮仆数百余。
> 饮食被纨素,安坐谈空虚;
> 秋来入租税,鞭扑耕田夫。
> 不恤终岁苦,征求尽锱铢,
> 野人不敢怒,泣涕长欷歔!④

四

在封建社会,封建的生产关系在一切部门中占主导地位。佛教寺院中也是一样。元代社会尖锐的阶级对立和严密的封建等级结构,都在佛教寺院内部得到反映。上层僧侣与下层僧侣、佃户、仆役之间,是压迫和被压迫、剥削和被剥削的关系。上层僧侣是地主阶级的一个重要组成部分,参与政治活动,起着很大的影响;下层僧侣则和寺院佃户、仆役等一起,积极参加了各族劳动人民的反抗斗争。

---

① 《通制条格》卷二九《僧道·商税地税》。
② 《元史》卷二六《仁宗纪三》。
③ 《嘉兴路资圣禅寺长生修造局记》,《两浙金石志》卷一五。
④ 陈高:《感兴》,《不系舟渔集》卷三。

元成宗时，北方爆发了大规模的驱奴逃亡事件，有些地方甚至发展成武装暴动。这次使元朝政府大为震动的反抗斗争，便是由一个和尚领导的。① 至治元年（1321），陕西盩厔县发生过和尚圆明领导的起义。②

元朝末年，社会矛盾日益尖锐。元朝统治者不断加强压迫和剥削，同时继续建寺写经、大做佛事，妄想乞灵于偶像，使自己的反动统治能长期继续下去。但是，任何宗教教义都不足以支持一个摇摇欲坠的社会。广大劳动人民受剥剥被奴役的社会地位，必然在他们中间产生与现存制度相对抗的思想。宗教的麻醉愈来愈无济于事了。不仅如此，农民起义的某些组织者还利用了佛教团体的组织形式，对宗教语言加以改造，用以进行组织和宣传群众的活动。人类历史上存在着某种类似报应的东西，封建统治者利用佛教麻醉人民、控制人民，但是起义者反过来也利用它作为向统治者斗争的一种手段。

在宗教外衣下表示抗议是各国人民在一定的发展阶段上共有的现象。劳动人民反抗封建统治的斗争，不仅把矛头指向地主和地主政府，而且同时也把矛头指向正统的佛教教会。以南方白莲会为核心组织起来的天完红巾军，在湖北蕲州、黄州一带起义后，立刻烧毁了当地的清泉寺。③ 凡是农民战争烈火燃烧过的地方，"所谓名蓝望刹，多化为煨烬之区"④。有的地主分子把元末农民战争对佛教教会的打击和唐武宗时的所谓"会昌法难"相比，并认为前者远远超过了后者。⑤

确实，起义农民用革命暴力对佛教所做的扫荡，绝不是统治者自上而下的取缔措施所能比拟的。经过这场阶级斗争的伟大风暴以后，"名山胜地，浮图氏之寺宇，往往摧拉焚烧，化为狐兔之穴，草莽之墟"⑥。"浮屠氏脱兵而遗者十不一、二。"⑦ 佛教的政治势力和经济势力都受到严重损伤。

领导天完红巾军的南方白莲教领袖彭莹玉，本身就是一个和尚。他出身"民家"，自幼在江西袁州慈化寺出家。⑧ 慈化寺是一座历史悠久的禅宗寺

---

① 《元典章》卷三四《兵部一·军驱》。
② 《元史》卷二七《英宗纪一》。
③ 《（嘉靖）蕲水县志》卷二《方外》。
④ 宋濂：《句容奉圣禅寺兴造碑铭》，《宋文宪公全集》卷九。
⑤ 杨维桢：《送兰、仁二上人归三竺序》，《东维子文集》卷一〇。
⑥ 危素：《朝元阁记》，《危太朴文续集》卷一。
⑦ 杨维桢：《送象九淑公住持南湖序》，《东维子文集》卷一〇。
⑧ 权衡：《庚申外史》卷上。

院。在元代，元朝统治者多次下诏"护持"，其住持惠庆曾得到统治者的封号。[①] 但是，处于寺院下层的彭莹玉，却成了封建王朝的叛逆，起来造反了。寺院内部的阶级对立，通过这件事，也清楚地表现了出来。

（原载《中国古代史论丛》1981 年第 1 辑）

---

① 《佛祖历代通载》卷二二；程钜夫：《大慈化禅寺大藏经碑》，《雪楼集》卷一九。

略论杨琏真加和杨暗普父子

杨琏真加和杨暗普父子，是元代佛教界显赫一时的人物。杨琏真加的活动，尤为人们所注目。本文拟对其父子生平活动略加考述。

杨琏真加，琏又作辇，加又作伽、佳，都是一音异译。在元代文献中，他被称为"西僧""番僧"或"胡僧"，他的族属因而也就引起人们的讨论。福兰克教授（Herbert Franke）在《元代吐蕃人》（*Tibetans in Yüan China: China under Mongol rule*）中说："杨氏为吐蕃人抑或唐兀人，仍是不很清楚的问题。"笔者认为，杨氏应是河西唐兀人。元代畏兀儿名诗人贯云石（1286—1324）在《道隆观记》中说："河西祝发杨永福总摄江南僧政"①，明言其为河西人。在元代，在涉及族属时，河西与唐兀是同义词。贯云石曾在杭州居留，活动年代又与杨琏真加相近，他的说法是可信的。元朝灭亡以后，洪武三年（1370）危素与朱元璋谈论"宋元兴替"时提到："夏人杨琏真加为江南总摄，……遂发诸陵，取其金宝。"②危素曾为元朝史官，熟悉掌故，所说可与贯云石相印证。

贯云石文中言"杨永福"，张伯淳为《辩伪录》所作序文中称"江南释教都总统永福杨大师琏真佳。""永福"指的是什么？福兰克教授以为可能是地名，也可能是寺院名。这一说法也可商榷。日本学者小川贯贰发现，在普宁藏《华严经》的识语中有当时几位僧官的名字，其中有"江淮释教都总摄永福大师杨琏真佳"③，位于其上的是"江淮诸路都总摄扶宗弘教大师行吉祥"。显然，永福大师和扶宗弘教大师一样，都应是忽必烈赐予上层僧

---

① 《延祐四明志》卷一八《道释考》。
② 《明太祖实录》卷五三。
③ 转引自［日］竺沙雅章《中国佛教社会史研究》，第297页。

侣的称号。既非地名，也不是寺院名。

杨琏真加的出身和经历都不太清楚。《元史·世祖纪》提到他的名字始于至元二十一年（1284）。这一年九月，"以江南总摄杨琏真加发宋陵冢所收金银宝器修天衣寺。"① 但在二十一年以前，南台中丞亦力撒合已"劾江淮释教总摄杨辇真加诸不法事"②，至元二十年（1283）以前，杭州路总管府推官申屠致远对杨氏"欲取（宋）高宗所书《九经》石刻以筑（寺）基"③加以抵制，则杨琏真加任江南总摄必是至元二十年以前之事。至元二十八年（1291）杨氏失势后，江淮行省榜文中称，"杨总摄等倚恃权势，肆行豪横，将各处宫观、庙宇、学舍、书院、民户房产田土山林池荡，及系官业产，十余年间，尽为僧人等争夺占据"④。据此，则杨氏在江南"肆行豪横"必在十年以上。小川贯贰发现普宁藏《佛本行集经》六〇页上有至元十六年江淮诸路释教都总摄永福大师杨琏真加施入宝钞的题记（见上引书），杨氏到江南主管佛教事务，必在此以前。

杨琏真加在江南任释教总摄十年以上，当时是个炙手可热的显赫人物。至元二十八年（1291），权臣桑哥倒台，他被视作桑哥党羽，因而失势。元朝政府差官追究，查出他的许多不法之事，据当时正式公布的材料，计有：

> 发掘故宋赵氏诸陵之在钱塘、绍兴者及其大臣冢墓凡一百一所，戕杀平民四人，受人献美女宝物无算。且攘夺盗取财物，计金一千七百两、银六千八百两、玉带九、玉器大小百一十有一、杂宝贝百五十有二、大珠五十两、钞一十一万六千二百定、田二万三千亩，私庇平民不输公赋者二万三千户，他所藏匿未露者不论也。⑤

其实这里公布的罪行有许多是不尽不实的。即以"私庇平民不输公赋者"而言，远远不止公布之数。杨案处理之后数年，"中书省臣言：'江南诸寺佃户五十余万，本皆编民，自杨总摄冒入寺籍，宜加厘正。'从之"⑥。

---

① 《元史》卷十三《世祖纪十》。
② 《元史》卷一百二十《亦力撒合传》。
③ 《元史》卷一百七十《申屠致远传》。
④ 《庙学典礼》卷三。
⑤ 《元史》卷二百二《释老传》。
⑥ 《元史》卷二十《成宗纪三》。

这五十余万不是口而是户，是"二万三千户"①的二十余倍。仅此一项，不难想见其余。前引江淮行省的榜文中还指出，杨琏真加及其徒众到处抢夺"先贤名迹，江南形胜之地"，既得之后，不为修理爱护，"拆毁圣像，喂养头匹，宰杀豕羊，恣行蹂践。加以男女嘈杂，缁素不分。蔑视行省、行台，欺虐官民良善，致使业主无所告诉。又民间金玉良家子女，皆以高价赎买，以其资财有余，奢淫无所不至。由此南方风俗，皆为此曹坏乱"②。杨氏已成为江南一大豪霸，凌驾于地方政府（行省）与监察机构（行台）之上，无法无天，如果不是桑哥案的牵连，不知还要横行多久。

桑哥原是胆巴国师的弟子，后为总制院（改宣政院）使，杨琏真加与他关系密切，是很自然的。以桑哥的权势，又主管总制（宣政）院，如果不是他的亲信，决不能长期任江南释教总摄。值得注意的是，桑哥失势被杀之后，其党羽一一就逮，杨琏真加也在数内。在查出杨氏在江南所作种种不法之事后，"省、台诸臣乞正典刑以示天下"，但是忽必烈"贷之死"，而且"给还其人口、土田"③。不仅如此，杨琏真加的儿子杨暗普仍然得到重用，为宣政院使。而同案的桑哥党羽，"皆弃市"④。两相比较，显然，忽必烈对杨琏真加是有特殊好感的。

从当时的情况来分析，杨琏真加之所以得到忽必烈的特殊好感，绝非偶然。这与忽必烈的宗教政策是有关系的。

历代蒙古大汗都很重视利用宗教来加强自己的统治，忽必烈在这方面更为突出。在他统治期间，十分注意调整各种宗教、教派之间的关系，使之为自己的统治服务。从总体来说，他允许各种宗教、教派并存，给予程度不等的优遇，使它们在政治上、思想上发挥作用。在这个前提下，他对于各种宗教、教派又有轻重、厚薄之分。具体来说，有三个方面是很突出的：（1）藏传佛教置于各种宗教、教派之上，给以特殊的优遇。（2）在"汉地"佛、道二教的争执中，偏袒佛教，压抑道教。（3）对"汉地"原有的佛教派别，则采取重教轻禅的态度。他之所以采取这些原则，绝非偶然。就尊奉藏传佛教而言，这主要是出于加强对吐蕃地区控制的需要，同时这样做也有利于压制"汉地"原有的各种宗教、教派。既然蒙古统治者君临于"汉地"之上，

---

① 《通制条格》卷三《户令》。
② 《庙学典礼》，卷三。
③ 《元史》卷十七《世祖纪十四》。
④ 《元史》卷一百三十《彻里传》。

那么，在宗教领域，将一种外来的教派置于原有各种宗教教派之上，也就很自然的了。"汉地"的全真道，在13世纪上半期发展很快，成为一大社会势力，影响已经在佛教各派之上。"汉地"宗教团体势力过大，容易出现各种不利于封建统治的问题，有必要加以限制。13世纪中叶先后由蒙哥、忽必烈主持的僧、道辩论中，蒙古统治者的倾向性是很明显的。忽必烈称帝后，继续这一方针。至于重教轻禅，则是由于在佛教各派中禅宗各派势力过大而其他教派微弱所致，抬高教就可以削弱禅的势力。总之，在各种宗教教派中制造矛盾，使之互相牵制，便于自己操纵，不致成为统治的离心力。

我们可以从上述三个方面来考察杨琏真加的活动。

江淮以南本无藏传佛教。杨琏真加来到江南后，大力提倡。建造藏传佛教庙宇，使之成为这一教派活动的基地，便是他努力经营的一个主要内容。他"以宋宫室为塔一，为寺五"[1]。这座塔名尊胜塔，当时民间称为"西番佛塔"[2]，"其形如壶，俗称一瓶塔，高二百丈，内藏佛经数十万卷，佛菩萨像万躯，垩饰如雪，故又名白塔"[3]。显然，它与同时建于大都的妙应寺白塔属于同一类型，是典型的藏传佛教建筑。他在宋故宫基址上所建立的五寺名报国、兴元、般若、仙林、尊胜。据元人黄溍说：至元"二十有一年，有旨即其故所居杭州凤凰山之行宫，建大寺五，分宗以阐化。其宣菩提达摩之学者，赐号禅宗大报国寺，乘法力以畅皇威，宣天休以隆国势也"[4]。可知报国为禅宗寺院。万寿寺的全称是万寿尊胜寺，"正殿佛皆西番形象，赤体侍立，虽用金装，无自然意"[5]。则无疑是一所"西番"亦即藏传佛教寺院。其他三寺情况不明。由故宫塔、寺的情况可以想见。杨琏真加在南宋诸帝陵（攒宫）和郊外建造的佛寺，至少也有一部分藏传佛教寺院。至于其他侵占抢夺宫观、书院、民户房产改建的佛寺，当然也会有类似的情况。杨琏真加还在杭州群山之中凿窟造像。据明人记，"飞来峰……其下岩岿窈窕，屈曲通明，壁间布镌佛像，皆元浮屠杨琏真伽所为也"。"（石门）洞房旧有连岩栈、伏虎栈，皆为杨髡凿为佛像，丑怪刺目，无复天成之趣。"[6] 这些被视为"丑

---

[1]《元史》卷十五《世祖纪十三》。
[2] 郭畀：《云山日记》卷上。
[3] 田汝成：《西湖游览志》卷七《南山胜迹》。
[4] 黄溍：《金华先生文集》卷一一《凤凰山禅宗大报国寺记》。
[5]《云山日记》卷上。
[6]《西湖游览志》卷一〇《北山胜迹》。

怪刺目"的造像，当然是藏传佛教的佛像。杨琏真加这样做的目的，显然还是为了扩大藏传佛教的影响。

杨琏真加发掘南宋诸帝攒宫一事，历来为人们所不齿，顾炎武曾称为："此亦自古所无之大变也。"① 此事却是在忽必烈同意的情况下进行的。应该指出的是，忽必烈对待南宋亡国君臣的待遇，总的来说是比较宽大的。他的方针是加以保全，"时加存恤，使之便安"②。这从随南宋少帝、太皇太后北上的汪元量所作诗歌中也有所反映。③ 和北宋灭亡时金朝统治者对待徽、钦二帝的态度，可以说有天壤之别。对活着的人尚且如此，如何对死者却偏偏不肯放过呢？这只能从宗教背景上去寻求解释。杨琏真加在浙东绍兴挖掘诸帝攒宫之后，在其废址之上建造佛寺，同时"以诸帝遗骨瘗于杭之故宫，筑浮屠以厌之"④。这些做法，显然都是藏传佛教的厌胜之术，用佛法来镇压南宋亡灵，防止南宋的再起，体现新朝的权威。杨琏真加造白塔，"下以碑石甃之，有先朝进士题名，并故宫诸样花石，亦有镌刻龙凤者，皆乱砌在地"⑤。他还企图以宋高宗所书《九经》石刻作为寺基，已见前述。这些举动和以诸帝遗骨埋于寺基之下的意图是一致的，都是为了厌魅的需要。只有在这个意义上，才能理解忽必烈对此事的支持，因为他是藏传佛教的信奉者。对于杨琏真加来说，发陵是一举数得的事，既因此获得大批珍宝，又得忽必烈的宠信，同时还以此树立了藏传佛教在江南的权威。

佛、道之争，是元代宗教史上的大事，可以追溯到大蒙古国时期。蒙古进入中原以后，全真道较早与成吉思汗发生联系，受到重视，势力迅速发展。为佛教各派所不及，从而引起了争执。蒙古政权的宗教政策是兼收并蓄，但以汉人为主的全真道势力过大，必然引起汗庭的注意。当佛教领袖们上告时，便由统治者出面，亲自处理。宪宗五年（1255）、八年（1258）先后举行过两次僧、道辩论，第一次蒙哥汗亲自主持，第二次蒙哥委托忽必烈主持。两次表面上都是教义的辩论，实质上则是哪一种宗教占首位的问题，其次是财产之争。在两次辩论中，蒙古统治者明显地偏袒佛教，辩论以道教失败告终，从而确立了佛教的优越地位。但是道教徒众并不认输，争执仍时

---

① 顾炎武：《日知录》卷一五《前代陵墓》。
② 《元史》卷一百十四《后妃传》。
③ 汪元量：《湖山类稿》卷二《湖州歌》。
④ 《明太祖实录》卷五三。
⑤ 《云山日记》卷上。

有发生。至元十七年（1280），忽必烈将"为头儿"与僧人打架的道士二人处死，其余有的割了耳朵鼻子，有的打了，有的发配为军。① 同时勒令道教"焚毁道藏伪妄经文及板"②。规定"三教里释迦牟尼佛系当中间里安置，老君底、孔夫子底像左右安置"，有争议的寺院交给佛教。③ 次年，根据忽必烈命令"分拣"的结果，"拟得除老子《道德经》外，随路但有道仪、说谎经文并印板，尽宜焚去"。于是，在当年十月"集百官于悯忠寺焚道藏伪经杂书"④，同时下令诸路拘刷焚毁。通过这一系列活动，道教势力受到很大打击，终元之世，道在佛下，无力再与佛教抗衡。

和忽必烈崇佛抑道的措施相配合，杨琏真加积极在江南对道教加以排挤打击。张伯淳在为记录佛道之争经过的《辨伪录》一书所写的序文中说：

> 当是时也，江南释教都总统永福杨大师琏真佳大弘圣化，自至元二十二年春，至二十四春凡三载，恢复佛寺三十余所。如四圣观者，昔孤山寺也，道士胡提点等舍邪归正，罢道为僧者，奚啻七、八百人。

张伯淳把杨琏真加在江南的活动作为执行忽必烈政策的典型事例，加以表彰，可见他在崇佛抑道方面的作为当时影响是很大的。前引江淮行省榜文中列举被杨琏真加党徒强占的道观有杭州太一宫、四圣观、龙翔宫和绍兴鸿禧观等处，张伯淳文中也举四圣观为例。这里不妨就四圣观的情况略作说明，以见一斑。据元人任士林记：

> 宋建隆初，置紫极观于汴，奉四圣也。绍兴十三年，置四圣延祥观于杭。初，显仁太后奉圣惟谨，思陵南渡，显仁北归，行幸湖山，神光灵响，若有玄契。遂出金钱内帑，命漕臣董成崇立观宇，以昭报事。越七年，赐今额，拨赐田地山荡隶杭、苏、湖、润总若干顷，命左右街都道录彭君德淳实开山。……至元十三年，玄教大宗师真人张君留孙出际风云入觐，道行眷隆，筑崇真万寿宫于京师，留侍阙庭。十八年，有旨，命主延祥。凡观之役，一以旧褐祇事。二十有二年，有以慧力掩真

---

① 祥迈：《至元辩伪录》卷五。
② 《元史》卷十一《世祖纪八》。
③ 蔡美彪编：《元代白话碑集录·一二八〇年虚仙飞泉观碑》。
④ 《至元辩伪录》卷五《圣旨焚毁诸路伪道藏经之碑》。

人者主之，观之徒云萍东西，无所于寄。事闻于朝。大德元年有旨，江浙行省拨杭天宗河之北官地若干。俾兴四圣延祥观，凡田地山荡旧隶观者复籍入。①

四圣延祥观为南宋宫廷所建，在江南道观中占有特殊重要的地位。入元以后，忽必烈以张留孙主观事。张留孙是江南正一道的重要人物。正一道以江西龙虎山为基地，其领袖张姓世代相袭。元灭南宋以前，正一道领袖已与忽必烈发生联系。南宋灭亡后，正一道领袖张宗演入觐，张留孙随行。忽必烈命宗演主领江南道教，遣之南返，将留孙留在阙廷。张留孙"待诏尚方，……深契主衷"，得到忽必烈和太子真金的宠遇，其政治地位超过了正一道的领袖，也在其他道教派别的领袖之上。② 至元十八年（1281），就在忽必烈打击道教，焚毁经藏时，他受命主四圣观事，实则在大都遥领。足以说明四圣观作为一所道教宫观的地位仍为元朝政府所承认。但过了几年，杨琏真加竟然借口它原来是佛寺加以侵占，道众逃散，而张留孙亦无可奈何。由此一事，可以看出杨琏真加当时气焰之盛，同时也反映出道教所受打击之重。情况直到忽必烈死后才发生变化，新上台的元成宗铁穆耳在尊佛的同时，对于道教放松了压制，也加以尊奉，张留孙的地位有所提高，四圣延祥观才得以易地重建。

江淮行省榜文中提到的另一处道观龙翔宫，其遭遇与四圣延祥观极为相似。龙翔宫是宋理宗以其潜邸改建的，并指定左右街都道录"为开山住持以重其地"。南宋宫廷先后拨赐了大量土田财产。入元以后，杨琏真加"崇释而抑老，以龙翔宫为寿宁佛寺"。杨氏失势后，"获归土田者半"，另行择地重建。到了仁宗延祐年间，"朝廷降玺书，命天师张留公主领宫事，且世袭之"③。四圣延祥观和龙翔宫的历史反映了僧道势力的消长。应该指出的是，忽必烈死后，道教的地位有所提高，但仍居佛教之下。终元之世，佛在道前的原则一直没有改变。因此，尽管杨琏真加已经失势，政府也宣布了他强占道观的罪行，但是四圣延祥观和龙翔宫只能易地重行修建，其原址已改为佛寺，仍然无法收回。杨氏对江南道教的打击，影响是很深远的。

---

① 任士林：《松乡先生文集》卷二《四圣延祥观碑铭》。
② 《元史》卷二百二《释老传》。
③ 徐一夔：《重修龙翔宫碑》，《始丰稿》卷一一。杨维桢：《杭州龙翔宫重建碑》，《东维子文集》卷二三。

"汉地"佛教，向有禅、教之分。忽必烈一贯采取重教轻禅的态度。至元八年（1271）冬，忽必烈曾召集北方佛教僧侣中的代表人物，即所谓"禅、教师德"，"就燕都设会，令二宗论议"①。一个记载则说"诏天下释子大集于京师"②是这一年春天的事。时间虽略有出入，但无疑是指同一次集会。值得注意的是，这是一次"二宗论议"的重要会议，然而我们没有能发现有关这次会议情况的详细记载。但是有关科举争议的资料却可以给我们以启示。也正是在至元八年，"侍讲徒单公履欲行贡举，知上于释，崇教抑禅，乘是隙言儒亦有是科，书生类教，道学类禅"。他这番话惹起了一番风波，忽必烈为之发怒，要对许衡、姚枢等理学家加以诘问。③显然，至元八年忽必烈曾明确表示崇佛抑禅，所以徒单公履才能"乘是隙言"；而这一年忽必烈就此事的表态，必然是就"二宗论议"而发的。

至元八年与会的都是北方的禅、教僧侣。全国统一以后，忽必烈于至元二十五年（1288）又召集"江南禅、教"到大都"廷辩"，亲自出面主持。关于这次辩论的结局，禅、教史籍有不同的说法。《佛祖历代通载》卷三十四、三十五以为禅宗在争辩中占上风，"按堵如初"。天台宗僧侣所撰《佛祖统纪》卷四十九则说："禅宗举云门公案，上不悦。云梦泽法师说法称旨，命讲僧披红袈裟右边立者。于是赐斋香殿，授红金襕法衣，赐以佛慧玄辩大师之号。使教冠于禅之上者自此。"禅、教辩论与佛、道辩论是很相似的，辩论不过是形式，忽必烈的方针是早已确定了的。通过这次辩论，在江南也确立了教在禅上的原则。《佛祖历代通载》有意隐瞒了事实。④有关这次禅、教辩论的记载都说杨琏真加是会议的积极组织者，他为在江南确立教在禅上原则起了很大的作用。

就在这次"廷辩"以后，忽必烈针对江南"教不流通"的情况，"诏江淮诸路立御讲三十六"，从北方选择各宗名僧三十六人（一说三十人）到江南开讲席。⑤临江（今江西清江）的报恩光孝禅寺，就因此"易禅为教"，改名大天宁寺，讲僧"以唯识论为宗"，成为慈恩宗的一个据点。⑥通过二

---

① 《山右石刻丛编》卷二五《重修十四方栖岩禅寺之碑》。
② 程钜夫：《嵩山少林寺裕和尚碑》，《雪楼集》卷八。
③ 《国朝文类》卷六一《董公神道碑》。
④ 刘仁本：《送大璞玘上人序》，《羽庭集》卷二。
⑤ 《佛祖历代通载》卷三五。释大䜣：《佛光大师德公塔铭》，《蒲室集》卷一二。
⑥ 危素：《天宁寺碑记》，《危太朴文续集》卷一。

派"廷辩"和向江南选派讲僧两件事，忽必烈实现了崇教抑禅的方针。应该说明的是，关于至元二十五年教、禅之争以及向江南选派教僧二事，日本竺沙雅章教授已有所讨论，见《元代白云宗之一考察》，载《佛教史学会三十周年纪念论集》，后收在《中国佛教社会史研究》内，成为该书的前编第八章，题为《元朝的江南支配和白云宗》，是将此二事与至元八年的"二宗论议"联系起来考察，并略作补充。

从上面的叙述不难看出，忽必烈的宗教政策在江南的实施，是通过杨琏真加一手加以实现的。杨氏有种种不法行为，但对于忽必烈的意图他是清楚领会并忠实执行的。这就是他为什么能在江南长期任职，并在被桑哥案牵连之后仍能得忽必烈庇护的根本原因所在。

经过至元二十八年的风波以后，杨琏真加在历史上消失了，可能不久即已死去。但是他的儿子杨暗普却继之而起，成为元代政坛和宗教界的一名活跃人物。

有妻才有子。僧人本来是不能娶妻的。但是元代佛教戒律松弛，僧人娶妻者比比皆是，政府曾屡下禁令，勒令有妻室者还俗为民，但收效甚微。河西僧人有妻室者，更是普遍的现象。至元十九年（1282）忽必烈"敕河西僧、道、也里可温有妻室者，同民纳税"①。这就是说，只要"同民纳税"，"有妻室者"仍可为僧。元代名诗人、蒙古汪古部的马祖常有诗云："贺兰山下河西地，女郎十八梳高髻。茜根染衣光如霞，却召瞿昙作夫婿。"② 瞿昙者，佛也，此处即指僧侣而言。从此诗亦可知河西习俗之一斑。所以，杨琏真加有妻室是不足怪的。他失势后，忽必烈"敕没入琏真加、沙不丁、乌马儿妻，并遣诣京师"③。便是他有妻室的证据。

杨暗普，又作安普、俺普，都是一名异译。《元史》中关于杨暗普有三处记载，现征引在下面：

> （至元三十年）二月己丑，从阿老瓦丁、燕公楠之请，以杨琏真加子宣政院使暗普为江浙行省左丞。④
>
> （至元三十年，五月丙寅），以江南民怨杨琏真珈，罢其子江浙行省

---

① 《元史》卷十二《世祖纪九》。
② 马祖常：《河西歌，效李长吉体》《石田文集》卷五。
③ 《元史》卷十六《世祖纪十三》。
④ 《元史》卷十七《世祖纪十四》。

左丞暗普。①

（至大四年，十二月），癸酉，封宣政、会福院使暗普为秦国公。②

按，宣政院使为主管宣政院的长官，至元二十五年（1288）定制二员，秩从一品，其中之一便是桑哥。可见这是一个显要的职位。杨暗普何时开始任此职务不得知，但至迟在至元三十年（1293）即桑哥案发后不久，他在宣政院使任上，这可以看出忽必烈对他的倚重，实际上也就间接反映出忽必烈对杨琏真加的态度。忽必烈委派杨暗普为江浙行省左丞，显然也含有肯定杨琏真加在这一地区的活动之意。杨暗普因遭反对罢去江浙左丞之后，并未丧失政治上的地位。至大四年（1311）杨暗普在宣政院使兼会福院使任上。会福院是管理大护国仁王寺财赋和营缮事务的专门机构，这所寺院是忽必烈皇后察必建造的一所藏传佛教寺院，开创之初由来自吐蕃的胆巴国师主持。③会福院使，也是一项具有重要意义的职务。杨暗普以宣政院使兼会福院使，说明他是很受宠信的，他受封秦国公更说明了这一点。

我们从其他记载中还发现几条与杨暗普有关的资料，现辑录如下：

（至元二十五年十一月）十九日，丞相桑哥等奏：前者奏除暗普充和林宣慰副使，与哈剌斡脱赤共董廪粟之政。今言合用铺马，请给降圣旨事。④

据此可知，杨暗普早在至元二十五年（1288）已任和林宣慰副使。元制，宣慰副使正四品。他的任用似即出于桑哥的保荐。这是现在所知关于杨暗普的最早记载。

至大四年十月十四日，省、台官同奏：昨前宣政院为和尚、先生、也里可温等开读了圣旨的上头，奉圣旨，教俺与御史台、集贤院、宣政院、崇福司官人每一同商量者，么道，圣旨有来。御史台、集贤院、崇福司来省里一处商量来。……集贤院官说，"当初宣政院官奏先生教集

---

① 《元史》卷十七《世祖纪十四》。
② 《元史》卷二十四《仁宗纪一》。
③ 程钜夫：《太护国仁王寺恒产之碑》，《雪楼集》卷九，《佛视历代通载》卷三二。
④ 《经世大典·站赤》，见《永乐大典》卷一九四一九。

贤院管，不曾与俺商量，如今四海之大，先生每犯的勾当多有，俺怎生管得，这事怎生行"？崇福司官说，"杨暗普奏也里可温教崇福司管时分，我听得道来，这勾当是大勾当，不曾与省、台一起商量，省、台必回奏。如今四海之大，也里可温犯的勾当多有，便有一百个官人也管不得，这事断难行"。么道。说有。奏呵。①

按，从此件文书结合其他资料可知，杨暗普等宣政院官曾上奏，要僧人归宣政院、先生（道士）归集贤院、也里可温归崇福司管辖，不归有司。这一主张遭到省、台和集贤院、崇福司的一致反对，元仁宗因此"罢宣政院理向僧人词讼"②。杨暗普扩大宣政院权力的企图遭到了失败。这是在杨暗普受秦国公封爵前夕发生的事。

> 至大元年，罢（大护国仁王寺）总管府，建会福院，以平章政事、宣政院使安普、忽马儿不花为会福院使，综核名实，遣官分道约部使者集郡县吏，申画疆场，树识封畛，历四载始仍旧贯，视常岁之入相倍蓰焉。……皇帝以为能称孝养意，进封安普秦国公。公辞，上曰："尔逮事世皇，乃累朝旧臣。封以此，毋庸辞"。出制书亲授之。③

按，此次清理大护国仁王寺财产，系由皇太后发起，故仁宗言"能称孝养意"。此事始于至大元年，时武宗在位。"历四载"是为至大四年。前引《元史·仁宗纪》言至大四年十二月封安普为秦国公，即以清理有功得以晋爵。时武宗已死，仁宗嗣位。仁宗说安普"逮事世皇，乃累朝旧臣"。可证他必系世祖时已经任职的杨安普无疑。

> （延祐元年十月二十七日），中书省又奏："西番僧乞剌思八班等六人，元起铺马十一匹赴都，今欲回还，止有三人，复索原来马数，兵部止给八匹。驰驮过重，行至涿州，为监察所劾，每驮称斤一百七十。事下刑部，词伏，拟杖六十七。"宣政院官俺普言于上曰："是僧远来，所

---

① 《通制条格》卷二九《僧道》。
② 《元史》卷二十四《仁宗纪》。
③ 程钜夫：《大护国仁王寺恒产之碑》，《雪楼集》卷九。

将囊橐乃上所赐物也,以此过重,请增铺马三匹,速令回去。"奉旨准。①

从这条记载可知,直到仁宗延祐元年(1314),杨暗普仍任宣政院官,同时也可看出,他对"西番僧"是有意加以庇护的。

除了以上记载外,我们还从郑麟趾《高丽史》中找到一条杨暗普的材料:

> 忠肃王元年(甲寅,1314),帝(元仁宗)命王(高丽忠宣王璋,时逊位给世子焘,即忠肃王)留京师(大都,即今北京)。王构万卷堂于燕邸,……时有鲜卑僧上言:"帝师八思巴制蒙古字以利国家,乞令天下立祠,比孔子。"有诏公卿耆老会议。国公杨安普力主其议。王谓安普曰:"师制字有功,于国祀之,自应古典,何必比之孔氏!孔氏百王之师,其得通祀,以德不以功。后世恐有异论。"言虽不纳,闻者韪之。②

按,此事不见于中国史籍。这个"国公杨安普"无疑就是秦国公杨暗普。事情发生的时间是延祐元年或二年(1315),和上面所引《经世大典·站赤》所记时间可互相印证。也就是说,直到仁宗延祐元年(1314)或二年,杨暗普仍是元朝政坛上的活跃人物。

综观以上有关杨暗普的记载,可知他在至元二十五年任和林宣慰副使,至迟在至元三十年(1293)已任宣政院的长官,主管佛教事务,直到延祐元年(1314),仍任此职,先后延续达二十年以上。这在元代是极罕见的,可以说是独一无二的。元朝皇帝换了好几个,但是他的职位始终不变,而且晋封国公,这说明他在元代宗教界是个很有势力的重要角色。实际上,他的地位比杨琏真加更为重要。可惜的是,由于现存记载的欠缺,我们对他的活动还不能作较多的说明,希望将来能有新的史料发现。

最后略谈一下与杨氏有关的文物。据明人田汝成记,杭州"飞来峰有石人三,元之总浮屠杨琏真加、闽僧闻、剡僧泽也。盖其生时,刻画诸佛像于

---

① 《经世大典·站赤》,见《永乐大典》卷一九四二一。
② 《高丽史》卷二四《忠宣王》。

石壁，而以己像杂之"。嘉靖二十二年（1543），杭州知府陈仕贤"击杨琏真加等三髡像于飞来峰、枭之灵隐山下"①。到了清初，张岱游山，一面走，一面"骂杨髡。见一波斯胡坐龙像，蛮女四五献花果，皆裸形，勒石志之，乃真伽像也。余椎落其首，并碎诸蛮女，置溺溲处，以报之"。1956年，宋云彬为《西湖石窟艺术》一书作序，认为他们可能都打错了，"现在飞来峰有一龛，在大弥勒的左方下面，其中雕刻的像，非佛非菩萨，而是三个和尚的像"。其中之一，可能就是杨琏真加。如果杨氏石像确实存在的话，无疑是有价值的文物。但是"三像说"是可疑的。明人以为三像是杨氏和"闽僧闻、刹僧泽"，后二者是江南僧人，出谋嗾使杨氏掘陵。从当时的地位来看，"闽僧闻、刹僧泽"是杨氏的下属，三人绝不可能并列的。也就是说，明人"三像说"是靠不住的，宋先生以"三像"并列为前提来讨论杨氏石像问题，当然也就缺乏说服力了。至于张岱所击碎的，大概是藏佛传教的神佛造像，或系杨氏所建，却被误作杨氏之像。杭州西湖周围有不少元代石窟造像和摩崖龛像，从已发表的材料来看，我们知道有至元二十六年杨琏真加所建无量佛像，像下有灵隐虎岩净伏所作赞文，开头说："永福杨总统，江淮驰重望。"② 其他类似作品中很可能也有相关记录，我们期待着有更多的发现。此外，元代刊行的佛教经卷的题记中有涉及杨氏者，日本学者的发现已见前述，国内听说也有保存，这方面的资料也是应该注意发现搜集的。

（原载《西北民族研究》1986年第1期）

---

① 《西湖游览志余》卷六《板荡凄凉》。
② 浙江省文物管理委员编：《西湖石窟艺术》，浙江人民出版社1956年版，第12页。

印度马八儿王子孛哈里来华新考

十三四世纪，印度次大陆东南部有一个在南海一带号称强盛的马八儿国家。中国的记载说它"比余国最大"，"足以纲领诸国"[1]。关于这个王国的历史，我们过去所知甚少，只知马八儿与元朝之间有过相当密切的联系。已故日本学者桑原骘藏在《蒲寿庚考》一书中，最早提出了元代马八儿王子孛哈里来华的问题。[2] 为十三四世纪中外海道交通史以及这一时期中国和印度之间交往的历史，提供了一个很有意义的线索。但对史实的推论，多有牵强之处，有必要加以讨论。

桑原骘藏根据的是成书于1485年的朝鲜史籍《东国通鉴》卷四十《忠宣王一》：

> （忠烈王二十四年，六月）。马八国王子孛哈里遣使来献银丝帽、金绣手帕、沉香、土布。先是，王以蔡仁揆女归丞相桑哥。桑哥诛，帝以蔡氏赐孛哈里。孛哈里与其国王有隙，奔于元，居泉州。至是以蔡氏故，遣使通之。

其实在《东国通鉴》之前，成书于1451年的郑麟趾《高丽史》对此已有记载。《高丽史》卷三十三《忠宣王世家一》中的有关记载除个别字句外，同《东国通鉴》所记没有什么区别，是即《东国通鉴》之所本。但桑原氏未提《高丽史》不知何故。这个马八儿国王子孛哈里到底是怎样一个人，他与元朝又是什么样的关系，在这两种记载中都不甚清楚。桑原氏在引

---

[1] 《元史》卷二一〇《马八儿等国传》。
[2] ［日］桑原骘藏：《蒲寿庚考》，陈裕菁译，中华书局1954年版，第88—89页。

用了《东国通鉴》的记载之后，做如下解释："元世祖有权臣曰桑哥，高丽忠烈王赠以国人蔡仁揆女、买其欢心。至元二十八年（1291）桑哥以专权诛，蔡氏没官。未几，南印度马八（儿）（Mâbar）国王子孛哈里入贡，元帝赐以蔡氏。后孛哈里与父不和，去国，侨居泉州。以蔡氏故，忠烈王二十四年（1298）赠高丽王'银丝帽、金绣手帕、沉香、土布等'"。他还进一步推论说，波斯湾怯失（kish）岛主牙马乌丁之子法哈耳乌丁·阿默德（Fakhr ud Din Ahmad）可能就是孛哈里，这个法哈耳乌丁"为波斯伊儿汗之合赞汗使者，西历千二百九十七年自海路往中国，谒元成宗，赐贵族女。居数年，航海归。千三百五年，于抵马八儿之前二日死"。

按照他的记录，孛哈里至少来华两次。第一次入贡，得赐妻蔡氏；第二次来奔，居于泉州。然而，《东国通鉴》并无此明确记载。其次，按照他的说法，孛哈里第二次来华是因"与父不和"，但"王子"这个称呼有时比较广泛，很难据此断定其与当时在位的国王即系父子关系。第三，桑原说孛哈里与法哈耳乌丁两者"名称尚同"，其实孛哈里与法哈耳两个名字除了当中一个音节相同外，首尾两个音节都不一样，法哈耳乌丁来华一事，在《多桑蒙古史》中有所记载，① 他是奉伊儿汗国合赞汗之命来华的，而孛哈里则是"与其国王有隙，奔于元"，两者的经历毫无共同之处。然而在《蒲寿庚考》之后，就我们所知，还没有人对这个问题作过进一步的研究。孛哈里其人其事，仍是一个有待解决的问题。

近来，我们在辑集元代中外关系资料时，找到了一件很有意义的材料，可以解开孛哈里之谜。这便是元代刘敏中撰写的《景义公不阿里神道碑铭》，见《中庵集》卷四。② 现在转录如下：

> 有元大德三年冬十月某日，资德大夫中书右丞商议福建等处行中书省事不阿里薨于京师，诏赐宝钞二万五千缗，以驿传负其梓归葬泉州，命有司议赠谥，撰墓碑，而其文以命臣敏中。
>
> 臣谨按礼部事状，公本名撒亦的，西域人。西域有城曰合剌合底，其先世所居也。远祖徙西洋。西洋地负海，饶货，因世为贾贩以居。父不阿里得幸西洋主，使与诸弟齿，弟有五人，不阿里称六弟。俄总领诸

---

① 冯译本，第318—319页，译作法合鲁丁。
② 此书传世极少，我所根据的是北京图书馆所藏的抄本。

部,益贵富,侍妾至三百人,象床、黄金饰称是。不阿里殁,公克绍其业,主益宠,凡召命,惟以父名。故其名不行,而但以父名称焉。圣朝之平宋也,公闻之,喜曰:"中国大圣人混一区宇,天下太平矣,盍往归之。"独遣使以方物入贡,极诸瑰异。自是踵岁不绝。复通好亲王阿八合、哈散二邸,凡朝廷二邸之使涉海道,恒预为具舟筏,必济乃已。世祖熟其诚款,至元二十八年,赐玺书,命某部尚书阿里伯、侍郎别帖木儿、列石往谕,且召之。公益感激,乃尽捐其妻孥宗戚故业,独以百人自随,偕使入觐。既见,世祖大加慰谕,赐以锦衣及妻,廪之公馆,所以恩遇良渥。

圣上嗣位,特授资德大夫、中书右丞、商议福建等处行中书省事,累赐以钜万计,而宠数益隆矣。至是年来朝,遂以病薨,享年四十有九。赐妻蔡氏,先公卒。再配某氏。子男一人,女二人。

这篇碑铭中提到的"西洋"国到底是什么地方,是首先需要解决的问题。"西洋"一词,在元代通常指印度洋及其周围广大区域。[①] 但在有些记载中,还提到了"西洋国"。例如,元代周致中的《异域志》卷中,就有"西洋国"一条,称其地"在西南海中,地产珊瑚、宝石等物,所织棉布绝细,莹洁如纸。其人髡首,以白布缠头。以金为钱交易,国人至富"。徐明善在《安南行记》中,记交趾国在至元二十三年(1286)赠予元朝的礼物中,有"西洋国黄毛段子二匹"。可见,当时确有"西洋国"一名流传。但仅就这两条记载,无法确定"西洋国"的地理位置。而这篇神道碑铭中讲到了"西洋"国,还提到至元二十八年元朝政府曾"命某部尚书阿里伯、侍郎别帖木儿、列石"前往西洋国谕召不阿里,这就提供了很好的线索。此事在《元史》卷十六《世祖纪十三》中有记载:

(至元二十八年,九月)辛酉,……以别铁木儿、亦列失金为礼部侍郎,使马八儿国。

别帖木儿即别铁木儿,列石即亦列失金无疑,一个记载明言礼部,一个则说某部,也无矛盾。只是多了一个尚书阿里伯,应是临时增加的。碑铭和

[①] 陈高华:《元代的海外贸易》,《历史研究》1978年第3期。

《元史》所记，无疑讲的是同一件事。这必然导致一个结论：西洋国就是马八儿国。或者可以说，西洋国是马八儿国的另一个称呼。[①]

明确了西洋国与马八儿国的关系，我们再来看碑铭中关于不阿里生平的记述，就会发现和朝鲜史籍中关于孛哈里的记载有很多相同的地方。不阿里来华蒙忽必烈赐妻蔡氏，居于泉州；孛哈里也有赐妻蔡氏，居于泉州。不阿里的父亲老不阿里是"西洋主"的六弟，他自己当然可以称为王子，这和朝鲜史籍中"马八国王子"的头衔也是一致的。特别重要的是，不阿里和孛哈里两个名字是很相近的，完全可能是同名异译。既然这些情况均相吻合，我们当然可以断定碑铭中的不阿里与朝鲜史籍中的孛哈里是同一个人。

再查一下《元史》卷二百十《马八儿传》，我们就可以对这件史实有更多的认识。"（至元十八年）四月，（元朝使臣哈撒儿海牙、杨庭璧）至马八儿国新村马头登岸，其国宰相马因的谓：'官人此来甚善。本国船到泉州时，官司亦尝慰劳，无以为报。今以何事至此？'庭璧等告其故，因及假道（去俱蓝）之事。马因的乃托以不通为辞。与其宰相不阿里相见，又言假道，不阿里亦以它事辞。五月，二人畜至馆，屏人，令其官者为通情实，乞为达朝廷：'我一心愿为皇帝奴，我使札马里丁入朝，我大必阇赤赴算弹（华言国主也）告变，算弹籍我金银、田产、妻孥，又欲杀我，我诡辞得免。今算弹兄弟五人皆聚加一之地，议与俱蓝交兵。及闻天使来，对众称本国贫陋，此是妄言。凡回回国金珠宝贝，尽出本国，其余回回尽来商贾。此间诸国皆有降心。若马八儿既下，我使人持书招之，可使尽降。'时哈撒儿海牙与庭璧以阻风不至俱蓝，遂还。"这段记载中有一个不阿里，他是马八儿国的宰相，曾遣使向元朝进贡，这和前引碑铭中不阿里的经历又是相似的。既然西洋国就是马八儿国，那么，两处记载中的不阿里无疑是同一个人。也就是说，刘敏中《景义公不阿里神道碑铭》中在西洋国"总领诸部"后受召来华的不阿里、《元史·马八儿等国传》中的马八儿宰相不阿里和朝鲜史籍中的马八国王子孛哈里，都是同一人。这样，关于孛哈里经历的一些问题，都可以得到比较合理的解释。

首先，孛哈里（不阿里）的父亲老不阿里"得幸西洋主，使与诸弟齿，

[①] 《马可波罗行记》记马八儿国王有妻不下五百人（下册，第681页）。其长兄有妻三百人，"盖此国人男子妻愈多而声望愈重"（下册，第707页）。上引碑铭称老不阿里称为六弟的，"侍妾至三百人"，与国王长兄正好相当。此亦可作为西洋即马八儿之一证。又，明代初期尚有关于"西洋国"的记载，见《洪武实录》卷五六"洪武三年九月"条。

弟有五人"，老不阿里号称六弟，① 这就是孛哈里（不阿里）之所以在朝鲜史籍中被称"王子"的由来，并非国王之子。其次，孛哈里（不阿里）固曾遣使到元朝进贡，但其本人则于至元二十八年始来中国，并得赐妻蔡氏。非两次来华。第三，孛哈里来华的原因，碑铭只言忽必烈"召之"。实则忽必烈不会无缘无故派人到海外数千里去招徕他国权臣，而孛哈里（不阿里）如无特殊原因也绝不会因忽必烈一招就抛弃"妻孥、宗戚、故业"，远道前来投奔。其中必有隐情。朝鲜史籍说："与其国王有隙，奔于元。"证之于上引《元史·马八儿等国传》，是合乎情理的。不阿里身为马八儿国宰相，与其国主之间为了争权夺利，早在至元十八年（1281）前后已经发生了尖锐的矛盾。国主曾籍没他的金银、田产、妻孥，还准备将他处死。不阿里心怀疑惧，早就准备逃往中国，所以对元朝来往的使臣多方联络，不断遣使入贡，并为元朝与伊儿汗国之间海道交往提供方便。至元二十八年（1291），不阿里与国主的矛盾大概进一步尖锐化了，他的离开很可能是在元朝使臣帮助下仓促出逃，否则就无法解释为什么出走时连家人财产全部舍弃不要了。

孛哈里（不阿里）从马八儿出走，到中国落户，只是当时历史的一个小小的插曲，但它在某种程度上反映了当时中外海道交通和商业繁盛的情况。如碑铭所述，不阿里本名撒亦的（Sayyid），应是阿拉伯人。其故乡哈剌哈底，不见于我国其他记载，其地望不可考。由于马八儿（宋代称为注辇）处于中国与阿拉伯世界之间，往来于中国及阿拉伯世界之间的各国商船，都要在这里停泊，因此，这里商业贸易十分繁荣，有不少阿拉伯商人就在这里落户，不阿里的祖先应该就是其中之一。② 不阿里之父老不阿里以商人而能得到国主宠任，与其五弟并列，"总领诸部"，说明商人在马八儿社会生活中占有特殊的重要位置。马八儿"至阿八合大王城，水路得便风，约十五日可到"③，说明它与波斯湾之间的海道交通是很便利的。阿八合大王就是伊儿汗国创始人旭烈兀之子阿八哈汗（1265—1282 在位）。不阿里一面向元朝进贡，加意联络，另一方面"复通好亲王阿八合、哈散二邸"。哈散或即阿八

---

① 见上引碑铭。《元史·马八儿等国传》说"算弹兄弟五人"，《马可波罗行记》也说"此州（指马八儿）之中有国王五人是亲兄弟"，见下册，第 679、707 页。按，老不阿里既称六弟，连本人在内兄弟五人才合理，如果国主有弟五人，则按习惯老不阿里应称七弟才对。碑铭所记似有误。

② 关于马八儿的商业贸易情况，可参看《马可波罗行记》下册，第 707 页。

③ 《元史》卷二一〇《马八儿等国传》。

合之孙合赞汗（一译哈赞）。① 这既说明当时元朝与波斯之间经常有来往，同时也表明马八儿在中国与波斯湾及其周围地区交通中占有特殊重要的地位。不阿里既是富商，又是马八儿的权臣，肯定在当时这一地区的海道交通方面有很大的势力。这也许正是忽必烈对他重视的一个原因。从忽必烈重用在华的阿拉伯商人蒲寿庚一事看来，我们作这样的推论并非无据。

泉州在唐代后期已成为一个对外贸易的港口。进入宋朝以后，更加繁荣。许多外国商人、水手、旅行家都纷纷来到这里。有的短期居留，有的长期落户。到了元代，泉州已成为闻名世界的海港城市，来往的外国人更多，诗人描写泉州时有"缠头赤脚半蕃商"之句。② 前引《元史·马八儿等国传》记马八儿宰相马因的语："本国船到泉州时官司亦尝慰劳"，可见马八儿常有商船至泉州。而泉州残存的伊斯兰教清真寺遗址和印度婆罗门教寺院遗物，以及墓碑等，都是当时这里居住着不少阿拉伯人和印度人的物证。孛哈里（不阿里）来华应该就是在泉州登陆入境，后来就在这儿定居；他尽管死在大都，但仍归葬泉州。可惜的是在泉州已出土的丰富的历史遗物中，还未曾发现与这个马八儿贵族有关的任何东西。我们只好寄希望于将来。

(原载《南开大学学报》1980 年第 4 期)

---

① 合赞汗即位在 1295 年，但在此以前已有分地。
② 宗泐：《题清源洞图》，《全室外集》卷二。

宋元和明初的马球

刘子健教授在《南宋中叶马球衰落和文化的变迁》中认为，儒臣们阻止宋孝宗以及太子击球，对于马球的衰落来说"是个关键"。自此以后，马球"从风尚降于恶习"，趋于衰落。"据元代的记载，并没有看见蒙古人重新提倡马球。""蒙古时代，马球反倒消失。"①

历来论述马球历史者颇多，但大都着眼于中外文化交流，而且一般只限于唐代。刘先生将马球的兴废和文化的变迁联系起来考察，着重于辽宋金元四代。下迄于明初，企图"说明中国传统社会，怎样受君主制度的影响，忽略了体育"。他的想法，很能给人以启发。但是，文章中有些论点还是可以进一步讨论的。

首先，南宋时期的打马球风尚，是否在君主受到劝阻后便趋于衰落了呢？恐非如此。儒臣们反对君主、皇储打马球，主要是怕出危险，并无其他原因，也不认为是一种"恶习"。除了刘先生文中提到的陈俊卿和周必大之外，反对者至少还有赵不息。②但是他们都没有反对这项马球运动。马球依旧流行，特别是在军队中，或者可以说，马球是一项军事体育活动。南宋政府要训练军队，就没有理由废除这一项运动，这和君主、皇储参加与否并没有多大关系。刘先生举出著名诗人刘克庄的《闻笛》诗，其中就讲到了打马球，但下结论说："这是极少见的。"其实，就在刘克庄的文集中，还有一处讲到军中打球。宋理宗时，杜杲父子守安丰，屡败来犯的蒙古军。余玠（后来守四川的名将）"以监簿守招信，部军来援"，赠杜杲之子钱十万。杜杲

---

① 刘子健：《南宋中叶马球衰落和文化的变迁》，《历史研究》1980年第2期。
② 叶适：《赵公行状》，《水心先生文集》卷二六。

父子"遂大会诸将为击球戏,言监簿捐金相劳苦意,诸将感悦"①。还可以举一个例子,那就是南宋诗人陈元晋所写的诗篇《击毬口号,戏陈统制》,前四句是:"筑场千步柳营东,樽俎精神坐折冲。星弹流空惊过鸟,霜蹄追电捷游龙。"②柳营即军营。军营附近筑有毬场,经常举行比赛活动。陈元晋是嘉定四年(1211)的进士,曾任邕管安抚使,和刘克庄差不多同时。

上面所说的例子足以说明南宋后期军中仍盛行马球之戏,那么,民间又是如何呢?元代理学家李存写过一篇墓志,记述南宋官僚子弟吴天成"幼而倜傥,善走马击毬"③。吴天成生于理宗宝祐二年(1254),二十余岁时南宋即告灭亡。其"幼"时正当南宋末年。可见,直到南宋亡国前夕,打马球不仅存在于军营之中,而且也在民间流行。

其次,蒙古人对马球持什么态度。就笔者所知,过去还没有人研究过这个问题,刘先生是提出这个问题的第一人。他在元代记载中没有看到马球,因而断言这项运动已消失。其实这是不符合事实的。元代有关打球的记载不少,其中有些清楚地说明是骑马打球。

南宋宁宗嘉定十四年(1221),南宋遣使臣赵珙到河北蒙古军前议事。赵珙回到南方,写了一份报告,这就是著名的《蒙鞑备录》。它对于研究早期蒙古史有很高的价值。在这份报告中,赵珙讲到:"如彼击鞠,止是二十来骑。不肯多用马者,亦恶其哄闹也。击罢,遣介来请我使人至彼,乃曰:'今日打毬,如何不来?'答曰:'不闻钧旨相请,故不敢来。'国王乃曰:'你来我国中,便是一家人,凡有宴聚打毬,或打围出猎,你便来同戏。如何又要人来请唤。'因大笑而罚大杯。终日必大醉而罢。"文中所说的"国王"不是成吉思汗,而是蒙古军统帅木华黎,他因战功卓著得此头衔。应该指出的是,蒙古人在进入中原以前似不识击球之戏,但由于他们习惯于马上生涯,一旦与这项运动发生接触以后,立刻便喜欢上它。蒙古人把宴饮和狩猎看成生活中的头等大事,而木华黎将打马球与两者相提并论,足见这项运动在很短时期内已受到蒙古人的喜爱并得到流行。还应该指出的是,从这段文字的语气来看,赵珙对于打马球显然是很熟悉的。他说:"不肯多用马者,亦恶其哄闹也。"这里用"亦"字,只能理解为南宋打马球"不肯多用马",

---

① 刘克庄:《制置杜大卿墓铭》,《后村先生大全集》卷一六三。
② 陈元晋:《击毬口号,戏陈统制》,《渔墅类稿》卷八。
③ 李存:《吴君才甫墓铭》,《俟庵集》卷二四。

蒙古之制与南宋相似。

《蒙鞑备录》所记是 13 世纪前期的情况。在此以后，特别是忽必烈统一全国以后，是否发生变化了呢？请看元代北京方志《析津志》的记载：

> 击球者，今（金）之故典，而我朝演武亦自不废。常于五月五日、九月九日，太子、诸王于西华门内宽广地位上（？）召集各衙万户、千户，但（及？）怯薛能击球者，咸用上等骏马，系以雉尾、璎珞，萦缀镜铃、狼尾、安答海，装饰如画。玄其障泥，以两肚带拴束其鞍。先以一马前驰，掷大皮缝软毬子于地，群马争骤，各以长藤柄毬杖争接之。而毬子忽绰在毬棒上，随马走如电，而毬子终不堕地。力捷而熟娴者，以毬子挑剔跳掷于虚空中，而终不离于毬杖。马走如飞，然后打入毬门中者为胜。

宫廷中如此，分封在外的蒙古贵族每遇节庆也要举行马球比赛：

> 如镇南王之在扬州也，于是日王官前列方盖，太子、妃子左右分坐，与诸王同列。执艺者上马如前仪。胜者受上赏，罚不胜者，若纱罗、面扇之属。

《析津志》久已散佚，其断简残片，分别保存在一些古籍中。现经北京图书馆整理，辑成一书，名为《析津志辑佚》，由北京出版社出版。上述记载见于该书第 203 至 204 页。由于辗转传抄，辑本错讹之处颇多，上面所引文字，便有难解之处，但大体上是清楚的。这些记载足以说明，元代和辽、金一样，都在端午和重阳举行打马球比赛，作为节日庆贺活动的一项重要活动。明初，朱元璋之孙周宪王朱有燉撰《元宫词百首》，所记"皆元宫中实事"，得自"元后之乳姆女"所述。其中一首是："王孙公子值三春，火赤相随出内闉。射柳击球东苑里，流星骏马蹴红尘。"[①] 可与《析津志》的记载相互参证。诗中说"三春"之时射柳击球，说明不以端午、重阳为限。"射柳"也是辽、金以来宫廷中每遇节庆举行的一项运动，分队骑马射箭，以柳条为的，常和打马球同时举行，见《金史》卷三十五《礼志八》。射柳

---

① 朱有燉：《宫词小纂》，《元宫词百首》。

在元代也保存下来，见《析津志》第 204 页。诗中的"火赤"又作火儿赤，义为持弓者。火儿赤是怯薛执事人员之一种，充当皇帝的护卫侍从。

马球不仅流行于宫廷和蒙古贵族之中，也为汉族将领所喜爱。金朝南迁后，河北群雄并起，其中最有名的是永清史氏、顺天张氏和藁城董氏。他们先后归附蒙古，割据一方，自成势力。永清史秉直、史天倪父子在"癸酉"（成吉思汗八年，1213）降于蒙古，木华黎以天倪为万户，随从蒙古多次出征。成吉思汗二十年（1225），"天倪击鞠夜归，有大星陨马前，有声，心恶之"，不久被人杀死。① 顺天张氏自张柔归附蒙古起，声势显赫。其第九子张弘范"善马槊，颇能为歌诗"，参与灭南宋的厓山之役。他有一首诗，题为《打球》：②

    锦绣衣分上下朋，画门双柱耸亭亭。
    半空彩杖翻残月，一点绯球迸落星。
    翠柳小厅喧鼓吹，玉鞭骄马蹴雷霆。
    少年得意风流事，可胜书生对流萤。

"分上下朋"就是分成两队，见《宋史》卷一百二十一《礼志二十四》。金代"球状小如拳，以轻韧木枵其中而朱之"③，宋朝的球也是"朱漆"的。诗中的"绯球"，可见沿袭自前代。张弘范死于至元十六年（1279），年四十三。由以上两例可知，打马球至少在元初北方汉族军阀中间是很流行的运动，被认为是"少年得意风流事"。而这些军阀原来都是金朝的臣民，他们喜欢马球显然是沿袭金朝的风习。

应该说明的是，上面几条记载都是明确讲打马球的。元代还有不少记载提到"打球"或"击鞠"。例如，诗人张昱的《辇下曲》中一首云："闲家日逐小公侯，蓝棒相随觅打球。向晚醉嫌归路远，金鞭梢过御街头。"④ 廼贤的《羽林行》："羽林将军年十五，盘螭玉带悬金虎。黄鹰白犬朝出游，翠管银筝夜歌舞。珠衣绣帽花满身，鸣驼斧钺惊路人。东园击球夸意气，西街

---

① 《元史》卷一四七《史天倪传》。
② 张弘范：《打球》，《张淮阳集》。
③ 《金史》卷三五《礼志八》。
④ 张昱：《辇下曲》，《张光弼诗集》卷三。

走马扬飞尘。"① 另一个元代诗人宋褧在《送存初宣慰湖南十首》的序中说，这位出身贵族的蒙古官僚"于笔札砚墨雅好精致，棋槊射猎击球等事，虽尝间作，亦视之泊如也"②。这些资料都说明大都（今北京）的贵族子弟以打球为乐，能"视之泊如也"的只是极少数，所以汉族文人才会郑重提出来加以赞扬。除了大都之外，其他地区也有打球（击鞠）之戏。元代中期顺德路（路治今河北邢台）总管王结在《善俗要义》中列有"戒游惰"一条："颇闻人家子弟，多有不遵所业，游荡好闲，或蹴鞠、击球，或射弹、粘雀。"③ 元末明初著名学者宋濂在记述友人徐舫生平时说：徐舫，字方舟，金华桐庐人，"故簪缨家，自幼有侠气，好驰马试剑，兼善攻球鞠之戏"④。上面列举的几条资料，没有明确讲骑马打球。按照刘先生的意见，"凡是记载中没有明显的提到骑马，就都不是马球"。但是，在我们已经有确凿材料可以证明元代存在打马球之后，这些记载中所说的"打球"有些可能就是打马球，或至少可为进一步探讨提供线索。特别是宋濂的记载，徐舫"好驰马试剑"，他所擅长的"攻球鞠"之戏，是很难作其他理解的。

刘先生提出要将马球的盛衰和文化的变迁联系起来考察，但是在论述元代情况时似乎没有注意到这一点。我们都知道，蒙古是代金而起的。金代盛行马球之戏，这是刘先生也承认的。甚至在金朝南迁之后，国势衰微，统治者仍不忘击鞠之戏。据元好问记："（贞祐二年），七月，以扈从劳授器物局副使。一日，内出鞠仗，命料理之。工部下开封市白牸取皮。公（尤虎笃寿）以家所有鞠仗进，且言：'车驾以都城食尽，远弃陵庙，正陛下卧薪尝胆之日。奈何以球鞠细物，动摇民间，使屠宰耕牛，以供不急之用。仇敌在迩，非所以示新政也。'上不怿，掷仗笼中，明日出公为桥西都提控。"⑤ 器物局副使是个六品官职，家中亦有鞠仗，可见上自皇帝，下至一般官员均热衷于此。如果"蒙古时代，马球反倒消失"的话，那么，人们自然要问，从金到蒙古马球的盛衰和文化变迁又有什么关系呢？"以马上得天下"的蒙古人，和南宋儒臣之间从思想意识来说截然不同，他们怎么会废除这种马上运动呢？显然，这些都是不好解释的。

---

① 廼贤：《羽林行》，《金台集》卷二。
② 宋褧：《送存初宣慰湖南十首》，《燕石集》卷八。
③ 《文忠集》卷六。
④ 宋濂：《故诗人徐方舟墓铭》，《宋文宪公全集》卷二四。
⑤ 元好问：《尤虎公神道碑》，《遗山先生文集》卷二七。

最后，还想讲一讲明初的马球。刘先生在文章结尾时举出王绂的诗，说明明初仍有马球，同时指出："明初的记载，也需要发掘。"我们可以再举出一些资料。管时敏的诗《题蔡将军春击球图》就是一例。诗中写道："中都五月炎光薄，旭日曈昽射金阁。无风无雨好端阳，鼓声咚咚动城郭。诸王阅武出东华，打球又是常年约。官扇齐分五色云，天人坐拥青丝幕。虎士严屯千屯兵，球场千步平如削。彩门远处放球来，万夫马上俱欢跃。半轮缺月地中生，一点流星天际落。众皆努力向前趋，苦心独取仍难掠。武昌将军称绝奇，胆气从容有经略。等闲一击过球门，四面腾声总惊愕。中宫传旨催赐金，一派铙歌半空作。"① 诗中描述的是明初中都凤阳打马球的情景，时间是五月端阳。诸王阅武之后，在球场举行马球比赛。管时敏在洪武九年（1376）受征召拜为楚王府纪善，出入楚王府者五年，此诗应即作于任纪善时。球场广至千步，击球优胜者有赏，还要奏乐庆贺，这都是由来已久的习惯。还可以举出杨基的《球场曲》，诗的前几句是："软红十里平如掌，马蹄踏沙轻不响。金袍玉带五陵儿，飞骑击球珠作赏。身轻擘捷马游龙，彩仗低昂一点红。倏忽飞星入云表，据鞍回袖接季风。"② 同一作者还有《端阳十咏》，其中一咏"射柳"，一咏"击球"。"击球"诗云："低昂一点红，忽起青云上。风急下来迟，众人齐面仰。"③ 这"一点红"指的是马球，上面已说过了。杨基是明初诗人，他的诗和管时敏的诗一样，描述的是明初洪武年间打马球的情况。明成祖朱棣曾不止一次在端午节举行大规模的击球、射柳活动，在朝的许多文人均有诗记其事，如曾棨、王英、王直、杨荣、金幼孜等。试举曾棨诗《侍从东华观击球射柳应制》为例："是时驻跸宫城东，射柳击球帝苑中。雪霜动色戈甲白，□明绚彩旌旗红。""场中一望如砥平，四面闐闐伐鼓声。千官杂沓俨在列，万骑骁骍驯不惊。诸王贵戚先驰击，绣勒金鞯辉赫奕。骊珠应若马上飞，一声惊起轰霹雳。""古来习战球马场，训练将士皆鹰扬。雄姿劲气有如此，横行四海势莫当。"④ 显然，一直到明初，仍把打马球视为一种军中体育活动，训练士兵的手段。

如果马球在元代已消失的话，那么，它在明初重新流行，又是与什么样的文化变迁相联系？刘先生的文章没有回答这个问题，事实上恐怕也是很难

---

① 管时敏：《题蔡将军春击球图》，《蚓窍集》卷五。
② 杨基：《球场曲》，《眉庵集》卷四。
③ 杨基：《端阳十咏》，《眉庵集》卷一〇。
④ 曾棨：《侍从东华观击球射柳应制》，《西墅集》卷五。

回答的。我认为，明初打马球的盛行，原因非他，正是继承了元代的习俗。也就是说，从唐代起，历经辽宋金元，直到明代前期，马球一直是盛行于世的体育运动。明代中期以后如何，还须进一步探索。

体育运动史是人类文明史的一个重要组成部分。打马球在我国古代体育运动史上又占有特殊重要的地位，它的盛衰过程及其原因确实是值得认真加以研究的。刘子健先生的文章提出了新的见解，把马球的研究推进了一步。他自谦是一篇对前人研究的"补充报告"。我的这篇短文是在刘先生大作启发下写成的，只能叫作"补充报告"之补充。一得之见，还请刘先生和其他有兴趣于此的先生指教。

（原载《历史研究》1984年第4期，收入本集时作了修改）

读史札记

元代中泰关系二三事

据《元史》记载，元代泰国派遣来中国的使节，先后有十余次。至元十九年（1282），元世祖忽必烈曾命管军万户何子志出使暹国（今泰国北部），因故未到达。至元二十九年（1292），广东道宣慰司"遣人以暹国主所上金册诣京师"①。这两件事说明，元朝与暹国之间，双方都有建立联系的要求。到了至元三十一年（1294）七月，元成宗铁穆耳"诏招谕暹国王敢木丁来朝，或有故，则令其子弟及陪臣入贡"②。次年（元贞元年，1295），暹国"进金字表，欲朝廷遣使至其国。比其表至，已先遣使，盖彼未之知也。赐来使素金符佩之，使急追诏使以往"③。

敢木丁访问中国，是中泰关系史中的一件大事。由于《元史》中没有关于他来中国的明确记载，因而中外史学界有不少人都对此事抱怀疑的态度。我们发现了一条史料，足以证明敢木丁确实来过中国。这条史料是元人贡师泰所写的《四明慈济寺碑》，现节引如下：

> 慈济寺在明城之东，鄞江之上。故泉州德化县尹杨侯秀为乾符观主太虚容法师创建者也，侯郡人，仕宋为监舶官。入国朝，尝使暹人，以其主来朝。当涉海时，风猛涛怒，舟几覆。侯于恍惚中若有见观音大士者，因得无害。④

杨秀是四明（今浙江宁波）人，在南宋时做过市舶司（管理海外贸易

---

① 《元史》卷一七《世祖纪一四》。
② 《元史》卷一八《成宗纪一》。
③ 《元史》卷二一〇《外夷三·暹》。
④ 贡师泰：《四明慈济寺碑》，《玩斋集》卷九。

的机构）的官，自然对海外诸国的情况有所了解。到了元朝，就被委派出使暹国。《元史》中有时言"暹国王"，有时言"暹国主"，因此贡师泰文中的"以其主来朝"，无疑是伴随暹国的国王同来中国。这位暹国主只可能是敢木丁。

元朝的使节（可能就是杨秀，也可能是他人，杨秀是随员之一）到达暹国，应是元贞元年或二年的事。因为从大都（今北京）受命，抵达出海港口，已需数月。在港还需等候季节风，才能成行。由此推知，敢木丁一行来中国，应是元贞二年（1296）或大德元年（1297）的事。大德元年四月，元成宗"赐暹国、罗斛来朝者衣服有差"[①]。应即是对敢木丁一行的赏赐。

元末，王东写了一首诗，题为《暹国回使歌》[②]。诗序中说，暹国在"天历（元文宗年号，1328—1329）初"尝遣使通好，"今天子（元顺帝）嗣位，继进金字表章，九尾龟一，象、孔雀、鹦鹉各二"。元朝回赠暹国王马十匹，还授予使者以"武略将军、顺昌知州"的称号。这位使者原是中国人，在当地落户，受遣来访。文中提到的两次使节，在《元史》中都没有记载，由此可见，还有其他暹国使者的访问，可能也漏载了。还应该提到的是，大德三年（1299），暹国主要求赐马、鞍及金缕衣，元朝政府"恐其邻忻都辈讥议朝廷"，只"赐金缕衣，不赐以马"[③]。这时却一下赐马十匹，可见双方的关系较诸以前进一步密切了。

（原载《光明日报》1978 年 4 月 6 日《史学》）

附记：这篇札记发表后，关于敢木丁是否来中国，曾引起讨论，请参看《中泰关系史上的一个疑案》（《历史研究》1980 年第 5 期）、《也谈素可泰国王来访问题》（《历史研究》1981 年第 1 期）。

[①] 《元史》卷一九《成宗纪二》。
[②] 王东：《暹国回使歌》，《皇元风雅》卷二二。
[③] 《元史》卷二一〇《外夷三·暹》。

元末农民起义军名号小订

元末农民起义军称红军，有时也称红巾军。为什么叫作红军？有的学者说是因为"起义的教徒都用红巾裹头，以区别于元朝的军队"①。这种解释不够全面，如果光是因为红巾裹头，那么叫作红巾军就行了，用不着再有"红军"一名。实际上，起义军不仅用红巾裹头，而且穿红衣，打红旗，出师之时，漫山遍野，一片火红，因此才被称为红军。请看下面这些记载：

（农民战争爆发后）所在无赖子多乘间窃发，不旬日，众辄数万。皆短衣草屦，齿木为杷，削竹为枪，截绯帛为巾襦，弥野皆赤。②

岁在壬辰，纪年至正十二，民人尽乱，巾衣皆绛，赤帜蔽野，杀人如麻。③

俄赭衣数万，循山奄至。……贼悉众来，赤帜相望。④

农民军以红色为标志，称红军；而地主武装则以青色或黄色为标志，称为青军或黄军。改换不同颜色的头巾、服装和旗帜进行偷袭，也就成了当时双方常用的斗争策略。例如，至正十五年（1355），濠州起义军郭子兴、朱元璋等攻打和阳时，设下计策，"选勇敢士椎髻左衽，衣青衣"为前队，另"以绛衣兵万人继其后"。和阳元军见到来者穿青衣，以为是附近的"义兵"（地主武装）来援，便开门欢迎。在混乱中，起义军攻占了和阳城。⑤ 至正

---

① 吴晗：《朱元璋传》，第15页。
② 《元史》卷一九五《忠义三·魏中立传》。
③ 朱元璋：《纪梦》，《高皇帝御制文集》卷一四。
④ 赵汸：《哈密公纪功之碑》，《东山存稿》卷五。
⑤ 《洪武实录》卷二。

十八年（1358），刘福通部起义军攻打东北广宁，也曾化装为"青号队伍"，"绐言官军"，待与官军接近时，"俄果脱青衣变红"①。而反动武装为报功请赏，往往"四掠良民，得之则以绛系首，称为乱民，献俘于上"②。

因为红色在当时成了起义造反的象征，地主老爷们一见红色就心惊胆战，他们哀叹道："客来为说红巾苦，窗下榴花亦怕看！"③

关于元末的红军，史学界有些流行的说法，不很恰当，需要作一些考辨澄清。

第一，关于"红军系"与"非红军系"。有的意见认为："元末南方群雄，分作两个系统：一是红军系，一是非红军系。"韩林儿、刘福通、徐寿辉、陈友谅等是红军系，"非红军系如东吴张士诚，浙东方国珍"④。这是不符合历史事实的。

元末起义军都用红巾裹头，穿红衣，打红旗，在号称红军这一点上，没有什么区别。因此，也就不存在"红军系"和"非红军系"的问题。例如张士诚在降元前，他的队伍一直被称为红军。陶宗仪《辍耕录》卷三十《松江之变》条记："至正丙申二月朔，伪诚王张士诚红军破平江"；卷廿九《戏语》条记："红军与苗军战不胜"，这里所说与苗军交战的"红军"，就是张士诚部（苗军指当时在浙西一带活动的反动武装杨完者部）。同书卷九《松江官号》记载的"满城都是火，官府四散躲，城里无一人，红军府上坐"这首著名歌谣，产生于至正十六年（1355）张士诚部进攻松江时，"红军"当然是指张士诚部。这首歌谣常被人们认为反映了刘福通、韩林儿部起义军的活动，其实并非如此。⑤ 张士诚部之所以被称为红军，是因为他们穿戴"朱巾赭裳"。⑥

关于方国珍所部是否也称红军，没有明确记载。但是，就在方国珍活动的浙东地区，起义的群众也是"斩木为戈矛，染红作巾裳"的。⑦

第二，关于"红军"和"香军"。《明史·韩林儿传》提到元末起义军时说："时皆谓之红军，亦称香军。"后人常常沿袭这种说法，以为红军就是

---

① 《元史》卷一九四《忠义二·郭嘉传》。
② 朱元璋：《纪梦》，《高皇帝御制文集》卷一四。
③ 谢应芳：《客来》，《龟巢稿》卷二。
④ 吴晗：《朱元璋传》，第104页。
⑤ 吴晗：《朱元璋传》，第75页。
⑥ 郑真：《华亭陈君事迹诗序》，《荥阳外史集》卷二五。
⑦ 刘基：《赠周宗道六十四韵》，《诚意伯文集》卷一三。

香军。其实,这两个名称的含义,并不完全相同。

为什么称起义军为"香军"?这是因为起义军中有很大一部分是起义领袖利用白莲会形式组织发动起来的,白莲会活动的方式是"烧香惑众"[①],"号为香军,盖以烧香礼弥勒佛也"[②]。元末的起义军都称为红军,而"香军"只是起义军中的一部分(可以说是主要部分),还有相当一部分起义军如芝麻李、张士诚、方国珍以及各地零星起义的队伍,与白莲会没有关系,不存在"烧香聚众"问题,不能叫作"香军"。这就是说,香军是红军的一部分,香军都是红军,但红军并不等于香军。

上面我们说,将起义军划分为"红军系"和"非红军系"是不恰当的。其实,倒不妨将起义军即红军划分为"香军系"和"非香军系",二者之间就其队伍的基本成分来说没有多大区别,但前者的规模和组织性等方面显然超过了后者。对二者之间的区别作深入的比较研究,会有助于对秘密宗教在农民战争中的作用的认识。

第三,关于"东系红军"和"西系红军"。有的研究者称"在颍州发动的"刘福通部为东系红军,"起于蕲、黄"的徐寿辉部为西系红军。[③] 这两个名称也值得商榷。

首先,所有起义军都叫红军,而有好几支起义队伍与刘福通或徐寿辉并无组织上的联系,称他们是什么系呢?香军有两大系。但就"红军"而言,划分两系是不合适的。

其次,所谓"东系""西系"之别,不过就刘、徐两支队伍起义地点而言。但更为重要的事实是:(1)这两支队伍都是用白莲会形式组织发动起来的,而刘福通是河北白莲会领袖韩山童的弟子,群众基础主要在江、淮以北;徐寿辉是由南方白莲会领袖彭莹玉拥戴起来的,彭莹玉活动区域主要在江、淮之间及江西等地。(2)起义后,刘福通部向北活动,由河南、山东进而向山西、陕西、河北等地;徐寿辉部沿大江而下,战斗于江、淮以南广大地区。这和这两支起义队伍的领袖们在起义以前活动的状况有密切关系。从以上两点看,与其用"东""西",远不如用"北""南",较能反映出他们活动的特点。

---

① 《元史》卷四二《顺帝纪五》。
② 《庚申外史》卷上。
③ 吴晗:《朱元璋传》,第22页。

我们认为，最好不用"东系红军""西系红军"这两个不能反映历史真实情况的名称。对刘福通、徐寿辉两部，不如干脆用其国号。称之为"宋红军""天完红军"。当然，也可以考虑，在适当场合使用"北系香军""南系香军"的称呼。

（原载《南开大学学报》1979年第2期）

杨四娘子的下落

金朝末年，山东爆发了红袄军起义。起义军中有一个著名的女首领，名叫杨妙真，又称杨四娘子，军中还尊称之为"姑姑"。杨妙真"能马上运双刀，所向披靡"，名震一时。[1] 她的生平，很带有传奇色彩。有人誉之为农民起义的女英雄，其实，杨妙真在政治上反复无常，是个不值得肯定的人物。

杨妙真通过比武，选择另一支起义军的首领李全为夫。两人结合后，始则反抗金朝统治，依附宋朝；继而与宋朝矛盾，改而勾结蒙古侵宋。实际上，他们摇摆于金、宋、蒙古三个政权之间，利用各种矛盾，成为割据山东、淮安一带的封建势力。

南宋理宗绍定四年（1231），李全攻扬州，为宋军所杀。对于此后杨四娘子的下落，《宋史·李全传》只言："杨氏窜归山东，又数年而后毙。"没有任何具体的内容。《元史·李璮传》记李全养子李璮的活动，李璮是李全的继承人，但该传根本没有提到杨四娘子。这样，她的下落成了一个谜。

事实上，李全死后，杨妙真即完全投靠蒙古。《金史》卷一百十四《白华传》云：

> 正大八年（1231）夏五月，杨妙真以夫李全死于宋，构浮桥于楚州之北，就北帅梭鲁胡吐乞师复仇。朝廷（金朝）觇知之，以谓北军果能渡淮，淮与河南跬步间耳，遣（完颜）合达、（移剌）蒲阿驻军桃源界激河口备之。两行省（即合达、蒲阿）乃约宋师赵范、赵葵为夹攻之计。[2]

---

[1] 周密：《齐东野语》卷九《李全》。
[2] 《金史》卷一百十四《白华传》。

文中所说的"北军"和"北帅"指的就是蒙古军和蒙古军统帅。由这条记载可知杨妙真当李全死后曾企图勾结蒙古军向宋军反扑，但此事并未实现。于是，杨妙真便仓皇逃归山东。据南宋方面的记载说："杨姑者惧朝廷必讨，遂扫众尽俘南官北去。"① 到山东后，完全依附于蒙古政权。元人柳贯《于思容墓志铭》（《柳待制文集》一一）云：

> 初，金季李全据山东以叛，其弟二太尉略地至文登。君之祖讳祥，隐里中，方坐塾教诸生，兵暴入，为所掠。见其仪状伟岸，挟刃临之，逼与俱行，至益都。……全受擒，其妻杨举众归朝，开行省山东，因得署为其从事。②

"全受擒"不确，应是被宋军所杀。"举众归朝"即率部归附蒙古政权。蒙古进入中原之初，对归附的汉人授以种种官职，其名称一般均沿袭金朝之旧。"行省"即行尚书省事，为地方的最高职位。

许时献的《胶州知州董公神道碑》（《山左金石志》卷二二）说得更清楚：

> 公讳进，……有义军李帅见公异于诸子，……以为亲兵。国王南来，李帅迎降，承制以为益都行省。西拒金人，南御楚寇，日寻干戈，以相征讨。公为家将，常为前锋。……帅因攻扬州，殁于城下。公率麾下推其夫人权主军务，众皆悦服。越明年，杨氏入觐，得绍夫职。假公以军帅之□（任？），使代征戍之劳。又常乘传赴阙奏事，进贡诸物。杨氏辞政，公亦寻解兵柄，寻署高密尹。③

文中的"李帅"即李全。"国王"指蒙古大将孛鲁，他是成吉思汗亲信木华黎之子，木华黎受命经略中原，受封为太师国王，死后其子孛鲁嗣位。他曾收降李全④。"楚寇"指南宋。从此文可知，李全死后，部下推杨妙真

---

① 刘克庄：《林韶州墓志铭》，《后村先生大全集》卷一五七。
② 柳贯：《于思容墓志铭》，《柳待制文集》一一。
③ 许时献：《胶州知州董公神道碑》，《山左金石志》卷二二。
④ 《元史》卷一百十九《孛鲁传》。

临时主持军务。第二年，杨妙真到蒙古汗庭"入觐"之后，才得到大汗的正式任命，继承李全的益都行省之职。此后她经常派人到汗庭"奏事"和"进贡"，完全成了蒙古政权的附庸。"杨氏辞政"，应是指杨妙真后来将权力移交给义子李璮。《元史·李璮传》说："太宗三年，全攻宋扬州，败死，璮遂袭为益都行省，仍得专制其地。"这个说法并不准确。益都李氏继续了三任，先是李全，继为杨妙真，最后才是李璮。在讨论金元之际北方汉族军阀活动时，益都李氏是很值得重视的一支，而杨妙真在这一支中的作用，是不容忽视的。

（原载《中国农民战争史论丛》第 2 辑，河南人民出版社 1980 年版）

夏文彦事迹小考

元朝末年，夏文彦编纂了《图绘宝鉴》一书。这是一本在中国绘画史上具有重要地位的著作，在后代有相当大的影响。夏文彦，字士良，号兰渚生。关于他的生平，尚未有人论及。本文拟就见到的资料，略作介绍。

《图绘宝鉴》一书自序署名是"吴兴夏文彦士良"。实际上，吴兴（湖州）是夏文彦的祖籍。早在他的曾祖父一代，已经移居松江府华亭县。元代松江府辖华亭、上海二县，华亭县城是府治所在地。通常所说的松江城，实际上也就是华亭县城。

夏文彦的曾祖父名叫夏椿，原为湖州长兴人。夏椿的兄长在南宋末年"为华亭典押"，夏椿就随其兄在任上。元军南下灭宋时，夏椿及其兄愍恿地方官投降，因而得到元军将领的赏识，其兄被任为行军镇抚，后来又升为华亭县尹，亦即县的主管长官。他们兄弟二人就在华亭县落户。凭借政治上的权势，他们很快就成为当地有名的地主豪绅。夏椿本人没有做过官，但他不时出钱修桥补路，建立义学，饭囚施药，以博取声誉。元武宗至大元年（1308），松江一带发生严重饥荒，夏椿放粮"赈施"。元朝政府"官其长子，而表其门曰：义士，且旌其家"。于是，人们就称之为"义门夏氏"[1]。

夏椿的长子名叫夏世泽，号谦斋，"尝为杭州司狱"[2]。元代各路总管府下有司狱司，设司狱管理其事。夏世泽得任杭州司狱，大概就是夏椿"赈施"换来的官职。他就是夏文彦的祖父。夏文彦的父亲名叫夏浚，是个没有做过官的"处士"。他和夏椿一样，设立义塾、义庄，修理桥梁、渠堰、道

---

① 邓文原：《旌表义士夏君墓志铭》，《巴西文集》。
② 郑元祐：《停云轩记》，《侨吴集》卷一〇。

路、宫寺,"与凡役于今上者,亦无不力先之"①。元顺帝至正六年(1346),松江城内发生大火灾,延烧三千余家。②夏浚"乃亟发廩以济灾者"。他还爱好古玩、书画,"筑堂于屋舍西偏,曰:爱闲,蓄古法书、名画、周彝、汉鼎其中,日从宾朋觞咏,以相娱乐"③。在当时是一个有声望的收藏家。这座收藏书画的爱闲堂侥幸逃脱了至正六年的大火,"岿然独存",曾被人们认为是奇迹。④夏浚死于至正十五年(1355),年六十三岁。

夏浚有子三人,长文举,次文彦,又次文德。

夏文彦曾任绍兴路同知余姚州事,是个正七品官。但他在出仕期间的活动没有什么记载流传下来。可以知道的是,他受父亲的影响,也很爱好古玩和书画,"蓄书万卷外,古名流墨迹,舍金购之弗吝。于文人才士之图写,尤所珍重"。"蓄画凡百十家。"因为收藏有宋代文同的墨竹,他还专门命名招待客人的书轩为"文竹轩"⑤。据他的友人陶宗仪说,夏氏的收藏"鲜有比者"。丰富的收藏,使夏文彦得以"朝夕玩索,心领神会"。"加以游于画艺,悟入厥趣,是故鉴赏品藻,万不失一。"⑥夏氏本人的绘画作品,有《修篁芙蓉图》等。⑦深厚的艺术修养,为后来编纂《图绘宝鉴》打下了有益的基础。

元顺帝至正十一年(1351),元末农民战争爆发。至正十六年(1356),起自淮东(今江苏北部)的张士诚,率军渡江南下,占领了包括松江在内的江浙部分地区。在张军到达以前,元军内哄,使松江城遭到很大破坏,"寺观民房,悉化焦土"⑧。夏氏住宅在城内,"室庐亦尽毁"。但城北泗水旁有夏氏别业田庐,于是便全家迁居。⑨陶宗仪记述至正庚子年(至正二十年,

---

① 贡师泰:《元故处士夏君墓志铭》,《玩斋集》卷一〇。按,常见的清乾隆南湖书塾刊本《玩斋集》卷一〇缺十篇(有目无文),《夏君墓志铭》即在其中。笔者据北京图书馆所藏抄本。
② 陶宗仪:《辍耕录》卷三〇《书画楼》。
③ 贡师泰:《元故处士夏君墓志铭》,《玩斋集》卷一〇。
④ 陶宗仪:《辍耕录》卷三〇《书画楼》。
⑤ 杨维桢:《文竹轩记》,《东维子文集》卷一五。
⑥ 《辍耕录》卷一八《叙画》。
⑦ 陶宗仪:《题夏士良〈修篁芙蓉〉》,《南村诗集》卷四。
⑧ 《辍耕录》卷三〇《松江之变》。
⑨ 郑元祐:《停云轩记》。按,郑元祐的文章是至正十八年(1358)为夏颐贞写的。夏颐贞的祖父"爱闲",即夏浚,父夏士贤。士贤应是文举或文德的字。夏颐贞是夏文彦的侄子。

即 1360)"饮松江泗滨夏氏清樾堂上",应即夏文彦家。① 正是在移居之后,夏文彦开始了《图绘宝鉴》一书的编纂工作。用他自己的话来说:"自卜居泗上,人事稀阔",于是搜集整理资料"汇而成编"。这本著作完成于"至正乙巳",亦即至正二十五年(1365)。

当时的著名学者陶宗仪,也住在这一带。陶宗仪是浙江黄岩人,元朝末年"侨居华亭之泗泾",编著了《辍耕录》《书史会要》等书。陶宗仪与夏文彦居处相近,往来颇密,在《辍耕录》中,他对夏文彦赞扬备至。陶氏编纂的《书史会要》一书,体例与《图绘宝鉴》大体相同,显然两人是曾经交换过意见的。夏文彦与元末江南名诗人杨维桢也有交往,杨维桢曾为《图绘宝鉴》作序,并为夏文彦待客的文竹轩作记。此外,夏文彦来往的友人还有孙大雅,孙曾为他作《洗心泉铭》。② 元末浙西是文人、艺术家萃聚之地,一些有名望的豪富如曹知白(曹云西)、倪瓒(倪云林)、顾瑛等都招徕宾客,广事交游。但从现有的各种记载来看,夏文彦并不是一个很活跃的人物,与文艺界的名流交往很少。因而,在流传至今为数甚多的这一时期江浙文人的诗文集中,有关他的记载寥寥无几。

至正二十六年(1366)年底,朱元璋的军队从张士诚手中夺取了松江,不久攻占平江(今苏州),消灭了张士诚为首的封建割据势力。明朝初年,朱元璋为了铲除张氏的残余影响,巩固自己在浙西的统治,便采用各种方式打击和削弱这一带地主和豪绅的势力。洪武二年(1369),夏文彦的兄弟和侄子"一载之间,俱罹患难,各天一方"③。夏文彦自己也"系名谪籍",被强制迁移到淮西(今安徽北部)临淮县(今属凤阳县)的农村里,"构草堂以居,耕田饭牛,温饱仅足"④。他的生活起了极大的变化。"往事繁华一梦中,风流谁识夏黄公"。这个原来"满船书画"的浙西富豪,在新王朝的打击下,完全没落了。⑤ 可以想见,他一定是和绝大多数被谪徙的地主一样,在淮西农村中度过了余生。

---

① 陶宗仪:《解语杯》,《辍耕录》卷二八。
② 孙大雅:《洗心泉铭》,《沧螺集》卷六。
③ 邵亨贞:《满江红·序》,《蚁术词选》卷二。
④ 郑真:《东涧草堂记》,《荥阳外史集》卷九。
⑤ 郑真:《寄凤阳府斯文诸君子》,《荥阳外史集》卷九二。

夏文彦有子名大有，字原威，曾从陶宗仪学。明初官至马平（今广西柳江）主簿，洪武二十年（1387）卒。[1]

（原载《美术研究》1981年第4期）

---

[1] 陶宗仪：《哭马平主簿夏原威》，《南村诗集》卷二。

元代泉州舶商

元代泉州是当时世界闻名的海港城市。许多外国商人来到这里,经营各种进出口贸易,不少中国商人也由泉州去海外经商。但在现存文献中,有关中国舶商的记载甚少。元末明初人王彝所作《泉州两义士传》,为此提供了有价值的资料。据王彝文中所记:

>孙天富、陈宝生者,皆泉州人也。天富为人外沉毅而含弘,宝生性更明秀,然皆勇于为义。初,宝生幼孤,天富与之约为兄弟,乃共出货泉,谋为贾海外。……两人相让,乃更相去留,或稍相辅以往。至十年,百货既集,犹不稽其子本。两人亦彼此不私有一钱。其所涉异国,自高句丽外,若阇婆、罗斛,与凡东西诸夷,去中国亡虑数十万里,其人父子、君臣、男女、衣裳、饮食、居止、嗜好之物,各有其俗,与中国殊。方是时,中国无事,干戈包武库中,礼乐之化焕如也,诸国之来王者且骎骎蔽海上而未已,中国之至彼者如东西家然。然以商贾往,不过与之交利而竞货,两人者虽亦务商贾,异国人见此两人者为人有特异也。……异国有号此两人者,译之者曰泉州两义士也。中国之贤士大夫闻之者,亦皆以为然云。天富字惟善,宝山字彦廉,今居吴之太仓,方以周穷援难为务。①

按,王彝此文作元顺帝至正二十五年(1365)八月,收在《王常宗集》续补遗内,笔者从此文可看出,这两位泉州商人"为贾海外",至少在"十年"以上。所涉地区,东起高句丽(今朝鲜),西抵阇婆(今印尼爪哇岛中

---

① 王彝:《泉州两义士传》,《四库珍本三集》。

部）、罗斛（今泰国）等地。当时海外贸易极为兴盛，外国商舶"驷蔽海上"，中国商人到海外"如东西家然"。

值得注意的是，这两位舶商经营海外贸易是在"中国无事"时。元末农民战争爆发后，泉州为色目"义兵"（反动武装）所占据，连年内讧，战乱不息，海外贸易也必然遭到破坏。王彝作传时，孙、陈二人已移居太仓（今江苏太仓）。太仓是元代新兴的一座海港城市，当时在张士诚控制之下。张氏割据一方，优待地主，所控制的地区相对来说比较安定。有些苦于战乱的泉州舶商迁往太仓，以求保护，是很自然的事。陈宝生移居太仓后，家境富裕，喜欢收藏书画，时与文人往还，颇有声名。名诗人高启有诗《温陵节妇行》，咏"泉州陈氏妇，夫泛海溺死，守志"。即陈宝生之母。① 据此可知宝生之父也是海商，父死子继，世代从事海外贸易。高启又有诗《泉南两义士歌》，咏孙、陈交谊事。② 陈宝生得到黄公望的《天池图》，曾求高启赋诗其上。③ 可见二人之间关系相当密切。

元末姚桐寿《乐郊私语》亦记陈彦廉事："州诗人陈彦廉好作怪体，善绘事。其母庄，本闽人，父思恭，商于闽，溺死海中。庄誓不嫁，携彦廉归本州，抚育遂成名士。彦廉有才名，交往多一时高流，最与黄公望子久亲昵。彦廉居硖石东山，终身不至海上，以父溺海故也。"王德毅等编《元人传记资料索引》介绍陈宝生生平，即以此为据。④ 姚氏所述，如其父经商溺死海中，其母守节，都是符合事实的，但根本没有提到陈宝生本人亦曾经营海外贸易，令人以为他是一个只知作诗画的文人雅士，则是不全面的。又，姚氏是海盐州人，文中说"州诗人陈彦廉"，则陈宝生或曾一度居于海盐。海盐州所辖有澉浦港，是当时的对外贸易中心之一。陈彦廉于海盐居留，或与此有关。

王彝还有一篇《送朱道山还京师序》，见《王常宗集》补遗。这是入明后的作品。文中说：

朱君道山，泉州人也。以宝货往来海上，务有信义，故凡海内外之

---

① 高启：《温陵节妇行》，《高青丘集》卷八，上海古籍出版社1985年版。
② 高启：《泉南两义士歌》，《高青丘集》卷一〇。按，此诗最后云："作歌为继王氏传，薄俗视此应堪教。""王氏传"指王彝《泉州两义士传》。
③ 高启：《题〈天池图〉小引》，《高青丘集》卷四。
④ 王德毅等：《元人传记资料索引》第2册，中华书局1987年版，第1342页。

为商者皆推焉以为师。时两浙既臣附,道山首率群商入贡于朝。上嘉纳道山之能为远人先,俾居辇毂之下。优游咏歌,以依日月末光,示所以怀柔远人之道。海外闻之,皆知道山入贡之荣有如是也。至是海舶集于龙河,而远人之来得以望都城而瞻官阙。①

这位朱道山,显然是泉州舶商的首领,他率领舶商"入贡于朝",受到朱元璋的重视,对于明初海外贸易的恢复起了有益的作用。据同一文中记载,上述孙文富、陈宝生二人都是朱道山的亲友,朱道山入贡后和他们仍有联系。由此可见,泉州舶商经历元末动乱之后,到明初仍是一支值得重视的经济力量。

(原载《中国史研究》1985年第1期)

---

① 王彝:《送朱道山还京师序》,《王常宗集补遗》。

大都的燃料问题

燃料问题，用现在流行的术语来说，就是能源问题。现代社会生活中能源问题之突出，人所共知。其实，在古代的社会生活中，能源同样是一个大问题。

元代大都（今北京）是一个规模宏伟的城市，它的居民有多少，找不到具体的记载。至元三十年（1293），忽必烈说："大都民有十万。"① 当时的一些诗歌也说："波及都城十万家"②，"寂寞东风十万家"③。看来，"十万家"是当时一般承认的数目。元代户与口的比例大体是一与四或五之比。④据此，则大都居民应有四十万至五十万人。十万户居民，加上庞大的宫廷、军队，要维持他们的生活，需要巨额的粮食和燃料，这是不言而喻的。元代北方人口稀少，农业生产粗放，粮食产量不高，不能满足大都的消费需要。元朝政府经过精心的筹划，每年经过海道从江南运输大批粮食到北方，最多时每年达三百余万石，从而解决了大都的粮食供应问题。至于燃料，在当时的运输条件下，不可能大规模从外地调运，主要只能在大都郊区解决。从现有一些资料来看，大都的燃料主要是柴草（包括苇草），其次才是煤。

根据元代北京方志《析津志》记载，"草市门门有之"。此外在大都最热闹的商业区之一羊角市（今西四砖塔胡同一带）北也有柴草市，"柴炭市集市，一顺承门外，一钟楼，一千斯仓，一枢密院"，另有煤市一处，在修文坊前。⑤ 从市的分布可以看出，柴草一类燃料占了多数。当时有人写道：

---

① 《大元仓库记》。
② 王恽：《宫井七绝》，《秋涧文集》卷二八。
③ 宋褧：《三月一日杂诗四首》，《燕石集》卷七。
④ 《元史》卷五八《地理志一》。
⑤ 《析津志辑佚·城池街市》。

"白苇生寒沙，残沙摇敝帚；燕都百万家，借尔作薪樵。"① 元朝政府于大都文明门（今崇文门南）外立苇场，收苇供"葺城"之用，同时也"供内厨之需"②。大都烧饭桥，"内府御厨运柴苇皆于此入"③。可知宫廷之中，亦用苇草作燃料。

元朝末年，政府下决心重开金口河，这是大都水利建设中的一件大事。其主要原因，就是要解燃料问题：元顺帝至正二年，"右丞相益都忽、左丞相脱脱奏曰：'京师人烟百万，薪刍负担不便。今西山有煤炭，若都城开池河上，受金口灌注，通舟楫往来，西山之煤，可坐致于城中矣。'遂起夫役，大开河五、六十里"④。这次工程因设计不善，以完全失败告终。但由此可知，直到元朝末年，大都燃料仍是以薪刍为主的。

另一方面，也必须看到，大都居民用煤者为数已不少。大都有煤市，已见前述。14世纪高丽（今朝鲜）通行的汉语教科书《朴通事》，主要介绍大都各方面社会生活，其中也提及"到煤场推煤去"⑤。煤主要出产于西山一带，元朝政府专门在西山设有煤窑场，"奉皇太后位下"，主要是供宫廷消费的。⑥ 大的寺院如大庆寿寺也有自己的煤窑，供寺院消费，很可能还用来出售。⑦ 可以推知，其他贵族、官僚和民间地主，一定也有自己经营煤窑的。据有的记载说，大都所属宛平县的大谷山有黑煤三十余洞，桃花沟有白煤十余洞。⑧ 可见有一定规模。但对其生产和经营情况，都是不清楚的。据《析津志》载："城中内外经纪之人，每至九月间买牛装车，往西山窑头载取煤炭，往来于此。……冬月则冰坚水涸，车牛直抵窑前，及春则冰解浑河水泛则难行矣。往年官设抽税，日发煤数百，往来如织。二、三月后，以牛载草货卖。北山又有煤，不佳，都中人不取，故价廉。"⑨ 每日发煤数百车，其数量是相当可观的。九月以后运煤货卖，可见煤主要用来冬季取暖。开春以后，就运草货卖了。

---

① 袁桷：《舟中杂咏十首》，《清容居士集》卷三。
② 《析津志辑佚·城池街市》。
③ 《析津志辑佚·河闸桥梁》。
④ 权衡：《庚申外史》卷上。
⑤ 《朴通事谚解》卷下。
⑥ 《元史》卷八九《百官志五》。
⑦ 邓文原：《大庆寿寺田碑》，《巴西文集》。
⑧ 《元一统志》卷一《中书省·大都路》。
⑨ 《析津志辑佚·风俗》。

元朝灭南宋后，南宋小皇帝和太皇太后等被押解来京，其随从之一汪元量到大都后，写下了"地炉石炭共团圞"之句。① 元代后期的文人欧阳玄写有《渔家傲·南词》十二首，描述大都十二月风光，其中一首是："十月，……暖炕煤炉香豆熟。"② 另一位诗人尹廷高在《燕山寒》一诗中写道："地穴玲珑石炭红，土床芦簟觉春融。"③ 土床就是土炕，芦簟指炕上的苇席。地穴和地炉显然是一回事，现在北京郊区有些地方还在土炕前修一个烧煤的穴，和土炕之间有地道相连，即称为地炉。从上引诗句看来，大都有不少人家已使用煤火炕。但用煤的主要应是贵族、官僚人家。元代前期文人王恽有《大都即事》诗："薪如束桂米量珠，二月中旬冻未苏。"④ 王恽是个中级官员，从诗句看来，他家中显然没有用煤，而是用薪（柴草）。但冬季柴草太贵，所以他只好挨冻了。

我们还可以往上追溯。金代诗人赵秉文有一首《夜卧炕暖》诗："京师苦寒岁，桂玉不易求。斗粟换束薪，掉臂不肯酬。日籴五升米，未有旦夕忧。近山富黑璺，百金不难谋。地炉规玲珑，火穴通深幽。长舒两脚睡，暖律初回邹。门前三尺雪，鼻息方齁齁。田家烧楉柮，湿烟泫泪流。浑家身上衣，炙背晓未休。谁能献此术，助汝当衾裯。"⑤ "璺"义为黑玉，"近山富黑璺"，即指北京郊区产煤。由此诗可知，在金代中都，每届隆冬，薪柴的价钱也很高，而且不好买。赵秉文是个官僚，所以能以"百金"去买郊区的煤。他家有煤火炕，烧煤以后，满室生温，可以"长舒两脚睡"。但是田家农夫只能以"楉柮"（小木头、木片）生火取暖。冬天木片潮湿，房间里到处是烟。两相对比，贫富之间在取暖上也反映出来。金、元两代北京地区在使用燃料上是差不多的。

后英房元代遗址曾发现有铁炉子，应该是专门用来烧煤做饭的。⑥ 有趣的是，前述《朴通事》一书的下卷有一段专讲煤炉的使用："把那煤炉来，掠饬的好看。干的煤筒儿有么？没了，只有些和的湿煤。黄土少些个。拣着那乏煤，一打里和着干不的，着上些煤块子。""煤筒儿""乏煤"等，一直

---

① 汪元量：《湖州歌九十》，《增订湖山类稿》卷二。
② 欧阳玄：《渔家傲·南词》，《圭斋文集》卷四。
③ 尹廷高：《燕山寒》，《玉井樵唱》卷上。
④ 王恽：《大都即事》，《秋涧文集》卷二八。
⑤ 赵秉文：《夜卧炕暖》，《闲闲老人滏水文集》卷五。
⑥ 元大都考古队：《北京后英房元代居住遗址》，《考古》1972年第6期。

到今天还是北京民间的俗语，所说的烧煤方法也延续到现在。

元代先后来中国的外国旅行家马可·波罗和伊本·白图泰都对中国用煤作燃料感到惊奇，在他们的旅行记中专门加以记载，这说明当时世界上大多数地方还不知用煤。我国劳动人民早就发现煤是一种很有价值的能源，这是很值得我们引以为自豪的。正因为如此，对大都用煤的情况进行研究，也是很有意义的。

（选自《元大都史事杂考》，载《燕京春秋》，北京出版社 1982 年版）

石工杨琼事迹新考

大都城的修建，凝聚成千上万劳动人民的智慧和血汗。在大都的建设者中，有一个名叫杨琼的石匠，做出了独特的贡献。

官修《元史》中没有杨琼的名字，他的事迹长期不为人们所知。较早注意到杨琼的是朱偰先生，他在《元大都宫殿图考》中引用了《光绪曲阳县志》《工艺传》的记载，指出杨琼"世为石工，技巧绝伦"。后来研究大都史事者，无例外地以此为据，来叙述杨琼生平。其实，就在这部县志的卷十三《金石录下》中，载有元代名作家姚燧撰写的《杨琼神道碑铭》，所记远较《工艺传》详尽，而且可以纠正《工艺传》的一些错误。在较早的《康熙曲阳县新志》卷十《艺文志》中，也刊载了这篇碑铭，但文字错讹较多。现以《光绪曲阳县志》《金石录下》为据，将碑铭全文转录如下：

元朝列大夫骑都尉宏农伯
杨公神道碑铭

公姓杨氏，讳琼，世居保定路之曲阳县。高祖不可远推，惟知大父其次居五，而逸其讳；妣王氏，生子二。长曰德，娶李氏；次曰荣，娶张氏。德之长子曰进，娶石氏；次琼，公是也；又次善，娶阎氏。女适刘氏。荣之子长曰从，娶王氏；次曰玉，娶张氏；女适陈氏、郭氏。

公之次子谦状其父之行实泣而请曰："谦将以皇庆壬子之良月举柩归葬于乡之黄山先祖之兆，吾父以石工进，维艰就工，今不敢以旧之所业为讳，乞铭诸。"噫，子不忘本也，乃直笔不可辞。

公生而伟颜修干，幼年与其叔荣同艺，玢幽文磷，每自出新意，天巧层出，人莫能及焉。名闻，世祖皇帝诏公等来都，时中统初元也。所经城市，独不与群辈戏，日取二玉石斫一狮一鼎，成，持以觐献。帝曰："此绝艺也。"丞相段公、叶孙不花传旨，命管领燕南诸路石匠。自中统三年至至元丁卯，建两都宫殿及城郭诸营造，于是三迁，领大都等处山场石局总管。时西京有邱总管者联事，上赐银符一，莫择所授。二相语曰："若辈为杨氏者东列，为邱氏者西列。"群趋而东，乃以符授公，于此见众工之所心服者，公也。岁壬申，建朝阁大殿等，于近畿拨户五千为役，较之前此可免官钱十五万缗，① 从公请也。甲戌，董工玉泉山，剖黑玉石，中得寿龟焉，因以奏献。是年冬，赐金符，此其为瑞，何必良相张显哉！一日，侍段相二公宴，立标的，命众射，公挽强引满，一举而中，信乎公之所长，不局于玉公也。

乙亥，拜玺书采玉石提举，以白玉石盘贡。上顾其美髯，喜，赐钞为定百。明年丙子，驾周桥，或绘以图进，多不可，上意独允公议，因命督之。时段贞尚书疾，董八侍御代主营造事，段语董曰："是桥当责成于杨，勿挠之。"讫工，上悦，赐黄金满衿，上尊二。以酒为母寿，尽以金置地于齐化门之外，泊房山县之北，皆沃壤，宜农圃，为亩千余，其为子孙久远计类此。

其平生功力，如两都中外及涿郡等寺，察罕脑儿宫殿，凉亭，石洞门，石浴室，北岳庙尖鼎炉，山西三清神像，独树山等庙宇，难以件数。虽锡赉数数，然精力亦瘁于此。丁亥，除武略将军、判大都留守司，兼少府少监。明年戊子，积疴不愈，劬悴滋甚。谦适扈从之野马川，日心痛形瘵。诸执政诘其故，曰："思亲耳。"亟遣其归侍。公曰："吾忍死迟子来。汝其以忠谨报国家。"越一日而逝。

夫人赵氏，后公十有四年为大德壬寅卒，袝焉。闺门之中，剪然有法，妇仪母道，可谓贤也已。

至大戊申，谦拜玺书翰林直学士、朝列大夫，公以恩追褒朝列大夫、骑都尉、宏农伯，夫人赠宏农太君。男三。长曰诇，娶王氏，不幸早卒。次谦，娶刘氏，封宏农郡君。又次谌，谌历受玺书，今从仕郎、内宰府丞，娶张氏。曰：谫、让、诣、谆、谅、议、詿、谞、谥，皆公侄男也。侄女十二。长孙元泰，娶方氏。其次□□□□。

呜呼，当国家混一之初，相宅经始，百工子来，必有魁然智巧之士，独能人所不能者出焉。布衣而见知于万乘，一日而致富于千金，此

---

① 中阙十八字。

岂偶然之故哉。且夫名一艺者皆可致身，著微显幽，亦理之宜。况铢寸计工，鞠躬尽瘁，其视持空言蹑荣显者为何如！夫天之生才也难，才之遇于世也又难，才者必慧，慧之丽于福也为尤难。才于世不相候，福与慧适相遭，吾于今日宏农伯杨公见之。虽然，造物与公似若少靳，然公之子闻益著，位益隆，足以显扬其亲，与方伯列等，亦可以无憾矣。公平生嗜欲之心泊如。食不兼味，服必纯素，所赐金绣之衣，遇大会嘉礼则服之，余不敢亵之。至今都人称为杨佛子，则其为贤厚长者，从可知故。

据上述碑文，可知杨琼卒于戊子，即至元二十五年（1288），《光绪曲阳县志》《工艺传》说他"十五年卒"，显然是错误的。大都的修建工作，到至元二十年（1283）才基本完成。如果杨琼死于至元十五年，那就意味着他并没有能参加整个大都建设过程。因此，弄清杨琼的卒年对于评价他的贡献是有意义的。杨琼从"中统（1260—1263）初元"即奉召来京，大都的正式兴建开始于至元四年（1267），可见他一开始便参与大都营建之事。碑文中提到的段贞、叶孙不花，是大都工程的主要组织者。杨琼分工负责采石和石雕，在这方面起了重要的作用。碑文中特别提到了建造周桥一事，[①] 就是崇天门前金水河上的三座白玉桥。据明初监督拆毁大都宫阙的萧洵记："（灵星）门内数十步许有河，河上建白石桥三座，名周桥，皆琢龙凤祥云，明莹如玉。桥下有四白石龙，擎戴水中，甚壮。绕桥尽高柳，郁郁万株，远与内城两宫海子相望。"[②] 这一建筑物是皇城的重要组成部分，忽必烈亲自过问设计方案，指定杨琼负责，可见其重视的程度。在杨琼主持下，周桥顺利建成，为皇城生色不少。后来明清两代皇城的金水河桥，便是以元代的周桥为蓝本的。《光绪曲阳县志》《工艺传》只言其"督造桥工"，没有讲清楚这是周桥，未免疏忽。

除了大都的营建之外，杨琼还参与上都开平（今内蒙古正蓝旗境内）、凉亭（上都附近建东、西凉亭，供皇帝狩猎时休息之用）、察罕脑儿（今河北张北境内，为元朝皇帝巡幸上都时必经之地，后定为中都）等处宫殿的修

---

① 元代方志《析津志》云："周桥，义或本于《诗》'造舟为梁'，故曰周桥。"（转引自《日下旧闻考》卷三〇《宫室》）。

② 《故宫遗录》。

建，以及一些寺院庙寺、神像、祭祀物品的雕造。他是元代前期享有盛名的石雕名家，可惜作品大都没有能保存下来。但曲阳北岳庙的尖顶炉，直到清末尚在北岳庙大殿前，"工绝精，石色似骨，土人谓之象石"①。此物如尚在，那便是杨琼传世的唯一精品了。

杨琼主要在石局任职。据《元史》记载，大都留守司下有采石局，"秩从七品。大使、副使各一员。掌夫匠营造内府殿宇寺观桥牏石材之役。至元四年，置石桥总管。十一年，拨采石之夫二千余户，常任工役，置大都等处采石提举司。二十六年罢，立采石局"②。此外，在《永乐大典》中也有一则记载："采石局。《元史》：至元四年置大都兼山场石局总管，以杨琼为之。寻受印信、银符。九年，改授金符，总管夫匠，营造内府殿宇寺观桥牏石材之役。十一年，于大都近地拨采石之夫二千余户，常任工役，改置大都等处采石提举司，秩正五品。设达鲁花赤一员，提举一员，同提举一员，副提举一员。二十六年，罢提举司为采石局，秩从七品。今定置大使一员，副使一员。"③ 两相比较，可以看出，《永乐大典》所引《元史》，较今本《元史》为详。这显然是因为《永乐大典》所录并非《元史》本文，而是《经世大典》中的有关记载。《经世大典》是元代中期所修政书，明初修《元史》，各《志》大都据之，但常有删节，"采石局"条即是一例。《永乐大典》中将《经世大典》误为《元史》还有别的例子。这一条记载的最可贵之处，便在于它提到了杨琼的名字，而《元史》却删去了。以此条所记与《神道碑》比较，两者基本是一致的。至元四年（丁卯）杨琼任大都等处山场石局总管，正是这一年大都的营建全面开始。九年（壬申），建朝阁大殿等。采石局升为提举司是至元十一年（甲戌）的事，杨琼于十二年乙亥任采玉石提举，亦是合乎情理的。提举是正五品官。此后他的职务长期没有变化。直到至元二十四年（丁亥）才调任大都留守司判官，兼少府少监，同样阶正五品。可见他后来在仕途上是不得意的。次年他便病故。值得注意的是，在他病故的次年，采石提举司改为采石局，品秩也由正五降到从七。这与杨琼之死显然是有关系的。

（选自《元大都史事杂考》，载《燕京春秋》，北京出版社1982年版）

---

① 《光绪曲阳县志》卷一三《金石录下》。
② 《元史》卷九〇《百官志六》。
③ 《永乐大典》卷一九七八一。

哈密里二三事

虞集的《亦都护高昌王世勋碑》中,① 记畏兀儿亦都护巴而术阿儿忒的斤归附成吉思汗之后,"与者必那颜征罕勉力、锁檀、回回等国"。又记亦都护火赤哈儿的斤在元世祖时"还镇火州,屯于州南哈密力之地"。清代学者钱大昕已指出,罕勉力即哈密力。② 在元代其他文献中又写作哈密里、哈迷里、柯模里、感木鲁等。元代杂剧《诸葛亮博望烧屯》中的一个角色说:"顺着岫岫小道儿,我直走到哈密里去也。"③ 可见这个边疆地区已为内地汉族人所熟悉。

哈密里原来应是一个独立的割据政权,所以巴而术阿儿忒的斤才会随着蒙古军出征该地。入元以后,元朝皇帝在大德五年(1301)、皇庆二年(1313)和延祐六年(1319)先后发布的三件诏令中,都以"亦都护为头畏兀儿每"与"的斤迭林为头哈迷里每"相并列,④ 一则说明当时畏兀儿人与哈密里人有别,二则说明当时的哈密里首领的斤迭林与畏兀儿首领亦都护之间并无上下隶属的关系。13 世纪下半期,西北诸王作乱,亦都护率领部分畏兀儿人内迁,遭到战火的哈密里,也有不少居民也在首领的斤迭林率领下内迁。内迁的哈密里人和畏兀儿人一样,分布在"汉儿(指江淮以北地区)、河西、蛮子(指江南地区)、哈喇章(云南)"等地,与汉族及其他民族杂居。⑤

---

① 虞集:《亦都护高昌王世勋碑》,《道园学古录》卷二四。
② 钱大昕:《罕勉力与哈密力》,《十驾斋养新录》卷九。
③ 佚名:《诸葛亮博望烧屯》,《元曲选》下册。
④ 《元典章》卷五三《刑部十九·约会》;《元典章新集》《刑部·诉讼》。
⑤ 《元典章》卷五三《刑部十九·约会》。

元成宗即位时，"赐亦都护金五百五十两，银七千五百两；合迷里的斤帖林金五十两，银四百五十两"①。的斤帖林（的斤迭林的异译）所得赏赐不及亦都护的十分之一，由此可看出畏兀儿、哈迷里二个地区重要性的差别。内迁的畏兀儿人中有不少在元朝政府中做官，有的还担任显要的职务，元代后期亦都护帖睦儿补化便曾任丞相、御史大夫等职务。相比之下，哈密里出身的官员不多。而且一般担任中下级职务。例如，在江南行御史台中，先后有"哈密理人"纳纳识理、阿察雅实礼任经历，别理不花、秃忽鲁、桑哥失理任监察御史，而畏兀儿人任经历的有三人，任监察御史的三十余人。②

这里想说一下塔本的籍贯问题。塔本在大蒙古国时期经营辽东，有名于时。《元史》卷一二四有他的传记。传文一开头便说："塔本，伊吾庐人。"日本学者安部健夫认为，"从各种迹象看来，他是一个畏兀儿人"。但"伊吾庐，无须说是伊州的古名"，因此，塔本应是居住在哈密里的畏兀儿人，"哈密力好像在元代以前，就存在着回鹘人的小朝廷，或者毋宁说是'封侯'之类的东西"③。安部先生指出塔本是畏兀儿人，是很有见地的，但由此推断哈密力存在着回鹘人的小朝廷，亦即是畏兀儿政权的附庸，则与事实相去太远。关于塔本的传记，《元史·塔本传》之外，现存有廉惇《塔本世系状》，应即《元史·塔本传》所本。廉惇是忽必烈朝名臣廉希宪之子，廉氏家族源出别失八里，系畏兀儿人（一说于阗人）。廉惇有文集《廉文靖公集》，但早已散佚，故《塔本世系状》一文历来不为研究者所知。屠寄的《蒙兀儿史记》和柯绍忞的《新元史》都有《塔本传》，内容与《元史》本传可以说没有什么差别，说明他们都没有看到《塔本世系状》。幸运的是，这篇文献在残存的《永乐大典》中保留了下来，尽管中间有脱漏，但仍可纠正《元史》的一些错误。④ 其中讲塔本家世时说："公讳塔本，唐之北庭都护别失八里畏吾人也。"可见塔本应是别失八里的畏兀儿人，与作者廉惇同乡，与哈密里并无关系。

---

① 《元史》卷一八《成宗纪一》。
② 《至正金陵新志》卷六《官守志》。按，志中所记职官，有不少人并未注明氏族，所以这个数字仅能供参考。
③ ［日］安部健夫：《西回鹘国史的研究》，宋肃瀛等译，新疆人民出版社1986年版，第374—375页。
④ 《永乐大典》卷一三九九三。

《元史》为什么会将塔本的籍贯写成伊吾庐？想是不明沿革任意改窜之故。大蒙古国时期耶律楚材远游西域，在他的《西游录》中竟以为和州即伊州，可见这种情况并不奇怪。

（选自《元代新疆史事杂考》，载《新疆历史论文续集》，新疆人民出版社 1983 年版）

曲先学者盛熙明

曲先学者盛熙明的生平活动，陈垣先生在《元西域人华化考》卷五中曾作过简略的介绍，此后未见有人论及。本文拟在《华化考》的基础之上，作一些补充说明。

盛熙明的简历，见陶宗仪《书史会要》卷七：

> 盛熙明，其先曲鲜人，后居豫章。清修谨饬，笃学多材。工翰墨，亦能通六国书。至正甲申，尝以所编《法书考》八卷进。上览之彻卷，命藏禁中。

元代名作家虞集在一篇文章中，称之为"曲先盛熙明"①。曲鲜、曲先是一名异译，就是前代的龟兹，现在的库车。盛熙明在自己的作品《补陀洛迦山传题辞》②前自署"丘兹盛熙明"，又清宫原收藏元赵孟頫杂书，后题"至正十四年三月望日邱兹盛熙明记"③，丘（邱）兹亦即龟兹。他的著作《法书考》前有揭傒斯序，称他为"曲鲜人"；又有欧阳玄序，则称为"龟兹人"。其实这些所指都是同一个地方。

在13世纪前半期，曲先大概是畏兀儿政权辖下的一个地区。④ 曲先的居民应是畏兀儿人。有元一代，西北各族的居民大批内迁，但从现有记载来看，曲先人似乎不多。盛熙明的先世内迁后在豫章（今江西南昌）落户。据虞集说，他曾"备宿卫"。元代所谓"宿卫"，即指"怯薛"而言。凡列名

---

① 《题东平王与盛熙明手卷》，《道园学古录》卷三。
② 见《大正大藏经》卷五一《史传部三》。
③ 《石渠宝笈》卷三〇。
④ ［日］安部健夫：《西回鹘国史的研究》，第369页。

怯薛者，通常都是贵族官僚子弟，可以想见盛熙明的上代一定也有官职。有的记载说他曾"辟奎章阁书史"①。奎章阁学士院是元文宗设置的一个机构，"命儒臣进经史之书，考帝王之治"。"书史"应是学士院中的首领官或吏员。盛熙明曾参与编修《经世大典》，这是一部篇幅很大的政书，由奎章阁负责，这也可作为他任职奎章阁的旁证。盛熙明自称曾"备艺文生"②。元文宗在设置奎章阁学士院的同时设立了艺文监，"专以国语敷译儒书，及儒书之合校雠者俾兼治之"。"艺文生"应即在艺文监中任职。③

根据以上这些资料，可以推断，盛熙明曾有一段时间在大都任职。他的著作《法书考》，是在元文宗至顺年间编成的，元顺帝至正四年（甲申，1344）献给皇帝。另一部著作《图画考》成书在《法书考》之后，也曾"缮写装潢"献给皇帝。在此以前，元文宗时，盛熙明曾"写金字佛书一帙贽丞相（拜住）"，丞相拜住以宋宣和手敕一卷赠之，时间为至顺三年年初（1332）或稍前。④ 由此可以肯定，盛熙明在14世纪30年代到40年代前期在大都任职。由于他列名怯薛，任职奎章阁，所以有机会与皇帝、丞相接近，献书献字。

陶宗仪说盛熙明"工翰墨"，而盛氏曾以自己所写佛经为贽，可见他在当时是颇有声誉的书家。《法书考》⑤ 共八卷，主要论述汉字书法，同时也对梵文和蒙古新字作了介绍，可见陶宗仪所说"亦能通六国书"并非虚语。总之，他长于书法，精通多种文字。后一方面的成就也是元代不少畏兀儿学者的共同具有的特点。《图画考》七卷，将前代有关绘画的论述，分门别类，编辑成书。⑥ 这两种著作对于研究我国古代的书画，有一定的参考价值。

盛熙明晚年定居于浙东。他编《补陀洛迦山传题辞》中说："仆顷因谢病，偶在海滨"，文后署"至正辛丑岁四月望，寓四明之盘谷"。辛丑是至正二十一年（1361），但他何时离开大都，则不可得知。四明是今浙东宁波，当时称为庆元，为方国珍所据。方国珍的幕僚刘仁本与盛熙明往来颇密，他的文集《羽庭集》中有好几首诗与盛熙明唱和，其中一首题为《癸卯新正，

---

① 《珊瑚网》书录，卷一二《元贤翰疏札》。
② 盛熙明：《自序》，《图画考》。
③ 《元史》卷八八《百官志四》。
④ 《题东平王与盛熙明手卷》，《道园学古录》卷三。
⑤ 有《四部丛刊续编》本，《楝亭十二种》本。
⑥ 有《四部丛刊三编》本。此书历来未曾著录，《四库全书总目提要》与《元史艺文志》均未载。

次盛熙明见寄韵二首》。① 癸卯是至正二十三年（1363），可知他此时仍在庆元，但此后的情况就不可得知了。

盛熙明的思想比较复杂，他曾书写金字佛书，并为佛教圣地补陀洛迦山修传，可见是个佛教徒。陈垣先生在前引著作中认为："龟兹本佛国，其学佛固不奇也。"但是，一些资料表明，他又是一个虔诚的道教徒。他自号玄一山人，刘仁本赠诗中有"功名早遂身先退，修炼长生业已成"和"賸写黄庭注内篇"之句，② 可见他对道家经典和修炼方式是很热衷的。儒、道、佛三位一体，正是当时汉族知识分子中流行的思想，盛熙明受汉族文化熏染很深，身为儒生，兼信佛、道，是不足为奇的。

（选自《元代新疆史事杂考》，载《新疆历史论文续集》，新疆人民出版社1983年版）

---

① 《羽庭集》卷四，北京图书馆藏钞本。
② 《寄谢玄一山人盛熙明馈药二首》，《次韵寄熙明》，均见《羽庭集》卷三。

忽必烈修《本草》

《本草》是中医学药典的通称。最早的《本草》是《神农本草经》，一般认为系汉代的作品。以后历代增修，至明代李时珍著《本草纲目》，为《本草》系统总结性的巨著。

历来研究各代《本草》的论著甚多，但对元代一般均略而不谈。其实元代也有《本草》著作。而忽必烈发起增修《本草》，更是一件值得重视的大事。《元史》卷十三《世祖纪十》云：

（至元）二十一年十二月癸酉，命翰林承旨撒里蛮、翰林集贤大学士许国桢集诸路医学教授增修《本草》。

同书卷十五《世祖纪十二》：

（至元二十五年）九月庚戌，太医院新编《本草》成。

据此可知，忽必烈于至元二十一年（1284）十二月下令修《本草》，至二十五年（1288）始告完成，历时四年左右。另据《经世大典·站赤》所记，至元二十四年四月二十五日，"尚书省定拟廪给司久馆使臣分例，令通政院、兵部一同分拣起数"，"分令各衙门区处八起"。其中"太医院二起""一编修《本草》刘仲思正从各一名，一编修《本草》潘严、杜章、王彬等三人"[1]。这一记载可与《元史》所记《本草》增修时间相印证。

忽必烈命撒里蛮、许国桢二人主持增修《本草》事。元朝惯例，遇事由

---

[1] 《永乐大典》卷一九四一八。

蒙古贵臣领衔，修《本草》也是如此，实际主事的是许国桢。国桢生平见《元史》卷一百六十八，他"博通经史，尤精医术"，得到忽必烈的信任。但《元史》本传没有提到主持修《本草》事，实是一大遗漏。

忽必烈增修《本草》的原因，在元代文献中有所记载。姚燧《南京路医学教授李君（李纲）墓志铭》云：

> （至元）二十一年，改襄阳医学教授。寻诏尚医："今《本草》中土物且遗阙多，又略无四方之药。宜遍征天下医师夙学多闻者议，板增入。"君在征中，三以老丐不就车。①

苏天爵《太医院使韩公（韩麟）行状》（《滋溪文稿》卷二二）云：

> 至元己丑，故礼部尚书许公国桢举名医若干人以闻，公实与焉。帝召见便殿，各询其人所能，出示西域异药，使辨其为何药也。公食其味，独前对曰："此与中国某药侔。"帝加赏异，命为尚医。
>
> 初，世祖以《本草》为未完书，命征天下良医为书补之。公承命往，以罗天益等二十人应诏。又尝核定《圣济总录》，医者赖焉。②

显然，至元年间增修《本草》，是与元朝的强盛局面有着密切关系的。空前规模的统一国家的建立，与国外交往的频繁，使人们有机会接触到"四方""西域"的种种"异药"，为原有各种《本草》所未载。在这种情况下，增修《本草》就成为很自然的要求了。一贯对科学技术有强烈兴趣的忽必烈，对此事表现了很大的热情。他亲自接见来自各地的名医，要他们辨别药物的性能，他无疑是这项工作的发起者和推动者。

据苏天爵所记，参与其事的名医达二十人，但不知是最初参与者还是全过程中参与者的数目。前引《经世大典·站赤》中所记有刘仲恩、潘严、杜章、王彬四人，苏天爵提到的有韩麟和罗天益。在这些人中，罗天益最知名。罗天益，字谦甫，真定人，金元四大家之一李杲的受业弟子，得李氏真传，著有《内经类编》《卫生宝鉴》等书。顺便应该提到的是，金元之际，

---

① 姚燧：《南京路医学教授李君（李纲）墓志铭》，《牧庵集》卷二九。
② 苏天爵：《太医院使韩公（韩麟）行状》，《滋溪文稿》卷二二。

河北真定医学家辈出，李杲传罗天益，天益传窦行冲①，前面述及的韩麟也是真定人。这一现象是值得注意的。

遗憾的是，这部集海内名医之力，历四年之久，始告成功的《本草》，却未见刊行。据许有壬《〈大元本草〉序》（《至正集》卷三一）云：

> 自一日七十毒后，究心遗经三卷者，梁之陶，唐之苏、李，蜀之韩，宋之开宝、嘉祐诸贤，增三百六十种至一千八十二种，可谓详矣。然梁限于江，蜀局于西南，宋画于白沟，唐虽一天下，其耆朔漠一时怀柔不能一家也，则异方物产有不得而悉者已。开辟以来，幅员之广，莫若我朝。东极三韩，南尽交趾，药贡不虚岁。西逾于阗，北逾阴山，不知各几万重，驿传往来，不异内地，非与前代虚名羁縻，而异方物产邈不可知者比。西北之药，治疾皆良。而西域医术号精，药产实繁，朝廷设官司之，广惠司是也。然则欲广《本草》以尽异方之产，莫若今日也。闻之诸故老，至元间尝议及是而后不果。②

许有壬正确地指出，前代由于疆域所限，"异方物产有不得而悉者已"；元代由于幅员广阔，为增补《本草》提供了有利的条件。他所说的"至元间尝议及是而后不果"，证诸上面所征引的资料，应是指未能刊行而言。这部以收录"异方物产"为其特点的《本草》著作，不幸散佚，实在是令人惋惜的事情。

除了忽必烈下令增修的《本草》外，元代还有其他《本草》著作。许有壬为之作序的《大元本草》便是其中之一。《大元本草》系朱辕（字仲侔）所作，也已失传。此外还有朱丹溪《本草》（一作《本草衍义补遗》）、尚从善《本草元命苞》等，原书均已失传，只在《永乐大典》中见其片段。但这些著作的出现，足以说明元代《本草》学是很兴盛的。

（原载《元史及北方民族史研究集刊》第 10 期，南京大学出版社 1986 年版）

---

① 苏天爵：《元故尚医窦君墓铭》，《滋溪文稿》卷一九。
② 许有壬：《〈大元本草〉序》，《至正集》卷三一。

读《伯颜宗道传》

陈垣先生《元西域人华化考》中说："《元史·儒学传》尚有一西域儒学大师，《宋元学案》应为立传而遗之者，曰：伯颜师圣。伯颜学无师承，崛起乡里，讲求实用，自成一家。……惜乎其著述毁于兵燹，徒令人想望低徊而已。"

按，伯颜一名师圣，字宗道，哈剌鲁人。其生平见《元史》卷一百九十《儒学传》，《元史新编》卷四十六《儒学传》，《新元史》卷二百三十三《忠烈传》，均据之。《宋元学案补遗》卷四十九亦据《元史》收入。最近我查阅方志，在《正德大名府志》卷十《文类》中，发现一篇《伯颜宗道传》，叙述伯颜生平事迹。现转录如下。

侯名伯颜，字宗道，北地人也。其部族为曷剌鲁氏。宪宗之世，其祖已来从大兵征宋，衽金革者十余年。宋平，天下始偃兵弗服。乃土著隶山东河北蒙古军籍，分赐刍牧在为编民，遂家濮阳县南之月城村。

时北方人初至，犹以射猎为俗，后渐知耕垦播殖如华人。侯父早丧，诸子皆华衣锦帽纵鹰犬驰逐以为乐，惟侯谦恭卑逊，举止如儒素，恒执书册以游乡校。母亦贤明，遂使就学。有儒士黄履道，江淮人也，聚徒数千人，侯往师之。时朱子书未大行，学者惟事注疏，从事数年，终若不自得。一日，有以"四书"见示者，一览辄欣然曰："圣贤之事，其在斯乎！"尽弃其学而学焉。其师见其颖悟，欲教以诗赋，为禄仕计。侯雅不乐，无寒暑昼夜诵习不辍。又数年，诸史百家之言无不遍观。性复聪敏，一过辄不忘，有来问者，应答如响。讲授之际，令弟子执册，侯端坐剖析，朗然其旁，引子、史与其注文。皆嘿识无遗，由是人大服之。所居有小斋曰友古，学者云集，村落寄寓皆满。其后来者日众，则各为小房环所居，百有余间，檐角相触，骈集如市。且广其斋曰四勿，因自号曰愚庵。择隙地为祠堂以祀其先，弟子则春秋释奠先圣先师，其师黄履道亦相设而事。为父母丧事，悉如礼制，浮屠葬师皆不用。三十始娶。束脩之奉余则分之族人，吉凶多宴，皆有数焉。于是伯颜先生之名溢于河朔，虽田夫市人亦能知之。山东蒙古万户府举为校官，不就。至正四年，诏征为翰林待制，与修《金史》。至，以疾辞归。再除江西湖东道肃政廉访佥事，不久亦去。

壬辰，盗起河南。明年，逾河而北，开、滑等处俱被剽掠。侯挈家避地安山，已而盗去，复还乡里。丁酉，曹、濮二州陷，复避徙彰德，门生、乡里从者数百家。侯谓之曰："吾军老幼百千余口，野宿露处，无所依著。一旦贼至，不为渔猎乎！曷若筑为营垒，团集而守，上可以为国御寇，下可以自固保家，忠义两得，计无出是者。"众皆曰："善。"遂筑垒漳南，远近闻之，归者殆将万人。然统纪约束，折冲捍敌，非所长也。

戊戌，东昌贼沙刘二者帅众来攻，先宣言曰："颜先生河北名儒，慎勿伤也。"攻二日，垒破，妻子皆被执。刘二亲解其缚，温言语之曰："先生知古通今，天下十分我有太半，尔能屈从，可与共图富贵。"侯曰："尔本良民，乃以妖言惑乱黔首。尔能改悔，我当上言朝廷，使汝为王官，不犹愈于受伪命乎！"刘二笑曰："迂儒不达事宜，可谓不知天命矣。"坐有一贼提刀而起曰："汝见此否？更道一不顺，只消一刀耳。"侯曰："不顺，不顺，我宁受刀，不受贼污也。"贼怒，遂捽出，与妻怯烈氏、子觥皆遇害，同死者宗族三十余口。时至正十八年五月，年六十有七。河南统兵官言之朝廷，制赠太常礼仪院同佥，追封范阳郡侯，谥文节。

赞曰：国家兴自龙朔，人淳俗质，初不知读书为事也。后入中国，风气渐变。世祖大阐文教，乃命硕儒许文正公以经学训北来子弟。然知学者，公卿贵游人耳。延祐科学肇立，遂取国人如汉人之半，而彬彬乎四海矣。然所习者惟程式策射之文，间有出乎其类者，止翰染词藻为能者已，其好古博雅真履实践之士，盖千百无一二焉。侯出于穷乡下里，非有父师君上之教督也，乃能以经训道学为己任，诚所谓不待文王而兴者欤，然与古忠臣烈士比肩并列，斯可尚矣。侯无后，唐兀崇善颇知梗概，予亦为同郡，遂叙云。

太常议曰："以城守论之，伯颜无城守之责而死，可与江州守李芾一律。以风纪论之，伯颜无在官之责而死，可与西台御史张桓并驾。以平生有用之学，成不夺之节，乃古之所谓君子人者。"时以为确论。

《元史·伯颜传》约七百字，《伯颜宗道传》则有一千四百余字，篇幅多出一倍，内容远比《元史》本传丰富。试举数事说明。（1）伯颜族属曷刺鲁，《元史》作哈刺鲁，为同名异译。这是一个突厥系的民族，十二三世纪时居住于中亚阿力麻里、海押立等地。13世纪初，其首领归附于成吉思汗，部分成员因种种原因，陆续内迁定居中原，据《传》叙述，伯颜祖先是因从军内迁定居河北的。这对于我们研究元代哈剌鲁人的状况，提供了很好的线索。（2）《元史》本传只说伯颜先人隶蒙古万户府，《传》则云"乃土著隶山东河北蒙古军籍"。按，"隶山东河北军籍"应指隶属于山东河北蒙古军都万户府。元世祖时，立都万户府于濮州，下辖六万户府，主要由攻宋时隶属于河南行省的蒙古军组成。伯颜先人定居的濮阳县，属大名路，与濮州为邻。元朝政府向将士"分赐刍牧地为编民"，说明都万户府所辖将士，都在濮州周围一带安置。《传》中说："时北方人初至，就以射猎为俗，后渐知耕垦播殖如华人。"可知这些定居的蒙古及其他游牧民族的生活方式，逐渐发生了变化。（3）《传》中说，伯颜就学时，"时朱子书未大行，学者惟事注疏"。后见"四书"，遂"尽弃其学而学之"。这段话也是《元史》本传所没有的。众所周知，金朝的经学，惟事注疏。金亡后，蒙古攻宋，赵复等被俘而北，理学因此传到北方。伯颜死于至正十八年（1358），年六十七（《元史》本传作六十四），其就学年代应在13世纪末至14世纪初。据此，则当时北方民间学风仍金代之旧，理学的影响是不大的。理学的广泛流行，应是在元朝行科举之后。（4）《传》中所记元末农民起义军在河北发展的过程较《元史》本传为详，特别是指明活跃于河北的起义军将领沙刘二来自东昌，这些记载对研究元末农民战争无疑是有价值的。

《伯颜宗道传》作者佚名，从"赞"来看，他应与伯颜同乡，又是同时人，所记应是可信的。但与《元史》本传比较，叙事有一定出入，如上述卒年就不一致，可见《元史》另有所本，两者可互为补充参证。顺便应提到的是，王德毅编《元人传记资料索引》第四册"伯颜（师圣、宗道）"条（第2273页）下，未收此传。原来，王书引用《正统大名府志》，而未及《正德大名府志》。明、清两代方志中蕴藏丰富的元代文献资料，有待发掘。而各地方志，迭经重修，互有详略，更需认真去整理。我们介绍《伯颜宗道传》，目的之一，亦在于引起人们对方志资料的注意。

（原载《元史及北方民族史研究集刊》第 10 期，南京大学出版社 1986 年版）